西北大学"双一流"建设项目资助
教育部区域与国别研究中心
西北大学中东研究所

中东形势与战略

［第三辑］

韩志斌／李 玮主 编

Middle East Situation and Strategies
（VOLUME 3）

时事出版社
北京

图书在版编目（CIP）数据

中东形势与战略. 第三辑/韩志斌，李玮主编. —北京：时事出版社，2021.1
ISBN 978-7-5195-0406-9

Ⅰ. ①中… Ⅱ. ①韩…②李… Ⅲ. ①中东问题—研究 Ⅳ. ①D815.4

中国版本图书馆 CIP 数据核字（2021）第 003910 号

出 版 发 行：时事出版社
地　　　　址：北京市海淀区彰化路 138 号西荣阁 B 座 G2 层
邮　　　　编：100097
发 行 热 线：(010) 88869831　88869832
传　　　　真：(010) 88869875
电 子 邮 箱：shishichubanshe@sina.com
网　　　　址：www.shishishe.com
印　　　　刷：北京良义印刷科技有限公司

开本：787×1092　1/16　印张：19.5　字数：330 千字
2021 年 1 月第 1 版　2021 年 1 月第 1 次印刷
定价：120.00 元

（如有印装质量问题，请与本社发行部联系调换）

目　录

北非地区

埃及：地缘政治挑战下的政治稳定和经济复苏 …………………… （3）
阿尔及利亚：政局走向、大国博弈与国土安全 …………………… （17）
利比亚：国家重建过程中的内外困境 ……………………………… （29）
摩洛哥：穆罕默德六世执政20年国家治理的多维透视 ………… （44）
突尼斯：地中海区域局势隐忧与机遇 ……………………………… （59）

近地中海

以色列：地区权力变化中的内政外交回顾 ………………………… （75）
土耳其：地方选举、新冠肺炎疫情与国内政治困境 ……………… （85）
约旦："困境与危机"下的发展之路 ………………………………… （98）
巴勒斯坦地区："两国方案"的现状与未来 ……………………… （110）
塞浦路斯：东地中海地缘政治博弈下的机遇与挑战 …………… （124）

新月地区

伊朗：二元政治结构下的安全困境 ……………………………… （145）
伊拉克："十月革命"动荡下的局势走向 ………………………… （155）
叙利亚：新形势下重建的内外困境分析 ………………………… （168）
黎巴嫩：内外影响下的政治经济发展困局 ……………………… （182）
卡塔尔：断交后再"退群"的内外政策分析 ……………………… （199）

海湾地区

沙特阿拉伯：变革进程中的坚守与退却 …………………………（217）
科威特：政治纷争下的经济改革进程 ……………………………（236）
阿曼：动荡地区的稳定之锚 ………………………………………（252）
也门："双重内战"背景下的困境与契机 …………………………（263）
阿联酋：绿色经济增长模式的探索与实践 ………………………（280）
巴林："小国外交"及其政治经济矛盾 ……………………………（295）

北非地区

埃及：
地缘政治挑战下的政治稳定和经济复苏*

在过去几年中，埃及政府政策的战略重点在于重建国家和恢复经济，埃及的国家精英们将国内政策和外交政策统合起来为这个目标提供资源和保护。虽然建设国家是埃及的当务之急，但与此同时，动荡地区的环境并不允许埃及在外部冲突中独善其身。所以埃及不得不应对突如其来的区域局势，保持与地区事务的联系，避免自己陷入中东地区的冲突之中。埃及在2019年实现了相对积极的发展。尽管它和中东北非地区仍处于最不稳定和革命动乱的时期，但有迹象表明，埃及正在朝着正确的方向前进。埃及成功地克服了因局势动荡而造成的安全和政治危机。近20年来，内乱和外国干预仍在蹂躏着中东地区的大多数国家。在经历了2011年动荡的阿拉伯国家中，叙利亚、利比亚和也门陷入了持续的内战当中，而以埃及为代表的其他几个阿拉伯国家正在这一连串的地区变动中努力寻找适当的政治治理模式。作为其中的典范，埃及成功避免了恐怖主义的危险，实现了政治稳定，并试图利用这种稳定着手处理几十年来长期困扰经济发展的问题。

一、修宪与军队权力的巩固

2019年4月20日至22日，埃及就宪法修正案举行全民公投。根据该国选举委员会消息，修正案以88.83%的支持率获得通过。舆论普遍认为，该宪法修正案将进一步巩固现任总统阿卜杜·法塔赫·塞西的权力，塞西总统有望持续执政至2030年。[①] 除了允许塞西继续执政8年并完全控制司法部门之外，该修正案还加强了武装部队在政治中的作用及其对政治和经济制度的影响。自2013年7月以来，军队成为"埃及经济的主要守门

---

* 作者：段九州，清华大学国际与地区研究院助理研究员。
① 段九州："埃及成功修宪的背后"，《世界知识》，2019年第10期，第46—47页。

人"。塞西一直致力于在政治上和经济上赋予军队权力，并在军事、安全、经济和民用设施或政府机构中创建广泛的以退休军人为主的执政基础。

此次埃及宪法修正案第200条首次赋予了武装部队"维护宪法和民主，保护国家及其世俗性质的基本原则，保护人民的权利和自由"的权力。这使军队能够比其他国家机构更有合法性优势，特别是在重大政治事件中。该修正案含蓄地赋予军队而不是最高宪法法院对"保护国家"概念的解释权，并利用其对武装力量的垄断"去实现国家利益"的权力。换句话说，军队可以有效地控制所有其他政府机构和政治参与者，包括防止平民成为总统或支持"一个政治派别而不是另一个政治派别"。如果广泛的抗议活动爆发或军队决定选举结果对宪法、民主、国家的世俗性质构成威胁，军队的选择可能会起作用。①

尽管没有任何宪法的赋权，军方在此之前已经发挥了这一作用。其在2011年1月迫使前总统胡斯尼·穆巴拉克不向抗议者移交权力，而是向武装部队最高委员会移交权力。2013年7月3日，军方推翻了前总统穆罕默德·穆尔西，与在6月30日针对穆斯林兄弟会统治的大规模示威游行队伍进行合作。国防部长塞西在不到一年后当选总统之前就成为事实上的统治者。值得注意的是，宪法修正案第200条的措辞并不妨碍军方干预包括塞西在内的有军事背景的总统。根据修正案，"武装部队将有权立即由其总司令、国防部长酌情进行干预，而无需等待总统的决定"。②

在1952年君主制被推翻后，贾马尔·阿卜杜·纳赛尔（Gamal Abdel Nasser）在埃及建立了军政一体化的体制并担任总统直到1970年，他在任时一直主导着军事和安全部门。该政权控制着国家的大部分机构，并统一在执政党阿拉伯社会主义联盟和阿拉伯社会主义意识形态之下。在1971年，社会和政治上的不满和挑战主要是机构和权力人物之间的竞争，导致了埃及政权和国家整体的重组。在接下来的执政岁月中，默罕默德·安瓦尔·萨达特（Mohamad Anwer el-Sadat）开始逐步削弱阿拉伯社会主义联盟，摆脱阿拉伯主义和社会主义，限制安全和军事机构的政治作用。而当前，塞西政府正在重建国家权威和重新集中化，2019年宪法修正案显然是这一努力的一部分。在埃及的政治生活中，军队已经完全恢复了对政治秩

---

① Bahey Eldin Hassan, "New Political Struggles for Egypt's Military", *Carnegie Endowment*, May 9, 2019, https://carnegieendowment.org/sada/79096.

② Bahey Eldin Hassan, "New Political Struggles for Egypt's Military", *Carnegie Endowment*, May 9, 2019, https://carnegieendowment.org/sada/79096.

序的总体支配地位，而安全部门也发挥了重要作用。①

尽管如此，传统上埃及总统与军方之间的权力斗争依然存在，塞西总统最近两年通过"旋转主席"政策将军事领导人迅速排除在最高职位之外，以尽量减少军方对他的政治威胁。在 2017 年 10 月至 2018 年 12 月的 15 个月间，参谋长马哈穆德·希贾兹（Mahmoud Hegazy）、总监情报局局长哈立德·法瓦兹（Khaled Fawzy）、国防部长希德基·苏布西（Sedki Sobhy）、行政监管局局长穆罕默德·阿尔凡·贾迈勒丁（Muhammad Arfan Gamal al – Din）和军事情报局局长穆罕默德·谢哈特（Mohammed El – Shahat）以及 200 多名其他高级情报人员在没有任何公开理由的情况下被总统意外解雇。与此同时，塞西任命他的参谋长阿巴斯·卡梅尔（Abbas Kamel）少将担任情报总局局长，并任命他的三个儿子担任安全机构中的高级、有影响力的职位，以确保军方和安全部门的忠诚度。②

二、改革措施后的经济回暖

埃及在过去几年实施的经济改革的主要目标是恢复宏观经济的稳定和削减政府预算赤字。③ 在埃镑从 2016 年大幅贬值中恢复稳定后，埃及政府在 2019 年继续解决能源补贴对政府预算的压力，主要包括燃料和电力补贴的改革。2019 年 6 月，埃及政府在开罗地铁线增加 3 个新站后上调了 3 号线的票价。2019 年 7 月，居民用户的电价平均提高了 14.9%，商业用户的电价平均提高了 14.9%，普通消费者的电价平均增长了 7% 至 22%，电费补贴在 2020 年年底前全部取消。2019 年 7 月，政府还将燃油价格提高了 30%，以实现成本反映价格，提高能源消耗效率，腾挪出财政资源用于发展支出。④ 在 2019 年第四季度，埃及政府开始实施新的燃料价格，对所有石油产品实行指数化机制。

---

① Nathan J. Brown, "Correcting the 'Correcting Revolution'", *Carnegie Endowment*, February 27, 2019, https：//carnegie – mec. org/diwan/78461.

② Bahey Eldin Hassan, "New Political Struggles for Egypt's Military", *Carnegie Endowment*, May 9, 2019, https：//carnegieendowment. org/sada/79096.

③ "Egypt：A Path Forward for Economic Prosperity", *IMF Country Focus*, July 24, 2019, https：//www. imf. org/en/News/Articles/2019/07/24/na072419 – egypt – a – path – forward – for – economic – prosperity.

④ "Egypt increases fuel prices to promote economic reform", *Xinhua*, July 6, 2019, http：//www. xinhuanet. com/english/2019 – 07/06/c_ 138202712. htm.

表1 埃及主要经济指标①

	2015	2016	2017	2018	2019
GDP增长率（%）	4.4	4.3	4.2	5.3	5.6
通货膨胀率（%）	11.0	10.2	23.5	20.9	13.9
外债占GDP比率（%）	14.5	16.8	33.4	37.1	34.1
外汇储备占GDP比率（%）	5.9	5.1	13.0	17.4	14.5

2019年8月，埃及央行引入无风险利率基准，这为增强和提高市场效率奠定了基础。新基准是由埃及货币市场联络小组制定的，该小组由央行、部分商业银行和欧洲复兴开发银行组成。与此同时，埃及政府正在推进大幅提高最低资本要求的计划。根据2019年5月埃及政府提交给议会的有关银行和金融机构法案草案，当地银行的资本基础将提高10倍，达到50亿埃镑（约3亿美元），而外国银行的子公司将面临3倍的增长，达到1.5亿美元。这些银行将有一个3年的期限来施行新的规定。拟议的法案旨在促进银行的发展，提升财政实力和抵御区域内其他银行竞争的能力。②

埃及政府还增加了社会保护措施。在2019—2020财政年度，埃及政府启动了"团结与尊严"（Takaful and Karama）计划，增加了对基础物资（包括面包）和养恤基金的支出拨款。此外，埃及政府还启动了"机会"（Forsa）方案，以帮助创造就业机会；"保障"（Mastoura）方案，以帮助妇女获得小额贷款；以及"体面的住房"（Sakan Karim）方案，该方案的目的是促进获得清洁饮用水和卫生设施。同时，2019年7月，卫生部推出了面向社会各阶层的新的综合医保体系。③

埃及议会于2019年7月批准了《投资法》的修正案，其目标是在经济最落后的省份吸引更多投资，提高公民的生活水平，并使全国的经济增长来源多样化。修正案还旨在对现有投资项目的扩张给予奖励，为建立新

---

① Country Assessments: Egypt, Transition Report 2019-2020: Better Governance, Better Economies, EBRD, http://www.ebrd.com/documents/oce/transition-report-201920-egypt.pdf.

② "Egypt central bank to increase commercial banks' capital base 10-fold", Ecofin Agency, May 28, 2019, https://www.ecofinagency.com/finance/2805-40102-egypt-central-bank-to-increase-commercial-banks-capital-base-10-fold.

③ "Egypt: Strengthening Social Safety Nets and Building Paths out of Poverty", The World Bank, July 2, 2019, https://www.worldbank.org/en/news/press-release/2019/07/02/egypt-strengthening-social-safety-nets-and-building-paths-out-of-poverty.

的生产线设定新的条件，创造新的商业机会。此外，投资总局还将对外国直接投资的流入进行监督，以获取准确的投资额数字。① 与此同时，石油和矿产资源部提出了关于开采黄金和矿产资源的新条款和规则。2019年7月，议会批准了法律修正案，旨在通过向投资者发放许可证和提供更灵活的勘探和投标条款，吸引可靠的投资，特别是在黄金开采方面。②

在大型国家项目纷纷动工的同时，埃及政府意识到恢复经济活力不能只依靠国家和军队的企业，中小企业也是创造就业和技术进步的关键部分。因此，埃及政府出台了一系列措施来扶持中小企业。首先，埃及政府启用了中小企业信用评级。2019年9月，埃及金融监管局批准向专门从事信用评级的公司发放牌照。这些许可证将使中小企业信用评级公司能够在埃及市场从事其活动，并为中小企业的项目提供所需资金。这将实现通过取得贷款和发行各种债券，包括用于资本资产融资的中期债券和用于周转资金融资的短期债券。③ 其次，埃及政府计划整合税法，以鼓励非正规经济部门的公司注册其企业。2019年6月，内阁批准了统一税法草案，并承诺在2020年6月之前实施新的税收制度。统一税法规定了所得税、增值税、收入变化、印花税和其他类似性质的税种的联系和征收程序。该法旨在依托现代技术手段，整合管理这些程序的规定，并促进其应用。④

在政治稳定以及经济改革的作用下，埃及经济在2019年取得了显著的进步。首先，埃及旅游业逐渐复苏。2018年11月，旅游部推出了埃及旅游改革方案。该方案的愿景是，通过实施结构性改革加强旅游业的可持续发展的能力。从历史上看，旅游业占埃及全国总产值的15%以上，而且主要是由私营部门推动的，私营部门占国内生产总值的98%，旅游和旅游业收入占服务出口总额的51.5%。在2018—2019年，埃及政府推出了一个全面、连贯和一致的改革方案，结构性改革建立在五大改革支柱上：体制

---

① "Egypt's PM approves new amendments to Investment Law's executive regulations", *Daily News Egypt*, July 25, 2019, https://dailynewsegypt.com/2019/11/13/egypts-pm-approves-new-amendments-to-investment-laws-executive-regulations/.

② "Egypt poised to open door to explorers", *Mining Journal*, February 18, 2020, https://www.mining-journal.com/politics/news/1381187/egypt-poised-to-open-door-to-explorers.

③ "FRA approves licensing SMEs credit rating companies", *Egypt Today*, September 2, 2019, https://www.egypttoday.com/Article/3/74402/FRA-approves-licensing-SMEs-credit-rating-companies.

④ "Egypt aims to amend VAT law, draft new income tax law: minister", *Reuters*, July 29, 2019, https://www.reuters.com/article/us-egypt-economy-tax/egypt-aims-to-amend-vat-law-draft-new-income-tax-law-minister-idUSKCN1UO11K.

改革、立法改革、促销和营销、基础设施和旅游发展以及全球旅游趋势。通过这些努力，世界经济论坛 2019 年旅行和旅游竞争力指数向埃及授予排名第四的"业绩改进奖"。世界旅游与旅游理事会授予埃及"2019 年全球冠军奖"，以促进旅游业发展。此外，埃及的旅游收入在 2018—2019 财年达 125 亿美元，比前一年增加了 10 亿美元，创历史新高。①

其次，埃及 GDP 继续增长，达到 11 年来的最高水平。2018—2019 财年 GDP 增长达 5.6%，主要是受净出口和投资上升的影响，油气、旅游、贸易和建筑业是强劲增长的主要贡献者。同时，2019 年第二季度失业率降至 7.5%，为自 2011 年以来的最低水平，在 2013 年第四季度中 13.2% 是失业率的峰值。②失业率的持续下降主要是由于经济政策和结构性改革的正确实施，国家重大发展项目也带来了一些投资机会。2019 年埃及的通胀率已降至 6 年多来的最低水平，同比通胀率从 2017 年 7 月的 33% 的历史最高水平下降到 2019 年 9 月的 4.8%。下降的主要原因是货币升值和食品通胀放缓。③

再次，埃及的财政状况持续改善。在 2018—2019 财政年度，由于补贴减少和利息支付减少（相对于国内生产总值），财政赤字从上一个财政年度的 9.7% 缩小到国内生产总值的 8.2%。2018—2019 财年经常账户赤字占国内生产总值的比例从 2017—2018 财年的 2.4% 小幅扩大到 3.1%。汇款和非石油出口——主要是黄金——的减少被石油贸易逆差的收窄（由于埃及从 2018 年 10 月起实现了石油自给自足）和旅游收入的增加所部分抵消。2018—2019 财年，流入埃及的外国直接投资稳定在 102 亿美元，主要在石油领域，外汇储备已增加到 451 亿美元。④

埃及未来经济的强劲增长将得到以下因素的支持：旅游部门和出口的持续加强、包括建设新行政首都在内的大型公共建设项目、地中海油田和其他新发现的天然气生产、国内和国外私人投资者的重新参与、近期降息

---

① "Egypt's tourism saw 21% growth in 2019：UNWTO"，*Egypt Independent*，January 22，2020，https：//egyptindependent.com/egypts-tourism-saw-21-growth-in-2019-unwto/.
② "WB：Egypt's real GDP growth reached 5.6% in FY19"，*State Information Service*，October 11，2019，https：//www.sis.gov.eg/Story/141968/WB-Egypt%E2%80%99s-real-GDP-growth-reached-5.6%25-in-FY19?lang=en-us.
③ Tarek El-Tablawy，"Egypt Inflation at Nine-Year Low Gives Scope for More Rate Cuts"，*Bloomberg*，November 9，2019，https：//www.bloomberg.com/news/articles/2019-11-09/egypt-inflation-at-9-year-low-in-boost-for-central-bank-rate-cut.
④ "Egypt：Surviving a fiscal turbulence"，*CPI Financial*，November 10，2019，https：//www.cpifinancial.net/bme/news/egypt-surviving-a-fiscal-turbulence.

降准的趋势和营商环境的持续落实、改革和审慎的宏观经济政策。埃及前景的主要风险来自于外国投资者采取的持续观望的态度,因为埃镑升值导致的竞争力的减弱,以及全球主要经济体的经济下行趋势。这些风险因为埃及政府对结构性改革的实施已经得到了部分缓解。

三、发展换安全:以西奈半岛为例

塞西执政以来,恐怖主义一直是埃及政府面临的最严峻的国内安全问题,埃及政府也开始注重解决极端组织兴起背后的社会经济根源。众所周知,西奈半岛是埃及境内遭受艰难经济条件困扰最为严重的地区之一,几十年来发展停滞不前。这使该地区成为恐怖组织、非法贩运、走私网络和有组织犯罪增长的温床,同时成为了区域恐怖主义网络扩大影响力的据点。为此,埃及政府加强了对西奈地区的投入,力求以社会经济发展配合武力清剿,最终达到根除恐怖主义的目的。

埃及政府加强对东部边界的控制。出于国家安全原因,埃及政府疏散了边境地带的居民,以关闭隧道来建立应对人员和武器渗透的缓冲区。在逐案研究之后,国家向搬迁居民总共支付了15亿埃及镑的经济补偿。政府根据居民是房主还是房客,以及他们是否有农场、房屋或两者兼有来给予补偿。除考虑到西奈半岛的贝都因人建筑文化外,埃及政府还为当地居民建造了由1万个住房单元组成的住宅项目。政府还在西奈地区建立了海水淡化站、太阳能发电厂、医疗机构、学校等。①

埃及的2030年战略确定了埃及各省将要实现目标的总体框架,包括人口的地理分布,这将促进西奈、西部沙漠以及南部地区等战略地区的人口迁入及定居。在苏伊士运河发展项目的框架内,埃及政府将利用西奈地区及其自然、人力和农业资源的竞争优势来实现该地区的经济发展。该项目涉及建立特别经济区(SEZ),例如在阿比德泉(Bir al–Abed)的工业区。西奈发展战略基于三个主要目标:提供200万个工作机会,带动价值200亿美元的投资,西奈半岛在国民总收入中的份额增加到4.5%。根据发展规划,埃及政府在六年间(2014—2020年)将在西奈实施的项目总数为994个,估计费用为7795亿埃及镑。2014年年中至2019年3月,计划在

---

① "Sinai, A new vision for development: 2014–2020", *Egyptian Center for Strategic Studies*, June 15, 2020, https://www.ecsstudies.com/en/sinai-a-new-vision-for-development/.

21个领域实施751个项目，总投资3577亿埃镑。此外，目前正在进行243个项目，价值437埃镑，预计将于2020年6月完成。①

通过分析短期内的政府预算和支出水平，我们就能看出埃及政府对西奈半岛的重视。政府预算和支出是由财政部负责的，旨在赋予国家机构权力，使其有能力处理日常事务，并为公民提供基本服务。埃及政府在革命之初给西奈地区200万埃镑的预算，其中有100万埃镑被分配用于2012/2013年的资本支出，2013/2014财年的预算为3000万埃镑，其中约有2700万埃镑用于资本支出。2016/2017财年的拨款继续增加，共有35笔，其中2000万埃镑用于投资支出，而2018/2019财政年度的拨款达到2600万埃镑，其中950万埃镑用于资本支出。这意味着在上述的六年中，埃及政府对西奈地区的拨款达到了约1.55亿埃镑，用于在西奈半岛创造一个合适的投资友好型环境，并与上埃及和苏伊士运河的其他地区相连。②

如果以国内行政单位为考量指标，2018/2019财年的埃及国家预算为所有26个省分配了总计254亿埃镑的资金。北西奈省获得了5.83亿埃镑（2.3%），而南西奈省则获得了4.08亿埃镑（1.66%）。下表显示，尽管与上述其他省相比，北部和南部西奈省的拨款有所减少，但相对于其人口规模，这两个省在本年度都获得了最大份额的投资。③

表2 埃及部分省份的预算分配

省份	人口（百万）	国家预算（百万埃镑）	人均预算（埃镑）
亚历山大省	5.16	1430	277.1
戴盖赫利耶省	6.4	1371	214.2
东部省	7.1	1347	189.7
布哈拉省	6.1	1811	296.9
北西奈省	0.45	583	1295.6
南西奈省	0.1	408	4080.0

---

① "Sinai: A Strategy for Development amid Fighting Terrorism", *Egyptian Center for Strategic Studies*, June 17, 2020, https://www.ecsstudies.com/en/sinai-a-strategy-for-development-amid-fighting-terrorism/.

② "Sinai, A new vision for development: 2014–2020", *Egyptian Center for Strategic Studies*, June 15, 2020, https://www.ecsstudies.com/en/sinai-a-new-vision-for-development/.

③ "Sinai: A Strategy for Development amid Fighting Terrorism", *Egyptian Center for Strategic Studies*, June 17, 2020, https://www.ecsstudies.com/en/sinai-a-strategy-for-development-amid-fighting-terrorism/.

实际上，埃及的反恐斗争具有典型意义，因为它在发展和建设的同时打击了恐怖主义，但这增加了该国的经济负担，无论是在基础设施建设、经济发展还是居民补偿方面。然而，埃及政府将这一负担视为改善西奈半岛安全和社会状况的全面计划的一部分。鉴于恐怖主义是一种难以彻底根除的现象，因此与恐怖主义做斗争也将是埃及政府一项长期行动。埃及的经验证明，如果没有一个强大的国家来构建可以限制恐怖活动并保护人民免遭恐怖组织招募的安全网络，那么反恐战争就不会成功。①

四、2019年埃及的外交重点：非洲

随着埃及总统阿卜杜·法塔赫·塞西（Abdel Fatah El-Sisi）的连任，埃及的外交政策将持续转型，主要旨在应对埃及目前面临的最严峻的国家安全威胁：埃塞俄比亚复兴大坝和利比亚问题。在前总统穆巴拉克于2011年离职后，埃及政府忙于应付国内不稳定局势时，埃塞俄比亚于同年4月开始了复兴大坝的建设工作。埃及认为该项目是对其国家安全、经济发展以及北非大国地位的"直接威胁和侮辱"。埃及不但水供应几乎完全依赖尼罗河，而且担心埃塞俄比亚可能将大坝用作政治工具，以迫使其让步并破坏埃及在该地区的地位。② 融入非洲大陆是埃及对外政策的基础，也是埃及历史上的主要里程碑之一。然而，自从埃塞俄比亚复兴大坝问题产生的威胁日益严峻后，埃及开始比以往更加积极地促进自身与非洲兄弟之间在各个领域的合作，在各种非洲联合行动机制中发挥积极作用。

2019年2月10日至2020年2月9日间，埃及出任非盟轮值主席国是它巩固非洲大国地位的明确信号。就任之前，经过频繁的沟通和咨询，埃及确定了任期内需要推动的优先事项，包括通过非洲自由贸易区深化大陆的经济一体化，推动非洲内部基础设施的联通、冲突后国家的重建与发展，以及提高非盟的改革进程和行政效率。埃及同时宣布2019年为埃及的"非洲之年"以及非盟的"埃及之年"。在任非盟轮职主席国短短一年时间里，埃及开展了频密的外交活动，如主办"阿拉伯和非洲青年论坛"

---

① "Sinai: Human Rights and Combating Terrorism", *Egyptian Center for Strategic Studies*, June 22, 2020, https://www.ecsstudies.com/en/sinai-human-rights-and-combating-terrorism/.
② Nima khorrrami, "Deadlock on the Nile", *Carnegie Endowment*, July 22, 2020, https://carnegieendowment.org/sada/82344.

（2019年3月16—18日），与南非、卢旺达总统出席"非洲三国峰会"（2019年4月23日），参加"苏丹地区伙伴协商峰会"（2019年4月23日），与55个阿拉伯和非洲国家以及200名非洲高级官员参加首届"非洲反腐论坛"（2019年6月12日），参加"非洲投资论坛2019"（2019年9月22—23日）、"俄罗斯非洲峰会和经济论坛"（2019年10月23—24日）和"非洲和平与可持续发展论坛"（2019年12月11日）等。此外，埃及还以非盟主席身份参加了在北京举行的第二届"一带一路"国际合作高峰论坛（2019年4月25日）、在日本大阪举行的第14届"二十国集团"峰会（2019年6月28—29日）[1]、在尼日尔首都尼亚美举行的"第12届非洲特别峰会"（2019年7月8—9日）、在伦敦举办的"英国—非洲投资峰会"（2020年1月20日）等。[2] 值得注意的是，埃及在轮值主席国任期内取得了诸多成就，包括推动2019年4月8日非洲自由贸易区协议的签署；2019年7月8日埃及主办"基础设施发展计划"周，以讨论《非盟基础设施计划（2021—2030）》的细则；2019年12月11日在阿斯旺成立了非盟"冲突后重建与发展中心"；2019年4月23日和6月20日就苏丹和利比亚问题举行了非洲高级别峰会等。[3] 在非盟轮值主席任期内，埃及开展了密集的外交活动，彰显了埃及的非洲大国地位。[4]

此外，利比亚危机也是埃及当前外交政策优先事项的重中之重。利比亚的内部混乱是由外部干涉和地区大国竞争造成的。而作为利比亚的直接邻国，埃及是主要利益攸关方之一。埃及对利比亚的政策是由多重利益驱动的，这些利益包括紧迫的安全关切和经济需求，也包括意识形态目标以及与政治伊斯兰斗争的考虑。当前，埃及对利比亚问题的外交政策陷入了安全悖论。从国家安全的角度来看，支持哈夫塔尔可以防止利比亚东部的"真空"，因为它是"圣战"分子和伊斯兰主义者的"肥沃土壤"，因此埃及的介入是合乎逻辑的。但是，与此同时，由于利比亚东西部分治的现实，埃及支持东部政府的"利比亚政策"延长了冲突的持续时间，阻碍了

---

[1] 在会议期间，塞西与南非总统、塞内加尔总统举行了小型的非洲领袖峰会。
[2] 埃及国家电视台网站：https://www.maspero.eg/wps/portal/home/egynews/files/egypt/details/79b65c9b-f2e4-4c86-bff4-74099e7612fe。
[3] "Egypt's Key Achievements as AU Chair in 2019", *ISS PSC Report*, December 13, 2019, https://issafrica.org/pscreport/psc-insights/egypts-key-achievements-as-au-chair-in-2019.
[4] 郝诗羽、段九州："塞西执政以来埃及的非洲政策取向与变化"，《西亚非洲》，2020年第3期，第117—137页。

交战的利比亚各方之间达成和解的机会。①

联合国特别代表加桑·萨拉梅（Ghassan Salamé）试图在2018—2019年间打破这种局面，以创建一个新的、包容性的政治进程，让利比亚的新政府和安全机构可以容纳其国内的各派力量。在2019年2月底，哈夫塔尔（Haftar）与塞拉吉（Sarraj）在阿布扎比达成权力分享协议之后，联合国新计划似乎为其带来了一些希望。② 但是，利比亚国内许多势力拒绝支持该计划，这削弱了联合国和该国的国际信誉。

在"利比亚国民军"领导人哈夫塔尔的民兵完全控制了东部地区之后，于2019年4月4日宣布对黎波里发起"尊严行动"，试图"解放"利比亚首都，并清除"恐怖分子和极端分子"。哈夫塔尔的武力进攻计划宣告了联合国调解的失败。自2011年针对卡扎菲的行动以来，这是利比亚经历的最大的战事。然而，"利比亚国民军"很快陷入了一场消耗战，只能努力通过哈夫塔尔名义上控制的领土维持漫长的补给线。③ 2019年5月2日，利比亚民族协议政府（GNA）为了"应对支持'利比亚国民军'司令的阿拉伯国家"，公开要求土耳其提供新的援助。2019年11月，利比亚民族协议政府与土耳其政府签署了一项有争议的协议，该协议扩大了土耳其在地中海东部的大陆架，这可以使土耳其获得大量的天然气储备。④ 自此，利比亚危机进入一个危险的转折点，不仅是因为土耳其对其内部冲突进行了干预，而且通过与土耳其签署的两项协议将利比亚危机与东地中海持续的天然气资源冲突联系起来。

随着土耳其干涉利比亚事务的行动逐渐升级，埃及开始集结外交力量反对土耳其对阿拉伯国家内政的介入。在埃及的呼吁下，阿拉伯联盟外长理事会于2019年10月举行了紧急会议，公开向土耳其施压。埃及与利比亚各政党，特别是利比亚议员以及与利比亚危机有关的区域和国际大国，

---

① Kay Westenberger, "Egypt's Security Paradox in Libya", *E – International Relations*, April 8, https：//www.e – ir.info/2019/04/08/egypts – security – paradox – in – libya/.

② "Ghassan Salame hosts a meeting between PC President Fayez Serraj and LNA Chief Khalifa Haftar", *UNSMIL*, February 28, 2019, https：//unsmil.unmissions.org/ghassan – salame – hosts – meeting – between – pc – president – fayez – serraj – and – lna – chief – khalifa – haftar.

③ Tarek Megerisi, "Geostrategic Dimensions of Libya's Civil War", *Africa Center for Strategic Studies*, May 18, 2020, https：//africacenter.org/publication/geostrategic – dimensions – libya – civil – war/.

④ "Turkey signs maritime boundaries deal with Libya amid exploration row", *Reuters*, November 28, 2020, https：//www.reuters.com/article/us – turkey – libya/turkey – signs – maritime – boundaries – deal – with – libya – amid – exploration – row – idUSKBN1Y213I.

举行了多次会议。埃及还参加了关于利比亚的多个区域和国际会议。① 然而，利比亚的危机在 2019 年的最后几个月迅速发展，这使它的危险性在 2020 年进一步升级，成为埃及面临的最棘手的地缘政治难题之一。②

结　语

埃及在过去 40 年里积累了严峻的经济和安全问题，1977 年以来，极端主义浪潮利用当时政治的相对开放性助长了抗议和暴力，导致当前埃及政府必须应对比 40 年前更加困难的经济形势。过去的经验告诉埃及政府，如果不营造团结一致的政治气氛，打击恐怖主义和经济改革计划是不可能成功的。埃及需要建立秩序和纪律来克服这两个特殊的挑战，使极端主义组织没有任何机会进行招募、渗透或攻击，并降低反对势力阻碍经济改革实施的能力。

2019 年，埃及加速了此前奠定的国内政治稳定和经济复苏的良好势头。恐怖主义发展势头下降是埃及在 2019 年最重要的胜利，不过由于地区因素的复杂性，恐怖主义的威胁依然存在。2019 年，恐怖行动及其受害者的数量降至自 2013 年以来的最低水平。经济改革计划的完成是埃及过去一年的亮点。在 2016 年与国际货币基金组织达成的三年改革方案中，埃及采取了放开货币汇率，取消燃料补贴、能源和电力补贴的较大部分等改革措施。这些改革导致贸易逆差、预算赤字、通货膨胀和失业率下降。与此同时，埃及的经济增长率提高到 5.6%，外汇储备增加到历史最高水平，阻碍生产和投资的政策缺失正在逐步被修补。2020 年，埃及在反恐和经济改革领域取得成就的基础上再接再厉，加快执行过去五年来缓慢实施的行政改革计划，并以适合反恐和经济改革关键时期的方式重塑大环境。事实上，埃及的政治领导人已经就政府未来议程做出了指示。

在经济政策方面，埃及力图增加外国和国内私人投资。虽然埃及政府在基础设施和立法方面采取了许多必要的措施，但这些措施对私人和外国投资的影响还没有达到最佳水平。在 2019 年年底前，经过内阁改组，国际

---

① "Achievements of Egyptian foreign policy under President Sisi", *State Information Service*, June 24, 2020, https://www.sis.gov.eg/Story/147778/Achievements-of-Egyptian-foreign-policy-under-President-Sisi?lang=en-us.

② "Libya's crisis is a tough puzzle to solve for Egypt", *Atlantic Council*, June 18, 2020, https://www.atlanticcouncil.org/blogs/menasource/libyas-crisis-is-a-tough-puzzle-to-solve-for-egypt/.

投资部的职权被分配给总理直接管理，以促进和加快鼓励投资所需的决定。在前几年，政府投资确保了经济增长的加速，并逐渐打消了私人投资者对政治风险的疑虑。埃及计划在新的阶段，私人投资的规模和作用将增加，以形成国家投资和私营部门之间的健康关系。各种形式的公共投资治理规则的应用是 2020 年有望取得进展的最重要领域之一。国有公司在埃及国内上市的现象就体现了该趋势。①

工业投资将是埃及政府的重点发展方向。建筑业和基础设施建设曾在引领经济发展中发挥了主要作用，创造了大量就业机会。但是埃及政府意识到，2020 年需将投资重心转移到工业领域，因为这对创造就业机会、减少进口商品、增加出口和减少贸易逆差具有极大的重要性。在 2019 年最后几天进行的内阁改组中，埃及政府新任命了一位在投资项目领域有着丰富经验的工业部长尼薇·居玛（Neveen Gamea）。她已经推出了一系列举措，为工业项目提供所需的土地，并为脆弱的工业项目提供廉价信贷。这些举措反映出埃及政府有意在今后一段时间内重点发展这一领域。②

解决投资和行业问题的办法与进一步的行政改革息息相关。尽管基础设施、能源生产、银行部门和立法机构直接关系埃及经济的快速增长，但对效率低下的行政机构的改革也会对埃及的经济发展产生积极影响。2016 年，埃及政府颁布了新的公务员法后培训了大批干部，以使他们有资格和能力领导行政机关。同时，政府也在公共服务和行政机构的数字化方面采取了重要措施。随着埃及政府即将搬迁到新行政首都，预计这个过渡阶段的完成将为加快行政改革做出贡献。③

目前，埃及的周边地缘政治环境非常危险。跨界恐怖主义组织在该地区依然活跃，而该地区的混乱和动荡诱使一些国家以牺牲政治脆弱的国家为代价，利用一切手段，包括利用恐怖团体来获取利益。为此，埃及制定了其外交政策的目标和优先事项，这与埃及的国家利益和重建国家的目标

---

① "Egypt's powerful military companies to go public", *Al - Monitor*, November 20, 2019, https://www.al-monitor.com/pulse/originals/2019/11/egypt-sisi-army-companies-listing-stock-market-economy.html.

② "Neveen Gamea: 1st female industry minister in Egypt", *Egypt Today*, December 22, 2019, https://www.egypttoday.com/Article/1/78931/Neveen-Gamea-1st-female-industry-minister-in-Egypt.

③ "Egypt's Sisi instructs government to implement administrative reform plan", Ahram Online, September 9, 2019, http://english.ahram.org.eg/NewsContent/1/64/346445/Egypt/Politics-/Egypts-Sisi-instructs-government-to-implement-admi.aspx.

密切相关。过去五年来，埃及成功地扩大了在中东北非地区和世界范围内的伙伴关系，避免陷入与国家利益关系不大的冲突。在热衷于增强其防御能力和军备资源多样化的同时，埃及外交也在各方面积极开展工作。除了西方和阿拉伯世界的传统伙伴外，埃及外交还活跃于非洲和东亚，其目的是增强埃及外交的灵活性和独立性。2020年，埃及的外交政策继续应对三个紧迫的危机：埃塞俄比亚复兴大坝、东地中海天然气资源竞争以及利比亚问题，所有这些都与埃及的国家利益直接相关。

阿尔及利亚：
政局走向、大国博弈与国土安全[*]

一、政局走向

2019年，阿尔及利亚政局风云突变，执掌阿政权长达21年之久的政治强人阿卜杜勒-阿齐兹·布特弗利卡在民众的抗议声中宣布辞职，由此拉开了阿尔及利亚本年度政治动荡的大幕。这场政局突变的"大戏"可以分为两个阶段，第一阶段从2019年2月11日布特弗利卡执政团队宣布老总统将第五次参加总统选举从而引发民众大规模抗议开始，到4月2日布特弗利卡宣布辞去总统职位止。很明显，布特弗利卡的辞职并没有平息民众的不满，由此抗议继续进行。后续的抗议浪潮表明，阿尔及利亚民众显然不满足于布特弗利卡一人的下台，而是寄希望于通过抗议活动来达到整个旧政权体制倒台的目的。第二阶段，在布特弗利卡宣布辞职之后，旧政权体制内部阵营也出现了进一步的分化和重组，不同权力阵营之间的争斗同民众的抗议声浪交织在一起，让阿尔及利亚的政局走向充满了变数。

2019年2月11日，时任阿尔及利亚总统布特弗利卡的政治团队宣布老总统将第五次参与总统选举的声明成为点燃阿民众长期以来不满情绪的导火索，也由此拉开了民众抗议活动的大幕。2019年本就是阿尔及利亚的大选年，自1999年起开始执掌阿尔及利亚总统大权的布特弗利卡的第四次总统任期应于2019年4月28日结束。但是，继续谋求连任的布特弗利卡及其政治团队的诉求同近年来阿尔及利亚民众对于政治体制僵化的日益不满之间出现了严重对立，从而导致后续抗议活动的爆发。近年来，由于来自各阶层民众的持续压力，阿尔及利亚开始在限制总统权力方面做出了一定的让步，其中最重要的成果来自2016年通过的宪法修正案，其中规定总

---

[*] 作者：宛程，浙江师范大学非洲研究院非洲国际关系研究所助理研究员。本文系宛程主持2020年度社科基金青年项目"萨赫勒地区伊斯兰极端主义谱系"（项目编号为20CGJ044）阶段性成果。

统的任期为5年，且只能连任一次。反观布特弗利卡，不仅自1999年在阿尔及利亚执政以来已经三次连任总统一职，而且自2013年中风以来，布特弗利卡由于健康状况不断恶化，已经很少在公共场合公开露面或发表讲话。很显然，阿民众普遍认为他已经不再适合担任总统这一职务。由此，在布特弗利卡政治团队发表老总统将继续参与第五任期的选举活动后，阿尔及利亚在短时间内就爆发了由全国一半人口参与的抗议活动。2019年2月22日，成规模的抗议活动在阿尔及利亚主要城市爆发，当天是穆斯林的主麻聚礼日，也是阿拉伯国家每周的休息日。后续的抗议活动延续了这次抗议活动的模式，即在之后的每个休息日都有成规模的抗议活动出现。

面对声势日益壮大的民众抗议活动，不仅布特弗利卡的政治团队开始不断地让步，其统治集团内部也在观望中不断地分化瓦解，从而由军方最终站出来反对布特弗利卡继续执政而导致了他的最终下台。在2019年2月末成规模的抗议活动爆发后，布特弗利卡并没有表现出放弃参选连任的打算。2019年3月3日，他还发表声明明确表示将会继续参选，从而谋求第五个任期。这一声明也让后续的抗议活动更为激烈，参与的群体也不断扩大。2019年3月10日，阿尔及利亚最大的纳税行业——能源的从业者也加入了抗议活动当中，从而迫使布特弗利卡团队放弃了继续执政的执念。此番抗议声浪过后，布特弗利卡于2019年3月11日做出重大让步，宣布推迟总统选举，他本人也不再参加总统选举和谋求连任，而是将总统选举事宜交由新成立的"全国大会"负责。不仅如此，在布特弗利卡宣布做出重大让步的当天，阿总理乌叶海亚提出辞职，阿政府宣布解散。之后，布特弗利卡宣布任命内政部长贝都伊为总理，外交部长马姆拉为新增设的副总理兼外交部长。这样的政治安排，本是布特弗利卡及其政治团队试图缓和民众抗议活动而采取的拖延战术，在短时间内起到了麻痹部分群众的效果，但是很快就被民众所识破。此后，自2019年3月15日起，更大规模的要求整个布特弗利卡统治集团下台的抗议活动在后续的每个休息日继续进行。面对日益高涨的民众抗议声浪，布特弗利卡的政治盟友纷纷宣布与其决裂。2019年3月26日，阿尔及利亚军队最高实权人物，阿人民军总参谋长艾哈麦德·加伊德·萨拉赫突然发表电视讲话，指出布特弗利卡由于健康原因不再适合执政，并根据阿宪法第102条规定呼吁其辞职。正是军方发表的这一声明，成为打破布特弗利卡试图保留政治权力的最后一丝念想，为了保全体面，他在2019年4月2日宣布辞去总统职位。

在布特弗利卡宣布辞去总统职务之后，其先前的政治盟友纷纷自立门户，试图争夺阿尔及利亚的最高领导权。阿尔及利亚军方宣布接管了政权，总参谋长萨拉赫将军一方面宣布阿尔及利亚民族院议长本·萨赫勒担任临时政府总统，另一方面试图缓和民众的抗议声浪，筹备已经被耽搁的选举活动，从而让国家走上正轨。与此同时，布特弗利卡的弟弟萨义德·布特弗利卡同阿尔及利亚情报组织结成了临时政治盟友，试图同军方角力国家最高领导权。萨义德同老总统布特弗利卡关系亲密，有传言声称，在布特弗利卡总统于2013年中风而导致健康问题急转直下之后，萨义德成为总统府的实际掌权者。而与萨义德结盟的情报界人士也是阿尔及利亚政界实权人物，其中最主要的两人分别是阿尔及利亚前任情报机构总协调人穆罕默德·麦迪纳，以及布特弗利卡总统执政时期在任的情报机构总协调人阿特马尼·塔尔塔格。值得一提的是，麦迪纳自1990年至2015年期间一直领导阿尔及利亚情报机构，而塔尔塔格是其继任者。

在之后的政治角力中，萨义德集团同军方在如何对待民众抗议问题，以及最为关键的今后国家的发展路线上矛盾不断激化，这也最终导致了军方对萨义德集团的打压。在对待民众抗议问题上，军方试图缓和民众的情绪，从而为国家走上正轨做准备，但萨义德集团试图宣布阿尔及利亚进入"紧急状态"，从而以武力镇压民众的抗议。在国家发展的路线上，军方考虑暂时接管国家政权，但也为重新选举做准备；早在总统宣布辞职之前，萨义德集团就试图通过将代理人推向前台的计划而为政坛变故做准备，从而谋求阿尔及利亚的实际统治权。由此，麦迪纳密会阿尔及利亚前总统米纳·泽鲁阿勒，试图将后者推向整治前台，但是遭到了对方的拒绝。双方的政治角力伴随着民众的不断抗议，将阿尔及利亚推向混乱的边缘，正是这种现状触动了军方急于让国家恢复稳定的底线，由此导致军方在2019年5月4日突然发难，以"威胁军队权威"和"预谋反对国家政权"的名义宣布对萨义德、麦迪纳和塔尔塔格三人实施逮捕。不仅如此，在逮捕了萨义德集团的核心三人之后，军方又对支持萨义德集团的主要商人发起了逮捕行动。

在成功地打压了政治对手之后，军方开始着手为恢复国家的正常政治秩序做准备，而成功举办选举是其中的关键。2019年9月5日，阿尔及利亚临时总统本·萨赫勒宣布阿尔及利亚总统选举将于2019年12月12日举行。之后，阿尔及利亚总统选举活动走上正轨，阿尔及利亚成立了独立选举监督委员会，并对候选人的选举资格进行审核。这期间，共有23人报名参加总统选举并向独立选举监督委员会提供了相关材料。在经过一番审核之后，2019年11月2日，独立选举监督委员会主席穆罕默德·舒尔菲通过召开新闻发布会的方式公布了符合总统选举候选人资格的5人名单，他们分别是前总理阿卜杜勒-马吉德·特本、前总理阿里·本·弗利斯、前文化部长伊兹丁·米胡韦比、建设运动党主席阿卜杜勒-卡德尔·本·格里纳和"未来阵线"党领导人阿卜杜勒-阿齐兹·贝莱德。2019年12月12日，阿尔及利亚总统选举如期举行，当天阿尔及利亚各投票站选举秩序良好，没有发生恶性事件。12月13日，独立选举监督委员会公布了选举结果，宣布根据阿尔及利亚现行选举法，在首轮投票中得票率超过一半即直接当选总统的规定，前总理特本在这次总统选举中以58.15%的得票率，符合选举法的要求，成功当选阿尔及利亚总统。总统选举的成功举行，虽然没有让民众的抗议活动停止，但也为国家回归正常秩序奠定了重要的基础。

在2019年阿尔及利亚爆发要求布特弗利卡总统下台的抗议中，在诸多方面同西亚北非政治变局有着较大的差别。这些差别表现如下：第一，此番在阿尔及利亚发生的抗议活动并不能称之为"政治骚乱"，因为参与的民众都是在法律允许的范围内通过合法方式表达自己的政治诉求，而没有发生打砸抢事件，此外，正是因为民众通过和平的方式来表达政治诉求，阿尔及利亚军警也没有通过武力来镇压，因此没有出现民众同军警对立和冲突的情况。第二，此番抗议活动并非持续性地进行，而主要集中在每周五的国家休息日，因此在很大程度上日常的社会秩序并没有受到强烈的冲击。第三，非常值得注意的是，在此番抗议活动期间，阿尔及利亚的伊斯兰主义者并没有参与抗议活动，从中也可以看出此类政治诉求在阿尔及利亚社会中缺乏群众基础。因此，阿尔及利亚军方自然也就不会担心在抗议中伊斯兰主义者趁乱接管政权。

但是，此番抗议并未随着阿尔及利亚总统选举成功举办而结束，抗议活动仍在持续。不仅如此，军方实际统治者萨拉赫将军于2019年12月23日突发心脏病辞世，也让阿尔及利亚政治前景变得晦暗不明，各方进行政治角力的可能性随之增大，这种情况也大大增加了阿尔及利亚社会失控的风险。

二、地缘政治竞争

2019年，大国在阿尔及利亚的地缘政治竞争总体上属于大国在非洲大陆地缘政治竞争的一部分，这种竞争随着阿尔及利亚对俄罗斯军购的不断增长，购买产品的不断升级而呈现出"一边倒"的态势。阿尔及利亚同俄罗斯军事技术合作升级不仅是两国传统政治军事经贸合作长期深化发展的结果，也是俄罗斯试图在该年度重返非洲大陆助推作用的结果。这对与阿尔及利亚仅限于反恐方面合作的美国形成了强有力挑战。

首先，长期以来，阿尔及利亚同俄罗斯关系密切，是俄罗斯在北非地区和阿拉伯世界重要的政治和经贸伙伴。双方的关系奠基于苏联时期。早在1958年，原苏联政府就承认了阿尔及利亚临时政府。在阿尔及利亚于1962年宣布正式独立之后，苏联也是最早与阿尔及利亚建立外交关系的国家之一。不仅如此，在阿尔及利亚与摩洛哥之间的领土纷争以及西撒哈拉问题上，苏联也支持阿尔及利亚的政治诉求，并在美苏冷战时期为阿尔及利亚培训了大量的军事、技术和安全人员。苏联解体后，俄罗斯成为苏联的政治继承者，并继续保持了同阿尔及利亚的合作，其中军事技术合作成为维系双方关系最重要的纽带。其次，近年来俄罗斯在全球军售领域取得的优秀成绩极大地提升了俄罗斯重返非洲的信心，而包括阿尔及利亚在内的北非国家成为俄罗斯试图重返非洲大陆的重要抓手。自2000年以来，随着一些国家对俄罗斯军事技术产品采购的不断增加，俄罗斯军售逐渐走向复苏。而长期以来保持同苏联/俄罗斯之间友好关系的阿尔及利亚也自然成为了苏联军售复苏之后的主要采购者。而随着2013年之后，俄罗斯同美国在东欧、中东等地区的地缘政治竞争的加剧，以及俄罗斯军事产品在上述地区战场上的优异表现，极大地提升了俄罗斯的全球军售水平。这一情况自然就为俄罗斯加强同阿尔及利亚传统政治经贸关系奠定了基础。

事实上，自2000年以来，阿尔及利亚就成为俄罗斯军事产品的主要采购者，位列俄罗斯军售采购国的第三位。即便是在2013年叙利亚内战爆发后，叙利亚和伊拉克增加了对俄军事产品的采购，阿尔及利亚依然位于俄罗斯五大军事采购国之列。阿尔及利亚部队中装配的俄式装备包括：陆军装配有T-90主战坦克、BMP步兵战车、BMPT坦克支援车、TOS-1A喷火坦克、"伊斯坎德尔-E"近程弹道导弹系统；海军装配有4艘俄制"基洛"级潜艇和2艘20382型"虎"级护卫舰；空军则全部由俄罗斯军机构成，包括苏-30MKA战斗机、苏-34战斗轰炸机、雅克-130教练机以及伊尔-76运输机、伊尔-78加油机、米格-26和米格-28直升机等，以及2019年开始引进的S-400和"铠甲-S1"防空系统。

不仅如此，俄罗斯还试图通过发挥其军事技术优势，以北非地区为抓手，重返非洲大陆。2019年10月在俄罗斯索契举办的"俄罗斯—非洲峰会暨经济论坛"的召开，是俄罗斯自苏联解体以来以其继承国身份宣示重返非洲的高调声明。在会议期间，俄罗斯与非洲30多个国家签订了安全防务协定，俄总统普京还直言不讳地宣称俄罗斯将会继续参与制定加强非洲大陆安全以及保障地区安全的战略。除了官方表态之外，俄主流学者也积极支持俄罗斯以防务为抓手实施对非战略。这一决定自然推动了阿尔及利亚同俄罗斯之间军事技术合作水平的提升。2019年9月在莫斯科举办航空展期间，俄罗斯就接到了来自阿尔及利亚的军事采购订单，并同阿尔及利亚代表团达成了两项军事采购协议。这两项协议分别是关于米格-29采购协议以及苏-30MKA战斗机的采购和升级协议。除了签署这两项军事采购协议之外，阿尔及利亚代表团在航展期间还参观了当时并未量产的苏-57战斗机，并安排飞行员在模拟器上驾驶了这架俄罗斯当前最先进的战斗机。尽管首架量产的苏-57战斗机于2019年12月24日在俄罗斯阿穆尔河畔共青城附近坠毁，但仅仅3天之后，阿尔及利亚媒体就发布了阿尔及利亚已经与俄罗斯签订了购买14架苏-57战斗机协议的消息，这一消息表明阿尔及利亚将成为俄罗斯第五代战斗机的首个国外用户。不仅如此，由媒体发布的后续消息表明，此番阿尔及利亚购买苏-57战斗机的协议，只是俄罗斯对阿尔及利亚一揽子军售协议的一部分，其他订单还包括阿尔及利亚空军向俄罗斯购买的14架苏-34战斗轰炸机和14架苏-35多功能战斗机。此外，有消息说，这项军售协议的总价达到20亿美元，合同执行日期为2025年。虽然媒体公布了阿尔及利亚同俄罗斯达成的一揽子军售协议的内容，但外界对于阿尔及利亚为何在苏-57坠机之后3天就达成购买协议的行为感到不解，分析人士普遍认为这是为了应对邻国摩洛哥刚刚达成向美国采购25架F-16战斗机而采取的应对措施。

与俄罗斯试图强势回归非洲大陆的势头下进一步强化同阿尔及利亚的军事技术合作相比，美国同阿尔及利亚之间的关系前景却越发显得晦暗不明。究其原因，主要在于以下三个方面：第一，特朗普上台后打造的"非洲新战略"中的对非安全政策颇为消极，由此可能进一步压缩美国同阿尔及利亚本来就不宽泛的合作领域。对非经贸、反恐和援助三大领域，依然构成了特朗普政府"非洲新战略"的主要方面，但是同奥巴马政府时期的对非安全合作相比，特朗普政府的对非安全政策显得颇为消极。主要原因除了特朗普试图削减美军在非驻军，以及减少对联合国在非维和任务的支持之外，特朗普政府试图通过鼓励非洲国家开展自主反恐活动而降低美军在非洲直接参与反恐行动的力度和规模。由此可见，特朗普政府试图在非洲"甩包袱"，在这种情况下美国和阿尔及利亚合作的重点领域在于反恐和安全，尤其是通过共同合作来抵御"伊斯兰国"回流人员的努力极有可能受到削弱。

第二，面对俄罗斯加强对非洲尤其是阿尔及利亚军售的情况，美国对阿尔及利亚的一味指责甚至是威胁制裁会对两国关系产生负面影响。与俄罗斯通过军售强势宣布重返非洲大陆相比，近年来，美国虽然依然维持着世界第一军售国家的牌面，但是在非洲的军售市场却不断萎缩。除了目前摩洛哥依然对美国军事产品保持着较为旺盛的购买力之外，其在非洲的传统盟友如埃及、埃塞俄比亚等都转向接受性能良好而价格却相对便宜的俄罗斯军事产品。面对如此局面，美国除了对阿尔及利亚等国家发出警告甚至是威胁之外，并没有太多可以实质扭转局面的措施。

第三，正是美国长期以来在马格里布地区实质支持摩洛哥的政策，造成了地区国家之间关系的进一步恶化，也加剧了大国在马格里布地区的地缘竞争。自冷战时期开始，马格里布地区的主要国家摩洛哥和阿尔及利亚已经各自选好了阵营，在阿尔及利亚倒向苏联的情况下，摩洛哥选择接受美国和西方的支持。自此以后，在马格里布地区事务上，美国不但接受摩洛哥为其重要盟友，而且在事关摩洛哥和阿尔及利亚双边关系走向的西撒哈拉问题上，美国也一直支持摩洛哥而打压阿尔及利亚。更为重要的是，近年来美国对摩洛哥军售的持续升温不断地刺激着阿尔及利亚的神经，从而进一步加强了阿尔及利亚军事上对俄罗斯的依赖。最为明显的例证就是2019年摩洛哥一跃成为美国军售市场的第三名。事实上，也正是摩洛哥斥72.6亿美元重金来购买美国的F-16战机和"艾布拉姆斯"主战坦克，进一步刺激了阿尔及利亚购买苏联最先进战机的欲望。此番阿尔及利亚坚持下大单购买俄罗斯最先进战斗机，就是受摩洛哥购买美国战机的影响。这种情况也会进一步加剧美国同阿尔及利亚双边关系的不睦。

三、安全局势走向

2019年，阿尔及利亚安全局势总体上延续了2018年的良好趋势，能够保持国土安全。自2018年始，阿尔及利亚国土安全开始有了明显的好转，虽然在南部山区同西萨赫勒地区国家交界处依然存在着走私以及少量的恐怖主义活动，但整年度本土未发生一起爆炸袭击事件，这种局面是自

1992年阿尔及利亚爆发内战26年以来第一次出现，2019年则延续并保持了这一趋势，这在很大程度上说明了阿尔及利亚本土安全局势开始向好的方向发展。这种局面的出现，是阿尔及利亚反恐措施和全球恐怖主义网络运动相互作用的结果。能够在近年来保持国土安全的良好局面，首先得益于阿尔及利亚长期以来采取的强硬反恐措施发挥了作用。自2002年阿尔及利亚结束内战走向政治重建以来，为防止伊斯兰极端势力重新坐大，开始对本国伊斯兰极端势力和恐怖主义组织采取强力打击的政策，尤其是后期主要针对"基地"组织马格里布分支机构采取了强力打击措施。正是在政府的强力打击下，在2009年对毛里塔尼亚大使馆实施炸弹袭击之后，"基地"组织马格里布分支机构彻底转向萨赫勒地区发展，从而极大地减少了对阿尔及利亚本土的安全威胁。虽然自此之后本土安全威胁大大降低，但阿尔及利亚政府并没有放松一直以来采取的强硬反恐政策。近年来，面对西萨赫勒地区安全环境日益恶化的外溢风险，阿尔及利亚安全部门将维护国土安全的重点转移到边境的管控上来，并采取了一系列防止边境被渗透的安全措施。阿尔及利亚政府为边境驻防和巡防部队配备了高性能的设备，尤其是长距离夜视仪的使用，很大程度上提高了巡防士兵在夜间的行动能力，从而有效防止恐怖分子和其他不法活动者在夜色的掩护下对边境的渗透和袭扰。不仅如此，除了从地面上加强边防安全能力之外，阿尔及利亚安全部门还采用了地空结合的方式来强化对边境的控制，除了采取直升机巡逻之外，自2019年开始频繁使用无人机进行巡防和监控，极大提高了边境管控的效率。[1] 在这些措施的基础上，阿安全部门在边境防控上还雇佣了大批的私人安保人员，由此可见对边境管控的重视程度。上述措施的实施，极大地提高了阿安全部门的边境防控能力，从而有效保障了阿国土的安全。

除了安全部门采取了有效措施维护国土安全之外，全球恐怖主义网络的运动趋势也在很大程度上对阿国土安全趋势产生了影响。除了上文中提到的"基地"组织马格里布分支机构转向萨赫勒地区发展之外，从2012年到2016年，"伊斯兰国"在叙利亚和伊拉克崛起，全球"圣战者"开始向沙姆地区和两河流域聚集，这其中也包括阿尔及利亚籍公民。除此之外，同处马格里布地区的利比亚陷入内战，尤其是利比亚"伊斯兰国"的

---

[1] Geoff D. Porter, AQIM Pleads for Relevance in Algeria, CTCSENTINEL, March 2019, Vol. 12, No. 3, p. 33.

继续存在也吸引了大批阿尔及利亚籍公民前往参战。虽然在2016年利比亚"伊斯兰国"失去了对希尔特省的实际控制，但却转入地下开始发动对政府军的袭扰战略，开启了新一轮的"建国"步骤。在这一战略的指导下，利比亚"伊斯兰国"武装分子采取了攻击政府象征部分和在山区进行隐蔽、游击和袭扰相结合的策略，对地区安全构成了巨大威胁。到2019年，加上利比亚内战至今未决，为"伊斯兰国"在该地区的生存提供了便利的环境，也吸引着包括阿尔及利亚在内的周边国家的支持者前来参战。极端主义的同情者和"圣战"事业的参与者向海外地区转移，在客观上减轻了阿尔及利亚本土的安全压力。

虽然2019年度阿尔及利亚国土安全继续得以保障，但由于近年来国际恐怖主义网络的运动趋势，让阿尔及利亚成为从事"圣战"者的重要过境通道，从而极大加剧了该国南部地区的安全威胁。进入21世纪以来，西萨赫勒地区逐渐成为阿尔及利亚籍"圣战者"活动的主要区域，从而形成了"圣战者"向萨赫勒地区转移以及"圣战"组织萨赫勒化的现象，这一趋势即使是在"伊斯兰国"肆虐中东的鼎盛时期，阿尔及利亚籍"圣战者"向马里、尼日尔、布基纳法索和乍得等国家转移的趋势也没有停止。此外，"伊斯兰国"在叙利亚的实体于2016年被消灭后，大批"圣战者"开始回流，其中包括阿尔及利亚籍"圣战者"。但是，他们的最终目的地并非母国阿尔及利亚，而是前往西萨赫勒地区，并加入当地的"圣战"网络。究其原因，阿尔及利亚南部地区环境发挥了重要作用。首先，阿尔及利亚南部为便于藏匿的山地，这种环境与阿富汗极为相似，为转移的"圣战者"提供了重要的庇护场所；其次，阿尔及利亚南部山地一直绵延至马里北部地区，并一直向南通往撒哈拉沙漠，自古以来就是重要的沙漠商道，并在后来成为物品走私和毒品贩运的重要通道，这种环境也为"圣战者"转移提供了极大的便利；再次，出于阿尔及利亚同邻国进行地缘博弈的战略需求，阿尔及利亚政府尤其是其安全部门一直同活跃于西撒哈拉、毛里塔尼亚等相邻地区和国家的恐怖组织保持一定的联系，这种情况就导致阿尔及利亚安全部门在边境防控上对于外来渗透进行严防，而对于越境输出则"睁一只眼闭一只眼"，这一政策事实上等于默许"圣战者"向马里等国家进行转移。①

---

① Manish Shukla, Africa at par with Pakistan, Afghanistan in Terrorism, Here's How Terrorism in the Dark, ZeeNews, https://zeenews.india.com/world/mapping-terrorism-expansion-and-growth-of-terrorism-in-africa-2301252.html.

马格里布地区"圣战"组织的萨赫勒化，以及"圣战者"从中东地区的回流让阿尔及利亚成为重要的回流通道，而这种情况对萨赫勒地区的安全和稳定造成的负面影响是显而易见的。自21世纪马格里布地区"圣战"组织开始向萨赫勒地区转移始，这些组织就开启了萨赫勒化的进程。随着近年来马格里布"圣战"组织将活动的场所彻底转向萨赫勒地区，这一进程也在加速进行。其中的重要标志是马格里布"圣战"组织同萨赫勒地区"圣战"组织的融合，以及马里籍"圣战者"开始掌握马格里布"圣战"组织的领导权。2017年3月，"基地"组织马格里布分支机构在其领导人阿卜杜勒－马利克·德鲁克德勒的率领下同两个萨赫勒地区"圣战"组织——"辅士团"与"马西纳解放阵线"合并，并宣布共同组成新的跨区域"圣战"组织"伊斯兰和穆斯林支持阵线"，同时宣称新成立的跨地区"圣战"组织由马里籍"圣战者"图阿雷格人伊亚德·阿格·卡里领导。[①]除此之外，"基地"组织马格里布分支机构在马里地区的分支和支持机构的领导人也多由马里籍"圣战者"组成。在这一背景下，"圣战者"由中东地区经阿尔及利亚向西萨赫勒地区的转移对该地区的安全造成了严重的负面影响。根据2019年全球恐怖主义指数的统计，包括西萨赫勒地区在内的泛撒哈拉非洲地区国家由于恐怖袭击所导致的死亡人数已经超过中东和北非地区。其中，在全球范围内，西萨赫勒地区的马里、尼日尔等国的恐怖袭击数量相比2018年增长最多。根据联合国的统计数据，2019年，在马里、尼日尔和布基纳法索三个西萨赫勒国家，由极端伊斯兰"圣战"组织发动恐怖袭击导致的死亡人数超过了4000人，这一数字相比2016年增长了5倍。[②]

除了来自国际"圣战"网络的安全威胁之外，2019年，阿尔及利亚国土安全也面临着来自"波利萨里奥阵线"的挑战。"波利萨里奥阵线"又称"西撒哈拉解放阵线"，自1973年成立以来长期致力于西撒哈拉独立，是拥有武装人员的政治军事组织。而阿尔及利亚对该组织的支持是其能够一直活动的重要原因。由于同周边国家，尤其是摩洛哥进行地缘政治竞争的需要，阿尔及利亚长期以来一直对该组织进行军事和政治支持，不仅安

[①] Alex Thurston, Al-Qaeda in the Islamic Maghreb: an al-Qaeda Affiliate Case Study, The Center for Naval Analysis, October 2017, p. 4.
[②] Manish Shukla, Africa at par with Pakistan, Afghanistan in Terrorism, Here's How Terrorism in the Dark, ZeeNews, https://zeenews.india.com/world/mapping-terrorism-expansion-and-growth-of-terrorism-in-africa-2301252.html.

全部门对该组织提供军事和技术培训，而且在南部地区为其设立难民营，对其成员提供庇护。1991年，"波利萨里奥阵线"在同摩洛哥的军事斗争中失败，在联合国的协调下宣布停火。但是在阿尔及利亚的支持下，其成员得以转移至阿尔及利亚南部和毛里塔尼亚的难民营中进行避难，并以这些难民营为根据地继续同摩洛哥保持军事对抗。这进一步恶化了阿尔及利亚同摩洛哥的关系，在2013年，两国甚至相互召回了驻派国大使。

近年来，随着阿尔及利亚西南部廷多夫省的难民营中聚集了越来越多的主张采用恐怖主义来实现西撒哈拉独立的"波利萨里奥阵线"支持者，摩洛哥不仅面临着来自国际社会的更大压力，当地官员同这些支持者的冲突也越来越公开化。不仅如此，近年来，随着"波利萨里奥阵线"难民营中恐怖主义活动支持者的不断增加，该组织同"基地"组织马格里布分支机构的关系越来越密切，正是通过该组织的走私渠道为"基地"组织马格里布分支机构提供了大量的武器、金钱和人力支持。上述这些变化迫使阿尔及利亚开始考虑转变同"波利萨里奥阵线"的关系。虽然阿尔及利亚政府在2018年初向联合国和摩洛哥政府承诺不再对"波利萨里奥阵线"提供支持，但是并没有得到后者的信任。2018年4月，当阿尔及利亚空军运输机在首都附近起飞时发生爆炸后，信任更是降至冰点。其主要原因在于摩洛哥政府发现在飞机坠毁造成的257名死者当中有26名"波利萨里奥阵线"武装分子。这次事件也导致了阿尔及利亚政府的国际声誉受到严重损害，从而迫使阿政府考虑对"波利萨里奥阵线"采取强硬措施以挽回国际声誉。[①]

正是阿尔及利亚同"波利萨里奥阵线"关系的转变让其国土受到了安全威胁。至2019年，"波利萨里奥阵线"在阿尔及利亚的难民营中难民人数已经达到9万。不仅如此，该组织在毛里塔尼亚的难民营中难民人数也达到了2.4万。[②] 数量庞大的难民群体不仅为恐怖分子提供了掩护，而且难民营本身也成为恐怖组织招募成员的重要来源。这就使阿尔及利亚国土安全遭遇来自本国南部和毛里塔尼亚方向的双重威胁。随着阿尔及利亚政府与"波利萨里奥阵线"之间关系的进一步恶化，这种不确定性极有可能导致该组织伙同活跃于马格里布和西萨赫勒地区的恐怖组织对阿尔及利亚

---

① Algeria: Later Rather Than Sooner, Strategy Page, 2020, August 10, https://www.strategypage.com/qnd/algeria/articles/20200810.aspx.

② Algeria: Later Rather Than Sooner, Strategy Page, 2020, August 10, https://www.strategypage.com/qnd/algeria/articles/20200810.aspx.

采取报复性打击，届时阿尔及利亚为维护国土安全所面临的压力会剧增。

结　语

国内局势动荡不安，不断面临恐怖主义威胁，以及大国在阿尔及利亚及其周边地区地缘政治竞争的加剧，都进一步加强了阿尔及利亚所面临的国土安全威胁，使其安全环境面临着极大的不确定性。统治阿尔及利亚将近20年的老总统布特弗里卡在民众的抗议声中黯然下台，不仅如此，长期以来团结在其周围的政治精英也逐渐分化瓦解，有些甚至遭到了政治清算。尽管阿尔及利亚在短暂的军队接管政权之后重新进行了政治选举，但民众的抗议声浪以及统治集团内部的精英分裂依然撕裂了国家外在的团结形象，也使新冠肺炎疫情到来之后的政局走向充满了更多的不确定性。在这种情况下，阿尔及利亚不仅面临着来自其国土南部西萨赫勒地区的日益动荡，也面临着日益严重的利比亚内战外溢以及"伊斯兰国"回流人员的威胁。更为严重的是，其国土南部难民营中的极端主义情绪日益高涨，对国土安全造成了极大的威胁。除了面对国内日益严重的国土安全威胁之外，以美国和俄罗斯军购为表象的域外大国在马格里布地区的地缘政治竞争无疑进一步加剧了阿尔及利亚同邻国摩洛哥之间的紧张对立情绪，也让阿尔及利亚本就不太平的国内安全环境增加了更多的不确定性和风险。

利比亚：
国家重建过程中的内外困境[*]

一、利比亚局势演变背景

（一）混乱的内外形势

自2011年"中东剧变"以来，西亚北非地区诸多国家相继出现政权更迭现象。其中，利比亚、叙利亚、也门等国的乱局持续至今。自2020年以来，利比亚局势渐趋复杂，进一步吸引了国际社会的关注。卡扎菲政权在统治该国40余年后于2011年被推翻，该国局势随即陷入一片混乱之中。反对派在班加西成立"国家过渡委员会"，美国、法国、英国随即打着"保护的责任"旗号[①]介入该国局势，旨在把利比亚变成"新干涉主义"的试验场。在西方大国推动下，联合国安理会曾先后通过第1970、1973号决议，对利比亚实施制裁，并授权在利比亚设立"禁飞区"，对利比亚政治事务实施干预。北约组织（NATO）部分国家随后还对利比亚发起了所谓的"非战争"形式的军事行动。[②] 2011年11月22日，利比亚过渡政府正式成立，并于2012年7月顺利组织举行国民大会（制宪议会）选举，穆罕默德·尤素福·马格里夫（Mohammed Yousuf Magarief）任国民大会首任议长（临时国家元首）。"过渡委"之后向国民大会和平移交权力。2013年5月，国民大会通过《政治隔离法》，禁止曾在卡扎菲政权时期担任高官者在新政权中担任要职，马格里夫宣布辞职。2013年6月，国民大会选举努里·阿布萨赫明（Nouri Abusahmin）为新议长。2014年3月，扎伊丹总理被国民

---

[*] 作者：王国兵，西安外国语大学国际关系学院讲师。本文系西安外国语大学校级科研项目"伊朗伊斯兰革命卫队多重角色与影响探析"（20XWE04）的阶段性成果。

[①] Carter Ham, *R2P and the US Interverntion in Libya*, Gewerbestrasse: Palgrave Macmillan, p. 21.

[②] Susannah O'Sullivan, *Military Intervention in the Middle East and North Africa: The Case of NATO in Libya*, London and New York: Routledge, 2018, p. 126.

大会解职，临时政府国防部长阿卜杜拉·萨尼（Abdullah Thinni）任代总理。2014年6月，利比亚举行国民代表大会（新一届制宪议会）选举；2014年7月，公布最终选举结果；2014年8月，国民代表大会在利比亚东部城市图卜鲁格举行首次会议。2014年5月以后，利比亚各派政治、军事斗争日趋激烈，局势急剧恶化。国际社会特别是联合国逐步加大斡旋力度，多次主持召开有关利比亚问题的国际会议。2015年12月，利比亚各派势力在摩洛哥签署了《利比亚政治协议》，设立总理委员会，并组建民族团结政府（GNA, Government of National Accord）。然而，现实情况却并非沿着规划路线发展。2016年初，总理委员会两次向国民代表大会提交民族团结政府名单草案，均遭否决。民族团结政府至今也未得到国民代表大会承认。2017年，加桑·萨拉迈（Ghassan Salame）出任联合国秘书长利比亚问题特别代表，提出解决利比亚问题的路线图。2018年5月，法国总统倡议在巴黎召开有关利比亚问题的国际会议，会后利比亚各派发表了《巴黎宣言》，就年内举行大选达成初步共识。2018年8月下旬至9月中旬，利比亚首都的黎波里再次爆发大规模武装冲突。经联合国调解，冲突各派于2018年9月26日达成停火协议。2018年11月中旬，意大利政府倡议召开的利比亚问题国际会议在西西里岛首府巴勒莫举行，萨拉迈特别代表提出推进利比亚政治过渡"三步走"方案，即2019年上半年先后举行利比亚全国对话会、制宪公投、总统和议会选举。①

（二）外部干预力度逐渐加强

自2019年以来，利比亚国内两派势力之间的冲突更加激烈，外部力量对利比亚局势干预力度也进一步加大。2019年4月，哈夫塔尔部队逼近苏尔特、米苏拉塔等城市和首都的黎波里南部，4月底又对首都附近展开攻击，外界一度认为利比亚民族团结政府将会彻底倒台。到2020年1月，哈夫塔尔将军领导的"国民军"攻占该国要津苏尔特，还几乎控制了利比亚沿海所有输油港，基本断绝了民族团结政府的石油收入。土耳其议会通过向利比亚派兵议案，决定干预利比亚局势。据土耳其国内议案内容来看，土方认为"利比亚事态发展威胁到土耳其利益，派兵将有助于防范'非法

---

① "利比亚国家概况"，中华人民共和国外交部，2018年8月24日，https://www.fmprc.gov.cn/web/gjhdq_676201/gj_676203/fz_677316/1206_678018/1206x0_678020/，2020年5月21日。

大规模移民的威胁'，并防止'形成有利于恐怖组织和武装团体的环境'"。① 根据该议案，土军队在利比亚部署时间将为一年左右，此举会让利比亚民族团结政府在战场上获得更多支持。此外，2020年1月下旬，在德国牵头组织下还召开了关于利比亚问题的柏林峰会。尽管联合国五个常任理事国和相关国家均派代表出席了这次会议并达成协议，但利比亚国内两派势力并没有"同框"出现，难以达成一致性意见。最终，柏林峰会也未能实现预期效果。2020年3月初，利比亚国内受到新冠肺炎疫情影响，哈夫塔尔将军领导的"国民军"暂时停止了进攻势头。4月初，民族团结政府在土耳其支持下发起反攻。截止2020年7月底，利比亚国内局势依旧十分复杂，两派势力胶着不下。

综上而言，在后卡扎菲时代，利比亚地区事态发展大体经历了四个阶段。第一阶段是卡扎菲政权倾覆时期（2011年10月至2012年7月），这一时期重点是确定该国临时领导人选和2011年后该国冲突情况的演变。第二阶段是有争议的过渡期（2012年7月至2014年5月），该阶段矛盾侧重点在于权力合法化和临时机构运行稳定性的测试。第三阶段是对抗和调解时期（2014年5月至2016年），这一阶段特点是松散的政治—军事联盟存在的事实对立局面。其成员与伊斯兰极端主义团体之间发生多次冲突，以及第三方势力为促进和解的持续努力。第四阶段是局势渐趋复杂时期（2016年至今），这一阶段的总体特征是政局持续动荡。尽管和解协议一度达成，但最终化为一纸空谈。土耳其、埃及、俄罗斯、以色列、沙特、法国、意大利等国对利比亚国内两派势力的站位导致局势渐趋复杂，外部干预因素成为影响利比亚局势走向的重要推手。由目前局势看，利比亚国内政治发展仍处于第四阶段中，笔者认为利比亚实现战后重建目标依旧艰难，个中理由值得认真探讨。

二、利比亚政局"迷雾重重"

（一）国内政治派系对立

利比亚地处地中海南岸，与埃及、苏丹、乍得、阿尔及利亚、尼日

---

① "利比亚局势面临三大变数"，中工网，2020年1月8日，http://media.workercn.cn/sites/media/grrb/2020_01/08/GR0605.htm，2020年5月21日。

尔、突尼斯等国接壤，是北非地区重要的阿拉伯国家。该国石油、天然气资源丰富，是欧佩克成员和世界主要产油国和出口国之一。自"中东剧变"以来，街头抗议运动让卡扎菲政权倾覆，该国局势陷入混乱当中。当下，围绕利比亚国内政治权力进行角逐的力量分别是萨里杰（Sarraj）领导的民族团结政府和哈夫塔尔（Haftar）领导的"利比亚国民军"（Libyan National Army）。这一现状是近年来利比亚局势发展的自然结果。自2014年以来，利比亚国内政坛基本上都是"两个政府、两个议会"的情形，东西两个政府形成实质上的政治分裂，国家处于动荡之中。哈夫塔尔将军领导的"国民军"势力处于相对优势地位，并未将民族团结政府放到眼中。2020年初，战场局势一度让外界认为利比亚西部的民族团结政府或将彻底倒台。然而，土耳其的强势介入让战场形势发生变化，"国民军"进攻一度受挫，局势更加焦灼。从当下利比亚国内政局形势看，主要面临问题有：派系格局争斗、政治合法性面临重大挑战，国民政治参与意愿较低且存在认同危机，外部干预过度等问题。因此，实现战后重建和政治秩序统一困难重重。

从历史而言，利比亚往往代表一个地理名词，这是源自这一地区自然地理和部落分布等情况。所以，利比亚地区主义思想十分盛行，民族国家构建存在先天缺陷。利比亚西部、东部和南部三个地区因自然地理条件在历史上处于分裂状况，彼此之间联系并不紧密。以的黎波里为中心的西北地区属马格里布，与突尼斯等国往来密切；以班加西为中心的东部地区的昔兰尼加与埃及存在几千年的历史交往；利比亚南部的费赞地区则与撒哈拉以南沙漠地区联系较为紧密。其中，费赞地区属于利比亚西南部，面积大约有72.5万平方公里，约占全国面积的30%。公元前一世纪左右曾被罗马帝国占领，公元七世纪阿拉伯人将伊斯兰教传播至此。之后该地区被意大利、法国殖民统治，1951年利比亚独立后成为三大重要组成部分之一。利比亚1963年取消联邦制后，行政区划虽取消，但民众习惯上仍沿用这个名称。该地区自然地貌大部分以流沙为主，剩余部分为砾石荒漠。[①]这三大地区由不同的武装势力所控制，这一现实间接证明了利比亚国家构建存在地区主义问题。

目前，利比亚西部属于民族团结政府控制范围。然而，民族团结政府

[①] BTI 2020：Libya Country Report, p.14, https://www.bti-project.org/content/en/downloads/reports/country_report_2020_LBY.pdf, 2020-05-23.

几乎没有能力对该国其他城市及相关地区的人口行使其权力。首都的黎波里的格局也是高度分散的状态。具体而言，有4个民兵组织能够与民族团结政府共同控制首都治安。它们分别是"特别威慑力量"（Special Deterrence Force，SDF）、"的黎波里革命营"（Tripoli Revolutionaries Battalion，TRB）、"纳瓦西营"（Nawasi Battalion）、"阿布·斯利姆中央安全部队"（Abu Slim Unit of the Central Security Apparatus）。它们已控制的黎波里大部分地区，并逐步取代"国民军"对首都的控制权。尽管这四大民兵武装组织内部存在分歧，但当其他武装势力挑战时则会选择团结一致应对。目前，这些民兵组织资金来源已经出现一定危机。维持的黎波里治安的重要性不言而喻，如何进一步实现首都地区的和平和安定需要进一步观察局势发展。此外，哈夫塔尔将军控制的利比亚东部地区是利比亚另外一支重要的武装势力。自2016年以来，东部地区基本上处在"国民军"控制之下。哈夫塔尔将军投入大量资金组建军队并维持这一地区的治安。埃及、阿联酋、沙特、约旦、法国、俄罗斯等国也给予其资金支持和军事援助，进一步壮大了其实力与声势。当然，民族团结政府背后也有土耳其、意大利、卡塔尔等国为其"摇旗呐喊"。从短期看，两派权力之争还将持续。此外，费赞地区的统治也基本游离于中央政府之外。利比亚民族国家构建过程深受部落因素影响。目前，大约有2000多个部落生活在利比亚境内，中等部落有100多个，规模较大的有50多个，其中一部分还是跨境居住，它们在利比亚国家的经济建设与政治生活中起着重要作用。最具影响力的是瓦法拉（Warfalla）、图阿雷格（Touareg）和卡达法（Qadhadfa）。各个部落之间的利益关系十分复杂，冲突频繁爆发。费赞地区有两大重要的部落，分别是图布（Tebu）部落和图阿雷格（Touareg）部落。对于图阿雷格人来说，利比亚历届中央政府扮演了"欧洲穷人"角色，负责提供公共产品，让图阿雷格部落这个跨境民族获得就业和受教育机会。[①] 利比亚中央政府对费赞地区部落民众存在一定歧视情况，没有给予他们平等的公民地位，这导致其与中央政府难以保持一致立场。因此，想要实现利比亚社会平稳运行，必须解决好部落问题。唯有解决社会整合问题，民众才能抛弃对部落内部个人威权的服从，转而对现代国家、国家制度的认同。

[①] BTI 2020：Libya Country Report, p. 11, https：//www.bti-project.org/content/en/downloads/reports/country_report_2020_LBY.pdf, 2020-05-23.

（二）政治合法性面临挑战

此外，想化解利比亚危机，需要组建行之有效且具有合法性的政府机构。自卡扎菲倒台9年以来，利比亚仍没有一部各方均认可的《宪法》运行实施，政党如雨后春笋般林立于政坛之上。有关宪法问题，各派难以对国家政治体制达成一致。自2011年以来，利比亚党禁得以解除，大量党派涌现。2012年7月，国民议会选举后产生了许多新政党，其中，利比亚国家力量联盟（National Forces Alliance）被认为是自由派代表且规模最大。它由58个政治组织、236个非政府组织和286个独立人士构成。排在第二位的正义与建设党（Justice and Construction Party）也具有一定影响力。但这些政党大都难以获得利比亚民众的真诚拥护，它们既无严密的组织结构也没有执政经验，更提不出相应的理论引导民众。从利比亚过渡政府、临时政府再到国民代表大会中的多数派都无法真正引领该国政治发展走向。根据马克斯·韦伯关于政治合法性的理论而言，政治统治模式可分为传统型、法理型和克里斯玛型三种。[①] 在卡扎菲统治时期，利比亚国内政治合法性就属于克里斯玛型统治。在其统治期间，没有具体授权的规章制度和法律原则，这一时期的政治合法性主要是靠政治上大肆宣扬领导人魅力而得到。在后卡扎菲时代，想要实现政治和解必须解决政治合法性问题。从中东地区强人政治的传统来看，笔者认为利比亚国内政治发展走向很有可能最终会再次走上这一轨道。

再有，利比亚国内民众对当下时局十分失望，政治参与意愿急剧降低，该国政治重建工作步履艰难。2014年6月25日，利比亚众议院曾进行选举。据统计，这轮选举共有1734名候选人竞争200个席位。大部分候选人均是独立人士，政党代表人士极少。2014年3月11日，利比亚"宪法宣言"修正案规定，利比亚众议院将会取代国民议会（GNC）作为临时立法机构并颁布新宪法。在这次选举中，选民投票率仅为18%（63万人），卡扎菲死后第一年，利比亚进行选举活动时投票率高达60%（300万人）。[②] 仅仅两年，差距已十分明显。2013年，班加西大学和牛津大学联合进行的一项民主调查再次证明了这一点。在2000人规模抽样调查中，

[①] [德] 马克斯·韦伯著，林荣远译：《经济与社会（上）》，商务印书馆，1997年版，第241页。

[②] Christopher M. Blanchard, *Libya: Transition and U. S. Policy*, CRS Report for Congress, RL 33142, May 2, 2018, p. 10.

只有15%的人支持实行民主制度，大约40%的人支持个人独裁，而16%的人表示他们已经做好了诉诸暴力以实现其政治目标的准备。阿伯丁大学2014年"阿拉伯转型项目"调查结果显示，在1540名受访者中有32%支持民主议会系统运行该国政治，还有27%的人支持政府通过伊斯兰教法运行，而不需要政党或选举等方式。① 利比亚市民社会发展同样也有障碍。目前规模较大的社会组织如市民社会组织（CSO）发展存在一定问题，该组织主要关注人道主义援助和解决人民的迫切需求，其人数不多，且与利比亚国内东西两大政治派别存在联系。然而，这一组织的发展存在资金不足、规模不大等诸多问题。其他类似的社会组织还有法律援助组织等。它们的重要性不言而喻，且都能减缓该国日益严峻的民生问题，但却无法真正摆脱混乱局势之影响。

（三）外部干预力量不容忽视

除此之外，外部力量对利比亚问题的干预也导致该国政治发展充满不确定性因素。不论是哈夫塔尔将军领导的利比亚国民军，还是萨拉杰政府，均不可避免地受到外部势力的影响。沙特、土耳其、阿联酋、埃及、卡塔尔、俄罗斯、法国、意大利等国都对利比亚问题干预颇多。经过西亚北非政治变局及其余波的地缘政治洗牌，沙特跃升为阿拉伯世界"第一领袖"，埃及紧随其后。在利比亚问题上，两国存在利益一致的一面。沙特、埃及、阿联酋支持哈夫塔尔将军领导的"国民军"，而土耳其则支持萨拉杰领导的民族团结政府。近年来，土耳其正发党在土国内面临巨大执政压力，再加上东地中海天然气资源开发等问题的牵涉，导致埃尔多安总统试图在利比亚问题上彰显"肌肉"，获得话语权。2019年，为应对哈夫塔尔一方的迅猛攻势，萨拉杰请求土派兵作战，获得土方积极响应。土耳其议会在2020年1月初通过向利比亚派兵议案后战局发生重大变化，哈夫塔尔军队进攻一度受挫，转入被动局面。此外，俄罗斯、法国、意大利、美国、英国也各自有自身战略考量，试图在这场乱局中攫取利益，导致局势更趋复杂。此外，虽然联合国也积极参与利比亚问题，但却不能真正解决好利比亚问题。2017年6月，联合国利比亚问题特使加桑·萨拉迈上任以来，试图通过新的和平路线图来提高政治进程。为此，他提出了一系列建

---

① BTI 2020：Libya Country Report，p. 17，https：//www.bti - project.org/content/en/downloads/reports/country_ report_ 2020_ LBY. pdf，2020 - 05 - 23.

议，包括修改 2015 年的利比亚政治协议，召开"全国对话"，完善《宪法》，举行议会与总统选举等等。联合国还积极参与利比亚局势的斡旋，却不能扭转乾坤。萨拉迈在 2019 年辞职后，联合国利比亚问题特使人选也处在"难产"状态，进一步反映了西方大国对利比亚问题的干涉程度之深。

利比亚国内的安全治理也面临重大困难，无论是非法移民问题还是恐怖主义治理问题都困扰着邻国，并牵涉着国际社会的神经。目前利比亚已经成为北非地区非法移民问题最为突出的国家。由于利比亚所处的交通位置，导致该国不仅是欧洲国家移民的主要来源国，还是非洲各国非法移民的中转国。由利比亚乘船前往意大利是非洲国家难民前往欧洲的主要通道之一，再加上近年来利比亚石油工业对外部劳工的需要，导致利比亚政府对非法移民的政策只能选择"睁一只眼闭一只眼"的模糊态度。另外，"伊斯兰国"和"基地"组织伊斯兰马格里布分支都对利比亚安全问题构成影响。战乱和权力真空为这些恐怖主义组织的发展提供了绝佳环境。再加之当今利比亚政治局势波谲云诡，难以在短期内实现重大改变。因此，利比亚政治发展只能用"迷雾重重"来概括。

三、利比亚经济复苏步履艰难

战争从来都是经济发展的天敌，利比亚自然也不例外。自 2011 年战乱以来，这一地区的经济衰退表现得非常明显，据世界银行统计数据，2015 年利比亚人均收入降至 4500 美元以下，而 2012 年则接近 13000 美元。与危机前相比，小麦和面粉的价格分别上涨了 500% 和 350%。[1] 2017 年，利比亚经济结束连续 4 年的负增长，实现 26.68% 的恢复性增长，2018 年有 7.84% 的增长，2019 年也有 2.54% 的涨幅。然而，经济总量和人均 GDP 却未能恢复到战前水平。截至 2018 年，利比亚经济总量和人均 GDP 相当于 2012 年的 59% 和 55.6%。[2] 利比亚与伊拉克、叙利亚、也门都被国际社会视作冲突国家，近年来经济急剧下降，成本持续大幅上升，暴力恐怖活动升级造成了食品与其他生活必需品的短缺，基础设施处于被破坏状态，通货膨胀率上升，储蓄减少，财政状况恶劣。冲突给利比亚带来的冲击和

---

[1] BTI 2018: Libya Country Report, p. 18, https://www.bti-project.org, 2019-12-23.
[2] BTI 2020: Libya Country Report, p. 18, https://www.bti-project.org/content/en/downloads/reports/country_report_2020_LBY.pdf, 2020-05-23.

影响是巨大的，干扰了利比亚的双边贸易、抑制了旅游业和投资的发展，对该国经济影响是全方位的。

（一）经济发展存在短板

尽管利比亚国内经济已经走上了民主经济复兴道路，但其经济发展在未来仍将依赖其石油产业以及大规模公共项目，经济发展存在诸多问题。首先，自2011年2月利比亚国内发生革命以来，至今尚未出台中长期经济发展规划，缺乏科学合理的经济规划。2013年3月，国际货币基金组织发布报告指出，从卡扎菲时期开始，利比亚经济就依赖其石油产业以丰富政府收入。如今卡扎菲政权已被推翻，但利比亚经济模式在很长时间内仍维持惯性运行状态。报告还指出，利比亚政府收入如今大都用于支付高昂的政府官员工资以及国内各项粮食补贴，这两项开销给利比亚政府造成了很大压力，而目前原油市场的价格波动也使得利比亚的原油收入受到影响。国际货币基金组织专家指出，为实现经济改革，利比亚政府更应注重私营行业发展，同时更加合理分配国家政府补助。然而，利比亚如今经济形势十分令人担忧，基础设施的薄弱桎梏着其经济发展。要想从只依靠石油经济走向多元平衡式经济模式还需要花费数年乃至数十年才能完成。

其次，该国经济发展本身短板较多，内部存在地区发展不均衡、经济结构欠佳、财政赤字、债务危机等诸多问题，深刻影响了该国经济发展。利比亚东部地区在历史上就比该国西部地区发展程度逊色一些。在卡扎菲统治时期，西部城市的黎波里是金融中心，很少有项目会在该国富含石油的东部地区运转。东西区域发展程度不同也会在一定程度上影响该国的经济发展。从经济结构上来说，利比亚也存在不合理之处，过于偏重第二产业，缺乏科学合理的产业结构促进经济持续健康发展。根据美国CIA数据显示，2017年，利比亚农业占国家GDP的比重仅为1.3%，工业（包括建筑业）增加值占比52.3%，服务业占比46.4%。按支出法计，消费占GDP的91%（其中，居民消费占比71.6%，政府消费占比19.4%）、投资占4.0%（其中，固定资本投资占2.7%，存货投资占19.4%）、货物和服务净出口占5%（其中，出口占比38.8%，货物和服务进口占比-33.8%）。[①] 再加之，作为战乱国家，近年来利比亚暴力恐怖袭击事件造

---

① "对外投资合作国别（地区）指南——利比亚（2020年）"，第21页，中国一带一路网，http：//www.mofcom.gov.cn/dl/gbdqzn/upload/libiya.pdf，2020年7月23日。

成该地区生活成本持续上升，食品和药品十分紧缺，民生危机严重。该国的基础设施和管理制度被破坏大半，通货膨胀率持续上升，银行储蓄减少，财政情况已不容乐观。毋庸置疑，冲突给利比亚造成的影响是巨大的，它干扰了利比亚与世界其他地区的双边贸易，让这个非洲大陆上一度富甲一方的国家沦为世界人道主义危机十分严峻的国家。单从财政收支角度而言，利比亚国家财政赤字情况较为严重。据国际货币基金组织2019年5月《西亚和北非经济展望》报告显示，利比亚常年保持财政赤字状况，自2000年以来财政盈余占GDP的比重分别为：2000—2015年平均为-2.5%、2016年为-113.3%、2017年为-43%、2018年为-7.4%、2019年为-10.9%和2020年为-14.9%。危机爆发后，利比亚外债形势急剧恶化，政府总债务占GDP比重从2000—2015年的平均29.8%，剧增至2016年的189.7%，预计在2020年债务占GDP比重将达到111.6%，[1]2020年预算赤字为260亿第纳尔（按官方汇率为185亿美元）。[2] 严重的债务问题会进一步影响利比亚经济的复苏局面。

（二）营商环境有待改善

利比亚的营商环境有待政府部门下大力改善。在卡扎菲统治时期内，利比亚私营经济部门受到严格控制，市场竞争相对较少。自2011年起，利比亚鼓励外国公司进行投资，但不稳定的大环境和不发达的经济水平难以短期改变。《2016年非洲经济展望》报告指出，利比亚不发达的金融市场会进一步"阻碍他国投资"。据2019年经济自由指数显示，政治动荡、安全威胁、财务恶化、基础设施被破坏和有限的融资渠道是外国投资者投资该国的最大障碍。据非洲开发银行（African Development Bank）2013年报告显示，非正规部门主导了该国的经济活动，这种情况至今并未发生重大变化。所谓非正规部门更多指的是"战争经济"这种形式，主要以走私、绑架和人口贩运等非法活动为主。此外，根据世界银行《2019年营商环境报告》显示，在利比亚经商，需要10道程序和35天的开业时间，在全球190多个国家营商环境排名中利比亚排名大约在160位左右。[3] 显然，该国

---

[1] 国际货币基金组织，https://www.imf.org/external/chinese/，2020年7月30日。

[2] *Libya: Conflict, Transiton, and U.S. Policy*, CRS Report for Congress, RL33142, June 26, 2020, p. 11.

[3] BTI 2020: Libya Country Report, p. 21, https://www.bti-project.org/content/en/downloads/reports/country_report_2020_LBY.pdf, 2020-05-23.

的营商环境并不乐观。尽管利比亚于1997年曾出台了旨在鼓励外资投资的《鼓励外国资本投资法》。该部法律就外资项目立项的条件、对外投资的豁免、外国投资者所享受的权利与优惠、允许外国投资的领域、外国投资的保障都做出规定。然而，由于政治局势不稳定以及大多数利比亚人仍然在公共部门工作的现实，利比亚市场竞争机制仍需要很长时间才能在这里"生根发芽"。利比亚国民的基本生活保障也存在危机，进一步影响了该国的经济发展。利比亚公共行政和服务基本处于崩溃边缘。利比亚各个民兵组织的领导人基本上接管了政府角色，成为"临时领导人"。在这里，医院和保健设施被破坏，医疗服务人员和药品严重短缺。即使是在班加西、的黎波里和米苏拉塔这些曾经"富裕"的地区也是如此。民众无法获得基本生活必需品，粮食、燃料、水、电和现金十分短缺。与此同时，"战争经济"作为利比亚国家发展特殊阶段的重要形式也应予以解决。当然，根本上来看，只有各方势力实现和解，国家秩序得以平复，才能真正解决经济问题。

（三）石油工业依存度高

利比亚是典型的地租型经济国家，石油及其附加产品是其经济发展命脉。探究利比亚国家发展所存在的问题，不能不围绕该国的石油产业展开。利比亚自20世纪50年代发现石油后，石油开采及炼油工业发展迅速。截至2014年底，利比亚是非洲最大的探明原油储量国家，也是全球第九大原油储量国家。[①] 另据利比亚人口调查局统计显示，利比亚出口收入的95%来自石油，占政府总收入的99%。利比亚原油具有油质好、含硫量低、蜡油产量高等优点，受到原油进口商青睐。自2013年以来，利比亚民兵组织多次围攻油田，日产原油从原来的160万桶已下降到20万桶以下，再加之石油价格下降，为利比亚石油经济发展带来不利影响。为帮助利比亚经济进一步恢复，石油输出国组织已经同意利比亚石油增产的请求。据国际货币基金组织（IMF）分析报告显示，2016年底利比亚开始大幅增加石油产量，提振了2017年石油增长预期，利比亚经济也在2017年实现了一定增长。2018年1月，利比亚银行宣称，2017年利比亚石油总收入已经达到140亿美元，远高于2016年的48亿美元。国际货币基金组织2019年

---

① Christopher M. Blanchard, *Libya: Transition and U. S. Policy*, CRS Report for Congress, RL 33142, May 2, 2018, p.14.

5月发布的《地区经济展望：中东和北非》报告显示，2017年，利比亚石油日产量从上年的39万桶增加到81万桶。然而，这些原油出口对于国力贫弱的利比亚来说也只能是杯水车薪。虽想要摆脱对石油资源的依赖，但只有保证原油出口才能增加政府财政收入；显然这是一个悖论。然而，实现政治和解，又不能不解决好石油出口等问题。总之，想要真正解决好利比亚的经济问题，必须首先处理该国的石油产业问题。

表1　2000—2020年利比亚石油、天然气产量状况　（百万桶/日）

年份	2000—2015（平均）	2016	2017	2018	2019	2020
原油	1.36	0.39	0.81	0.97	1.00	1.00
天然气	0.08	0.03	0.06	0.07	0.07	0.07

注：2018年、2019年、2020年数据为预估值。
资料来源：国际货币基金组织，https://www.imf.org/。

（四）中利两国商贸情况

当然，探究利比亚经济发展也会涉及中利两国的经贸关系。目前，根据中国海关统计数据显示，2018年双方贸易额达到62.06亿美元，同比增长159.6%。其中，中国对利比亚出口14.29亿美金，同比上升39%。主要产品为工业制成品，以机械、家用电器、服装和家具等为主。中国从利比亚进口47.78亿美金，同比增长250.6%。（详见表2）据中国商务部统计数据显示，2018年中国对利比亚直接投资流量2823万美元。截至2018年末，中国对利比亚直接投资存量为4.26亿美元。[①] 另据统计，2016年中国企业在利比亚新签承包工程合同5份，新签合同额3643万美元，完成营业额3205万美元；当年派出各类劳务人员142人，年末在利比亚劳务人员249人。新签大型工程承包项目包括中兴通讯股份有限公司承建LIBNA运维四期项目等。2017年，中国企业在利比亚新签承包工程合同2份，新签合同额3万美元，完成营业额5117.99万美元；累计派出各类劳务人员96人，年末在利比亚劳务人员134人。2018年，中国企业在利比亚无新签承包工程，完成营业额107万美元；累计派出各类劳务人员9人，年末在利比亚劳务人员90人。从中国对外出口贸易大局看，中利之间的贸易额所占

---

① "对外投资合作国别（地区）指南——利比亚（2020年）"，第23页，中国一带一路网，http://www.mofcom.gov.cn/dl/gbdqzn/upload/libiya.pdf，2020年7月23日。

比重较小。但从利比亚国家发展需要看，中国产品的重要性不言而喻。因此，客观地对待中利之间的经贸关系十分重要。

表2　2012—2018年中利双边贸易统计　　（单位：亿美元）

年份	贸易额 金额	贸易额 增幅（%）	中国出口额 金额	中国出口额 增幅（%）	中国进口额 金额	中国进口额 增幅（%）
2012	87.72	215.1	2.884	230.9	63.79	211.22
2013	48.72	-44.46	28.33	18.8	20.39	-68.1
2014	28.99	-40.5	21.58	-23.9	7.41	-63.6
2015	28.46	-1.3	18.95	-12.2	9.52	31
2016	15.30	-46.2	11.84	-37.4	3.46	-63.7
2017	23.85	55.8	10.28	-13.2	13.57	292.6
2018	62.06	159.6	14.29	39	47.78	250.6

资料来源：中国海关信息网，http://www.haiguan.info/。

（五）治理路径

由国家治理角度出发，想要解决眼前棘手的经济问题，必须解决利比亚经济发展的负面影响，解决好物价高涨、汇率波动、保护私有财产等诸多问题。应努力将利比亚国内的物价和汇率等重要经济指标稳定下来。自2011年以来，利比亚的通货膨胀率一直不稳定。消费者价格压力在2015年进一步加剧，继2011年9月达到峰值29.6%之后，2015年利比亚经济通货膨胀率上升至8.6%。[1] 物价方面，据统计利比亚2018年前4个月居民消费价格指数（CPI）为17.6%，相比2017年同期居民价格指数26.9%有一定下降。[2] 整体看，利比亚的外汇来源主要为原油出口，外汇问题已十分棘手。利比亚中央银行是利比亚货币的发行单位，还负责监督外汇市场。利比亚央行还将利比亚第纳尔与美元、国际货币基金组织的SDR（特别提款权）挂钩，这导致利比亚第纳尔在国际上被高估。目前，利比亚经济已出现财政赤字，并连续3年恶化。为弥补这些赤字，净外汇储备正在迅速耗尽，从2013年的1076亿美元减少到2016年底的430亿美元。此

---

[1] BTI 2018：Libya Country Report，p.20，https://www.bti-project.org，2020-07-23.
[2] BTI 2020：Libya Country Report，p.23，https://www.bti-project.org/content/en/downloads/reports/country_report_2020_LBY.pdf，2020-07-23.

外，在卡扎菲时代关于个人产权的规定也是十分复杂的政策，在2011年后产生了深远影响，引发民众不满。自2011年以来，利比亚政府已征用民众5.6万至7.5万处财产，民众也向利比亚财产补偿高级委员会提出了2.5万项索赔，但至今也没有让民众完全满意。[①] 可见，如何解决卡扎菲时代遗留下来的诸多问题，已经是一个现实性难题。

此外，还需要解决资金问题，发展经济和战后重建工作都需要大笔资金才能实现。从目前态势看，国际援助资金大都带有"苛刻"的附加条件。即使获得这部分资金也难以全部解决利比亚战后重建的资金缺口，还需要依靠本国资本注入。如何改善该地区的营商环境，保证外来资本安全，提高工作效率是摆在眼前的现实问题。此外，利比亚经济结构的调整，必须改变过分依靠石油资源的现状，打造多元平衡的经济体系。在发展经济的过程中还需要根治吏治腐败问题。当然，上述这些改革不可能一蹴而就，需要执政者更多的政治智慧和时间累积才有可能实现。

四、利比亚国家发展形势展望

自2014年危机以来，利比亚国家面临的最大挑战仍然是安全问题，此外，还伴随有经济危机、武装民兵组织的负面影响和持续不断的暴力行为等等。利比亚国内东西两方势力间的博弈以及背后地区大国之间的"算计"是影响利比亚局势发展的决定性因素。种种问题所引发的社会暴力事件此起彼伏，平民生活毫无幸福感可言。短期而言，解决利比亚问题的办法主要有以下三点：

第一，避免暴力升级。2017年7月，民族团结政府和利比亚"国民军"在巴黎会议上一度同意停火。然而，暴力冲突事件在2018年8月的黎波里爆发，随后9月联合国与相关各方达成和平协议。但是，零星冲突事件依然不时爆发。到2020年1月，各类小规模战斗依旧存在，该国南部地区的武装冲突也在不断增加。自2014年以来，图布部落和图阿雷格部落不时发生正面冲突，后在民族团结政府的领导下曾一度结成同盟，以阻止哈夫塔尔的"国民军"向南部地区进攻。当务之急是实现两派的和解，避免暴力事件的发生，为和平解决利比亚问题提供大环境。

第二，通过重新签订符合双方利益的和平协议，解决利比亚国内的政

---

① BTI 2018：Libya Country Report, p.24, https://www.bti-project.org, 2020-07-23.

治危机。目前，各方主要目标是为建立一个统一政府而努力。总统理事会应加强其合法性，并与东部地区议会达成一致意见。当然，还应当对政府内部结构进行重大改变，遵照2016年初的利比亚政治协议精神，将部分重要位置留给东部势力，才能解决东部被边缘化的问题。同时，可以重新协商制定新宪法，并进行全国民主选举。

第三，实现外部干预势力意见的统一。过去几年中，各个力量通过支持不同派别来争取各自利益。这阻碍了中央政府的运作效率和合法性。自2020年以来，土耳其增加了其在利比亚的军事武装力量，一度影响了战场形势。同时，埃及也在增加其在利比亚的军事存在，再加上阿联酋等国的支持，哈夫塔尔领导的军事力量或将组织反击行动。只有彻底摆脱外部势力的干预，利比亚问题才能真正迎来转机。

此外，利比亚当局还需要做好新冠肺炎疫情的防控工作。该国卫生防疫条件和检测能力有限，当局能够借助外部力量的程度也十分有限。这些不利因素可能会给该国造成比较严重的人道主义危机。

总之，利比亚国家正处于解构与建构之间，政治重建前景渺茫，外部势力干预过多，想真正解决利比亚问题，实现政治和解，困难重重，绝非易事。

摩洛哥：
穆罕默德六世执政 20 年国家治理的多维透视[*]

截至 2019 年 7 月 30 日，摩洛哥现任统治者穆罕默德六世（Mohammed VI）已在位 20 年。在他继位的初期，摩洛哥面临着巨大的社会经济挑战，如高贫困率、高失业率和经济对农业的过渡依赖等。经过 20 年的改革发展，摩洛哥在政治和经济领域取得了显著的成就。本文将重点分析穆罕默德六世治下摩洛哥政治和经济发展中的多元化战略，并在此基础上探究该战略对摩洛哥外交新趋势的影响。

一、政治多元化

自独立以来，多元化战略便构成了摩洛哥国家政治治理的重要组成部分。独立后的最初几年，摩洛哥君主制主要的挑战来自独立党。随着 1959 年独立党的分裂，阿拉维王室在 20 世纪 60 年代初成为主要的统治力量。当哈桑二世在 1961 年 2 月登基，于 1962 年 11 月制定国家首部宪法时，摩洛哥没有任何一个政党有足够的力量决定或影响摩洛哥权力行使的规则。目前，摩洛哥的多元化政治体系是根据 1962 年宪法所规定的政党多元化原则建立的。摩洛哥的政治多元化不仅体现在政治改革领域，公民社会的多样化也是摩洛哥国家治理中关键的要素。

（一）政治改革

20 世纪 90 年代，摩洛哥进入了政治开放时期，一院制立法机关被两院制取代，并成立了交替政府，反对党第一次上台执政并具有实施改革的能力。在摩洛哥众多的政党中，一些政党是由与王室密切联系的政治经济

---

[*] 作者：江琪，清华大学社会科学学院国关系博士研究生。

精英创建的,旨在遏制其他正在获得更多权力的政党。例如,穆罕默德六世统治初期将伊斯兰力量纳入了政治体系,目的是化解他们构成的潜在挑战。之后,他开始推动成立新的政党——真实性与现代党(Authenticity and Modernity Party),其目的是为了遏制正义与发展党(Justice and Development Party,以下简称"正发党")的发展。[1] 君主立宪制是该国最重要、最牢不可破的政治制度,同时也树立了该国现代化和民主化的形象。

除了政党的多元化,摩洛哥政府还通过一系列政治改革展现了现代化的形象。例如,在公民自由和人权方面,穆罕默德六世开启了对过去权力滥用的讨论,平等与和解委员会(Equity and Reconciliation Commission)成为政治过渡的基石。另一个重要步骤是2004年对《家庭法》(Mudawwana)的改革,这极大地提高了妇女的法律地位,赋予妇女离婚、子女监护权和自我监护权,同时将最低结婚年龄提高到18岁。此项改革促进了妇女参与政治活动和社会活动的积极性。2019年,在摩洛哥的议会席位中,妇女的比例为17%,对比15年前的1%有了显著的增加。[2] 此外,国王还建立了区域咨询委员会(Advisory Committee for Regionalization),该委员会被认为是通过将某些行政职能委派给地方当选代表来迈向更加负责任的政治制度的一步。[3]

2011年,摩洛哥的许多城市爆发了街头抗议。为回应民众对更多政治权利、结束腐败和降低高失业率的要求,国王于2011年3月9日发表讲话。他承诺对1996年宪法进行修改,指定了起草新宪法的委员会,并于2011年7月1日举行了全民公投。新宪法赋予了总理和议会更大的权力,司法部门获得了更大的独立性,并成立了一个高级司法委员会来执行调查任务。宪法还致力于实现普遍人权、透明选举、负责任的治理和两性平等。在新宪法的指导下,政府成立了竞争委员会,该机构负责监管相关法规实施的透明度,秉持善政和平等原则。在加强平等方面,政府设立了负责平等和打击一切形式歧视的机构(Authority for Parity and Combating All

---

[1] Driss Maghraoui, "Working Under Constraints: The PJD in the Aftermath of the 2016 Elections", https://www.bakerinstitute.org/media/files/files/9d75aeca/bi-brief-052918-cme-carnegie-morocco3.pdf, 2020-07-15.

[2] Celia Konstantellou, "Morocco's King Mohammed IV Celebrates 20 Years on the Throne", https://www.moroccoworldnews.com/2019/07/279212/moroccos-king-mohammed-iv-throne-day/, 2020-07-29.

[3] Yossef Ben-Meir, "Morocco's regionalization 'roadmap' and the Western Sahara", International Journal on World Peace, Vol. XXVII, No. 2, June 2010, pp. 63-86.

Forms of Discrimination)。① 通过这些改革，摩洛哥避免了政权更迭的动荡。

宪法改革之后，摩洛哥举行了议会选举，正发党与其他三个政党组成了联合政府。伊斯兰政党与世俗主义政党之间的分歧导致了 2013 年的政府改组，同时也加剧了伊斯兰主义者和左翼分子之间的媒体战争。政党的分裂加强了国王作为政治参与者之间唯一的仲裁者的形象。② 在 2016 年第二次选举获胜之后，正发党未能组建第二个联合政府。为加快政府组建，国王免除了前首相兼正发党领导人阿卜杜拉·本·基兰（Abdelilah Benkirane）的职务，并任命了前外交大臣萨阿德丁·奥斯曼尼（Saadeddine El Othmani）为新政府的负责人，负责组建新政府。

2012 年，成千上万的抗议者在卡萨布兰卡、拉巴特等大城市集会，民众的不满情绪一度威胁着摩洛哥的政治与社会稳定，他们抱怨政府没有兑现承诺的改革。解决腐败和政治改革步伐的缓慢，加上人们对政府机构信任的不足，促使大批摩洛哥人以抗议和抵制等形式表达他们的诉求。在摩洛哥，抗议活动在 2016—2017 年间越来越频繁地波及该国的不同地区。公民通常要求更好的经济和社会条件以及更多的发展机会，他们诉诸抗议和抵制，向政府施加压力。③ 面对民众的不满，国王在他的一些讲话中，严厉批评政府和政党未能应对该国的社会和经济挑战，并责怪他们改革的步伐缓慢。在 2017 年议会的开幕会议上，他指示加快行政权力下放，以配合该国的行政去中心化改革。2017 年 10 月，穆罕默德六世主导了摩洛哥当代史上罕见的"政治大地震"，以住房大臣和教育大臣为主的多名高级政府官员因对社会经济项目的管理不当而被解雇。④ 为应对长期的发展，2019 年，穆罕默德六世呼吁成立新发展模式特别委员会（Special Commission for the New Development Model），负责制定在经济和社会层面发展该国的新战略。

---

① Saloua Zerhouni, "'Smartness' Without Vision: The Moroccan Regime in the Face of Acquiescent Elites and Weak Social Mobilization", SWP Comments, February 2014, p. 2.

② Mohammed Masbah, "His Majesty's Islamists: The Moroccan Experience", https://carnegie-mec.org/2015/03/23/his-majesty-s-islamists-moroccan-experience-pub-59442, 2020-07-23.

③ Intissar Fakir and Sarah Yerkes, "Governance and the Future of the Arab World", https://carnegieendowment.org/2018/10/16/governance-and-future-of-arab-world-pub-77501, 2020-07-23.

④ Intissar Fakir, "Morocco's Islamist Party: Redefining Politics Under Pressure", https://carnegieendowment.org/2017/12/28/morocco-s-islamist-party-redefining-politics-under-pressure-pub-75121, 2020-07-24.

近年来，针对经济问题的社会抗争运动对社会稳定造成了一定的影响。例如，2018年4月，摩洛哥民众在"脸书"（Facebook）上发起针对物价上涨的抵制运动，呼吁为燃油、奶制品和矿泉水设置价格上限，以符合摩洛哥人的购买力。[1] 摩洛哥当局通过一系列改革试图满足民众的社会经济需求。如启动于2005年的国家人类发展倡议（National Human Development Initiative）就是经济社会改革的重要体现之一，该项目基金主要用于基础设施项目、社会和文化振兴以及地方各级创造就业活动。为解决社会发展问题，摩政府启动了第二期预算，资金达19亿美元（2018—2023年）。[2] 2019年"阿拉伯晴雨表"（Arab Barometer）调查发现，在公众看来，摩洛哥面临的重大挑战包括经济和公共服务质量。摩洛哥人不信任该国大多数政治机构，特别是议会和大臣理事会，对政府表现的满意程度也很低。[3] 2019年7月，国王指派新发展模式特别委员会研究并提出实质性和变革性的解决方案以应对该国的社会和经济问题。该委员会由来自各个领域和行业的代表和专家组成，预计将于2020年夏天将相关研究报告提交给国王，其中包括必要的改革修正案和旨在改善、更新国家发展模式的具体举措。

（二）公民社会

20世纪80年代中期以前，摩洛哥政府和政党的关系抑制了公民社会中协会利益的自由表达，这不仅体现在工会、人权组织、青年组织和妇女权利协会的工具化，而且也体现在伊斯兰组织的工具化。政党利用女权主义组织和人权组织来加强对中央政府和君主制的反对，青年组织以及学生组织的创建也发挥了类似的作用。由于这种紧密的政党—协会关系，在摩洛哥独立后的30年中，公民社会的主要特征是协会与政治进程息息相关。在这种情况下，公民社会组织自主性的缺失阻碍了公民社会组织的利益或宗旨的明确表达。在这种政治斗争的背景下，新闻媒体缺乏参与建设公共

---

[1] Hamza Guessous, "Boycott: Sales Figures Drop for Sidi Ali, Centrale Danone", https://www.moroccoworldnews.com/2018/09/253972/boycott-sidi-ali-centrale-danone/, 2020-07-25.

[2] The North Africa Post, "King Mohammed VI Launches 3rd Phase of the National Initiative for Human Development", https://northafricapost.com/25489-king-mohammed-vi-launches-3rd-phase-of-national-initiative-for-human-development.html, 2020-07-28.

[3] Arab Barometer V, "Morocco Country Report", https://www.arabbarometer.org/wp-content/uploads/ABV_Morocco_Report_Public-Opinion_Arab-Barometer_2019.pdf, 2020-07-24.

领域的独立性。①

当摩洛哥公民社会的活动遵循政党的政治框架时，摩洛哥政府的反应遵循了同样的逻辑。自20世纪70年代以来，摩洛哥政府创建了自己的协会，以扩大其在社会中的影响力。在20世纪80年代，摩洛哥进行经济结构调整期间，这种以官办公民社会组织为主的政府机构不仅旨在提供管控与稳定机制，还试图组建新的精英群体。这些组织的核心作用在于吸纳与整合，尤其是将新的精英带入政党和行政部门。② 同时，这些协会保证了政治精英与广大民众之间的社会联系，是政府与民众之间重要的缓冲地带。

20世纪90年代末，在政治和经济发生深刻变革的背景下，摩洛哥公民社会组织的独立性获得了较大的发展。在政治、经济发展、宗教、人权、商业和新闻自由方面，摩洛哥的公民社会组织均部署了针对其特定行动领域的策略。这些组织的共同点是尽可能地扩大自己的群众基础，在公共领域更有效地进行干预。最典型的例子是摩洛哥企业家联合会（General Confederation of Moroccan Enterprises）。在1995年组织变更之前，该协会与摩洛哥政府的关系十分密切。该协会受到的批评集中在其代表性上，其通过组织转型对这种外部动力做出了回应。它增加了部门联合会的成员，并成立了委员会。所有公司，不论类型如何，都具有共同利益。为了保证其独立性，该协会将会员费作为筹集资金的主要方式。三方会议（雇主、工会和政府）的制度化以及该协会对内政和外交事务的深入参与体现了国家与公民社会组织的合作与联盟。

柏柏尔文化运动的发展被视为政府对公民社会组织吸纳的主要案例之一。1999年，国王穆罕默德六世的继位为摩洛哥的柏柏尔运动带来了新的希望。21世纪初，该运动中的柏柏尔主义者草拟了一份文件，该文件被称为"柏柏尔宣言"。该宣言要求将柏柏尔语定为官方语言，将柏柏尔语引入行政和教育体系，在官方历史和经济发展计划中，柏柏尔人应享有比以前更高的地位。为回应这些要求，穆罕默德六世于2001年建立了皇家阿马齐格文化研究院（Royal Institute of Amazigh Culture）。2011年，在摩洛哥的示威活动中，柏柏尔主义者发挥了突出的作用，他们要求在宪法中将柏柏尔语（Tamazight）列为官方语言。穆罕默德国王对示威游行做出了回

---

① James Sater, *Civil Society and Political Change in Morocco*, Routledge, 2007, p. 40.
② Ahmed Ghazali, "Contribution à l'analyse du phémomène associatif au Maroc", in *Annuaire de l'Afrique du Nord*, Vol. 28, 1989, pp. 252–253.

应，在新宪法中加入了承认柏柏尔语为官方语言的条款，这被视为该运动的重大胜利。

摩洛哥2011年新宪法加强了公民社会的地位：宪法规定非政府组织应参与国家制度的起草、实施和评估（第12条）；国家有义务建立使非国家行为体发挥这些职能的制度，例如咨议机构（第13条）；公民也有权提出法案草案（第14条）和请愿书（第15条）。[①] 如果执行得当，新宪法将为公民社会提供很大的空间来扩大其政治参与，进而激励公民创建和加入公民社会团体。在不越过政治红线的前提下，摩政府对公民社会的活动也多采取宽容的态度，例如"民主安法斯"运动（Democratic Anfass Movement）和"普罗米修斯民主与人权"研究所（Prometheus Institute for Democracy and Human Rights）的活动。一部分极端分子被纳入公民社会的组织中，这些组织的分散和不断变化的理论基础限制了在摩洛哥举行大规模抗议活动的可能性和前景。[②] 2016年，摩洛哥北部里夫地区胡塞马爆发了大规模的游行示威运动——"希拉克"运动（Hirak movement），该运动过后，许多公民社会组织的活动家呼吁有必要通过拟定总体的社会经济替代方案而不是对抗议者采取镇压措施来解决这一问题。2018年，由21个公民社会组织组成的联盟呼吁释放"希拉克"运动中的被拘留者。这种批评和呼吁表明，公民社会组织正在监督政府对社会抗议活动的应对。[③]

二、经济多元化

穆罕默德六世登基后，采取了包括经济自由化、完善产业结构以及减少贫困在内的旨在改善经济的多元化战略。摩洛哥GDP从1999年的420亿美元增长到2019年的1190亿美元。经济增长虽然仍受天气变化对农业的影响，但年平均增长3%—4%。世界银行将摩洛哥列为"全球开展业务最佳地"的第53名，在中东和北非地区排名第三，仅次于阿联酋和巴林。[④] 在减贫方面，摩洛哥取得了显著的成果。1999年，全国大约16%的

[①] "摩洛哥2011年宪法"，http：//www.maroc.ma/en/system/files/documents_page/bo_5964bis_fr_3.pdf，2020-07-21。

[②] Dörthe Engelcke, "Morocco's Changing Civil Society", https：//carnegieendowment.org/sada/62417, 2020-07-21.

[③] Kathya Berrada, "'Independent' Civil Society's Struggle for Impact", https：//mipa.institute/6713, 2020-07-21.

[④] World Bank, "Doing Business 2020", p. 4.

居民（农村地区30%的居民）生活在贫困线以下。2019年，这些数字分别是4%和19%。① 摩洛哥经济的平稳发展离不开经济多元化战略的实施，其中贸易伙伴和经济战略部门的多元化构成了摩洛哥经济发展的两大特点。

（一）贸易伙伴的多元化

自独立以来，摩洛哥逐步建立了牢固的国际贸易协议网络，其中包括与欧盟、加拿大、美国和土耳其的自由贸易协定。此外，根据2004年《阿加迪尔协定》（Agadir Agreement），摩洛哥与约旦、埃及和突尼斯消除了非关税壁垒并逐渐建立了自由贸易区。为了使出口市场多样化，摩洛哥加强了与非洲大陆和海湾国家之间的经济联系。② 摩洛哥已与非洲多个国家达成了数项协议和条约，在非洲大陆20多个国家/地区扩大了摩洛哥银行的业务范围。沙特阿拉伯和阿联酋通过外国直接投资和投资性援助，成为摩洛哥最重要的投资者。2011年西亚北非政治变局之后，海湾合作委员会（Gulf Cooperation Council）对摩洛哥的支持有所增加，承诺提供总计50亿美元的援助，以支持该国的政治、经济和社会发展。摩洛哥和卡塔尔之间的联系也日益紧密，卡塔尔的外国直接投资流入量在2013年至2018年间增长了两倍多，达到1.39亿美元，使该国成为海湾第二大（阿联酋第一，为8.2%）流入摩洛哥的外国直接投资来源，占2018年总流入量的2.6%。③

在加强与欧洲和非洲经济贸易联系的同时，近年来，摩洛哥还着力拓展与新兴经济体经贸往来，尤其是中国。从2011年至2015年，中国在摩洛哥的直接投资总量增长了195%，其中在2014年至2015年之间增长了93%。自2016年国王穆罕默德六世访华以来，中摩贸易出现了显著增长，两国贸易总额从2016年的40亿美元增加到2018年的53亿美元。贸易总量的增长主要得益于中国对摩出口的大幅度增长，其从同期的38亿美元增加到50亿美元。在摩洛哥进口总额中中国所占份额从2014年的7.5%上

---

① Celia Konstantellou, "Morocco's King Mohammed IV Celebrates 20 Years on the Throne", https://www.moroccoworldnews.com/2019/07/279212/moroccos-king-mohammed-iv-throne-day/, 2020-07-29.

② Oxford Business Group, "Moroccan authorities target diversification to secure long-term economic growth", https://oxfordbusinessgroup.com/overview/transition-phase-authorities-target-diversification-secure-long-term-growth-0, 2020-07-20.

③ *Morocco: An Emerging Economic Force*, Castlereagh Associates, December 2019, p. 25.

升到2018年的近10%。[1] 从合作领域来看，主要有：第一，农业。农业是双方经贸合作的重要增长领域，摩洛哥已开始向中国出口柑橘。中国还扩大了与摩洛哥在渔业领域的合作，特别是在水产养殖和海鲜加工方面。第二，制造业。自2005年以来，摩洛哥通过建立工业园区和职业培训，为其制造业奠定了坚实的基础，使其在劳动密集型工业制造业的发展上具有许多有利条件。[2] 摩洛哥的工业加速计划注重发展高附加值产业，自2016年以来，汽车行业已成为该国出口收入的主要驱动力。中国中信戴卡股份有限公司（Citic Dicastal）在摩洛哥设立的两座铝制汽车轮毂工厂将为中摩两国在高附加值产业的合作奠定基础。此外，在基础设施领域，中国的建筑公司已在摩洛哥完成了摩洛哥伊—阿高速公路、塔—乌高速公路、拉巴特斜拉桥等标志性项目的建设。这些项目为摩洛哥的经济发展做出了突出贡献。

（二）产业的多元化

摩洛哥政府旨在利用其与撒哈拉以南非洲、中东和欧洲的地理和文化联系，将摩洛哥发展为区域性商业和出口的枢纽。为实现这一目标，摩洛哥工业、贸易、投资和数字经济部发布了一系列针对各工业领域的发展框架。值得注意的是，2014年至2020年，工业加速计划是践行上述目标的重要战略性计划，其旨在创建包括本地供应商和大型外国公司在内的众多行业生态系统。这些战略包括传统部门（例如农业、渔业）和高附加值产业部门，新兴制造业、信息通信技术、电力和旅游业等产业已成为摩洛哥经济发展的重点。短期内，摩洛哥的基本战略目标是将制造业和可再生能源打造成重要的出口产业。

农业约占摩洛哥国内生产总值（GDP）的15%左右，农业部门的从业人口约占摩洛哥就业人数的39%。[3] 2008年启动的绿色摩洛哥计划（The Green Morocco Plan）需要国内外的投资以提高农业的劳动生产率和技术附加值，促进农业的生产力和可持续性，以及通过农业更好地使摩洛哥与世

---

[1] Yahia H. Zoubir, "Expanding Sino-Maghreb Relations: Morocco and Tunisia", https://www.chathamhouse.org/publication/expanding-sino-maghreb-relations-morocco-and-tunisia, 2020-07-20.

[2] 刘冬："摩洛哥工业发展战略与中摩产能合作"，《阿拉伯世界研究》，2019年第2期，第111页。

[3] Jean-Pierre Chauffour, *Morocco 2040: Emerging by Investing in Intangible Capital*, World Bank, 2017, p.21.

界经济融合。该计划寻求发展现代农业,提高生产力和出口,并支持农村地区小农场的发展。① 2017 年,摩洛哥皇家磷酸盐集团提出了向非洲扩展业务的战略目标。到 2050 年,世界人口预计将超过 90 亿,撒哈拉以南非洲地区的人口增长速度最快,将达到 108%。要在 2050 年满足全球粮食的需求,估计粮食产量将增长 70%,而非洲——约有世界 65% 的未利用耕地——是解决这个问题的关键。② 该集团估计,通过改善农业实践,非洲的农业产量可能会从 2016 年的 2800 亿美元增加到 2030 年的 8800 亿美元。③

在过去 10 年中,汽车部门带动了摩洛哥制造业出口的兴起。汽车销售量在 2009 年至 2018 年间的年均增长率为 39%,从 2009 年的 2.24 亿美元增长到 2018 年的 39 亿美元。雷诺(Renault)和标致雪铁龙(PSA Peugeot Citroen)等欧洲主要汽车品牌已承诺在未来几年继续在摩洛哥投资。标致雪铁龙于 2015 年进入市场,计划在其位于肯尼特拉的工厂投资 6 亿美元。该工厂于 2019 年中期开业,计划到 2020 年实现年产量 20 万辆。④ 由于为一些最大的国际汽车公司提供生产设施,摩洛哥为工业零件和服务的供应商提供了越来越有吸引力的机会。本地和国际零件供应商在建立汽车接线、内饰和座椅,电机和变速器的生产生态系统方面一直发挥着举足轻重的作用。⑤ 2019 年,雷诺在摩洛哥生产了约 40 万辆汽车,其位于丹吉尔的工厂交付了约 31 万辆汽车。⑥ 2019 年 11 月,中信戴卡在肯尼特拉开设了第二家铝车轮工厂。公司投资 3.5 亿欧元,该项目旨在创造 1200 多个就业机会。⑦

在可再生能源领域,在推动大规模电气化之后,摩洛哥着手进行了可

---

① Morocco Investment Development Agency, "Investment Opportunities – Agriculture", http://www.invest.gov.ma/? Id = 25&lang = en&RefCat = 5&Ref = 148, 2020 – 7 – 30.
② Food and Agriculture Organization of the United Nations, "2050: a third more mouths to feed", http://www.fao.org/news/story/en/item/35571/icode/, 2020 – 07 – 31.
③ Karim Lotfi Senhadji, "Comment: How Africa can turn a food deficit to a surplus", https://www.ft.com/content/91dcb59a – afdb – 11e6 – a37c – f4a01f1b0fa1, 2020 – 07 – 31.
④ Morocco: An Emerging Economic Force, Castlereagh Associates, December 2019, p. 14.
⑤ Moroccan Ministry of Industry, "Ecosystems of the automotive sector", http://www.mcinet.gov.ma/en/content/automotive, 2020 – 07 – 20.
⑥ Morgan Hekking, "The Renault Clio is Morocco's Most Popular Car", https://www.moroccoworldnews.com/2020/01/291241/renault – maroc – 2019/, 2020 – 07 – 20.
⑦ Safaa Kasraoui, "China's Citic Dicastal Opens New Aluminum Plant in Morocco", https://www.moroccoworldnews.com/2019/11/287665/china – citic – dicastal – aluminum – plant – morocco/, 2020 – 07 – 20.

再生能源开发的项目，其目的一方面是为了减少对碳氢化合物进口的依赖，另一方面是为了减轻气候变化的不利影响。对可再生能源产能的重大投资将在风能、太阳能以及输配电领域创造大量机会。由于太阳能在可再生能源行业中具有最大的增长潜力，因此在摩洛哥政府目前优先考虑的五个重大项目中的第一个便是 Noor Midelt Ⅰ 太阳能发电项目，该项目预计将为超过 100 万人提供清洁电力，同时每年可抵消 76 万吨碳排放量，最终可能使摩洛哥成为欧洲和非洲的能源出口国。法国电力可再生能源公司（EDF Renewables）、阿联酋可再生能源开发商和运营商 Masdar 以及摩洛哥绿色非洲公司（Green of Africa）正在开发该项目，计划于 2022 年投入使用。此项目将涉及约 20 亿美元的投资，这表明国际社会对摩洛哥可再生能源领域有着较大的兴趣。[①] 在风能领域，意大利国家电力公司（Enel）2016 年宣布与西门子合作建造五个风力发电场计划，总价值达 12 亿美元。同时，美国公司索鲁纳（Soluna）将在达赫拉（Dakhla）开发一个价值 25 亿美元的 900 兆瓦风电场，旨在为区块链技术提供动力。[②]

为提高对国际投资者的吸引力，摩洛哥政府大力发展基础设施项目。在过去的 10 年中，政府立法和随之而来的投资极大地改善了摩洛哥物流基础设施，并降低了企业的运营成本。2014 年颁布的新公私合营法为交通部门的投资提供了动力。耗资 40 亿美元的丹吉尔—卡萨布兰卡高速铁路和耗资 8 亿美元的丹吉尔地中海港口 2 期为物流和企业的运营带来了极大的便利。主要道路、铁路、机场和港口等基础设施的升级将按照政府长期基础设施战略设定的目标逐步推进。2019 年 6 月，摩洛哥政府与阿拉伯经济及社会发展基金（Arab Fund for Economic and Social Development）签署了价值 2.37 亿美元的投资协议，以改善其水坝和道路网络。2019 年 7 月，摩洛哥首相萨阿德丁·奥斯曼尼宣布，到 2021 年将向区域基础设施项目投入 10 亿美元，以实现更公平的发展。2019 年 11 月，非洲开发银行批准了 1.106 亿美元的贷款，以资助进一步的基础设施项目。到 2040 年，摩洛哥每年的基础设施投资需求估计为 98 亿美元，主要用于电力和公路领域。[③]

此外，旅游业也是摩洛哥重点发展领域。在为旅游业量身打造的 2020

---

① "Noor Midelt Solar Power Project, Morocco", https：//www.nsenergybusiness.com/projects/noor - midelt - solar - power - project - morocco/, 2020 - 07 - 20.
② Morocco：An Emerging Economic Force, Castlereagh Associates, December 2019, p.16.
③ Barclay Ballard, "Morocco's infrastructural investment gap is hitting rural areas hardest", https：//www.worldfinance.com/featured/moroccos - infrastructural - investment - gap - is - hitting - rural - areas - hardest, 2020 - 07 - 20.

年愿景计划中，摩洛哥政府的目的是使摩洛哥成为全球前二十大旅游目的地之一，该计划有几个旗舰项目，旨在开发沿海地区，并扩大商务、体育、休闲、文化遗产、养生和生态等领域的旅游产品，对这些领域的开发将增加该国对运输和接待服务的需求。自2017年以来，摩洛哥游客人数的增长平均每年达8%以上，基础设施的改善正在加强摩洛哥作为旅游目的地的吸引力。2016年，摩洛哥正式实施中国公民赴摩洛哥免签的政策。2015年，摩洛哥约有1万名中国游客。2018年，这一数字超过了13万。[1] 2019年9月，摩洛哥旅游部已与中国最大的在线旅游公司签署了"合作营销伙伴关系"协议，以促进中国和摩洛哥在旅游业领域的合作。为了加速旅游业的发展，摩洛哥皇家航空于2019年9月宣布，将于2020年1月开通每周三班卡萨布兰卡和北京之间的直航。

三、外交多元化

西亚北非政治变局之后，摩洛哥经济状况的变化导致该国通过寻找新的伙伴并加强传统伙伴关系来多样化和巩固其经济伙伴关系。除了经济问题外，后西亚北非政治变局时代，摩洛哥对安全因素的关注也越来越多。随着恐怖主义和极端主义在北非马格里布地区的蔓延，摩洛哥外交政策制定者越来越注重与非洲国家在安全领域的合作。经济和安全因素的双重考量促进了外交多元化的发展，穆罕默德六世在位20年来，战略伙伴关系的多元化和加强多维度的南南合作构成了摩洛哥外交政策在国际和地区两个维度的特点。

（一）战略伙伴的多元化

2004年7月30日，穆罕默德六世在"王位日"的演讲中首次提出战略伙伴多元化的政策：在巩固与美国和欧盟的战略伙伴关系的同时，积极发展与俄罗斯、中国、印度、加拿大和日本等其它国家的关系。[2] 此后，在多次"王位日"的演讲中，穆罕默德六世均提到了外交多元化的战略。

---

[1] Lucas M Peters, "What is the Impact of Chinese Tourism in Morocco?", https://www.journeybeyondtravel.com/blog/chinese-tourism-in-morocco.html, 2020-07-20.

[2] "Full Text of Royal Speech on the Occasion of the Throne Day", http://www.maroc.ma/fr/discours-royaux/discours-de-sm-le-roi-%C3%A0-loccasion-de-la-f%C3%AAte-du-tr%C3, 2020-07-25.

摩洛哥的官方智库，如皇家战略研究院和"OCP 政策研究中心"发布了多篇关于摩洛哥与金砖国家关系的分析报告。摩洛哥经济与金融大臣穆罕默德·布赛义德（Mohammed Boussaid）在接受《青年非洲》（Jeune Afrique）采访时，谈到摩洛哥应该从主要"向北看"转向包括撒哈拉以南非洲、拉丁美洲和东亚等地区的新兴经济体，以实现伙伴关系多元化。[①]

2011 年以前，摩洛哥的外交战略伙伴多元化更多地停留在理论层面。2011 年爆发的社会抗议使摩洛哥王室意识到只有从根本上解决民众的社会经济诉求，才能维持国家的政治稳定。为了缓解国内的经济压力，摩洛哥开始积极拓宽海外市场，落实扩展伙伴关系的战略。2011 年 12 月，摩洛哥与海合会国家建立了战略伙伴关系。2016 年 3 月，穆罕默德六世访问了俄罗斯，两国元首宣布深化两国的战略伙伴关系，计划在能源、旅游、高科技、农业、渔业和交通基础设施领域加强合作。[②] 2016 年 5 月，中国和摩洛哥签署了战略伙伴关系声明。2017 年，摩洛哥成为马格里布地区首个同中国签署共建"一带一路"谅解备忘录的国家。2018 年，摩洛哥成为亚洲基础设施投资银行的成员，中摩关系正在实现加速发展。此外，摩洛哥还加强了与非洲国家的伙伴关系，其中以 2017 年摩洛哥返回非盟和申请加入西非国家经济共同体为重要标志。

（二）与非洲国家的合作

自穆罕默德六世于 1999 年登基以来，他就对非洲国家进行了一系列访问，在访问期间通常伴随着大规模投资项目的达成。从 2003 年到 2017 年，摩洛哥在非洲的直接投资总额达 370 亿迪拉姆，约占该国海外投资的 60%。到 2017 年，摩洛哥已成为仅次于南非的主要非洲投资国。摩洛哥的投资主要集中在银行和电信领域，由诸如 Attijariwafa 银行、Banque Centrale Populaire 和 Maroc Telecom 等大型企业领导。[③] 该国最初的投资集中在摩洛哥传统的西非盟友，如塞内加尔和科特迪瓦。近年来，摩洛哥扩大了

[①] Mehdi Michbal, "Mohamed Boussaid：'La chance n'a pas sa place en économie", *Jeune Afrique*, 22 September, 2015, https：//www.jeuneafrique.com/mag/252847/economie/mohamed – boussaid – la – chance – na – pas – sa – place – en – economie/, 2020 – 07 – 25.

[②] 中华人民共和国驻摩洛哥使馆经商处："摩洛哥国王访问俄罗斯"，http：//ma.mofcom.gov.cn/article/jmxw/201603/20160301280659.shtml, 2020 – 07 – 25。

[③] Anthony Dworkin, "A return to Africa：Why North African states are looking south", https：//www.ecfr.eu/publications/summary/a_return_to_africa_why_north_african_states_are_looking_south, 2020 – 07 – 28.

投资的范围。与卢旺达、坦桑尼亚和埃塞俄比亚签署的协议表明，摩洛哥试图将经济、基础设施和农业项目变成其与东非国家关系的基石。摩洛哥皇家磷酸盐集团向非洲的扩张是摩洛哥对非洲的新经济战略的例证，该公司在非洲拥有12个子公司，并计划在埃塞俄比亚、尼日利亚、加纳、科特迪瓦和塞内加尔进行投资。2014年和2016年，摩洛哥皇家磷酸盐集团先后与加蓬和埃塞俄比亚签署了合作协议，以发展化肥制造业，并致力于满足撒哈拉以南非洲的需求。2018年6月，摩洛哥和尼日利亚商定了在两国之间修建5700公里天然气管道的计划，该项目将为西非15个国家/地区供电。2019年，尼日利亚和摩洛哥均完成了尼日利亚—摩洛哥天然气管道建设的可行性研究。[①]

除了经济领域，摩洛哥与其他非洲国家的合作还体现在移民和安全领域。摩洛哥是撒哈拉以南非洲移民的中转国和目的地国，移民摩洛哥的人数从2005年的5.44万人增加到了2019年的9.86万人。2013年，摩洛哥发起了全面的移民改革计划，为近5万名移民提供了法律地位，其中大多数来自撒哈拉以南非洲。[②]《国家移民和庇护战略》（National Strategy on Immigration and Asylum）详细地概述了新的移民政策，该政策旨在促进合法移民的融入，为移民的庇护建立新的法律和体制框架，并坚持以人权为基础的方法管理移民潮。该战略在摩洛哥国内产生了广泛的影响，它涵盖了从卫生到教育和安全的一系列国内政策领域，并保证了成千上万的边缘化移民的经济和社会融合。2018年，摩洛哥与非盟达成协议，将成立一个新的非洲移民发展观察站（African Observatory for Migration and Development），该观察站将追踪移民动态并协调非洲大陆的政府政策，这被视为摩洛哥在该地区发挥领导作用的实际成果。

在安全领域，2011年西亚北非政治变局之后，摩洛哥在帮助西非和萨赫勒地区国家应对其艰巨而又复杂的安全挑战方面扮演了重要的角色。摩洛哥举办了一系列国际会议，讨论了打击包括毒品在内的跨国有组织犯罪和恐怖主义的方式方法。自2012年初以来，摩洛哥一直在领导复兴和改组萨赫勒—撒哈拉国家共同体（Community of Sahel - Saharan States）的工作，

---

① Safaa Kasraoui, "Morocco - Nigeria Pipeline Feasibility Study Is Complete", https://www.moroccoworldnews.com/2019/01/264630/morocco - nigeria - pipeline/, 2020 - 07 - 28.

② Christina Lowe, Nathalie Both and Marta Foresti, "What drives reform? A political economy analysis of migration policy in Morocco", https://www.odi.org/sites/odi.org.uk/files/resource - documents/morocco_ pea_ case_ study_ updated_ v2. pdf#page = 13, 2020 - 07 - 28.

以解决该地区不稳定的安全局势。在国内反恐方面，摩洛哥通过宗教事务改革，巧妙地抵制了宗教激进主义和恐怖主义。在与非洲国家合作反恐方面，摩洛哥通过培训本地宗教学者来满足非洲国家的需求，通过对抗瓦哈比主义的影响来防止宗教极端主义。2013年，穆罕默德六世访问马里期间，摩洛哥宗教与伊斯兰事务部同意为500名马里的伊玛目提供培训。科特迪瓦、尼日利亚、突尼斯和利比亚等其他国家也已邀请摩洛哥为其伊玛目提供同样的培训，以便从摩洛哥通过对话和交流解决极端主义的经验中受益。为了应对对宗教工作人员培训需求的增长，2015年，摩洛哥成立了穆罕默德六世伊玛目与训导师学院（Mohammed VI Institute for the Training of Imams, Mourchidin and Mourchidat）和穆罕默德六世非洲乌里玛基金会（Mohammed VI Foundation of African Ulemas）。[1]

结　语

在不稳定、宗教极端主义、恐怖主义和大规模暴力蔓延的地区背景下，摩洛哥的稳定发展被许多学者定义为这一地区的例外。穆罕默德六世执政20年以来，政治、经济和外交多元化构成国家治理的三个维度，其协同发展促进了摩洛哥的整体稳定。然而，近些年来发生的社会抗议凸显出该国的经济问题已不容忽视。为了优化该国的经济结构，2014年至2020年工业加速计划呼吁企业在非洲扩展业务，以巩固摩洛哥作为非洲大陆国际投资门户的地位。穆罕默德六世国王近年来对整个非洲大陆进行的多次正式访问支持了这一战略。更明显的是，摩洛哥在中断了33年之后重新加入了非洲联盟，并试图加入西非国家经济共同体。

摩洛哥近年来的外交趋势表明，该国的主要政治和地缘战略目标之一是加强其在非洲大陆的政治和经济影响力。这一目标的意义不仅在于它构成了摩洛哥非洲外交政策其他目标的基础，而且其影响并不局限于非洲大陆。摩洛哥在非洲的地位和影响力的增强最终将加强其整体的外交策略。[2]作为经济发展和安全战略的一部分，摩洛哥将继续与撒哈拉以南非洲建立更紧密的政治和经济联系。同时，摩洛哥的外交多元化战略并不仅仅局限

---

[1] Mohammed El-Katiri, *From Assistance to Partnership: Morocco and Its Foreign Policy in West Africa*, U. S. Army War College Press, 2015, p. 25.

[2] Said Saddiki, "Morocco's Foreign Policy Treads on the Shifting Sands of Africa", https://mipa. institute/5620, 2020-07-29.

在加强南南合作。在2016年海湾合作委员会峰会期间,穆罕默德六世提出摩洛哥仍致力于与传统伙伴建立战略关系,同时寻求发展与俄罗斯、中国、巴西和印度等新兴经济体的全面战略伙伴关系。[1] 因此,摩洛哥外交政策行动的两个基本方向是突出的:(1) 巩固与传统同盟地区(即欧洲和海湾地区)的关系;(2) 扩大和加深与其他地区的关系,特别是与具有国际影响力的新兴国家、大国和非洲的关系,以免过度依赖其传统盟友。

---

[1] Yasmina Abouzzohour, "Moroccan foreign policy after the Arab Spring: a turn for the Islamists or persistence of royal leadership?", https://www.tandfonline.com/doi/full/10.1080/13629387.2018.1454652, 2020-07-29.

突尼斯：
地中海区域局势隐忧与机遇[*]

突尼斯于2019年举行自西亚北非局势动荡以来的第二次总统与议会选举，从而结束自2016年以来的"共识政治"阶段。尽管该国再度实现政权的平稳过渡，但在政治、经济方面，突尼斯存在诸多难以解决的结构性难题，这些问题的产生与地中海地区固有政治、经济体系的运行存在紧密联系，而这一固有体系也将继续制约新一届突尼斯议会及政府对其国内外问题的处理。但在另一方面，世界局势正面临百年未有之大变局，[①] 突尼斯国家发展也面临着新的机遇。

一、突尼斯与地中海文明及帝国体系

地中海被布罗代尔称之为"旧大陆"的"中心地带"，[②] 而突尼斯既位于连接东西地中海的关键位置，同时也位于西西里岛岛链南端，是沟通南欧与北非的重要通道。自公元前1世纪以来，突尼斯地区与地中海东岸，尤其是黎巴嫩地区保持密切联系。同时，由于其位于地中海传统海上战争线的前沿地带，造成突尼斯长期成为北方欧洲国家与南方北非、西亚国家交战的战场与军事基地，但突尼斯更多从属于东方文明体系。此外，突尼

---

[*] 作者：姜欣宇，西北大学中东研究所博士研究生。
[①] 高祖贵："世界百年未有之大变局的丰富内涵"，人民网，2019年1月21日，http://theory.people.com.cn/n1/2019/0121/c40531-30579171.html，2020年8月14日。
[②] 费尔南·布罗代尔著，蒋明伟、吕华、曹青林、刘驯刚译：《地中海考古：史前史和古代史》，社会科学文献出版社，2005年版，第13页。

斯长期处于地中海帝国体系①之中,这使突尼斯几乎与该区域内的所有国家都存在历史与文化方面的纠葛。由于15世纪之后现代世界体系的逐渐形成,突尼斯从旧有地中海体系的核心区域,几乎沦为现代世界体系的"边缘地带",②并被纳入到以法国为宗主国的地中海西部帝国体系之中。迄今为止,相关文化传统与经济情势仍深刻影响着现代突尼斯民族国家的经济、内政与外交行为。

(一)地中海地区海上贸易与突尼斯国家的兴起

突尼斯国家的兴起与地中海远程贸易存在紧密联系,这一贸易网络主要由聚居于地中海东岸的腓尼基人主导。人类大约于公元前3000年掌握航海技术,至公元前2000年,海上贸易真正出现,而到公元前1000年,航海活动已经可以到达直布罗陀海峡以外。③在古典时代,地中海区域大致存在三条海上商路,北线经希腊及其附属岛屿直至意大利的墨西拿海峡;中间线经过地中海中部诸岛屿,自塞浦路斯经西西里、撒丁等岛屿至巴利阿里群岛(今属西班牙);南线则从埃及出发,沿北非海岸到达直布罗陀地区。④突尼斯位于南线中段,同时临近中间线。公元前10世纪至前6世纪,腓尼基人逐渐将整个地中海纳入其远程贸易体系之中,旅途当中腓尼基人或在友好国家设立驿站,或安扎海外驻地,或在易于防卫的地峡建立据点,而迦太基则因处于夹在两个相临的环礁湖间的比尔萨山丘之上,因此,在公元前8世纪,腓尼基人选择在此处兴建迦太基城。⑤该城也逐渐

---

① "'帝国'这个词通常用来指这样一种政治体系,它地域广阔,权力相对高度集中,以皇帝个人或中央政治机构为代表的中央自成一个政治实体。而且,帝国存在的基础虽然通常是传统的合法性,但他们往往鼓吹一种更广泛的、潜含统一性的政治和文化导向,这个导向一般在帝国的各个部分所追求的方向之外。"参见伊曼纽尔·沃勒斯坦著,郭方、刘成新、张文刚译:《现代世界体系(第一卷)——16世纪的资本主义农业和欧洲世界经济的起源》,社会科学文献出版社,2013年版,第13页。
② 沃勒斯坦认为,在16世纪,奥斯曼帝国并不处于现代世界体系之中,参见伊曼纽尔·沃勒斯坦著,郭方、刘成新、张文刚译:《现代世界体系(第一卷)——16世纪的资本主义农业和欧洲世界经济的起源》,社会科学文献出版社,2013年版,第8页。
③ 费尔南·布罗代尔著,蒋明伟、吕华、曹青林、刘驯刚译:《地中海考古:史前史和古代史》,社会科学文献出版社,2005年版,第12页。
④ 费尔南·布罗代尔著,蒋明伟、吕华、曹青林、刘驯刚译:《地中海考古:史前史和古代史》,社会科学文献出版社,2005年版,第159—160页。
⑤ 费尔南·布罗代尔著,蒋明伟、吕华、曹青林、刘驯刚译:《地中海考古:史前史和古代史》,社会科学文献出版社,2005年版,第159页。皮埃尔·坎塔斯认为迦太基是由"来自海上"的多种民族和腓尼基人本身共同建立的(参见《地中海考古:史前史和古代史》,第162页)。

成为腓尼基人最为重要的殖民城邦之一。

突尼斯既处于地中海贸易的关键通路，同时也位于东、西地中海的分界线上，是历史上传统地中海海上战争线的前沿地带。从西西里至突尼斯的分界线将地中海一分为二，在这一条"西西里分界线"附近长期存在南方与北方、东方与西方之间的冲突。例如，迦太基和希腊城邦与罗马间的长期作战，东方伊斯兰世界和西方基督教国家间的战争等。因此，从西西里至突尼斯，大致可以分为北方、西方、南方、东方之隔，[①] 而突尼斯从属于后者，在文化上受到东方文明更为深远的影响。例如，在语言方面，该地区受到腓尼基人的深远影响，因此其与闪语地区联系更为紧密，并促成公元7世纪至8世纪阿拉伯征服运动的顺利进行。[②]

迦太基的海洋贸易也促进了非洲内陆与欧洲地区的开发。迦太基地处马格里布地区东北部，南接撒哈拉，向北通过西西里岛与南欧地区相连接，因此，其可以同时接收与利用来自非洲与欧洲的资源。"迦太基用尽一切廉价的资源，包括矿产，例如卡西特里得群岛和西班牙西北部的锡矿；安达卢西亚和萨丁岛的铅、铜特别是银矿；黑非洲的金粉，商队（马队，还没有单峰驼）一直将这些黄金运送至小非洲（Afrique Mineur）；以及随处，甚至在茫茫大海上都可以抓到的奴隶。"[③]

（二）突尼斯与地中海帝国体系

经过三次布匿战争，罗马共和国于公元前146年占领并摧毁迦太基城，并将这一土地纳入由其管辖的阿非利加行省，而重新修建后的迦太基城成为这一省份的中心。公元2世纪，基督教在迦太基传布，迦太基城成为北非地区重要的基督教中心。公元439年，迦太基被自欧洲而来的汪达尔人占领，成为汪达尔王国首都。公元533年，拜占庭帝国夺取迦太基。公元7世纪末至8世纪初，穆斯林军队占领迦太基，伍麦叶王朝于公元670年建立凯鲁万（Kairouan）城（该城为马格里布地区的伊斯兰教中心），公元698年，来自尼罗河流域的阿拉伯军队建立突尼斯城，[④] 突尼斯逐渐取代迦

[①] 费尔南·布罗代尔著，蒋明伟、吕华、曹青林、刘驯刚译：《地中海考古：史前史和古代史》，社会科学文献出版社，2005年版，第13页。
[②] 费尔南·布罗代尔著，蒋明伟、吕华、曹青林、刘驯刚译：《地中海考古：史前史和古代史》，社会科学文献出版社，2005年版，第164页。
[③] 费尔南·布罗代尔著，蒋明伟、吕华、曹青林、刘驯刚译：《地中海考古：史前史和古代史》，社会科学文献出版社，2005年版，第164页。
[④] 肯尼斯·帕金斯著，姜恒昆译：《突尼斯史》，东方出版社，2012年版，第3、14—15页。

太基成为该地区的主要城市,同时,穆斯林军队的到来也开启了这一地区的阿拉伯化与伊斯兰化进程。

在阿拔斯王朝衰落后,马格里布地区的柏柏尔人或阿拉伯人在今突尼斯地区建立过诸多王朝。公元800年,突尼斯出现独立的阿格拉布王朝（800—909年）,其领土范围涵盖今利比亚西部地区与西西里岛。公元909年,法蒂玛王朝（909—973年）在突尼斯兴起,统治了北非及阿拉伯半岛西部地区。阿尤布王朝（1171—1341年）与穆瓦希德王朝（1121—1269年）曾统治过突尼斯的部分或全部地区。1244年,马林王朝（1244—1465年）在摩洛哥兴起,并将突尼斯纳入其国土范围之内。在此期间,突尼斯本地兴起过哈夫西德王朝（1227—1574年）,突尼斯城为该王朝首都,并在该王朝统治时期迎来城市历史上的黄金时代。而被誉为中世纪马格里布地区最后一位著名哲学家的伊本·赫勒敦（1332—1406年）即于这一时期出生在今突尼斯境内。

突尼斯于1534年被纳入奥斯曼帝国体系（1535年神圣罗马帝国皇帝、西班牙国王查理五世控制突尼斯,随后哈布斯堡王朝与奥斯曼帝国在突尼斯发生多次争夺,直至1574年,奥斯曼帝国才最终控制突尼斯）,至19世纪前期,突尼斯基本处于间接统治状态,奥斯曼素丹派出的总督除了收税外并无实权。实际权力掌握在当地贝伊（Bey）手里。1705年,突尼斯被侯赛因家族统治（1705—1957年）,长达170多年。这种间接统治在19世纪因奥斯曼帝国与欧洲国家的争夺而结束,1830年法国占领阿尔及利亚,使奥斯曼帝国关注其北非的利益,1840年奥斯曼舰队前往突尼斯,计划将其纳入直接统治。但奥斯曼帝国在与法国的竞争中落败,突尼斯最终被纳入法兰西帝国体系之中。[①]

（三）突尼斯民族国家的兴起

自1881年至1956年,法国殖民突尼斯近75年。尽管,突尼斯受到法国长期统治,且受到西方世俗文化影响,但殖民统治并未从根本上改变突尼斯当地社会与文化结构,伊斯兰教及其政治影响力依然深厚。伊斯兰主义者与世俗主义者共同推动突尼斯民族国家建立,但两者之间存在深刻且难以调和的矛盾。

受1881年2月赫米尔（Khmir）部落遇袭事件影响,法军入侵突尼

[①] 肯尼斯·帕金斯著,姜恒昆译:《突尼斯史》,东方出版社,2012年版,第4页。

斯，之后，法国与侯赛因王朝贝伊签署《巴尔杜条约》，该条约承认突尼斯当地贝伊（统治者）的主权，但是将突尼斯的对外关系置于法国常驻公使的监督之下，军队由法国将军统领。[①] 1883年签署的《马尔萨协议》则使突尼斯正式成为法国的保护领地（根据该条约规定，法国担保突尼斯偿还债务，条件是实施由总督确定的行政改革。条约剥夺了突尼斯一切有实际意义的主权，并把突尼斯变成了法国的保护领地。贝伊继续执政，但他不再是统治者）。

在第一次世界大战前后，受到泛伊斯兰主义、美国伍德罗·威尔逊的"十四点计划"、埃及反英、的黎波里塔尼亚"独立"等因素及事件影响，突尼斯民族主义情绪高涨，出现"宪政党"等民族主义组织。[②] 后布尔吉巴等人成立"新宪政党"。[③] 1940年6月，德国战胜法国，突尼斯属贝当政府统治，布尔吉巴等民族主义者得到释放。北非战役结束后，突尼斯重新归于法国统治。受1949年联合国准许利比亚独立，摩洛哥、阿尔及利亚局势变动等影响，突尼斯国内民族主义运动进一步发展。1956年，法国结束对突尼斯的统治，突尼斯独立；[④] 1957年，突尼斯废除国王，建立共和国。

二、西亚北非动荡后突尼斯的政治、经济形势

2010年，席卷西亚北非地区的大动荡自突尼斯开始，而突尼斯几乎成为大动荡中唯一平稳完成政治转型的国家。2019年，突尼斯举行新一届总统与议会选举，独立候选人凯斯·赛义德（Kais Saied）当选突尼斯总统，"复兴运动"成为突尼斯议会第一大党。尽管，突尼斯在2019年的政治过渡较为平稳，然而，自突尼斯建立民族国家以来，影响突尼斯政治的伊斯兰主义与世俗主义之争并未终结。此外，在经济方面，自2010年动荡以来，突尼斯经济始终未能恢复至动荡之前状态，国内失业率居高不下，经济增长速度仍较迟缓。

（一）"共识政治"阶段中止

突尼斯于1981年4月开始实行多党制，2011年1月，本·阿里政权

[①] 肯尼斯·帕金斯著，姜恒昆译：《突尼斯史》，东方出版社，2012年版，第2页。
[②] 肯尼斯·帕金斯著，姜恒昆译：《突尼斯史》，东方出版社，2012年版，第71—74页。
[③] 肯尼斯·帕金斯著，姜恒昆译：《突尼斯史》，东方出版社，2012年版，第103页。
[④] 肯尼斯·帕金斯著，姜恒昆译：《突尼斯史》，东方出版社，2012年版，第119—132页。

倒台后，过渡政府宣布取缔原执政党"宪政民主联盟"，并取消党禁，大量政党随之涌现，迄今为止已有200余个合法政党。① 2011年10月24日，突尼斯举行变局后的首次选举，即突尼斯制宪议会选举，温和伊斯兰主义政党"复兴运动"赢得了40%的选票，获得突尼斯议会217个议席中的89席，成为议会第一大党，开始主导突尼斯的政治过渡进程。2014年，制宪阶段结束，突尼斯开始举行新宪法下的第一次选举。在2014年10月的议会选举中，偏向世俗主义的呼声党（Nidda Tounes）获得217个议席中的86席，取代"复兴运动"党成为议会第一大党。但在2016年3月，呼声党内讧，10余名呼声党议员退出议会。由于呼声党内部分裂，以及恐怖袭击的影响，突尼斯政局陷入动荡状态。2016年，在总统卡伊德·埃塞卜西（Caid Essebsi）的牵头下，突尼斯各党派和社会团体开始共同参加对于重大政治事项的协商，这一协商机制对于促进突尼斯政局稳定产生了积极影响。

2019年7月25日，卡伊德·埃塞卜西总统病逝，享年92岁，议长纳赛尔出任代总统。2019年10月，突尼斯举行总统与议会选举，为2010年以来该国第二次议员与总统选举。2019年10月17日，经过两轮投票，独立候选人、大学法律教授凯斯·赛义德（Kais Saied）当选突尼斯第七任总统，并于23日宣誓就职。② 而在议会方面，"复兴运动"成为新一届议会第一大党（获得52席）。此外，在2019年10月选举中进入议会的政党包括："突尼斯之心"党（Qalb Tounes）（38席）、民主潮流党（Courant Démocratique）（22席）、自由宪政党（Parti libéral constitutionnel）（17席）、"人民运动"党（mouvement du peuple）（15席）、"祝福突尼斯"党（Tahia Tounes）（14席）和呼声党（Nidda Tounes）（3席）。③

"复兴运动"成立于1981年6月，原名"伊斯兰倾向运动"，20世纪90年代初遭当局打压并取缔。2011年，本·阿里政权倒台后，该党获得合法地位并很快成为突尼斯政坛影响最大的政治力量。该党主张基于伊斯兰价值观的民主，强调突尼斯的阿拉伯、伊斯兰属性，致力于实现伊斯兰与民主和谐共存。"突尼斯之心"党，前身为"争取突尼斯社会和平党"，

---

① 中华人民共和国外交部，https://www.fmprc.gov.cn/web/gjhdq_676201/gj_676203/fz_677316/1206_678598/1206x0_678600/（最近更新时间：2020年5月），2020年8月14日。
② 中华人民共和国外交部，https://www.fmprc.gov.cn/web/gjhdq_676201/gj_676203/fz_677316/1206_678598/1206x0_678600/（最近更新时间：2020年5月），2020年8月14日。
③ 中华人民共和国外交部，https://www.fmprc.gov.cn/web/gjhdq_676201/gj_676203/fz_677316/1206_678598/1206x0_678600/（最近更新时间：2020年5月），2020年8月14日。

2019年6月更为现名。民主潮流党，该党于2013年5月成立，在2019年10月议会选举中，排名第三。自由宪政党，该党由本·阿里时期前总理哈米德·卡鲁伊于2013年12月成立，原名"宪政运动"，旨在吸纳前宪政联盟支持者。"人民运动"党在突尼斯政治变革前与反对本·阿里政权的"突尼斯纳赛尔主义组织"关系密切，2011年3月，该党获得合法地位，这一党派系民族主义政党，信奉纳赛尔主义。"祝福突尼斯"党，于2019年1月27日成立，该党成员以议会全国联盟党团成员为主，主张以布尔吉巴思想和突尼斯改革思想为基础。"突尼斯呼声"党，世俗主义政党，由时任过渡政府总理的埃塞卜西于2012年6月创建，以世俗精英、前政府要员、中左翼人士为骨干，主张走世俗化道路，曾为议会第一大党。[1]

（二）结构性矛盾：伊斯兰主义与世俗主义间的纠葛

伊斯兰教为突尼斯文化的重要源头之一，并且具有较强的跨国影响力，例如，至今仍在利比亚东部地区具有较大影响力的赛努西教团即由穆罕默德·萨努西（Muhammad al-Sanusi）于1883年在突尼斯市建立。而在法国殖民统治时期，突尼斯伊斯兰主义者与世俗主义者间的矛盾就已经显现，新宪政党的领袖布尔吉巴趋向于西方，而其副手本·优素福则趋向于阿拉伯世界和伊斯兰世界。[2] 1955年3月20日，法国同意突尼斯结束保护，亲优素福主义的游击队则继续战斗。1956年独立后，出于经济发展，以及削弱政敌影响力的考虑，布尔吉巴采取诸多世俗化措施，如取缔多妻制、废除沙里亚法庭、禁止妇女披盖头，以及让工人不在斋月中进行斋戒的尝试。此外，北非和伊斯兰世界的著名伊斯兰学术中心宰图那大学被关闭。乌里玛的权力被削弱。[3]

突尼斯长期受到法国殖民统治，并因地理位置等原因饱受西方文化影响，成为除土耳其之外中东地区欧化程度最高的国家之一。因此，一些西方人士认为："历史地说，作为阿拉伯国家中最开放、最具地中海特色的突尼斯是不适合伊斯兰主义者起义的场所。"[4] 但在独立后，突尼斯伊斯兰

---

[1] 中华人民共和国外交部，https://www.fmprc.gov.cn/web/gjhdq_676201/gj_676203/fz_677316/1206_678598/1206x0_678600/（最近更新时间：2020年5月），2020年8月14日。
[2] 肯尼斯·帕金斯著，姜恒昆译：《突尼斯史》，东方出版社，2012年版，第119页。
[3] J.L.埃斯波西托著，东方晓、曲洪、王建平、杜红译：《伊斯兰威胁——神话还是现实?》，社会科学文献出版社，1999年版，第185页。
[4] J.L.埃斯波西托著，东方晓、曲洪、王建平、杜红译：《伊斯兰威胁——神话还是现实?》，社会科学文献出版社，1999年版，第185页。

组织快速兴起，超出西方有关人士预期。到 20 世纪 80 年代末期，选举政治表明，突尼斯的主要政治反对派是伊斯兰势力，例如"伊斯兰倾向运动"或"复兴运动"，尽管不能以一个政党的资格参加竞选，但"伊斯兰倾向运动"的成员赢得了 1984 年 4 月全国大选中 17% 的选票，在一些都市地区得票率高达 40%。[1]

在 2010 年之后，世俗主义与伊斯兰主义两大势力间的冲突并没有消除，并且影响到突尼斯政治稳定，世俗主义者联合组建政党抵制伊斯兰主义者，此外，出于对伊斯兰主义的恐惧，相关群体选择背离某些民主原则，"由于世俗的突尼斯人'非常害怕复兴运动（Ennahda）'，所以他们接受了卡伊德·埃塞卜西（Caid Essebsi）的'非民主方式'"。[2] 尽管，当前议会第一大党"复兴运动"立场温和，但其需要在西方国家及伊斯兰世界其他国家间保持平衡，这种关系的维系将影响这一政党能否在突尼斯国内长期稳定执政。

（三）突尼斯的经济形势及 2010 年以来的变动

突尼斯经济中工业、农业、服务业并重。工业以磷酸盐开采、加工及纺织业为主。突尼斯还生产一些石油，但是为能源净进口国。橄榄油是出口创汇的主要农产品。旅游业较发达，在国民经济中占重要地位。[3] 此外，侨汇也是突尼斯外汇的主要来源之一。但自 2011 年以来，突尼斯经济增长乏力，复苏缓慢，经济增长速度与 2010 年之前存在较大差距。自 2014 年以来，突尼斯人均 GDP 每年都在下降（按名义价值计算），低于 2015 年的中等收入上限 4036 美元，并在此后一直低于这一水平。[4] 自 2010 年以来，突尼斯高失业、高赤字、高通胀症状明显，旅游、磷酸盐等支柱产业受到较大冲击。2018 年，由于旅游业、农业和磷酸盐生产的积极发展趋势，经济增值为 2.4%，是 2014 年以来的最高增长率，但 2019 年主要经济数据

---

[1] 肯尼斯·帕金斯著，姜恒昆译：《突尼斯史》，东方出版社，2012 年版，第 183 页。

[2] Sarah Yerkes, "Tunisia's Political System: From Stagnation to Competition", Zeineb ben Yahmed, March 28, 2019, https://carnegieendowment.org/2019/03/28/tunisia-s-political-system-from-stagnation-to-competition-pub-78717, 2020-08-14.

[3] 中华人民共和国外交部，https://www.fmprc.gov.cn/web/gjhdq_676201/gj_676203/fz_677316/1206_678598/1206x0_678600/，2020 年 8 月 14 日。

[4] Tunisia: In Brief, US Congress Report, p. 9, https://crsreports.congress.gov/product/pdf/RS/RS21666/66，2020-08-14.

则再度恶化，经济增长率低于预期（预期为1.5%[①]）仅为1.0%，失业率为14.9%，通货膨胀率为6.7%。受全球新冠肺炎疫情影响，2020年，突尼斯经济或将遭遇近年来最大降幅。

三、突尼斯面临的区域危局与机遇

在2010年开始的西亚北非动荡中，突尼斯成为唯一一个完成政权平稳过度的国家，然而，地区局势对突尼斯国内政治影响明显，中东地区旧有矛盾并未在上一次剧变中消除，而新的问题又不断出现，地区局势存在较大不确定性，处于这一危局当中的突尼斯恐将难以独善其身。

（一）突尼斯当前面临的地区政治隐忧

现阶段，突尼斯主要面临来自三个方面的威胁，包括：地区宗教极端势力重新抬头，周边国家（利比亚）出现新一轮政治动荡，以及突尼斯对于美欧经济、军事援助的依赖等。

1. 宗教极端势力可能卷土重来

2016年以来，突尼斯国内安全形势渐趋平稳，但严重隐患依旧存在，2019年突尼斯发生由"伊斯兰国"极端武装发动的恐怖袭击，不仅其国内存在极端武装残余势力，突尼斯在边界地带还同时面临来自阿尔及利亚与利比亚两个方向的极端武装威胁，其南部地区已不允许游客进入。[②] 此外，突尼斯还面临极端分子回流问题。突尼斯是极端武装人员的主要来源地之一，联合国调查人员在2015年报告称，估计有4000名突尼斯人在叙利亚参与极端武装活动外，另外有1500人在利比亚，200人在伊拉克，60人在马里，50人在也门。发生于欧洲的一些恐怖袭击事件也与当地某些突尼斯移民存在关联。据统计，在2011年至2018年期间，已有1000名前往国外参加极端活动的突尼斯武装人员返回该国，政府已阻止至少1.7万人为前往外国从事极端活动而离开突尼斯。[③] 并且，由于突尼斯近年来失业率较高，回到突尼斯境内的极端分子有可能鼓动该国失业人员从事极端活动。

[①] Tunisia: In Brief, US Congress Report, p. 10, https://crsreports.congress.gov/product/pdf/RS/RS21666/66, 2020-08-14.

[②] Tunisia: In Brief, US Congress Report, p. 11, https://crsreports.congress.gov/product/pdf/RS/RS21666/66, 2020-08-14.

[③] Tunisia: In Brief, US Congress Report, p. 9, https://crsreports.congress.gov/product/pdf/RS/RS21666/66, 2020-08-14.

2. 地区大国对突周边国家局势的影响加大

突尼斯与其北非地区邻国之间存在共同的历史与文化联系，周边国家的政局动荡直接影响突尼斯内部的政治、社会稳定。早在独立之初，突尼斯即受到来自埃及、利比亚等国家泛阿拉伯主义的影响，时任总统布尔吉巴对泛阿拉伯主义持有审慎，乃至反对态度，直至1958年，突尼斯才加入阿拉伯国家联盟。① 而自2010年西亚北非动荡以来，具有跨国影响力的宗教极端思想则对于突尼斯政局稳定造成直接影响，并在2015年至2016年严重影响突尼斯经济发展。

当前，突尼斯主要邻国利比亚出现新的政局动荡。2020年1月，土耳其出兵利比亚，包括埃及、俄罗斯、阿联酋等国的介入也在不断加深。② 法国、意大利、美国等国家也存在进一步介入利比亚局势的可能。相关国家及其代理人势力可能影响突尼斯内部政局，或以突尼斯为跳板发动针对对方的袭击。当前，突尼斯主要与北非地区国家（埃及、阿尔及利亚）合作，共同应对来自利比亚方向的危机。③

3. 与欧美合作存在风险

自突尼斯独立以来，来自欧洲与美国的经济、军事援助是维系突尼斯国家稳定的重要资源，但与此同时，欧美国家也通过对相关援助的控制影响突尼斯政府政策，以及突尼斯国内政局走向。

在2010年之前，突尼斯一直与欧洲有着良好的关系，20世纪末，由于欧洲一体化进程不断推进，为抓住跨地中海地区经济发展这一机遇，突尼斯积极推动与其马格里布邻国的合作关系，在1989年2月，它与利比亚、阿尔及利亚、摩洛哥、毛利塔利亚成立了阿拉伯马格里布联盟。④ 在对美关系方面，2019年，美国国际开发署（USAID）与突尼斯政府签署了一项为期五年的"发展目标协议"，根据该协议，美国国际开发署承诺在未来5年内提供约3.52亿美元。⑤ 在2020财年，美国政府建议为突尼斯

---

① 肯尼斯·帕金斯著，姜恒昆译：《突尼斯史》，东方出版社，2012年版，第146页。
② 刘锶铭、张思远："利比亚成多国战机'试验场'"，新华网，http://www.xinhuanet.com/mil/2020-08/12/c_1210748874.htm，2020年8月15日。
③ Nawal Sayed, "Egypt, Tunisia, Algeria assert adherence to dialog to solve Libya crisis", https://www.egypttoday.com/Article/1/37309/Egypt-Tunisia-Algeria-assert-adherence-to-dialog-to-solve-Libya, 2020-08-15.
④ 肯尼斯·帕金斯著，姜恒昆译：《突尼斯史》，东方出版社，2012年版，第199页。
⑤ Tunisia: In Brief, US Congress Report, p. 11, https://crsreports.congress.gov/product/pdf/RS/RS21666/66, 2020-08-14.

提供8640万美元的援助资金，不到2019年援助水平的一半，但美国国会没有采纳政府提出的削减援助计划。① 在军事方面，突尼斯近年来扩大了对美国军事物资的采购，以维持其军备库存并扩大其反恐能力。自2014年以来，美国已许可向突尼斯出售12架"黑鹰"直升机，计划出售"基奥瓦"（Kiowa）侦察直升机和C-130H运输机，并计划批准相关技术转让。美国国防部（DOD）还为突尼斯提供了大量用于反恐和边境安全的军事援助。②

然而，长期以来，欧美国家也将援助作为影响突尼斯政局的重要手段。在布尔吉巴时期，为与其政敌本·优素福对抗，布尔吉巴允许"阿尔及利亚民族解放阵线"（FLN）在突尼斯境内建立军营，这导致突尼斯与法国关系紧张，法国中止了其承诺的从1957年至1963年的经济援助。"只是靠着来自美国的大量援助，突尼斯才没有因法国拒绝给予资助而使已经进行的改革陷入困境。"③ 在本·阿里执政时期，突尼斯政府将目标定为"阿拉伯半岛的石油国家"，希望通过吸引石油美元投资来发展本国项目。然而，1990年，伊拉克入侵科威特，本·阿里拒绝支持沙特阿拉伯建立一支包括欧洲和美国部队在内的多国军事力量，而试图居中与伊拉克等国斡旋未成，造成本国政局动荡，并因此付出惨重经济代价，"1991年到突尼斯旅游的西方游客比前一年减少了60万，下降了36%……为了报复突尼斯，美国将经济援助从1990年的大约3000万美元大幅削减到1991年的800万美元，到1992年仅为100万美元，并停止了军事援助。由于1994年以前科威特甚至拒绝与突尼斯恢复外交关系，来自海湾国家的捐赠从1990年的1000万美元大幅下跌到1991年的不足300万美元。"④ 而在2010年后，上述情况并未发生改变。2012年，由于美国方面认为突尼斯临时政府在针对班加西美国大使馆的袭击事件中处理不力，两国关系出现冷却状况。⑤

---

① Tunisia: In Brief, US Congress Report, p. 11, https://crsreports.congress.gov/product/pdf/RS/RS21666/66, 2020-08-14.

② Tunisia: In Brief, US Congress Report, p. 12, https://crsreports.congress.gov/product/pdf/RS/RS21666/66, 2020-08-14.

③ 肯尼斯·帕金斯著，姜恒昆译：《突尼斯史》，东方出版社，2012年版，第146页。

④ Kenneth J. Perkins, *Historical Dictionary of Tunisia*, 2nd edn (Lanham, Md.: The Scarecrow Press, 1997), pp. 64-65 and 185. 转引自肯尼斯·帕金斯著，姜恒昆译：《突尼斯史》，东方出版社，2012年版，第200页。

⑤ Tunisia: In Brief, US Congress Report, p. 12, https://crsreports.congress.gov/product/pdf/RS/RS21666/66, 2020-08-14.

（二）百年未有之大变局与突尼斯发展新机遇

从15世纪末至16世纪初，欧洲世界体系的格局形成。① 在这一体系中，突尼斯面临诸多难以改变的结构性问题，突尼斯在文化方面倾向于伊斯兰世界，但在经济、安全方面依赖于西方国家。这种情况造成突尼斯内部分裂局面，影响经济、社会的进一步发展，并可能使其政府在外交领域陷入无所适从的困境。不过，当前世界格局正面临新的变革，"进入21世纪尤其是2008年国际金融经济危机以来，多极化在不同层面和不同领域不断扩展，向全新的广度和深度持续深化，使国际力量对比总体上变得越来越平衡。"② 因此，突尼斯在外交方面拥有了更多选择，存在不完全依赖西方进行发展的外部与内部条件。

现阶段，中国与突尼斯之间的合作主要局限于经贸领域。中国企业承包实施的工程项目主要有水坝、污水处理厂和磷酸盐生产线等。③ 2019年4月22日，突尼斯与科特迪瓦、几内亚、乌拉圭一同成为亚洲基础设施投资银行成员。尽管当前中国与突尼斯的合作规模有限，但二者存在进行良好合作的基础，以及在更多领域内展开合作的潜在动力。

结　语

尽管，突尼斯国家体量小，④ 但它地处地中海区域文明交往的"十字路口"，具有深厚的历史文化底蕴，与地中海地区几乎所有国家存在历史及文化纠葛，从而具有一定的地区影响力。同时，突尼斯也因其特殊的地理位置，长期成为环地中海区域各方势力的"博弈场"，成为判断地区局势走向的重要风向标。

尽管，突尼斯受西方文化影响较多，且在经济与安全领域严重依赖西方国家，但其本地文化更为偏向东方，从属于伊斯兰文明。突尼斯世俗主

---

① 伊曼纽尔·沃勒斯坦著，郭方、刘成新、张文刚译：《现代世界体系（第一卷）——16世纪的资本主义农业和欧洲世界经济的起源》，社会科学文献出版社，2013年版，第13页。
② 高祖贵："世界百年未有之大变局的丰富内涵"，人民网，2019年1月21日，http://theory.people.com.cn/n1/2019/0121/c40531-30579171.html，2020年8月14日。
③ 中华人民共和国驻突尼斯共和国大使馆经济商务处，http://tn.mofcom.gov.cn/article/zx-hz/hzjj/201603/20160301274055.shtml，2020年8月14日。
④ 中华人民共和国外交部，https://www.fmprc.gov.cn/web/gjhdq_676201/gj_676203/fz_677316/1206_678598/1206x0_678600/。

义与伊斯兰主义间的冲突更多为国家发展路线之争，而不仅仅是文化方面的矛盾。尽管2010年后突尼斯政局出现变动，但它在政治、经济方面面临的结构性问题并没有从根本上消失，因此，世俗主义者与伊斯兰主义者都难以完全主导突尼斯政坛，如果相关结构性问题无法得到解决，突尼斯可能陷入两大势力轮流执政，经济、社会形势交替恶化的局面。

突尼斯因地中海海上贸易而兴，也因现代世界体系的形成而失去其经济上的重要地位。伴随世界格局发生新的改变，突尼斯也面临国家发展的新机遇。因其所处位置所限，突尼斯需在各方势力间找到平衡点，才能维系其脆弱的政治、经济体系继续发展。尽管，现阶段突尼斯与中国合作领域有限，贸易规模较小，但两国之间存在进行良好合作的基础，以及在更多领域内展开合作的潜在动力。

近地中海

以色列：
地区权力变化中的内政外交回顾*

2019年是以色列经历剧烈政治变动的一年。在这一年里，以色列经历了两次大选，却并未能够组建政府，内塔尼亚胡领导的"看守政府"执掌以色列政坛。与此同时，2019年，以色列继续在巴以问题上保持强硬姿态，警惕周边局势异动，努力维护国家安全。

一、以色列政坛纷争与大选

尽管是一个人口只有800多万的地中海国家，但是以色列的国内外政情却复杂多变。一方面，以色列国内政党林立，秉持不同政治理念、代表不同社会团体利益和族群利益的政治党派，往往需要组成各自的政治联盟，才能够在以色列国会博弈之中赢得总理桂冠，并且主导政治格局；另一方面，以色列社会构成复杂，尽管是一个以犹太人为主体的国家，但是其800多万人口中的150多万是拥有以色列国籍的巴勒斯坦人；在犹太人内部，也分为中东欧犹太人群体、拉美犹太人群体、阿拉伯犹太人群体、非洲犹太人群体、俄罗斯犹太人群体（特指1991年苏联解体后移民至以色列的前苏联境界犹太人）等不同的种族群体；在意识形态上，除了被划分为"左翼"和"右翼"之外，也可以被大体上划分为"世俗犹太人""改革派犹太人"和"正统派犹太人"。不同的民族和种族，不同的意识形态，使得以色列国内社会呈现出明显的网格化差异，进而导致了政党构建上的碎片化。[①] 2019年，以色列举行了两次大选，皆无法促成各个政党组

---

* 作者：刘林漳，西北大学中东研究所2020级硕士研究生；王晋，西北大学中东研究所副教授。本文系2018年度国家社会科学基金青年项目"'一带一路'倡议在以色列推进的重点与难点研究"（18CGJ023）的阶段性成果。

① 王晋："以色列'内塔尼亚胡时代'即将落幕？"，《世界知识》，2019年第7期，第39页。

成联合政府。

以色列右翼政党"犹太家园"党的主要支持者,是秉持右翼理念的、在约旦河西岸和东耶路撒冷的犹太定居点民众;而前任国防部长阿维格多·利伯曼领导的右翼政党"以色列是我们的家园",其主要支持者是来自于以色列的俄裔犹太人。正是由于复杂且敏感的族群、政治、宗教因素,给以色列大选带来了非常大的不确定因素。比如各方都会利用彼此在执政历史、政治理念、族裔构成、宗教倾向等方面的差异来彼此攻击。

2018年11月,以色列总理内塔尼亚胡宣布解散政府,举行大选。在2019年,以色列各个政治力量都希望通过大选获得议会主导权。内塔尼亚胡领导的利库德集团,在两次大选之前,都自信满满地表示将会在未来大选中取得压倒性优势,获得组阁谈判进程的主动权。[1] 4月和9月两次大选的结果大致相似,即内塔尼亚胡领导的利库德集团,和以色列国防军前总参谋长班尼·冈茨领导的"蓝白联盟"各获得120个议会席位中的30多个席位,而其他各个右翼、中间翼和左翼政党之间分歧明显,无法组建议席过半的政党联盟。

表1 2019年4月以色列大选结果

政党名称	利库德集团	"蓝白联盟"	"沙斯党"	"我们大家"	圣经犹太教联盟	右翼联盟	"以色列是我们的家园"	工党	力量党	"联合名单—复兴运动"	"联合名单—民族主义者"
获得席位	36	35	8	4	7	5	5	6	4	6	4

表2 2019年9月以色列大选结果

政党名称	利库德集团	"蓝白联盟"	"沙斯党"	圣经犹太教联盟	民主联盟	"以色列是我们的家园"	工党	右翼联盟	"联合名单"
获得席位	32	33	9	7	5	8	6	7	13

以色列总理内塔尼亚胡面临贪腐调查,其政治前途面临较大的不确定

---

[1] "Explaining Israel's Political Crisis and Netanyahu's Confidence", *Foreign Policy*, December 21, 2019, https://foreignpolicy.com/2019/12/21/israel-election-redux-2019-coalition-netanyahu/.

性。内塔尼亚胡希望通过新一轮的大选，获得足够多的选票，进而成功组建利库德集团主导的联盟政府。在 2019 年大选开始之前，内塔尼亚胡一度认为，自己领导的利库德集团将会获得近 40 个议会席位，并因此轻松主导未来组阁谈判进程。

内塔尼亚胡的依据是，在过去的几年里，自己领导的以色列政府获得了来自于美国特朗普政府的大力支持，在耶路撒冷地位问题、约旦河西岸边界问题、戈兰高地地位问题等敏感议题上，得到了美国的支持。特朗普政府将耶路撒冷称为"以色列首都"，将美国驻以色列使馆从特拉维夫搬迁至耶路撒冷，还多次赞成以色列在约旦河西岸实施以色列法律，并支持以色列对于戈兰高地的控制。与此同时，内塔尼亚胡认为，伊朗长期以来是以色列的主要外部安全威胁，伊朗发展核武器和导弹技术，以及在中东地区的地缘扩张，导致了以色列外部安全环境的恶化。美国奥巴马政府未能有效应对伊朗的威胁，反而在 2015 年签署了"伊朗核协议"，解除了针对伊朗的相关领域制裁，减轻了伊朗的外部压力和威胁。随着特朗普上台执政，美国重启针对伊朗的制裁，力图与伊朗达成新的协议，不仅限制伊朗发展核武器的能力和企图，还要遏制伊朗的地区影响力和发展导弹技术的能力。因此，与美国特朗普政府的友好关系，成为了内塔尼亚胡力挽狂澜、重新组建自己在以色列政坛主导地位的信心之源。①

二、以色列国内的关键议题

在 2019 年的两次大选中，内塔尼亚胡并未如愿获得足够多的议会席位，随后在组阁阶段，也未能说服其他的政治力量，与自己结成执政联盟。在内塔尼亚胡所提出的组阁条件中，他要求加入自己领导的执政联盟中的政党，必须许诺在未来同意由内塔尼亚胡提出的一项关于赋予现任议会议员"司法豁免权"的提案。与此同时，鉴于内塔尼亚胡的盟友中，有多个犹太教右翼和极右翼政党，因此，他也需要考虑到这些政党的诉求。这些政党要求内塔尼亚胡未来组建的政府，不能将犹太正统派人士"强制征兵"纳入议案范围之内。而"议会意愿司法豁免权"和犹太教人士"强制征兵"事宜，也成为了最后内塔尼亚胡未成功组阁的重要障碍。

---

① "What Trump Did to Push the Isreali Election in Netanyahu's Favor", *The Washington Post*, April 29, 2019, https：//www.washingtonpost.com/world/2019/04/09/what－trump－did－push－israeli－election－netanyahus－favor－what－he－didnt－do/.

以色列《基本法》并没有对以色列国会议员赋予"豁免权"。根据2005年的《基本法》修正案，以色列国会议员尽管享有一定程度的司法豁免权，但是如果以色列法院宣布调查某一个以色列议员的违法犯罪嫌疑，该议员的"豁免权"将会由以色列国会予以"罢免"。如果某一议员被以色列法院判处"有罪"，其议员资格自动作废并接受法律制裁。因此，以色列法院能够对国会议员的违法犯罪行为进行监督和调查。

2017年以来，内塔尼亚胡贪腐丑闻不断发酵。2019年3月初，以色列总检察长曼德尔贝雷特决定起诉内塔尼亚胡，内塔尼亚胡在2019年10月出席听证会。内塔尼亚胡希望能在国会层面通过新的法案，赋予国会议员"豁免权"，使得国会议员免于司法调查和法院起诉。由于以色列总理和各个内阁成员同时亦是国会议员，因此，内塔尼亚胡力推的议员"豁免权"法案，其目的在于遏制以色列检察机构和法院调查议员违法犯罪行为的权力。内塔尼亚胡希望将赞成"豁免权"法案，作为政党进入自己组建执政联盟的"前提条件"。如果内塔尼亚胡计划成真，那么一旦其组阁成功，其所提倡的国会议员"豁免权"法案也将很快得以在以色列国会通过并产生法律效力。

由于推动"豁免权"法案意味着国会议员事实上不受检察机构和法院监督，因此，在以色列社会产生了巨大的争议。不少以色列学者和民众认为，如果"豁免权"法案通过，将为国会议员和以色列政府高层"贪腐"提供便利。中间翼政党"蓝白联盟"领导人班尼·冈茨就多次表示，自己不会同意内塔尼亚胡提议的"豁免权"议案。一些中间翼和左翼政治人物甚至提出，不会与"腐败分子"共同组建执政联盟。[1]

犹太极端正统派参军问题，是阻碍2019年以色列各党派组阁的另一个重要障碍。犹太极端正统派在以色列国内是一股非常强大的社会力量。一方面，犹太极端正统派有自己封闭的社区，拥有独立的教育、生活和政治网络，权威的犹太大拉比具有极强的号召力，每当涉及犹太极端正统派的政治议题出现，犹太极端正统派群体往往能够在短时间内迅速动员上万甚至十多万民众，通过示威游行来施加政治压力。另一方面犹太极端正统派往往有自己的政治党派，比如，代表以色列中东裔犹太人（塞法尔迪犹太人）的"沙斯"党和代表以色列中东欧裔犹太人（阿什肯纳齐犹太人）

---

[1] Danny Zaken, "Coalition Talks: Why Netanyahu Jumped off the Wagon", al-Monitor, November 26, 2019, https://www.al-monitor.com/pulse/originals/2019/11/israel-benjamin-netanyahu-benny-gantz-yair-lapid-rivlin.html.

的"联合妥拉犹太主义"党。这些政党能够凭借固定的支持群体，在每一届议会选举中获得较多选票，从而进入执政联盟。而在具体的政府职务上，这些犹太极端正统派党派往往倾向于担任宗教、社会、文化和教育方面的部长职务，通过以色列政府政策直接施加政治影响。

长期以来，以色列国内极端正统派参军服兵役，一直是一个非常敏感的话题。根据以色列《基本法》，每个以色列公民（巴勒斯坦裔除外），无论男女，都有义务"应征入伍"。长期以来，服兵役被很多以色列犹太公民视为与纳税、选举和工作一样的现代公民必备条件。然而犹太极端正统派群体则认为，参军会干扰犹太宗教学院学生学习宗教知识和履行宗教义务。1948年，以色列建国之时，以色列开国总理大卫·本古里安曾经与以色列犹太极端正统派群体订立协议，允许犹太极端正统派免除军队征召。1999年，时任以色列总理埃胡德·巴拉克领导的以色列政府通过了《塔勒法案》（Tal Act），规定年满22岁的犹太宗教学院学生可以"自愿"决定是否被征召入伍，但是绝大多数极端正统派犹太人拒绝参军。

由于犹太极端正统派在以色列有近100万人，且每一个极端正统派家庭往往都养育近10个孩子，因此，有很多以色列人担心，到2050年，以色列一半的人口将会是极端正统派，那么就意味着有一半人将会免于兵役。因此，如何将犹太极端正统派纳入军队，在近些年成为了以色列政坛难以回避的话题。2018年9月，时任以色列国防部长利伯曼曾信誓旦旦地表示，将会力推新的"极端正统派参军法案"，要求每一个极端正统派适龄男女都必须接受以色列国防军征召，那些拒绝入伍者将会被处以罚款甚至拘役。当2018年11月以色列内阁宣告解散后，利伯曼仍然将"极端正统派参军"作为自己的政治前提，因此与右翼宗教政党产生了根本分歧，成为了2019年4月大选后，内塔尼亚胡组阁失败的重要原因。

2019年的两次选举，皆未能促成各个政治力量抛弃分歧，组建执政联盟。以色列民众十分失望，舆论媒体也纷纷抨击以色列政坛"自私自利"，认为以色列大选耗费巨大，国家财政无法承担多次选举。以色列总统里夫林也号召，希望以色列各个政党能够摒弃前嫌，为了以色列国家民众的福祉而组建团结政府。[1] 以色列政治动荡，显示出当前以色列国内政治力量之间和以色列政坛内部一些重要的新特点。

---

[1] "Rivlin: I will Do all I Can to Prevent New Elections for Israel", the Jerusalem Post, May 29, 2019, https://www.jpost.com/Breaking-News/Rivlin-I-will-do-all-I-can-to-avoid-return-elections-591004.

首先，以利库德集团为代表的右翼政治力量，仍然是以色列具有主导性的政治团体。即使是一些从利库德集团"出走"的以色列政治人物，仍然能够在以色列政坛获得巨大的影响力，但尚不足以单独挑战利库德集团。比如阿维格多·利伯曼曾是利库德集团重要成员，但是随后出走并且创立了"以色列是我们的家园"。利伯曼在2018年通过"国防部长"职务进行了"镀金"，并希望借此进一步增强自己在以色列国民心中的"安全形象"，但其领导的政党仍然未能大幅增加在议会中的席位。此次选举中，从利库德集团出走的摩西·费格林带领的右翼"身份"党，甚至都未能进入议会。"蓝白联盟"中的重要成员、以色列前国防部长摩西·亚阿隆从利库德集团出走之后，曾经力图单独组建政党挑战利库德，但是迫于民调差距，不得不与前总参谋长班尼·冈茨、加比·阿什克纳齐和雅伊尔·拉皮德领导的"未来"党共同组建"蓝白联盟"，才得以抗衡利库德集团。总的来说，离开利库德集团的政治人物，基本上都难以单独组建能够抗衡利库德集团的政治力量。

其次，犹太极端正统派政治力量仍然强大。在2019年4月的选举中，极右翼政党"犹太家园"党的领导人、前教育部长纳夫塔利·本内特和司法部长艾叶蕾特·沙凯德高调宣布组建"新右翼"，力图摆脱犹太极端正统派宗教势力的干预，并且力图在右翼选民中扩展支持。传统上，"犹太家园"党的主要支持者来自于约旦河西岸和东耶路撒冷的犹太定居点，而很多犹太定居点往往与犹太宗教团体有着千丝万缕的联系。因此，当本内特和沙凯德宣布组建"新右翼"的时候，其本意是希望能够摆脱宗教团体的束缚。然而大选结果显示，丧失了宗教团体的支持，本内特和沙凯德甚至未能获得3.25%的选票"门槛"，无法进入议会。

再次，左翼和中间翼政党内部矛盾不断凸显，分裂造成各个政党力量衰微。在2015年选举中，左翼和中间翼政党一度占据席位优势，但是在最终的组阁环节，内塔尼亚胡领导的利库德集团成功主导了政府。在过去数年中，左翼政党发生了内部分裂，"联合名单—民主联盟"和"联合名单—革新党"陷入分裂，总得票数少于2015年大选；工党在2015年之后，经历了内部的纷争与竞争，党魁人选变动激烈，当前的党魁加比·加巴伊是在2017年末才最终胜出，而且，加巴伊本人"咄咄逼人"的政治姿态与工党传统"谨小慎微"的政治姿态并不相符。中间翼拉皮德领导的"未来"党在选举前曾被呼吁与其他左翼和中间翼政党联合组建"中间翼"联盟，但最终拉皮德选择了与右翼军事人选组建"蓝白联盟"。尽管中间翼和左翼每个单一政党都获得了较大成功，但是这些政党之间分歧严重，无法组成统一的政治联盟。因此，以色列的中间翼和左翼政党只有两个选择，要么加入由内塔尼亚胡主导的联合政府，要么接受现状成为"在野党"。

三、以色列外交环境与外交实践

2019年，以色列的外交政策主要围绕对美国关系、对巴勒斯坦关系、与阿拉伯国家关系和对伊朗关系四个维度展开。首先是在对美国政策上，以色列努力保持与美国的友好关系，尤其是希望利用与特朗普政府的关系，进一步提升以色列在中东的地区战略地位。特朗普与内塔尼亚胡之间关系亲密，既因两人政治理念上有诸多相似之处，也因内塔尼亚胡和特朗普亲家库什纳家族之间的亲密关系。因此，长期以来，特朗普或直接或间接，努力通过外交动议来给内塔尼亚胡在以色列国内政坛以"助攻"。无论是特朗普宣布耶路撒冷是"以色列首都"，还是宣布戈兰高地是"以色列领土"，再或是美国加大对于伊朗制裁，都被内塔尼亚胡描述为自己的"外交政绩"。

与巴勒斯坦关系方面，以色列希望能够在特朗普任期内，推动巴以和平的实现，促成美国偏袒下以色列占据约旦河西岸和东耶路撒冷占领的"合法化"。在2019年6月于巴林举行的"和平与繁荣"经济论坛上，特朗普政府提出了巴以问题的"世界协议"经济方案，来帮助内塔尼亚胡赢得更多国内右翼民众支持。"世界协议"经济方案的主要思路是，承认耶路撒冷和约旦河西岸犹太定居点为以色列领土，压缩未来巴勒斯坦国的领土面积，并且辅之以阿拉伯世界对于巴勒斯坦人的经济补偿，以此作为巴以和平的方案基础。由于巴勒斯坦民族权力机构和其他政治派别都已经明确表示，不参与不承认特朗普在巴以问题上的方案，而未来以色列大选之前内塔尼亚胡和其他右翼政党必然会在外交领域继续保持强硬姿态，来吸引足够的右翼选票，因此，巴以和平势必面临更大的挑战，巴勒斯坦民众抗议示威进而引发与以色列大规模冲突的可能性也大大增加。

与阿拉伯国家关系方面，以色列努力与海湾阿拉伯国家保持密切沟通，实现双边关系的重要突破。对于以色列和海湾阿拉伯国家来说，伊朗是共同的安全威胁。但阿拉伯世界长期将巴以问题视为发展与以色列关系的前提条件。2002年，阿盟首脑会议在黎巴嫩首都贝鲁特举行，会议通过了由沙特阿拉伯提出的"阿拉伯和平倡议"，主张在巴以实现全面持久的和平之后，阿拉伯世界与以色列实现关系正常化。但是随着地区局势发生变化，尤其是2011年以来中东地缘政治发生较大变动，以色列和阿拉伯国家之间的关系也出现了新的发展。2018年10月，以色列总理内塔尼亚胡公开访问海湾阿拉伯国家阿曼首都马斯喀特，显示出以色列与海湾阿拉伯国家间关系的巨大突破。2019年8月，以色列宣布，已经与阿联酋就"伊朗威胁"达成"实质性协议"，以色列将自愿向以美国为首的"反伊朗联盟"提供情报和援助。

以色列和海湾阿拉伯国家都意识到，巴以问题在短期内难以解决。[1] 以色列仍然长期占领约旦河西岸和东耶路撒冷，在当前以色列国内碎化和脆弱的政治条件下，任何在领土问题和犹太定居点问题上的退让，都很可能会导致以色列执政内阁的倒台。与此同时，巴勒斯坦内部派别对立严重，2002年"中东和平倡议"发出时，巴勒斯坦解放组织领导的民族权力机构，已经分裂为由民族权力机构控制下的约旦河西岸和巴勒斯坦伊斯兰抵抗组织（哈马斯）控制下的加沙地区相对峙的状态。巴勒斯坦政治分裂，导致任何政治派别都无法在巴以问题上做出合适的让步或者妥协。以色列和巴勒斯坦都无法有效让步，导致2014年巴以和平谈判失败后，巴以双方再无新的对话和谈判。2011年后，阿拉伯世界内部动荡纷争，相关国家无力且无意再对巴以问题施加新的影响。巴以和平让位于现实地缘政治需求，海湾阿拉伯国家与以色列的"趋近"也就成为必然。

与伊朗关系方面，以色列继续警惕和敌视伊朗的地区政策，将伊朗视为"最大的安全威胁"。[2] 在以色列看来，伊朗对以色列的威胁表现在两个方面。一方面，以色列直接感知到伊朗对于以色列的生存威胁。从1979年之后，在诸多公开场合，伊朗不仅不承认以色列的合法性，将其称为"犹太政权"或者"以色列当局"，而且不断号召要彻底"消灭"以色列。另一方面，以色列十分担心伊朗发展各类先进的战术和战略武器。在伊朗核问题上，以色列认为伊朗并不值得信任，不会轻易放弃核能力的研发进程。以色列认为，伊朗尽管与国际社会签署了2015年的"伊朗核协议"，但是伊朗在2004年之后长期试图秘密发展核武器，只是在国际社会尤其是以色列发现其研制计划之后，受制于国际制裁才不得不选择放弃核进程，

---

[1] Jacob Abadi, "Saudi Arabia's Rapprochement with Israel: The National Security Imperatives", *Middle East Studies*, Vol. 55, Issue 3, 2019, pp. 433-449.

[2] Trita Parsi, "Iran and Israel: The Aviodable War", *Middle East Policy*, Vol. 14, No. 3, pp. 79-85.

因此伊朗本身仍然怀有发展核能力的野心。伊朗发展战略武器尤其是导弹技术的企图，对于以色列本身形成了巨大的安全威胁，尤其是未来，如果伊朗有能力研发出核武器或者其他低浓度武器，如"脏弹"和"贫铀弹"等，装载在伊朗各类长距离导弹之上，必然会对以色列形成巨大的安全威胁。由于以色列国土面积狭小，因此，如果伊朗集中大量导弹进行突袭，以色列势必受到重创。在此背景下，以色列需要平衡来自于伊朗的威胁，因此对于伊朗的感知会一直存在。

由于伊朗自身的伊斯兰革命话语体系限制，伊朗需要保持和发展与中东地区各类伊斯兰政治团体的关系，尤其是保持与发展同秉持"什叶派"和"反以色列"政治团体的关系。在巴勒斯坦，伊朗同加沙地区的伊斯兰抵抗组织"哈马斯"和伊斯兰"圣战"组织"吉哈德"关系密切；在黎巴嫩，伊朗同敌视以色列的黎巴嫩真主党关系密切；在叙利亚，伊朗支持叙政府；在伊拉克，伊朗则支持什叶派民兵组织"人民动员军"。这些团体大体上都高呼或者实践针对以色列的敌视态度，将以色列描述为地区安全的重要威胁。而且，由于这些团体大多数是民间组织，在其所在国内保持着较大的自主性，因此，伊朗在中东地区的角色很大程度上是"颠覆性""革命性"角色，而不是"融入性"或者"建设性"角色。这使得以色列十分担心伊朗的"威胁"，尤其担心伊朗会通过这些"附属组织"来发动针对自己的大规模军事袭击活动。

从2019年10月以来，黎巴嫩国内爆发的民众抗议示威浪潮，导致黎巴嫩总理哈里里领导的内阁倒台。与此同时，真主党尽管成为了一些黎巴嫩抗议民众抨击的对象，认为其真主党所代表的什叶派武装力量，分裂了黎巴嫩国家的主权，但是真主党针锋相对，将抗议示威浪潮归因为"美国干涉"和"以色列干涉"。以色列国内舆论认为，尽管遭到了来自于黎巴嫩民众的巨大压力，但是"真主党"在黎巴嫩国内的地位并没有被撼动，对于以色列的抨击也日益增多。[①] 在此背景下，以色列鼓吹要对伊朗和真主党展开大规模军事报复。比如，以色列国防部由右翼团体"新右翼"政党纳夫塔利·贝内特把持，贝内特本人外交理念十分激进和强硬，长期以来高呼要发动针对黎巴嫩南部真主党的军事行动。贝内特提出，以色列在面临外部威胁时候，应当溯本逐源，直接对伊朗展开报复。以色列国防军

[①] Michael Oren, "Israel is Preparing for Open War", *the Atlantic*, November 4, 2019, https：//www.theatlantic.com/ideas/archive/2019/11/israel‐preparing‐open‐war/601285/.

总参谋长科哈维也提出了"两个战争"的理念，要求以色列国防军做好准备，具备同时应对与南部"哈马斯"和北部真主党的能力。[①]

对于以色列来说，伊朗核问题是最为关切的安全议题，伊朗被以色列视为"中东地区安全之源"，如果伊朗核技术发展得不到有效遏制，以色列首选之策是希望美国能够直接通过军事手段介入，其次是经济制裁和外交手段予以施压，最后才是以色列自己发动军事打击行动阻断伊朗核发展。以色列对于特朗普的伊朗政策仍然不完全满意，希望美国承担更多的义务，但是鉴于伊朗核技术突破仍然有一段距离，因此以色列能够接受美国当前奉行的"经济制裁"措施。

2019年，在美国的压力下，以色列逐渐采取措施，限制和打压中国企业在以色列的投资、贸易、基建和科研活动。以色列将设立由来自于财政部、国防部、国家安全委员会、外交部、经济事务部的高级代表组成的特别委员会，共同审查可能对于以色列国家安全造成影响的外国投资项目。

结　语

2019年是以色列国内政治动荡变化的一年，尽管经历了两次大选，但是以色列各个政治派别获得选票并无太大差异，显示出以色列政治僵局难以在短期内破解。与此同时，得益于与特朗普政府的亲密关系，以色列与海湾阿拉伯国家关系逐渐趋近，对于伊朗和巴勒斯坦保持强硬态度。2019年，在美国的压力下，以色列对华政策出现变化，中国需要保持足够的警觉，防止双边关系出现倒退。

---

① Meir Elran and Carmit Padan, "Chief of Staff Aviv Kochavi on War and National Resilience", *INSS Insight*, No.1247, January 14, 2020.

土耳其：
地方选举、新冠肺炎疫情与国内政治困境[*]

作为一个有着独特地缘位置和深厚帝国遗产的新兴国家，近些年来土耳其在世界政治中异常活跃。2017年，通过修宪公投实行总统制以后，土耳其的政治、经济和社会都在经历深刻的变迁，对外关系方面也发生了显著的变化。2019年，土耳其国内政治形势变化格外引人注目。埃尔多安领导的正义与发展党（以下简称"正发党"）在土耳其地方选举中遭受历史性挫折，正发党不仅失去首都安卡拉，还失去了包括最大城市伊斯坦布尔在内的多个大城市的控制权。对外关系方面，土耳其与美国、欧盟的裂痕持续加深，继续强化在叙利亚的军事存在，并且军事介入利比亚问题。在东地中海，与希腊剑拔弩张，几次到了擦枪走火的边缘。2019年底，新冠肺炎疫情暴发以来，土耳其逐渐成为受疫情冲击最为严重的国家之一。正发党主政的中央政府与反对党控制的地方政府在疫情应对上的分歧进一步激化了双方的矛盾。土耳其应对这些危机的治理模式将在很大程度上重塑其社会并深刻影响国家的发展方向。评估和研判土耳其的未来政治和外交走向变得更加困难。

一、地方选举与土耳其政治剧变

土耳其于2019年3月31日举行埃尔多安强推总统制以来首次地方选举，结果出人意料。土耳其主要反对党共和人民党斩获国内前三大城市伊斯坦布尔、安卡拉和伊兹密尔市长职位，并席卷土耳其东部和南部沿海各省。这一结果对于执政党来说，不啻一次政治地震。作为国内最大的城市，伊斯坦布尔对于埃尔多安和正发党具有极其重要的政治意义，这里不

---

[*] 作者：张向荣，西北大学中东研究所讲师，世界史流动站博士后。本文系2019年国家社科基金青年项目"土耳其'新奥斯曼主义'及其实践研究"（19CSS025）的阶段性成果。

仅是埃尔多安政治发迹之地，① 也是正发党的传统票仓。正发党的前身繁荣党在1994年首次赢得对伊斯坦布尔的控制权后，伊斯坦布尔一直处在繁荣党和正发党的控制之下。埃尔多安高度重视伊斯坦布尔的地区选举，称其"事关土耳其的存亡"。为此次选举，正发党进行了为期两个多月的竞选活动，发起了密集的集会和不间断的媒体报道。② 埃尔多安很难接受失去伊斯坦布尔的选举结果，称反对党在伊斯坦布尔操控了选举。③ 在埃尔多安的压力下，最高选举委员会宣布伊斯坦布尔地区选举结果无效，并决定重新选举。6月23日，共和人民党候选人伊马姆奥卢在重新举行的伊斯坦布尔市长选举中再次获胜，选票优势也从第一轮的2万张扩大到80万张。这一结果对埃尔多安和正发党造成了巨大打击，表明土耳其国内社会中相当数量民众对于埃尔多安和正发党的严重不满。正发党在大城市的支持基础正在减弱，并向乡镇和城市中心的贫困社区转移，而反对派在土耳其人口最多、经济最发达的省份取得重大突破。可以说，埃尔多安的权力基础正在流失，在下次总统选举中可能遭受到巨大挑战。这次选举对土耳其政治将产生长期、深远的影响。

正发党在主要大城市的选票份额普遍下降，源自多方面的原因。第一，2018年的经济危机对土耳其不同社会阶层均产生冲击，不少原来支持正发党的选民转而支持反对党。经济发展成就一直是正发党执政以来选举霸权最重要的合法性来源。④ 2018年，里拉大幅贬值，幅度超过40%，这拉开了土耳其金融危机的序幕，导致2019年2月土耳其经济陷入严重衰退。2019年3月，土耳其失业率达到14.1%，青年人失业率更是高达25.2%，⑤ 通胀率达到19.7%，特别是食品通胀率达了29.8%。⑥ 为了改善经济危机对其城市选区的影响，正发党市政当局开始向贫困社区发放食品补贴，但

---

① 埃尔多安在1994年至1998年曾担任伊斯坦布尔市长，从此跻身土耳其政坛。
② "Turkey's Tayyip Erdogansuffered a severe setback", Diken, April 1, 2019, http://www.diken.com.tr/turkeys-tayyip-erdogan-suffered-a-severe-setback/, 2020-08-12.
③ "Erdoğan: Almost all electionresults in Istanbul are unlawful", Diken, April 8, 2019, http://www.diken.com.tr/erdogan-almost-all-election-results-in-istanbul-are-unlawful/, 2020-08-20.
④ Çarkoğlu, A, "Ideology or economic pragmatism: Profiling Turkish Voters in 2007?", Turkish Studies, Vol.9, No.2, 2008, p.317.
⑤ "Unemployment figures released", Yeni Şafak, June 17, 2019, https://www.yenisafak.com/ekonomi/issizlik-rakamlari-aciklandi-mart-2019-issizlik-verileri-3495153, 2020-08-13.
⑥ "Turkish Central bank: Fresh produce prices increased the infflation", BloombergHT, April 4, 2019, https://www.bloomberght.com/tcmb-cekirdek-gostergeler-ana-egilimi-dusuk-seviyeleri-korundu-2209861, 2020-08-16.

这一措施的影响有限。第二，两大阵营选举策略的差异。正发党和民族行动党宣扬国家安全和社会稳定，共和人民党则强调能引起选民共鸣、关系选民切身利益的地方问题，避免发表分裂言论，以具体的提议来吸引亲政府选民。反对党推出的温和中间派候选人的选举策略得到了不少亲正发党选民的支持。第三，正发党与奉行激进民族主义的民族行动党的联盟以及对极端民族主义话语的接纳疏远了库尔德选民。埃尔多安对库尔德人反抗运动的强力镇压也使正发党在库尔德地区的选票流失。第四，土耳其人对正发党叙利亚难民政策的不满在经济危机的冲击下加剧。2016年的一项民意测验显示，那些意识到国家出现经济危机的正发党支持者对叙利亚难民持负面看法。79%的受访者认为叙利亚难民造成了土耳其社会的失业问题，74%的受访者认为土耳其不应该再接收难民。[①] 这种影响只会随着经济危机的日益严重而加剧，也降低了正发党在选民中的支持率。

正发党的政治动员能力多年来首次受到质疑。此次地方选举前，民族行动党主席巴赫切利宣布本党不在伊斯坦布尔、安卡拉推出候选人，以支持正发党。埃尔多安对这次地方选举给予了异乎寻常的重视，为了给正发党造势和拉票，50天内在59个城市举行了102场集会。埃尔多安非常关注伊斯坦布尔选情，认为"得伊斯坦布尔者，得天下"，正发党的宣传和动员机器也全力开动，但正发党仍然在大城市遭遇惨败。作为主要的反对党，共和人民党在近20年来的选举中一直被埃尔多安领导的正发党压制。此次重整旗鼓，在地方选举中不仅得到了城市世俗主义者全力支持，也得到了众多库尔德选民的支持，同时很多对埃尔多安打击和清算"居伦组织"行动强烈不满的居伦支持者和同情者也将选票投给了共和人民党。2014年土耳其地方选举中，正发党独揽了几乎所有主要省份的选票，而共和人民党仅在其世俗据点伊兹密尔获胜。2019年这次选举，即使有民族行动党的全力支持，正发党在各大城市中也只在布尔萨险胜。得益于好党（iyi Parti）和人民民主党的支持，共和人民党在土耳其人口最多、经济最活跃的6个省中赢得了其中5个省，是近20年来罕见的胜利。如果共和人民党在此次赢得的地方政府中施政良好，并采取有助于土耳其社会团结和民主化的措施，能更多凝聚社会共识，土耳其现有政党体系的权力格局可能会发生根本变化，在未来深刻改变土耳其政治图景。

---

① Berk Esen & Sebnem Gumuscu, "Killing Competitive Authoritarianism Softly: The 2019 Local Elections in Turkey", South European Society and Politics, Vol. 24, No. 3, 2019, p. 322.

土耳其社会的政治分裂进一步强化，加深了土耳其的治理困境，可能在未来预示着更大的政治纷争和动荡。全国81个省中，正义与发展党赢得39个，共和人民党赢得21个。土耳其共产党候选人打破历史，赢得通切利的市长职务。正发党的获胜区域主要在内陆城市和黑海沿岸，而共和人民党几乎赢得全部西部和南部沿海城市的市长职位。双方的支持者表现出明显的地理和意识形态差异。历史上，共和人民党的支持者多为居住在城市、教育程度较高、赞同世俗主义的阶层，而正发党的主要支持者为宗教上更加虔诚、受教育程度低的农村和小城镇居民。亲库尔德人的人民民主党主要支持者来自库尔德人。世俗与宗教、土耳其与库尔德的二元对立成为土耳其社会分裂的主要表现。目前世俗/凯末尔主义的共和人民党、虔诚/保守的正义与发展党、土耳其民族主义的右翼民族行动党和库尔德民族主义的左翼人民民主党是土耳其影响最大的四个政党。最近，这一趋势呈现三极化的趋势，主要是因为土耳其两个伊斯兰右翼政党，即正义与发展党和民族主义行动党之间建立起密切的联盟。

正发党与反对党围绕地方权力正在展开政治斗争，近期，土耳其贸易部决定收回市长对所属市政贸易公司人员的任命权，将此项权力转交给市政议会。其动机不言而喻，正义与发展党在伊斯坦布尔、安卡拉地方议会中仍占有多数地位，借此可以削减反对党的市政权力。共和人民党人为此向上诉法院提出诉讼，请求驳回贸易部的决定。2016年，土耳其未遂军事政变以后，正发党政府宣布实行紧急状态，以涉嫌支持库尔德工人党为由，将土耳其东南部库尔德聚集区的大多数民选市长免职和关押，并由中央政府指派新的市长。2019年3月，地方选举后不久，埃尔多安再次以同样理由，将土耳其东南部三个省的市长撤职。遭撤职的三省市长都来自亲库尔德的人民民主党，在3月的选举中都以多数票当选。

二、土耳其的政治极化与政党格局的重组

这次地方选举，土耳其主要党派获得的选票分布清楚地显示了土耳其政治分裂和极化的程度和趋势。传统上，土耳其地方选举主要由地方和政治家个人因素决定。[1] 然而，近些年土耳其的政治极化几乎影响了所有的

---

[1] Ödül Celep, "The 2019 Municipal Elections in Turkey: A Democratic Earthquake", Turkish Policy Quarterly, Vol. 18, No. 2, 2019, p. 138.

政治选举，甚至是地方性的选举。

此次选举折射出土耳其政坛各种政治力量的组合变化，对土耳其未来政治图景具有深远的影响。2015年6月，土耳其议会选举中，正义与发展党失去了长期以来在议会中的多数席位，开始寻求与民族行动党组成竞选联盟。2015年11月的选举中，正发党再次赢得多数席位，获得单独组建政府的权力。民族行动党在2017年修宪公投中全力支持总统制，对于埃尔多安顺利推行总统制起了重要作用。此次选举中，保守的正义与发展党与极右翼民族行动党再次联手，组成"人民联盟"（Cumhur İttifakı）。经过几天的长时间谈判，两党最终同意在51个省联合选举候选人，在剩下的29个省分别提名。为对抗"人民联盟"，"中左"的共和人民党和"中右"的好党则结成"民族联盟"（Millet İttifakı）。两党在22个大城市和27个省推出共同候选人，在32个省各自推选候选人。在土耳其党派政治格局中，"中左"的共和人民党和亲库尔德的人民民主党在以往一直保持距离。历史上，共和人民党在执政时曾多次镇压库尔德分离主义运动。但是在这次选举中，人民民主党与共和人民党进行合作，在一些获胜率不大的省份选择支持共和人民党。这种党派之间的组合在今后可能会固定化和长期化。反对正发党的政治力量可能会加强联合，最终撼动正发党的执政地位。

从目前来看，正义与发展党和民族行动党之间的联合较为稳定，两党在总统制上态度坚定，某种程度上也延续了20世纪80年代土耳其民族主义与伊斯兰主义的合流趋势。双方在对方拥有选举优势的地方相互支持。不过，两党的联盟并非牢不可破。执政党同样面临着来自盟友的竞争压力，民族行动党在27个省推出自己的候选人，依靠民族主义宣传，民族行动党吸引了许多正发党选民的支持，并在安纳托利亚中部的9个保守省份获胜，一定程度上侵蚀了正义与发展党的选举基础。此外，在与正发党联盟问题上，民族行动党内部一直存在不小的反对声音，有不少有影响的议员为此退出民族行动党。曾担任土耳其大国民议会议长的梅拉尔·阿克谢奈尔（Meral Akşener）即是其中最有影响的一位，她在退出民族行动党后创立好党，在短时期内就拥有了很高的支持率。与正发党和民族行动党组成的"人民联盟"相比，"民族联盟"在意识形态和价值观念方面的差异更大。在公共政策领域，共和人民党、好党、人民民主党表现出截然不同的立场，他们合作的唯一基础和目标是共同对抗正发党和民族行动党组成的"人民联盟"。"民族联盟"更多是对"人民联盟"出现后的一种反制和应对。正发党可以利用库尔德人问题分化共和人民党和人民民主党之间的合作。

库尔德左翼政治力量最近的一个重要趋势是人民民主党在政治上趋于温和，在议会中逐渐成为独立的、重要的政治力量。自1990年以来，试图走议会道路的库尔德左翼政党频繁被宪法法院以"破坏土耳其国家统一和领土完整、支持恐怖主义和非法武装库尔德工人党"等理由取缔。[①] 从2015年开始，人民民主党在选举中取得关键突破，单独推出自己的候选人，成功打破了10%的议会门槛，在大国民议会中拥有了多个席位。在土耳其东南部，人民民主党和正发党仍是两个最有希望获胜的政党。库尔德政治运动历来更重视地方选举，2014年，新成立的人民民主党与少数左翼政党建立了政治联盟，迈出历史性的一步，采取了面向全国的战略，从关注地区转向关注国家层面。然而，正发党政府对库尔德运动的强力镇压，迫使人民民主党回归地方政治。由于两名前主席和一些重要议员被政府羁押，人民民主党的组织动员体系在2019年地方竞选中受到极大削弱。人民民主党把这次地方选举看作是恢复实力的机会，把有限的资源集中在库尔德人聚集区，在几个大城市的竞选中选择支持正发党的对立阵营——"民族联盟"，而没有推出自己的候选人。人民民主党的选举策略是在库尔德地区获胜，通过支持反对派阵营，让正发党和民族行动党在土耳其中西部落败。在竞选期间，人民民主党的活动人士多次遭到攻击、骚扰和拘留，人民民主党候选人被给予非常有限的媒体播送时间，并且通常被排除在主流媒体报道之外，因为公共和私人电视频道往往拒绝播放人民民主党的竞选广告。事实上，尽管遭到压制和阻挠，人民民主党仍然牢牢控制着土耳其南部的库尔德人省份。

另外一个值得关注的土耳其政党是伊斯兰政党——幸福党。在土耳其政坛，幸福党是一个小党，但在整个竞选过程中，幸福党对正发党批评的声音最为激烈、鲜明。作为伊斯兰政党，其强调伊斯兰价值观，但在政治上持开放态度，试图与世俗政党建立政治合作，以击败正发党。幸福党批评正发党政府的腐败、专制和经济失败来吸引传统支持正发党的保守选民。2019年地方选举中，幸福党在所有省份都推出了自己候选人，独立开展竞选活动。此次选举中，幸福党未能赢得任何省份，但是在一些城市得

[①] Dicle Koğacıoğlu, "Dissolution of Political Parties by the Constitutional Court in Turkey: Judicial Delimitation of the Political Domain", International Sociology, Vol. 18, No. 1, 2003, p. 258.

票数位居第二，并且在东南部库尔德聚居区和西部保守的萨卡里亚省赢得9个选区的地方长官职务。

在土耳其历史上，教俗之间的分歧往往表现为伊斯兰政党与被称为"世俗主义堡垒"的军方和宪法法院之间的冲突，但在埃尔多安控制军队以后，双方的阵营不再泾渭分明。土耳其的军方和司法系统已经不是"铁板一块"了，除了传统的世俗主义者外，亲正发党的势力和居伦的支持者也占相当大的比例。教俗的矛盾表面上表现为对于国家政治和经济改革方向的争论，实质上仍然为政治领导权之争。在剪除军方干政的制度性权力以后，埃尔多安和居伦之间的矛盾迅速浮出水面。支持执政党和支持反对党的政治势力之间的矛盾和争论似乎涉及各行各业，包括企业、官僚机构、学术机构和教育部门。奉行激进民族主义的民族行动党与伊斯兰色彩浓厚的正发党合流，世俗主义政党共和人民党则与伊斯兰政党幸福党进行合作。从民族行动党分裂出来的好党开始与人民民主党接触，可能是双方达成某种合作的重要迹象。① 从正发党分化出来的重要政党，如原副总理阿里·巴巴詹（Ali Babacan）创立的民主和进步党以及前总理艾哈迈德·达武特奥卢（Ahmet Davutoğlu）创立的未来党都可能加入"民族联盟"，在下一次选举中与共和人民党结成联盟。

三、土耳其的威权主义转向与多重政治困境

正发党上台之前，土耳其是一个文官执政、军人监国的体制，军方在内政和外交方面拥有事实上的否决权。土耳其高等法院也在民主制度中扮演着否定者的角色，对政府行使监护权。然而，自2002年以来，正发党削弱了军方和司法机构在土耳其政治中的监督权和制衡权。具体来说，正发党通过一系列改革赋予民选政府更大的决策权，从而削弱了军方的政治权力，并通过宪法公投实施的司法改革改组并控制了高等法院。正发党在第一个任期内通过法律手段，削弱了军队干预政治的能力。首先，借入欧改革，强调西方文官控制军队的原则，降低军队在决策中的制度性权力，剪除了军方干预政治的合法性。其次，改组国家安全委员会，增加委员会中民选官员的数量，降低委员会会议频率，最后将其降为咨询性机构，极大

---

① "Akşener says she would accept to have breakfast with Demirtaş", Hurriyet Daily News, September 8, 2020, https://www.hurriyetdailynews.com/aksener-says-she-would-accept-to-have-breakfast-with-demirtas-158086, 2020-09-09.

削减了军方的权力。再次，清除军方在高等教育委员会、广播电视委员会中的监督审查权，切断军方影响教育和传媒的途径。① 正发党在第二个任期内，将军方干预政治定性为严重犯罪，并启动了对以往军事政变的问责和清算。2011年，正发党借"政变指控"，将数百名退休和在职的高级军官投入监狱，以此震慑军方。土耳其的军政关系从此发生了根本性变化，埃尔多安基本上控制了军队。

土耳其"监护式民主"的终结并没有导致国家的民主巩固。相反，埃尔多安开始转向了威权主义。正发党上台后，逐渐破坏了土耳其政治体制中的权力平衡。批评者认为，权力过度集中的总统制，进一步侵蚀本来已经岌岌可危的制衡机制。2017年4月16日，埃尔多安通过全民公投成功修改宪法，土耳其从内部相互制衡的议会制转变为总统制，政治权力集中在总统和占主导地位的政党手中。

正发党利用建立在城乡地区跨阶层联盟基础上的选举力量，主导政治机构，利用资源和制度上的优势阻止反对派赢得选举。这些措施使竞争环境对反对党非常不利，因此正发党无需诉诸其他手段。正发党强化对媒体的监管和控制，利用法律手段打击媒体和社会中的批评声音，努力削弱反对派在竞选中的组织和动员能力。

尽管正发党在2015年6月议会选举中失去多数席位，然而在同年11月的选举中再次取得了重大胜利，其得票率从41%上升到49%，巩固了在正发党主导下的竞争性威权政体。在两次选举期间，土耳其政府卷入与库尔德工人党的新一轮武装冲突，"伊斯兰国"也加大了对土耳其的袭击力度，土耳其安全局势迅速恶化，引发了民众的恐惧。民众的关切和担忧从经济放缓转向恐怖主义和国家安全。② 由此，正发党成功地将自己塑造为"选民唯一可行的选择"，反对本已羸弱和分裂的反对党。

一些观点认为，埃尔多安威权主义的加强，使选举的公正性不断遭到破坏。③ 不过，2019年地方选举的情况与前几次大选有所不同。尽管执政党政府在选举竞争中具有优势，但是土耳其的经济危机削弱了正发党政府的竞选努力，因为经济危机使正发党很难实质性兑现其

---

① Kuru, Ahmet, "The Rise and Fall of Military Tutelage in Turkey: Fears of Islamism, Kurdism, and Communism", Insight Turkey, Vol. 14, No. 2, 2012, pp. 41–43.

② Berk Esen & Sebnem Gumuscu, "Killing Competitive Authoritarianism Softly: The 2019 Local Elections in Turkey", South European Society and Politics, Vol. 24, No. 3, 2019, p. 321.

③ EBerk Esen & Sebnem Gumuscu, "Rising competitive authoritarianism in Turkey", Third World Quarterly, Vol. 37, No. 9, p. 1582.

承诺。

从 2019 年的地方选举可以窥见当前土耳其政治体制的一些关键特征。尽管正发党利用公共权力努力营造有利于自己的竞选环境，但仍然可能会在选举中失利。考察这次选举结果，可以得出几条有意义的启示。第一，当经济危机加深，社会对政府政策日益不满时，反对党之间的有效协调和合作，有可能对竞争性的威权政权构成直接威胁。第二，威权性执政党动员国家机构来扭转选举结果，更完整且有效地行使了国家权力。例如，负责监督选举的土耳其最高选举委员会做出了一系列在法律上有争议的决定。第三，要想获胜，反对党必须面对更高的选举门槛，而即便如此，他们的选举胜利仍不确定。

近些年，土耳其陷入日益严重的政治困境。土耳其的威权政治和埃尔多安的集权并未能解决库尔德人问题，与库尔德工人党和平进程再次中断，在日益增长的民族主义驱动下，双方的关系更加紧张。埃尔多安推行总统制也同样未能解决一直影响土耳其政治发展的另外一个关键问题，即凯末尔世俗主义和政治伊斯兰主义两种对立的意识形态或土耳其身份认同之间深刻而持久的紧张关系。

四、新冠肺炎疫情与土耳其的政治困境

新冠肺炎疫情对土耳其政治和社会的冲击和影响巨大。自 2020 年 3 月 11 日土耳其出现首例确诊病例以来，新冠肺炎疫情在土耳其快速发展。4 月 1 日，已经蔓延到全国各个省份。4 月 18 日，土耳其新冠肺炎确诊病例超过 283200 例，总数超过伊朗，成为中东地区最高的国家。[①] 土耳其新冠肺炎疫情中暴露出来的种种问题，凸显了土耳其公共卫生体系的脆弱性和国家治理能力的不足。作为公共卫生事件，新冠肺炎疫情产生的影响主要体现在社会领域，表现为"经济大衰退、权力大扩张、社会大动荡，甚至导致社会信任危机，种族歧视和右翼排外主义的泛滥"[②]。对于土耳其而言，经济衰退、政府权力扩张以及排外主义固然存在，但更值得关注的是疫情影响下土耳其国内的政治困境。

---

① "Turkey's coronavirus cases highest in Middle East: Live updates", Al Jazeera, April 19, 2020, https://www.aljazeera.com/news/2020/04/global-virus-deaths-154000-cases-700000-live-updates-200417234910029.html.

② 赵可金："疫情冲击下的全球治理困境及其根源"，《东北亚论坛》，2020 年第 4 期。

新冠肺炎疫情在土耳其蔓延之后，正发党及亲政府势力与共和人民党等反对派之间对立加剧。2019年土耳其地方选举之后，来自共和人民党的伊斯坦布尔市长伊玛姆奥卢成为埃尔多安重要的政治对手。伊斯坦布尔作为土耳其的经济中心，成为受疫情影响最为严重的城市。伊斯坦布尔市市长伊玛姆奥卢与埃尔多安在疫情防控举措上分歧严重。伊玛姆奥卢在疫情初期就呼吁实行全国范围的封锁和隔离，以防止疫情扩散。埃尔多安对此置之不理。随着疫情持续蔓延，土耳其中央政府逐渐意识到问题严重性。3月30日，总统埃尔多安宣布启动一项防疫捐赠活动，而反对派对此反应并不积极。4月10日，土耳其内政部在周末前数小时突然宣布在31个城市实行宵禁。大量民众涌上街头，抢购物资，甚至发生斗殴。[1] 反对派、伊斯坦布尔市长伊玛姆奥卢在社交媒体上抱怨政府宵禁通知太过突然，伊斯坦布尔市政府称"如此重大的决定没有提前通气，只会引起恐慌和混乱"。

埃尔多安还压制反对派市长的疫情防控和赈济救护措施。安卡拉和伊斯坦布尔两市市政府发起的为疫情期间失业人员募捐的活动被埃尔多安指责为"试图建立国中之国"之举。土耳其内政部发起了对伊斯坦布尔和安卡拉两位市长的抗疫募捐活动的刑事指控，并冻结了募捐账号。土内政部还下令禁止反对派控制的南部城市梅尔辛市政府发放免费面包的活动。土耳其学者埃夫伦·巴尔塔认为，中央和地方缺乏协作是土耳其激烈的政治极化的产物，政府担心救援工作会让反对派市长更受欢迎，因此拒绝与他们合作。土耳其医学协会新冠肺炎疫情专家委员会的奥斯曼·埃尔贝克（Osman Elbek）批评了政府垄断救援工作的做法，认为缺乏与医生团体和受灾严重的地方政府的沟通，阻碍了全面防疫措施。[2]

疫情期间土耳其宗教事务局成为亲政府力量和反对派相互攻击的焦点。随着伊斯兰复兴运动在土耳其的兴起和发展，宗教事务局越来越趋向保守伊斯兰。正发党执政后，在埃尔多安的支持下，宗教事务局在土耳其政治中的影响力越来越大，预算翻了两番，超过了大多数政府部门。疫情发生后，土耳其人权协会和安卡拉律师协会向法院提交诉讼，指控宗教事

---

[1] "Coronavirus: Turkey's last - minute two - day curfew brings thousands to streets", Euronews, April 11, 2020, https://www.euronews.com/2020/04/11/coronavirus - turkey - s - last - minute - two - day - curfew - brings - thousands - to - streets, 2020 - 08 - 12.

[2] "How politics derailed Turkey's pandemic response", Politico, April 22, 2020, https://www.politico.eu/article/coronavirus - turkey - pandemic - response/, 2020 - 08 - 20.

务局领导人阿里·厄尔巴斯（Ali Erbas）在斋月第一天的电视布道中发表仇恨性言论。①"华盛顿捍卫民主基金会"土耳其项目高级主管、前土耳其议员阿伊卡·埃尔德米尔（Aykan Erdemir）认为宗教事务局在疫情期间发出攻击同性恋的歧视性声音，目的是为了转移社会对其应对疫情不力的指责，借此推卸责任。反对派还指责土耳其宗教事务局应该为初期疫情的扩散负责，认为在疫情蔓延到土耳其时，宗教事务局仍然举行清真寺的大规模祈祷仪式，并继续允许民众前往麦加朝圣。而土耳其初期确诊的新冠肺炎病人大多为从中东返回的朝圣者。埃尔多安和正发党官员则为宗教事务局辩护，并猛烈抨击反对派。在一次内阁会议中，埃尔多安称厄尔巴斯履行了自身的职责，他说"在这个国家如果有人为伊斯兰说话，如果有这样的机构，那就是宗教事务局"，他将安卡拉律师协会的这一举动定性为"对伊斯兰教和政府的有预谋的攻击"。②

土耳其的防疫抗疫活动是在政治和社会高度极化的背景下开展的，疫情期间正发党和反对派的政治博弈并未停止，反而更趋激烈。新冠肺炎病毒在土耳其蔓延，感染率迅速上升，根据官方数据，土耳其的死亡率较低，每100万人中死亡37人，③ 比大多数欧洲国家低，甚至比因低死亡率而受到国际社会赞扬的德国更低。但对此，不仅国外媒体持怀疑态度，土耳其国内也存在争议的声音。支持政府的学者和媒体认为，土耳其在危机管理方面做得很好，理由是检测能力强、死亡率低。而反对派把重点放在感染率和所有类别的数字"可能不准确"上，暗示政府隐瞒疫情、伪造数据。由反对派控制的安卡拉和伊斯坦布尔的市长直接指责政府公布不准确的统计数据。④

---

① "Turkey's religious directorate criticised over coronavirus"，Aljazeera，April 30，2020，https：//www.aljazeera.com/news/2020/04/turkey-religious-directorate-criticised-coronavirus-200430064447853.html，2020-08-20.

② "Turkey's religious directorate criticised over coronavirus"，Aljazeera，April 30，2020，https：//www.aljazeera.com/news/2020/04/turkey-religious-directorate-criticised-coronavirus-200430064447853.html，2020-08-20.

③ "The Battle Over the Numbers：Turkey's Low Case Fatality Rate"，Institut Montaigne，May 4，2020，https：//www.institutmontaigne.org/en/blog/battle-over-numbers-turkeys-low-case-fatality-rate，2020-08-21.

④ "Turkey hit by 'second peak' of coronavirus outbreak"，Al-Monitor，September 3，2020，https：//www.al-monitor.com/pulse/originals/2020/09/turkey-second-peak-coronavirus-covid19-ankara-virus.html#ixzz6XZRDtDXe，2020-09-03.

结　语

尽管受到来自各方面的挑战，埃尔多安在土耳其国内仍然拥有远超他人的支持率和影响力，而总统制极大地强化了他的权力。2019年，地方选举对埃尔多安和正发党构成了严重的威胁，但并未真正触动他的权力核心。尽管在20世纪80年代土耳其民族主义和伊斯兰主义出现合流的趋势，但二者在核心内核上仍然存在重大差异。埃尔多安调和、巩固民族主义者和宗教保守派选民联盟的战略适得其反。地方选举中正发党与民族行动党联合推出的候选人得票率在多数选区低于两党支持率的总和。对于埃尔多安来讲，目前只能努力调和两股在本质上不同的政治力量，其效果如何有待观察。

纵观这次选举，可以对当前土耳其的政治格局进行较为清晰的判断。反对党尽管面临着不公平的竞选环境，但仍有竞争的空间，如果反对埃尔多安的各政党实行协调战略，提出积极的议程和受欢迎的候选人，就能突破正发党设置的藩篱，赢得选举。赢得的地方权力为共和人民党提供了展示执政理念和能力的政治平台，如果这些获胜的市长能深耕地方，任期表现良好，在下一次总统选举和地方选举中可能会实质性撼动埃尔多安和正发党的统治。当然，日益下降的支持率可能会使埃尔多安进一步操纵和利用民族主义和伊斯兰主义来吸引民众的支持。如果这样，土耳其的政治危机和政治困境将进一步加深。

新冠肺炎疫情发生以来，土耳其执政党正发党面临着诸多的批评和质疑，但土耳其目前基本控制住了疫情的蔓延，死亡率保持在较低水平，在疫情防控的同时逐步开始经济恢复工作，政府的表现仍然可圈可点。土耳其国内相当部分的人对此持认可的态度。但是土耳其疫情防控形势依然严峻，放开宵禁以后，新增病例有所增加。8月中旬以来，土耳其每日新增病例始终在1000例以上，安卡拉和东南部库尔德人聚集区的感染率仍然居高不下。土耳其前总理耶尔德勒姆和前副总理巴巴詹均确诊新冠肺炎。目前来看，土耳其新冠肺炎疫情仍然存在反弹的可能。2019年，土耳其的经济已经陷入严重衰退，而疫情进一步加剧了土耳其的经济困境。持续疲软的里拉、高额的债务、缩减的外汇储备和居高不下的失业率等问题可能会重创土耳其的经济，进而加重政治危机。

即使土耳其政府成功控制疫情，如果经济危机和深层次的政治困境迟迟未能解决，正发党的支持率仍会继续下滑。与2002年正发党通过竞选上台类似，今天的土耳其再次站在十字路口。正发党执政以后发起的变革进程似乎已陷入僵局，土耳其迫切需要在国家治理方面进行重大变革。总体而言，土耳其社会出现全局性动荡的可能性很小，但持续的经济危机、日益极化的国内政治以及意识形态化的外交使得土耳其仍然面临着一个充满变数的未来。

约旦：
"困境与危机"下的发展之路[*]

约旦作为中东地区少数资源匮乏之国，经济发展基础薄弱。西亚北非政治变局后，受地区不稳定因素影响，约旦经济困境加剧：高失业率、高债务、贫困、腐败以及自然资源供应不足等经济沉疴在遭遇难民涌入的冲击后进一步恶化，政治稳定也因此受到影响。为化解经济困境与政治危机，约旦政府进行了一系列旨在推进经济增长、加强难民治理、提高政治透明度、吸引外援的改革行动。尽管如此，约旦长期的经济结构弊病、难民治理不善以及外部援助受限等问题仍制约着约旦政治经济的发展，并对约旦的未来发展提出挑战。

一、经济困境与改革尝试

约旦因经济基础薄弱、自然资源贫乏、可耕地少、市场小、依赖进口等原因经济发展缓慢，国民经济支柱主要依赖外汇、外援以及旅游收入，因此，约旦经济发展对周边政治安全环境的稳定性要求较高。2010年末，西亚北非政治变局爆发后地区冲突升级加剧了约旦的经济困境。

（一）约旦经济发展困境

经济基础薄弱是约旦经济发展受困的重要因素。约旦虽地处中东，但石油、天然气、煤炭等重要的工业资源都极为缺乏，需大量进口以维系国内消耗。据最新数据显示：约旦年石油探明储量为100万桶，[①] 世界排名第96位，整体的石油储量不及约旦国内一年的石油消耗量（如2016年石

---

[*] 作者：李彩玲，西北大学中东研究所博士研究生。

[①] Oil – proved reserves, Index mundi, https：//www.indexmundi.com/g/g.aspx? v = 97&c = jo&l = en, 2020 – 09 – 07.

油消耗量为4161万桶①），石油资源几乎全部依赖进口。约旦天然气储量据探测仅为60.31亿立方米，世界排名第85位，但约旦的天然气年消耗量将近53亿立方米，95%的天然气依赖进口。② 此外，约旦工业及电力发展的重要资源煤炭也严重缺乏，约旦煤炭储备几乎为0，但人均每天煤炭消耗量为70立方英尺，全国93%的煤炭用量依赖于进口。③ 自然资源几乎全部依赖进口，不仅大大提高了工业生产成本，进口的不稳定性也加剧了工业生产存在的风险。

表1　约旦天然气探明储量及消耗量④　　（单位：立方米）

	2014年	2015年	2016年	2017年	2018年	2019年
探明储量	60.31亿	60.31亿	60.31亿	60.31亿	60.31亿	60.31亿
年消耗量	4.99亿	52.38亿	52.38亿	52.38亿	52.38亿	52.38亿

2010年西亚北非政治变局后，中东地区的持续性动荡给基础薄弱的约旦经济带来了更为严峻的挑战。作为天然气进口大国，约旦的天然气大部分由埃及提供。尤其是在2003年，约旦将国内的柴油发电厂改为天然气发电厂后，对天然气的需求量进一步加大。⑤ 但在埃及"一·二五"革命后，向约旦输送天然气的管道被破坏，因此完全停止了对约旦的天然气供应。断供造成的能源成本上涨使约旦工业经济发展面临重要挑战。此外，因伊拉克与叙利亚地区的持续冲突，约旦与两国之间的自由贸易区受到影响，大量货物与商人被抢劫，损失惨重，出于安全形势考量，约旦陆续关闭了与两国间的边境口岸，这使严重依赖进口的约旦经济雪上加霜。叙利亚内部的持续冲突还导致源源不断的难民涌入约旦，加深了约旦的经济困境。区域性动荡还损害了约旦的支柱产业：旅游业与外部投资，使来约旦的外

---

① Jordan Oil, Worldometer, https：//www.worldometers.info/oil/jordan-oil/, 2020-09-06.
② Jordan Natural Gas, Worldometer, https：//www.worldometers.info/gas/jordan-natural-gas/, 2020-09-05.
③ Jordan Coal, Worldometer, https：//www.worldometers.info/coal/jordan-coal/, 2020-09-05.
④ Jordan Natural Gas, Worldometer, https：//www.worldometers.info/gas/jordan-natural-gas/, 2020-09-05.
⑤ Marye Stonaker, Energy Infrastructure As A Diplomatic Tool：The Arab Gas Pipeline, http：//www.ensec.org/index.php?option=com_content&view=article&id=270：energy-infrastructure-as-a-diplomatic-tool-the-arab-gas-pipeline-in-perspective&catid=112：energysecuritycontent&Itemid=367, 2020-09-05.

国游客与投资者大量减少。2010年至2017年期间，区域性动荡导致约旦的经济增长放缓，年平均增长率仅为2.5%，[①] 经济困境加剧。

（二）经济改革尝试

面对经济困境，约旦政府一直在尝试经济改革。2015年制定了《2015—2025年发展规划》；2018年约旦政府再次制定关于经济改革的《2018—2022年五年发展矩阵》，以改善商业投资环境、吸引外资和增加就业为基础，但因经济结构性困境与改革深入不足等问题经济表现疲软，通货膨胀、外债高筑、失业率高居不下成为常态。尤其是失业率高居不下成为约旦经济疲软的突出表现：2017年为18.3%，2018年为18.6%。[②] 因此，在2019年初，约旦政府与英国政府联合在伦敦召开了旨在解决约旦就业、投资和经济增长等经济基础性问题的会议，会议通过了约旦经济改革的倡议书《2019年伦敦倡议——联合主席声明》。[③] 该倡议书对约旦《2015—2025年发展规划》与《2018—2022五年发展矩阵》内容提出肯定，尤其对《2018—2022五年发展矩阵》的改革步骤给予赞赏，主张约旦应在此基础上继续推行改革。这次会议不仅为约旦提供了现实改革的具体计划，还落实了改革的后续机制。约旦政府与国际社会合作成立了一个由国际志愿者、金融机构以及约旦政府高级代表联合组成的全球经济管理联盟——约旦工作委员会，该委员会负责审查约旦经济的改革进程。

约旦政府在经济领域改革的内容主要包括：吸引外资、整合财政结构、减轻外债、改革能源等。在吸引外资方面，约旦政府积极改善商业环境，制定相关法律法规提高市场透明度，为外商外资进入做出准备。2019年，约旦政府颁布了《风险资本章程》[④]，统一了市场的监察程序，规范了约旦基金市场的设立以及注册要求，该章程明确了经济利润分配体制，依据国际市场规律为外商投资提供了免税等优惠政策，最大限度降低了外商

[①] Ricardo Hausmann, Tim O'Brien, Miguel Angel Santos, Ana Grisanti, Semiray Kasoolu, Nikita Taniparti, Jorge Tapia, and Ricardo Villasmil, Jordan: The Elements of a Growth Strategy, *Working Papers*, Center for International Development at Harvard University, February 2019. p. 2.

[②] The World Bank In Jordan, "Jordan Overview", https://www.worldbank.org/en/country/jordan/overview#1, 2020-07-06.

[③] "Prime Minister announces UK aid to boost Jordan's prosperity", https://www.gov.uk/government/news/prime-minister-announces-uk-aid-to-boost-jordans-prosperity, 2020-07-20.

[④] Policy paper, "Jordan: Growth and Opportunity - The London Initiative 2019 - Co - Chairs Statement", 4 March 2019, 2020-07-06.

企业在约旦发展存在的许多不确定性风险。除此之外，约旦政府还通过了一项新的财产法，该项法律合并了原先 13 项关于财产所有权的法律，[1] 规定了外国投资者可以通过申请获得在约旦的永久居住权、房屋所有权以及其他公民权利。例如：2018 年 2 月，约旦政府规定只要在该国拥有价值 20 万第纳尔的房屋产权，并且居住年限超过 10 年，就可以申请在约旦的永久居住权，约旦政府每年还向外国居民派发 500 个永久居住权的名额，外国人逐年增多。这些法律法规的颁布吸引了许多外资。

约旦政府还通过投资激励、税务改革、紧急紧缩政策来改变约旦的经济发展结构。约旦政府大力扶持私营企业、积极投资基础工程建设，旨在提高财政收入的同时创造大量就业机会。2019 年，阿卜杜拉国王对约旦的私营部门的投资达到了 95 亿第纳尔（约为 134 亿美元）。[2] 约旦政府还宣布，未来将对 120 个公用基础项目进行投资，这些项目主要涉及旅游、服务、科技等领域，尤其加强对进出口业务的投资，希望借此改革减少约旦国内对外国产品的依赖。此次改革成果显著，2019 年，约旦在全球范围内的进出口贸易额已经达到 60 亿美元，出口商品总额占 2019 年约旦国民生产总值的 6.2%。[3] 为了实现财政平衡、降低公债，约旦政府还提出了严格的经济紧缩政策，主要包括提高税法（员工所得税提高 5%，企业则需上缴 20%—40%），削减汽油、燃料以及食品补贴等。

最后，约旦政府还强化了能源经济改革。高额能源成本是制约约旦经济发展的重要因素，面对能源缺乏问题，约旦政府主要依据国际货币基金组织提供的解决方案进行改革，尤其加强了对电力部门的改革。因天然气的缺乏，从 2015 年开始，约旦政府开始尝试风力发电。近期，约旦根据自身的优势将风力转变为太阳能发电。约旦太阳能资源丰富，年均超过 300 天为晴天，据国际货币基金组织提供的方案来看：约旦政府对太阳能资源的有效开发不仅能够增补约旦 90% 的能源亏损，还能带来能源收益。[4]

---

[1] Lalaine C. Delmendo, "Jordan's housing market still struggling", August 8, 2019, https://www.globalproperty guide.com/Middle – East/Jordan/ Price – History, 2020 – 07 – 08.

[2] Lalaine C. Delmendo, "Jordan's housing market still struggling", August 8, 2019, https://www.globalproperty guide.com/Middle – East/Jordan/ Price – History, 2020 – 07 – 08.

[3] Daniel Workman, "Jordan's Top 10 Exports", June 25, 2020, http://www.worldstopexports.com/ jordans – top – 10 – exports/, 2020 – 07 – 06.

[4] Margaret Dene, "The Hashemite Kingdom's Multiple Futures", *Foreign policy research institute*, September 9, 2019, https://www.fpri.org/article/2019/09/the – hashemite – kingdoms – multiple – futures/, 2020 – 07 – 06.

2017年，约旦政府在亚喀巴创立了约旦首座海水淡化厂，并且还与以色列签订了太阳能换取淡水的协议。①

尽管约旦积极推动经济改革，但约旦经济整体上仍处于低迷状态，经济增长缓慢，失业率较高，经济改革成果不足以缓解约旦国内劳动力市场的压力。2018年约旦失业率为18.6%，2019年已经达到19.1%。② 除此之外，约旦政府的财政整顿也没有达到预期，2019年财政收入下降，政府总体财政赤字占约旦国民生产总值的5%，比2018年高出1.5%，政府公债也有所上升，由2018年的94.4%（占国民生产总值百分比）上升至96.6%，③ 约旦政府不得不提高税收，削减公共投资，以缓解财政危机。数据显示约旦经济仍面临挑战，改革之路困境重重。

二、难民管理的危机与挑战

除了经济困境之外，难民问题也是困扰约旦社会的重要难题。长期以来，约旦因特殊的地理位置与宗教背景成为中东难民优先考虑的避难国家。西亚北非政治变局后，中东地区的持续动荡使逃亡约旦的难民人数不断增加，截至2019年约旦难民人口已经超过500万，接近约旦总人口的一半以上，其中巴勒斯坦难民人数超过200万，④ 叙利亚难民约65.5万人、伊拉克难民6.7万人、也门难民1.5万人、苏丹难民6000人和来自其他国家的2500名难民。⑤ 难民涌入导致难民自身治理危机的同时还对约旦的经济、社会发展提出了挑战。

（一）登记在册的难民管理

叙利亚战争爆发以后，大量难民集中涌入约旦。2019年3月，约旦政

---

① "Country Report on Human Rights Practices 2019 – Jordan", Document #2026422, USDOS – US Department of State, https://www.ecoi.net/en/document/2026422.html.

② The World Bank In Jordan, "Jordan Overview", https://www.worldbank.org/en/country/jordan/overview#1, 2020 – 07 – 06.

③ "Jordan: Economic and Political Overview", https://www.nordeatrade.com/fi/explore – new – market/jordan/economical – context, 2020 – 07 – 06.

④ Dina Fakoussa and Laura Lale Kabis – Kechrid, "Jordan's socio – economic woes and foreign policy", German Council on Foreign Relations, first published DGAP report, July 2020, https://dgap.org/en/research/publications/jordans – socio – economic – woes – and – foreign – policy – 0, 2020 – 07 – 08.

⑤ "UNHCR continues to support refugees in Jordan throughout 2019", December 31, 2019, https://www.unhcr.org/jo/12449 – unhcr – continues – to – support – refugees – in – jordan – throughout – 2019.html, 2020 – 07 – 08.

府为叙利亚的478129名难民发放身份证，这些拥有身份证的叙利亚难民除了可以领取国际社会的援助资金外，还具有一定的人身自由。他们由难民管理署统一管理。难民管理署主要负责登记在册难民的安全、医疗、教育、就业、资金等生活基础问题。

为保障难民安全，约旦政府在全国各地以社区为单位设置了37个流动服务站，用以解决难民所遇到的安全及法律问题。此外，约旦政府与国际社会合作为叙利亚难民提供了医疗保险，这项举措极大地缓解了叙利亚难民的看病难题；在教育方面，除了基础教育外，约旦难民管理署还致力于帮助境内在册年轻难民通过获得DAFI[①]奖学金实现高等教育的机会——DAFI是难民署设置的名为"阿尔伯特·爱因斯坦德国学术难民倡议"的高等教育奖学金制度。自1992年成立以来，DAFI一直通过为年轻难民提供学习、生活、交通、食品以及住宿补贴帮助他们完成高等教育，截至2019年末，约旦约有592名青年难民通过DAFI奖学金获得了在约旦大学学习的机会。除此之外，难民署还积极为难民提供工作机会，截至2019年末，约16.5万个包括农业、制造业、建筑业及酒店业在内的工作机会被提供给约旦当地的叙利亚难民，使这些难民生活具有一定的保障。

（二）未登记在册的难民生存危机

除了登记在册的难民之外，约旦还有大批来自巴勒斯坦、索马里、伊拉克与叙利亚的非在册难民，他们因各种原因无法提供身份证明，因此难以享受难民署提供的各种待遇。他们中大多混居在约旦的各个社区，由此催生了许多民族主义的敌对现象。[②] 混居还带来了因通婚下一代身份无法得到认证的问题。约旦法律规定，若夫妻双方有一方非约旦公民，只有父亲是约旦公民，孩子才具有约旦公民身份。若仅母亲是约旦公民，孩子则不享有该身份，将跟随父亲国籍。大量中东难民的涌入不可避免地产生了通婚，许多男性难民与约旦女性形成了事实婚姻，但常因无法提供国籍证明影响所生孩子国籍落户。此外，非在册难民的行动自由也受到限制，缺乏基本的政治权利，生活困难，一旦危机来临，这些难民将面临严峻的生存问题，如2020年新型肺炎疫情的爆发造成了约旦85%的难民生活极端

[①] "DAFI programme"，https：//www.unhcr.org/dafi-scholarships.html，2020-07-09.

[②] Jordan after COVID-19：From Crisis Adjustment to Crisis Management，https：//www.washingt on institute.org/fikraforum/view/Jordan-response-COVID19-pandemic-Middle-East，2020-09-09.

困难，在难民区内近1/3的难民表示，他们已经有一周没有吃饱过了。①生活的困境使许多难民铤而走险，以非法手段谋取利益，如贩卖毒品、抢劫、加入恐怖组织，成为约旦社会重要的不稳定因素。

（三）难民涌入带来的挑战

持续不断的难民涌入给约旦社会带来了许多挑战。首先，难民治理资金来源不稳定影响约旦政府的难民安置。约旦政府主要依靠外部援助对难民进行管理。但这种外部资金的援助承诺并不稳定，很容易因为外界因素发生改变。例如：2019年，国际社会承诺将在本年向约旦支付3.718亿美元的资金，用以解决约旦难民安置问题，②但截至2019年底，难民署在约旦的行动仅获得58%的资金③支持，这使得难民工作不得不优先考虑最需要的家庭，大批难民仍处于贫困之中，资金援助的不稳定性制约着约旦的难民安置问题。

其次，难民涌入加重了约旦的通货膨胀、高失业率等问题。难民问题研究专家洛奇曾通过对宏观经济指标（包括失业率、外国直接投资以及粮食定价）的研究，评估了难民涌入对约旦经济的影响。他指出，2010年至2012年，通货膨胀率的增加是由于粮食价格上涨造成的，大量难民涌入导致粮食需求增加，粮食进口量同年增长11%。④ 高失业率一直是约旦经济不可忽视的影响因素，而难民涌入加剧了就业危机。大量难民得到工作机会，这就不可避免地挤掉了约旦本地民众的工作岗位。据统计，截止到2019年，约有16万叙利亚人在约旦就业，尤其是在农业、建筑业和服务业中。⑤

最后，难民涌入压缩了约旦公民的社会自然资源，引起公民与难民之

---

① Marta Vidal, "Like a ship about to sink': Refugees in Jordan voice pandemic despair", 14 May 2020, https://www.thenewhumanitarian.org/feature/2020/05/14/Jordan-coronavirus-refugees, 2020-09-05.

② "Country Report on Human Rights Practices 2019 - Jordan", Document #2026422, USDOS - US Department of State, https://www.ecoi.net/en/document/2026422.html, 2020-07-10.

③ "UNHCR continues to support refugees in Jordan throughout 2019", 31 Dec 2019, https://www.unhcr.org/jo/12449-unhcr-continues-to-support-refugees-in-jordan-throughout-2019.html, 2020-07-10.

④ Alshoubaki, W., & Harris, M. (2018). The impact of Syrian refugees on Jordan: A framework for analysis. Journal of International Studies, 11 (2), pp.154-179.

⑤ Alexandra Francis, Jordan's Refugee Crisis, September 21, 2015, https://carnegieendowment.org/2015/09/21/jordan-s-refugee-crisis-pub-61338, 2020-09-06.

间的对立，加深了民众对政府的不满。约旦自然资源贫乏，尤其是能源与淡水。在难民涌入之前，约旦地下淡水的消耗量已经是自然补给的1.6倍，难民涌入后加剧了地下水的抽取，约旦用水量增加了21%—40%。[1] 淡水危机进一步加剧。持续不断的难民涌入，造成了约旦教育、医疗以及住房资源的紧张，这不仅激化了公民对难民涌入的不满情绪，还造成了民众对约旦政治的不信任。

三、政治危机与反腐改革

经济增长乏力、难民涌入危机使约旦民众对政府机构的信任度持续下降。这些反对派结成名为"希拉克"[2]的联盟，他们通过游行、网络发言等行动表达对约旦政府的不满。随着抗议活动的加剧，约旦当局加大了对反对派政治活动的逮捕行动，安全部门的介入使本就沮丧的民众对政府更加不满，形成了政治恶性循环。面对民众的政治失望，约旦政府积极行动，希望通过反腐改革缓解正在发生的政治危机。

（一）强硬手段应对政治危机

尽管约旦政府一直在推进积极的经济改革，但是经济困境积重难返，失业率逐年升高：2013年的失业率为12.6%，2014年为11.9%，2015年为13.1%，2016年为15.3%，2017年为18.1%，2018年为18.3%，2019年已经上升到19%。约旦30岁以下人口占全部人口的68%，[3] 他们是失业的主要群体，因此对约旦政府表现出极大的不满。2018年，经济紧缩政策实施之后，约旦居民生活受到了直接影响，民众纷纷走上街头反对政府。根据2011年3月约旦政府通过的《公共聚会法》，约旦民众有权不经政府许可举行公开的游行与会议活动，禁止当局对公民进行任意地逮捕和拘留，被拘留公民也有权利用法律武器维护自己的合法权益。但当国内示威行动愈演愈烈时，约旦政府并未遵循该法律，针对示威采取逮捕等强硬行动。

---

[1] "Country Report on Human Rights Practices 2019 – Jordan", Document #2026422, USDOS – US Department of State, 2020 – 07 – 10, https://www.ecoi.net/en/document/2026422.html, 2020 – 09 – 06.

[2] 约旦反政府的政治活动家联盟。

[3] Policy paper, "Jordan: Growth and Opportunity – The London Initiative 2019 – Co – Chairs Statement", Published, 4 March 2019, 2020 – 07 – 06.

2019年3月，来自全国各地的数百名失业者聚集在安曼的皇家法院前，向政府抗议，要求获得工作机会。约旦的激进分子每周四都会在总理办公室附近的停车场组织抗议活动，人数从24人到200人不等。在3月的示威活动中，数十名抗议者被警方以"侮辱国王""破坏政治"以及"恐怖主义"的罪名逮捕。这些反对者中很多与"希拉克"组织关系密切。在抗议人员被捕后，2019年6月9日，示威者再次来到约旦国家人权中心的楼前示威抗议，要求释放被拘留人员。警方以"扰乱道路交通""示威活动未授权"为由再次逮捕了20余名抗议者，因社会压力，这些反对者当晚被释放。6月10日，约旦国家人权中心召开新闻发布会谴责警方逮捕抗议者的行为，指责约旦政府阻止公民和平集会的行为，并指出约旦政府违反法律。

2019年9月，安曼街头再次爆发教师队伍要求提高工资的抗议活动。这次抗议活动规模较大，全国有1万多人参加，罢工持续近1个月，抗议行动中约旦政府使用催泪弹击散抗议人群，[①] 并逮捕数十名抗议者。随着约旦抗议活动的增多，越来越多的拘留案件产生，且被逮捕人员常常因经济、政治等原因失去保释机会。约旦当局的激进行动看似直接有效地维护了政权稳定，但强硬行动伤害了民众的感情，加深了民众对政府的不满。

（二）反腐改革赎买政治信任

除了通过强硬手段压制政治反对派外，约旦政府也尝试通过反腐败改革获取民众的支持。腐败问题在约旦一直比较普遍，尤其是在经济和政治生活中，"中间人"成为普遍存在的角色，经济政治事务必须通过贿赂"中间人"来完成。官僚主义、形式主义等陋习严重制约着约旦经济政治发展。尽管约旦刑法将滥用职权、贿赂、洗钱和敲诈勒索在内的腐败行为定为犯罪，但并未对腐败行为产生影响，腐败的公职人员很少受到惩罚，高级公务人员也很少受到起诉。约旦的公共采购部门腐败问题最为明显，公共资金很容易被个人挪用，主管机构的采购和审查程序缺乏透明度，严重影响了约旦的政治威信。

为了改变这一现象，约旦展开了关于腐败问题的改革。约旦政府制

---

① "Country Report on Human Rights Practices 2019 – Jordan", Document #2026422, USDOS – US Department of State, https：//www.ecoi.net/en/document/2026422.html, 2020 – 07 – 09.

定了相关法律规范明确政府的行为、提高政府办公透明度。约旦政府对一些法律如《非法利润法》《审计局法》以及《廉洁与反腐败法》进行了重新修订，明确了腐败问责制度。在公共资金问题上，政府建立联合委员会去监督各部门在审计审查工作中的违规行为。新的法律规定，若在工作中出现公职人员的违规行为，该工作人员将会被移交到廉政局和反腐委员会处理。2019年，政府还相继颁布了两项法规：《2019年第28号政府采购章程》和《2019年第78号领导职位招聘章程》来提高政府的廉正性与透明度。2019年，约旦在国际腐败指数中排名为第60位，平均分数为48分，在阿拉伯国家中排名第五，[①] 改革成效如何仍需时间检验。

四、"困境与危机"下的积极外交

约旦政府深知约旦的政治危机源自经济困境。因此，政府通过积极的外交获得资金、技术以及各领域的合作机会以化解约旦经济困境与政治危机。历史上，约旦政府的外交行动始终遵循亲西方立场，与美国、欧洲国家联系密切。约旦虽然因海湾战争中的亲伊拉克立场与西方国家外交关系遇冷，但随着约旦外交立场的调整，不仅重获美国与西方国家的资助，还改善了与海湾阿拉伯国家的关系。当前约旦的外交行动多方面展开，除了向传统的友好国家美国、英国、德国、阿拉伯国家寻求经济援助外，还借着"一带一路"倡议与中国展开了积极的合作。

（一）积极寻求西方与阿拉伯国家的外部援助

近些年，作为中东地区最大的难民接收国，约旦得到了国际社会的普遍赞誉，德国驻约旦大使比尔格塔盛赞约旦"在一个充满冲突的地区取得了非凡的成就，并肩负着重大的人道主义责任"[②]。约旦政府充分利用这一角色更加积极地寻求国际社会的援助。在2009年至2019年间，约旦陆续收到外部援助260亿美元，专项补助165亿美元。

[①] The date from "Jordan Corruption Rank", https：//tradingeconomics.com/jordan/corruption-rank.

[②] "Germany to provide Jordan with ＄800m in financial aid", 9 October 2019, https：//www.middleeasteye.net/news/germany-jordan-729-million-euros-financial-aid, 2020-08-10.

表2　2016—2019年约旦的外援金额①　（单位：百万美元）

	2016年	2017年	2018年	2019年
赠予	1630	1906	1969	1872
贷款	924	1089	1306	1792
总计	2554	2995	3275	3664

西方国家、阿拉伯各国一直与约旦保持良好的外交联系，持续为约旦提供经济社会改革与难民管理的经费支持。截至2019年底，美国先后向约旦提供了近15亿美元的人道主义援助资金（用于难民治理）和15亿美元的财政援助（用于约旦的经济、政治社会改革）。② 叙利亚危机爆发以来，欧盟也向约旦提供了近27亿欧元的援助，其中3.75亿欧元被用于难民的教育、医疗、食物、住房、水资源以及社会治理中，其余将用于约旦的改革。③ 英国在伦敦会议召开后决定向约旦提供2.5亿美元的贷款，并宣布将在未来4年内向约旦基金市场提供5000万英镑的融资，用于帮助约旦经济改革等援助行动。④ 2019年10月，德国与约旦高层召开会议，决定将向约旦投资近7.294亿欧元，其中4亿欧元用于约旦的水资源、教育以及财政改革。2018年，海湾地区的科威特、沙特阿拉伯与阿拉伯联合酋长国于6月11日召开首脑会议，会上三方承诺向约旦提供25美元的一揽子捐赠计划，帮助约旦解决财政赤字，缓解约旦财政紧缩造成的社会危机。⑤ 大量外部援助确实缓和了约旦的经济发展困境，为约旦的经济改革和难民治理提供了资金基础。

（二）积极推进与中国的友好合作关系

约旦与中国的外交关系近些年发展尤快。随着"一带一路"倡议的推进，约旦与中国在贸易、投资、能源等领域的合作进一步深化。2017年，

---

① "Foreign Aid Reports", International Cooperation, Ministry of Planning and International Cooperation, https://www.mop.gov.jo/EN/Pages/Forein_Aid, 2020 – 09 – 06.

② "U. S. Relations With Jordan", Bureau of Near Eastern Affairs, June 30, 2020, https://www.state.gov/u-s-relations-with-jordan/, 2020 – 08 – 20.

③ "European Civil Protection and Humanitarian Aid Operations", https://ec.europa.eu/echo/where/middle-east/jordan_en, 2020 – 07 – 20.

④ "Prime Minister announces UK aid to boost Jordan's prosperity", https://www.gov.uk/government/news/prime-minister-announces-uk-aid-to-boost-jordans-prosperity, 2020 – 07 – 20.

⑤ Rachel Furlow, Salvatore Borgognone, "Gulf Designs on Jordan's Foreign Policy", July 17, 2018, https://carnegieendowment.org/sada/76854, 2020 – 08 – 15.

中国向约旦提供了近150万美元的粮食援助用于难民救治。2018年7月，中阿论坛召开，中国与阿拉伯国家结成"战略伙伴"，此后约旦与中国进一步加强合作，尤其是在公共基础建设与工业能源方面。如双方关于页岩油的合作、中国对安曼"中国龙"购物城的投资建设。在2019年，中国成为除美国外，约旦的第二大贸易伙伴国家。约旦通过与中国的合作，为当地人创造了一万多个就业机会。[①]

约旦政府的积极外交不仅帮助约旦获得了资金支持，还为约旦社会创造了许多就业机会，缓解了约旦经济政治压力。但是，约旦能否顺利获得援助具有极大的不确定性。一方面外援受制于约旦与援助国的外交关系，援助国的援助资金需要通过本国议会及政府同意，这也就意味着约旦政治、经济、社会发展状况的好坏影响着各国对约旦的援助金额和援助时间，不利于约旦经济的持续发展。另一方面受制于全球突发性事件对援助国的影响，例如，2020年新冠肺炎疫情在全球范围内的肆虐导致全球经济衰退，各援助国经济的不景气直接影响对约旦的经济援助。因此，约旦政府还需进行全方位改革缓解各方压力，主要包括：稳步推进经济紧缩政策以减少财政赤字问题；积极创造更多的就业机会；强化难民治理缓解难民危机；加强反腐改革，加大透明度，创造有利于国家经济发展的政治环境等。整体而言，只有解决经济困境，化解难民治理危机，深化民众的政治信任才能确保约旦社会的稳定发展。

结　语

约旦政府经济改革困难重重，在遭遇地区动荡、难民涌入的冲击后挑战进一步增加。经济困境积重难返造成了公民对约旦政治的不信任，尽管约旦政府进行了积极反腐败改革，但因周期滞后原因，政治改革未有明显成果，民众对约旦政府仍持怀疑态度。约旦政府积极寻求外援用以解决国内的经济、政治困境，但长期依赖对外援助更加剧了约旦经济发展的不确定性，使约旦陷入经济发展受困、政治进程受阻的"恶性泥潭"中。约旦未来的发展之路仍充满诸多挑战。

---

① "Friendship ties deepen between Jordan and China", October 6, 2018, http：//www.alanbat-news.net/post.php？id=206542，2020-08-20.

巴勒斯坦地区：
"两国方案"的现状与未来*

一、巴勒斯坦地区局势概述

近年来，巴勒斯坦地区的和平与发展问题，显现出在外部世界不断遭遇边缘化对待和内部地区冲突愈演愈烈的艰难前景。2018年，巴勒斯坦地区声势浩大的"回归大游行"不断引发巴以之间的各种冲突，年末美国、以色列在美驻以使馆搬迁问题上的默契配合更为紧张的局势火上浇油。与此形成对比的是，巴勒斯坦地区局势在2019年后逐渐进入拉锯期。

（一）政治局势：外部压力加码与地区摩擦不断

政治方面，巴勒斯坦各方维持了过去数年同以色列的接触摩擦相结合的政策特征，依旧处于一种"不战不和"的僵局。最近一年来，巴勒斯坦地区的政局变化主要通过两条主线表现出来：一是来自外部力量（主要是美国和以色列）的刺激，二是体现在巴以局部冲突之中。

外部力量的刺激主要表现为，美国、以色列在使馆问题和争议主权问题上频繁的政治谄媚，以及美国按部就班推出"新中东和平愿景"的举措。2019年初，美国和以色列共同退出联合国教科文组织[①]无异于一种政治宣示，在新年伊始就为巴以关系蒙上了一层阴影。在使馆搬迁问题上，3月4日，继此前搬迁驻以使馆至耶路撒冷（2018年5月）后，美国又正式将负责巴勒斯坦事务的驻耶路撒冷总领事馆并入

---

* 作者：陈如一，西北大学中东研究所硕士研究生；李玮，西北大学中东研究所副教授。本文是2018年度国家社会科学基金青年项目"'一带一路'倡议在以色列推进的重点与难点研究"（18CGJ023）的阶段性研究成果。

① "美国和以色列1月1日正式退出联合国教科文组织"，人民网，2019年1月3日，http://world.people.com.cn/n1/2019/0103/c1002-30500569.html，2020年7月29日。

驻以使馆。① 最近，以色列的多次议会选战也为地区局势增加了诸多不确定因素，引发了以色列在争议地区主权问题上多次进行政治操弄，例如，2019年3月18日和12月1日以色列总理内塔尼亚胡两次宣布扩建定居点，不断刺激地区敏感神经。② 与此同时，美国不断祭出"外交炸弹"，一方面便于和以色列一起在主权问题上"搅混水"，另一方面也是为来年的新和平方案做铺垫。2019年年初，特朗普通过社交媒体"推特"表示"美国完全承认以色列对戈兰高地的主权"。③ 年中，特朗普的女婿兼白宫高级顾问库什纳到访摩洛哥首都开始中东之行，为美国的中东新政策进行游说④；随后，美国与部分国家在巴林召开经济会议，推出了"新中东和平愿景"（亦称"世纪协议"）的经济框架，引发巴勒斯坦各政治派别的强烈不满。⑤ 2019年年末，美国国务卿蓬佩奥在华盛顿的新闻发布会上宣称，美国认为以色列在约旦河西岸的定居点没有违反国际法。⑥ 这不仅标志着美国在以定居点问题上历来政策的重大逆转，同时也可以看作是美国对"世纪协议"政治框架内容做出的重大暗示。

除了外部力量试图通过激化局势来"浑水摸鱼"，最近一年巴勒斯坦地区局势的起伏还表现在持续不断的巴以冲突上。值得注意的是，巴勒斯坦权力机构在对外事务的反应上较为消极，体现为应对外部挑战的"冲击—反应"模式。⑦ 比如，为抗议以色列强拆东耶路撒冷的巴民众房

---

① "美国正式将负责巴勒斯坦事务的机构并入驻以使馆"，人民网，2019年3月4日，http://world.people.com.cn/n1/2019/0304/c1002-30957090.html，2020年7月29日。笔者按：合并驻耶路撒冷总领馆的决定是在2018年10月宣布的。

② "以色列宣布将在约旦河西岸扩建定居点"，人民网，2019年3月19日，http://world.people.com.cn/n1/2019/0319/c1002-30983860.html，2020年7月29日；"以色列批准新建犹太人定居点计划"，人民网，2019年12月1日，http://world.people.com.cn/n1/2019/1202/c1002-31484460.html，2020年7月29日。

③ "戈兰高地争议再起，特朗普再在中东扔'外交炸弹'"，人民网，3月23日，http://world.people.com.cn/n1/2019/0323/c1002-30991267.html，2020年7月29日。

④ "库什纳访约旦摩洛哥，为'世纪协议'奔走斡旋"，人民网，5月30日，http://world.people.com.cn/n1/2019/0530/c1002-31109870.html，2020年7月29日。

⑤ "多方反对美国提出的'世纪协议'经济方案"，人民网，2019年6月24日，http://world.people.com.cn/n1/2019/0624/c1002-31176774.html，2020年7月29日。

⑥ "美国否认以色列定居点违反国际法"，人民网，2019年11月19日，http://world.people.com.cn/n1/2019/1119/c1002-31463186.html，2020年7月29日。

⑦ 笔者按：此处借用学者费正清提出的"冲击—反应"模式。该历史学研究范型意在指出：晚清政府对外部挑战采取消极应对和被动变革的行为方式。

屋，巴勒斯坦总统阿巴斯宣布终止履行所有巴以协议，① 这是近期巴权力机构做出的一项较有分量的外交回应。巴勒斯坦的其他政治势力则与以色列共同充当了地区局部冲突的主要参与者。2019 年巴以之间一共爆发了 3 次规模较大的冲突。首先是 3 月至 5 月的冲突，这次冲突的原因主要有三个方面：一是加沙地带民众为纪念"回归大游行"举办一周年而上街游行，因有民众在活动中遭以色列士兵开枪射伤，导致了哈马斯与杰哈德同以色列军队之间的相互报复。二是因为以色列未信守此前有关放松对加沙地带封锁的承诺，引发了当地人的不满。三是其时临近巴勒斯坦一年一度的"灾难日"（5 月 15 日），民众照例要举行大规模的游行示威，暗藏冲突隐患。② 其次是在 2019 年 7 月到 9 月以及 11 月巴以之间又相继爆发了两次大规模的武装冲突，前者的爆发可以理解为是对美国公布"世纪协议"经济框架的回应，后者的导火索则是由 11 月 12 日以色列军队空袭，炸死了巴勒斯坦"伊斯兰圣战组织"（杰哈德）指挥官巴哈·阿布·阿塔所引发，随后以色列遭到大量火箭弹袭击报复③。根据以色列网站的数据，2019 年 3 月、5 月和 11 月，加沙地带分别向以色列发射火箭弹 3 枚、450 枚和 190 枚。④ 虽然火箭弹袭击的频率较往年大大下降，但发射火箭弹的数量依然维持高位，发射密度空前增加。这也从侧面说明：尽管该年巴勒斯坦地区政局总体平稳，但是地区民族矛盾却愈发深刻，政治极端化加剧，这在武装冲突中体现为：单次军事行动规模加大、组织化程度越来越高。

（二）经济局势：下行压力增大，类殖民地现状依旧

经济方面，巴勒斯坦地区仍旧难以摆脱受制于人的问题，并且近期还出现了经济下行的新困难。2019 年，巴勒斯坦地区经济增长乏力，总额仅

---

① "巴勒斯坦宣布中止履行所有巴以协议"，人民网，2019 年 7 月 31 日，http：//military. people. com. cn/n1/2019/0731/c1011 - 31266670. html，2020 年 7 月 29 日。
② "热点问答：巴以缘何爆发新一轮冲突"，人民网，2019 年 5 月 5 日，http：//world. people. com. cn/n1/2019/0505/c1002 - 31065485. html，2020 年 7 月 30 日。
③ "以军炸死巴勒斯坦武装组织指挥官"，人民网，2019 年 11 月 12 日，http：//world. people. com. cn/n1/2019/1112/c1002 - 31451264. html，2020 年 7 月 30 日。
④ "Rocket & Mortar Attacks Against Israel by Date（February 2009 - 2020）"，https：//www. jewishvirtuallibrary. org/palestinian - rocket - and - mortar - attacks - against - israel，2020 - 07 - 30. 笔者按：火箭弹的具体数字为：3 月 14 日 2 枚，3 月 25 日 1 枚，5 月 4 日 250 枚，5 月 5 日 200 枚，11 月 12 日 190 枚。

较上年增长了1.2%，年内季度增速下滑。① 其中，巴权力机构财政状况堪忧，不得不削减开支，进行裁员。这主要是因为，它曾请求美国国际开发署停止对巴一切援助②，以及它拒绝接收以色列非全额移交的税款③。而加沙地带继续遭到各方的封锁，贫困化现象加剧。据巴勒斯坦中央统计局估计，由以色列代征的清关收入几乎占政府收入的三分之二。④ 2019年，巴勒斯坦国家的GDP季度增长率分别为：4.1%、2.3%、-0.6%、-1.8%，经济增长由正到负，不断下滑。⑤ 以色列扣留税款造成巴勒斯坦第二季度经济增速较前下降约2%⑥，因此，2019年8月22日巴民族权力机构又表示接收部分以色列代收税款以缓解经济困境。⑦ 可见，经济方面缺乏自主依旧是巴勒斯坦政治上的掣肘。2019年，巴勒斯坦地区贸易月度逆差额均接近4亿美元。⑧ 截至2018年，⑨ 以色列和美国名列巴勒斯坦前五大出口国，分别占据84%和1.3%的比重⑩；在巴勒斯坦的贸易进口比重中，以色列亦以55%名列第一⑪。在巴勒斯坦的出口产品结构中，原材料和初级工业

---

① The Palestine Monetary Authority and The Palestinian Central Bureau of Statistics，"The Performance of the Palestinian economy during 2019，as well as the economic forecasts for the year 2020"，December 24，2019，http：//www.pcbs.gov.ps/post.aspx？lang=en&ItemID=3636，2020-07-30.

② "应巴勒斯坦方面请求，美国停止对巴一切援助"，人民网，2019年2月3日，http：//usa.people.com.cn/n1/2019/0203/c241376-30612652.html，2020年7月30日。

③ "以色列将扣减向巴勒斯坦转交的代征税款"，人民网，2019年2月11日，http：//world.people.com.cn/n1/2019/0211/c1002-30616461.html，2020年7月30日。

④ The Palestine Monetary Authority and The Palestinian Central Bureau of Statistics，"The Performance of the Palestinian economy during 2019，as well as the economic forecasts for the year 2020"，December 24，2019，http：//www.pcbs.gov.ps/post.aspx？lang=en&ItemID=3636，2020-07-30.

⑤ "Palestine GDP Annual Growth Rate"，https：//tradingeconomics.com/palestine/gdp-growth-annual，2020-07-30.

⑥ The Palestine Monetary Authority and The Palestinian Central Bureau of Statistics，"The Performance of the Palestinian economy during 2019，as well as the economic forecasts for the year 2020"，December 24，2019，http：//www.pcbs.gov.ps/post.aspx？lang=en&ItemID=3636，2020-07-30.

⑦ "巴勒斯坦接收部分以色列代收税款，缓解经济困境"，人民网，2019年8月24日，http：//world.people.com.cn/n1/2019/0824/c1002-31314550.html，2020年7月30日。

⑧ "Palestine Balance of Trade"，https：//tradingeconomics.com/palestine/balance-of-trade，2020-07-30.

⑨ 笔者按：由于数据来源网站的统计信息至本文最后修改日期前仅记录了截止到2018年底的情况，因此本文在此引用的数据仅供参考，以求增进一种整体印象。

⑩ "Palestine Exports By Country"，https：//tradingeconomics.com/palestine/exports-by-country，2020-07-30.

⑪ "Palestine Imports By Country"，https：//tradingeconomics.com/palestine/imports-by-country，2020-07-30.

制成品占比过半①；其进口产品主要为能源、高级制成品和食物②。由此可见，不仅巴勒斯坦的经济支柱——制造业为以色列和美国所掌控，本国人民生活必需品也仰仗他国，只要巴勒斯坦与美以关系稍有波动，经济上的灾难就在所难免。巴勒斯坦长期的贸易逆差，加之以色列长期控制其海关，使其经济地位犹如殖民地，而这种情况之成因恐怕远不是探寻经济根源能明了的。

对于巴勒斯坦地区这种依附型经济的现实，当地人虽然一直心知肚明，而且早有不满，但仍旧缺乏突破现状的能力和意愿。近两年，以色列一网站曾对"巴勒斯坦民众对抵制以色列产品的态度"这一问题进行过民调。当问及是否认为有必要抵制非必要的以色列产品时，倾向于抵制的人数占到了66%。问及抵制是否能促进以色列结束对相关地区的占领，人们的意见出现了分歧。当问及是否介意在以色列或者犹太人定居点工作时，表示不介意的占了71.3%。③ 这些数据反映了巴勒斯坦经济的一种难以逾越的困境，一方面，人们普遍希望获得经济上的独立，另一方面，他们又现实地承认和接受经济殖民地化的现状。进入2020年后，考虑到新冠肺炎疫情的影响，世界银行对巴勒斯坦的经济前景给出了较低预期。其5月31日的报告认为：疫情给巴勒斯坦经济造成损失，令其陷入困境。巴勒斯坦经济在2019年仅增长1%之后，预计将在2020年萎缩至少7.6%，甚至11%。且由于来自捐助者的支持不断减少，加之疫情期间为满足民众的医疗需求，公共支出大幅增加，巴勒斯坦权力机构的财政状况预计将变得越来越困难。④

二、"世纪协议"之于"两国方案"

（一）衰落的"两国方案"及其真正的挑战

长期以来，"两国方案"一直被视为解决巴以问题的正确途径，不

---

① "Palestine Exports By Category", https：//tradingeconomics.com/palestine/exports-by-category, 2020-07-30.
② "Palestine Imports By Category", https：//tradingeconomics.com/palestine/imports-by-category, 2020-07-30.
③ Jewish Virtual Library, "Palestinian Attitudes Toward Boycott of Israel (2019)", https：//www.jewishvirtuallibrary.org/palestinian-attitudes-toward-boycott-of-israel, 2020-07-30.
④ Palestine 24 Post, "World Bank：Palestinian economy struggles as Coronavirus inflicts losses", June 1st, 2020, https：//ppost24.com/post/763/world-bank-palestinian-economy-struggles-as-coronavirus-inflicts-, 2020-07-31.

过近年来随着调解进程停滞和以色列政坛的右倾化,"两国方案"不论是在实践上还是在观念中都遭到质疑。2018 年的《中东形势与战略》巴勒斯坦篇曾汇总了巴以两国民众对"两国方案"的民调数据,结果显示:在观念上和实践上,巴勒斯坦人对"两国方案"的态度都呈现出接近一比一的均势,这说明,巴勒斯坦民众对"两国方案"的信心产生了动摇,"两国方案"已经失去了对其他替代性方案的压倒性优势。文中引用的另一组统计则显示:2006 年至 2018 年巴以两国民众对"两国方案"的支持率都呈现明显下滑,都从接近 70% 的高位跌落到 50% 以下。[1] 进入 2019 年,如图 1[2] 所整理的一系列民调数据所示,巴勒斯坦人对"两国方案"的态度基本延续了上年的态势。在正反观点呈均势的情况下,有两点变化值得注意:一是"两国方案"的支持率略低于反对意见;二是"两国方案"的支持率处于全年下滑的状态。除此之外,2020年的变化也引人注目。2020 年 2 月份的数据是近期的极值和转折点,正反意见的比例失衡,到达 4∶6,"两国方案"的支持率位于谷底。这与2020 年 1 月末特朗普政府公布"世纪协议"全部内容有很大关系。而2020 年 6 月份,"两国方案"支持率的回升则可能与特朗普在美国总统选战前夕民调落后的表现有关。

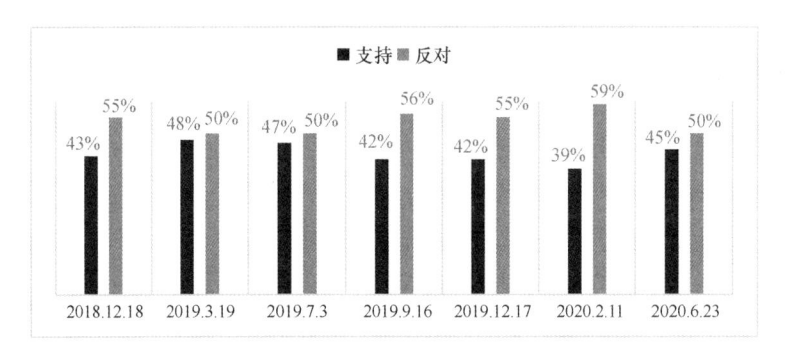

日期	支持	反对
2018.12.18	43%	55%
2019.3.19	48%	50%
2019.7.3	47%	50%
2019.9.16	42%	56%
2019.12.17	42%	55%
2020.2.11	39%	59%
2020.6.23	45%	50%

图 1　巴勒斯坦民众对"两国方案"的态度

在"两国方案"陷入低潮期时,最具替代性的"一国方案"在民调中

---

[1]　成飞:"巴勒斯坦地区:'两国方案'的民意走势与解析",《中东形势与战略·第二辑》,时事出版社,2019 年版,第 100—101 页。

[2]　Palestinian Center for Policy and Survey Research, "Public Opinion Poll No (70 – 76) Press – Release", http://www.pcpsr.org/en, 2020 – 07 – 31.

却没有呈现赶超和上扬的趋势,如图2①所示,"一国方案"在支持率本就相对落后的情况下不升反降,同时对于政治解决路径表示不确定的比例增多。在这里,"一国方案"的含义是:建立"一个包括以色列、西岸和加沙地带的国家,巴勒斯坦人和以色列犹太人在所有事务中享有平等权利"。② 有部分对"两国方案"怀失望态度的学者认为可以借一个激进的"一国方案"来"以毒攻毒",通过放弃巴勒斯坦的民族自决权来换取以色列"单一国家内的完整公民权",进而巴勒斯坦人可以通过人口优势和议会选举来左右以色列政坛。③ 然而,这种构想只是这些巴勒斯坦人的乌托邦,现实环境很难促成类似的情况发生。实际上,近年来以色列在内塔尼亚胡总理及其利库德执政集团的领导下,政治倾向稳定在右倾保守的路线上。在对待巴以领土的问题上,以色列凭借优势不断扩建犹太人定居点,分割蚕食约旦河西岸的巴勒斯坦,目的就是要让犹太人主导的以色列国成为巴勒斯坦人眼中"一个不断扩大且越来越现实的存在"。更重要的是,除了以色列近来的政策趋势之外,2019年6月底与2020年1月底公布的美以"世纪协议"的主要内容其实已经可以看作对巴勒斯坦版"一国方案"的否决票,并且"世纪协议"还是对"两国方案"的偷梁换柱。

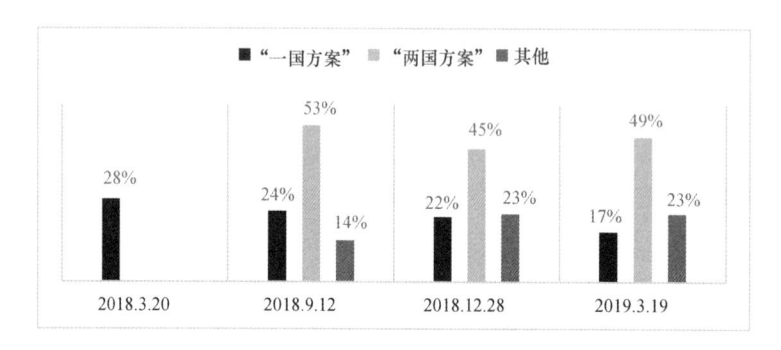

图2 "一国方案"的支持率

---

① Palestinian Center for Policy and Survey Research, "Public Opinion Poll No (67, 69, 70, 71) Press-Release", http://www.pcpsr.org/en, 2020-07-31.

② 笔者按:该系列民调文件中分别进行统计的"支持放弃两国解决方案,要求为巴勒斯坦人和以色列人建立一个国家"并不等于"支持一国方案"("一国解决"方案被定义为"一个包括以色列、西岸和加沙地带的国家,巴勒斯坦人和以色列犹太人在所有事务中享有平等权利")。因此二者的民调数据不可混为一谈。

③ 龚正:"'激进的一国方案':巴勒斯坦人的出路?",《世界知识》,2018年第12期,第35页。

（二）"世纪协议"及其弦外之音

总体而言，美以"世纪协议"最大的亮点是提出了从经济途径解决巴以问题的设想，最大的特点是在政治上全面偏向以色列，该方案号称要为巴以及各方提供"最美好、最现实、最可行的做法"。[1]

在"世纪协议"中，特朗普及其团队使用的几种表述值得关注。

首先，它反复强调巴勒斯坦人民的愿望尚未实现，他们渴望和平与发展。与此呼应，文件对巴勒斯坦地区为何欠发展给出了自己的解释：一是加沙地带处于"恐怖组织"哈马斯的控制下，其"暴政"导致了人道主义危机[2]；二是它指责巴勒斯坦民族权力机构并没有致力于改善民生，而是在助长地区冲突[3]，如下原文节选：

> "在约旦河西岸，巴勒斯坦权力机构饱受失败的制度建设和地方性腐败的困扰。它的法律鼓励恐怖主义，巴勒斯坦权力机构控制的媒体和学校宣扬激进主义的文化。"……"巴勒斯坦领导人必须承认以色列为犹太民族国家，拒绝一切形式的恐怖主义，允许做出特别安排以适应以色列和该地区的重要安全需求，建立有效的机构并选择务实的解决方案，以此才能拥抱和平。如果这些步骤被采纳，并且满足了《愿景》中规定的标准，那么美国将支持建立一个巴勒斯坦国。"[4]

"世纪协议"看起来非常关心民生福祉，并认定巴勒斯坦的政治派别要对发展滞后负责。但实际上，根据一份民调如图3[5]所示，对于如何使

---

[1] "PEACE TO PROSPERITY: A Vision to Improve the Lives of the Palestinian and Israeli People", January 2020, https://www.whitehouse.gov/wp-content/uploads/2020/01/Peace-to-Prosperity-0120.pdf, p.2, 2020-07-31.

[2] "PEACE TO PROSPERITY: A Vision to Improve the Lives of the Palestinian and Israeli People", January 2020, https://www.whitehouse.gov/wp-content/uploads/2020/01/Peace-to-Prosperity-0120.pdf, p.2, 13, 2020-07-31.

[3] "PEACE TO PROSPERITY: A Vision to Improve the Lives of the Palestinian and Israeli People", January 2020, https://www.whitehouse.gov/wp-content/uploads/2020/01/Peace-to-Prosperity-0120.pdf, p.4, 2020-07-31.

[4] "PEACE TO PROSPERITY: A Vision to Improve the Lives of the Palestinian and Israeli People", January 2020, https://www.whitehouse.gov/wp-content/uploads/2020/01/Peace-to-Prosperity-0120.pdf, p.4, 2020-07-31.

[5] Palestinian Center for Policy and Survey Research, "Public Opinion Poll No (70-76) Press-Release", http://www.pcpsr.org/en, 2020-07-31.

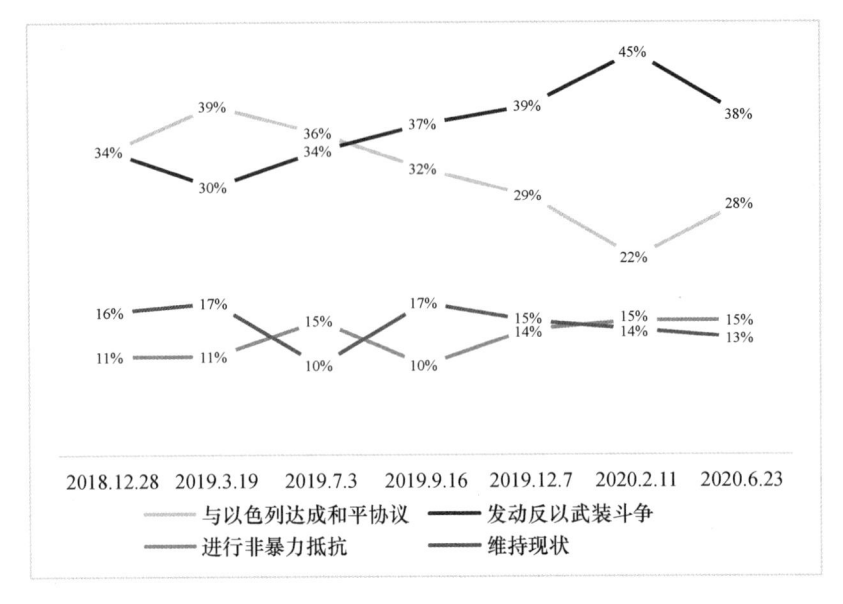

图 3　如何使巴勒斯坦摆脱现有困境

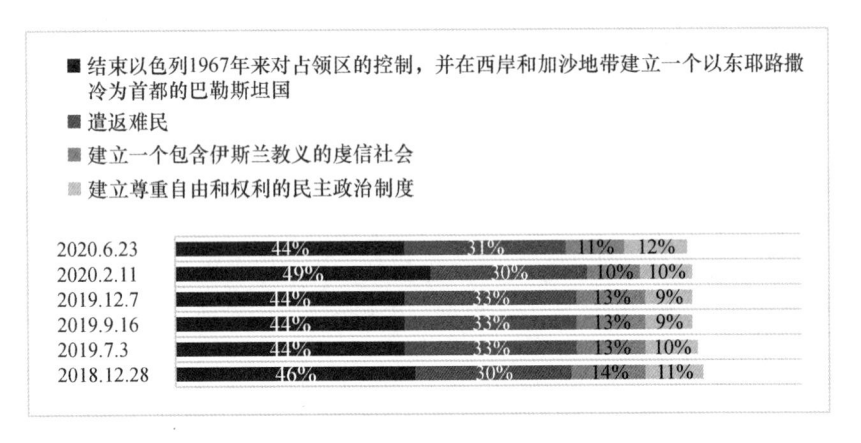

图 4　巴勒斯坦国家的主要目标

巴勒斯坦摆脱现有困境，选择同以色列达成和平协议的人数都仅占30%左右，并且随着时间发展，比例不断下降。愿意进行非暴力抵抗（示威游行）和武装斗争的比例上升，并且二者比重之和长期维持在样本总数的一半左右。此外，对于什么是巴勒斯坦国家的主要目标，如图4[①]所示，将

---

① Palestinian Center for Policy and Survey Research, "Public Opinion Poll No (70, 72 - 76) Press - Release", http：//www.pcpsr.org/en, 2020 - 07 - 31.

建国问题和难民问题视为目标的巴勒斯坦人分别占50%和30%，也就是说近70%的人都认为解决巴勒斯坦的政治遗留问题是主要目标，然后才是国家建设问题。

因此，巴勒斯坦的发展问题首先是一个政治问题，其次才能谈经济。正是因为巴以之间的政治问题长期得不到清算，加之以色列的强势地位，才导致巴勒斯坦长期难以发展，这也解释了为何在前文提及的民调中，大部分人既希望经济独立，又被迫承认受制于人的现状。在"世纪协议"中，美国实际上将地区动乱和恐怖主义的根源全都推卸到巴勒斯坦一方。并且它认为之所以产生恐怖主义，是因为巴勒斯坦经济落后，它的法律和教育不是为了发展经济而是为了支持武装斗争（恐怖主义）。美国借此要求巴勒斯坦"缴械"，在美、以的监督下去发展经济，以此创造地区和谐与共赢。这就是特朗普及其团队的思维逻辑，但它实际上并不符合巴勒斯坦人民的意愿，这是一种强词夺理的解释，是对巴勒斯坦民意的强行代表。

其次，"世纪协议"对"主权"的概念和判定大做文章。一是对主权概念的解构，二是认为以色列需要"主权"。[①] 例如在小节"领土、自决与主权"中，"世纪协议"先要求以色列做出"重大妥协"，但并未说明妥协什么以及如何妥协。接着它提出一段"怪论"，认为："从防御性战争中夺取的领土上撤军是历史上的稀罕事"。特朗普政府希望借此强调以色列的安全历来受到威胁，以色列在历史上进行的是防御性战争，更重要的是，说明以色列已经为领土问题做出过让步，即前文的"妥协"。随后文章话锋一转，声称"和平不应要求使阿拉伯或犹太人从其家园中流离失所"，对应的文字是这么写的："该远景规划中的运输走廊创造了畅通的交通，大大减少了对检查站的需求，并大大提高了巴勒斯坦人民的流动性以及生活和商业的质量"。[②] 不难发现所谓的"不应流离失所"只是为犹太人提出的保护性建议，阿拉伯人的权利只是顺带提及，以免看起来有失公允。它所要保护的是那些将巴勒斯坦国土分割得支离破碎的犹太人定居点，否则后文就不会大谈运输走廊能为巴勒斯坦人带来"便利"。前美国

---

① "PEACE TO PROSPERITY: A Vision to Improve the Lives of the Palestinian and Israeli People", January 2020, https://www.whitehouse.gov/wp-content/uploads/2020/01/Peace-to-Prosperity-0120.pdf, p.9, 2020-07-31.

② "PEACE TO PROSPERITY: A Vision to Improve the Lives of the Palestinian and Israeli People", January 2020, https://www.whitehouse.gov/wp-content/uploads/2020/01/Peace-to-Prosperity-0120.pdf, p.8, 2020-07-31.

国务卿蓬佩奥曾公开表示："犹太人定居点不违反国际法"。在"世纪协议"中，这一政治宣示得到了道德上的粉饰。用虚无主义来强词夺理，替代国际社会对主权概念的基本共识。特朗普政府的言行已经说明它不是在巧取豪夺，而是在滥用美国在世界上的优势地位公然抢劫。"世纪协议"就是这样完成了对以色列诉求的肯定，以及对巴勒斯坦领土主权的解构。

再次，"世纪协议"的创作团队以一种创新者的姿态对联合国作为国际协调机制的作用进行了"不失于礼节"的全盘否定。"世纪协议"认为：

> "联合国以往的诸多决议不是缺乏协调一致，就是囿于时间限制，它们没有带来和平。"……"尽管我们尊重联合国在和平进程中的历史角色，但该远景不是对联合国大会、安理会和其他相关国际决议的背诵，因为此类决议尚未也不会解决冲突。"①

从2019年元旦美国公然退出联合国教科文组织开始，再到2020年5月30日退出世界卫生组织。特朗普让其民粹主义反建制派的行为风格影响了美国外交的方方面面。"世纪协议"对联合国机制的否定和蔑视符合其外交特征，并且行文间用词字斟句酌，通过强调"历史角色"反讽联合国无能，暗含要将其"扫入历史垃圾堆"的言下之意。

最后，"世纪协议"展现了美国特朗普政府根深蒂固的冷战思维。"世纪协议"在文中多次提到要构建繁荣发展的中东利益共同体。② 这体现了特朗普政府倚重巴以，协同约旦、埃及，背靠沙特等海湾国家的中东新战略格局。③ "世纪协议"将伊朗形容为"一个激进主义政权"，将哈马斯、杰哈德、黎巴嫩真主党定性为"恐怖主义"，为其中东的潜在合作伙伴塑造了共同的敌人，从而凸显了所谓的共同利益。结成同盟不是因为有共同的政治道德追求，而是通过赤裸裸的利益安排，通过制裁一部分人来实现己方的利益最大化。这是极端的现实主义，它将导致对立和无休止的循环

---

① "PEACE TO PROSPERITY: A Vision to Improve the Lives of the Palestinian and Israeli People", January 2020, https://www.whitehouse.gov/wp-content/uploads/2020/01/Peace-to-Prosperity-0120.pdf, p.5, 2020-07-31.

② "PEACE TO PROSPERITY: A Vision to Improve the Lives of the Palestinian and Israeli People", January 2020, https://www.whitehouse.gov/wp-content/uploads/2020/01/Peace-to-Prosperity-0120.pdf, p.4, 2020-07-31.

③ 马晓霖："美国解决巴以冲突的新方案：基于'世纪协议'的文本解读"，《西亚非洲》，2020年第3期，第15页。

报复，造成人类社会的撕裂与国际关系的紧张。

综上所述，"世纪协议"的逻辑在于：它首先确定了自己作为"创新者"的地位，对以往的一些政治共识进行了历史性的颠覆。其次它打着"务实"和"繁荣"两面旗帜，偷偷地将"公平正义"替换下来，希望借此来实现它构想中体现的单方面主导的和平与繁荣。最后，它致力于构建一个美国主导下的中东版"北约"，实现美国对区域政治力量的统合，更好地服务于其称霸世界的"大国竞争"战略。对于巴勒斯坦而言，"世纪协议"从开始构思起就完全没有想考虑巴方的利益诉求，它从以往美国对巴以超脱中立的立场上大幅倒退，尽管没有否定"两国方案"，但实际上以牺牲巴勒斯坦讨好以色列的方式塑造了一个"国中之国"巴勒斯坦，对"两国方案"完成了偷梁换柱。

三、"两国方案"前景展望

如上文所展示的，在"世纪协议"的阴影下，"两国方案"的未来着实不容乐观，"世纪协议"加深了巴以裂痕，破坏了原本的谈判机制，使和平谈判更难以开展。

从以色列方面来看，其政治右倾保守的趋势将在未来持续，这会进一步挤压巴勒斯坦的政治空间。从以色列网站"犹太人可视化图书馆"整理的一些民调数据可稍见端倪：在"关于同巴勒斯坦人的和平"（1978—2020）章节中，问及是否支持或反对"以色列新执政联盟同美国协调将对约旦河西岸部分地区行使主权的计划"，52%的以色列犹太人表示赞成，52%的以色列阿拉伯人表示反对。问及"倘若以色列吞并约旦河西岸相关领土应给予巴勒斯坦居民何种政治地位"，仅有20%的以色列犹太人同意给予其公民权，47%的以色列阿拉伯人认为应给予其公民权。[①] 由此可见，以色列国内的政治不仅处于右倾的趋势，而且族群分歧严重，主体民族与"最大少数民族"在重大问题上意见相左，不过犹太人依然牢牢把握着以色列的政治。在未来，以色列国内政治生态的这两种特征将会相互影响，很可能使其内政和外交更加右倾，一方面族群撕裂导致相互猜疑，表现在政治上就是犹太人政党进一步右倾；另一方面右倾政策势必进一步加剧犹

---

① Jewish Virtual Library, "Israeli Public Opinion Polls: Regarding Peace with the Palestinians (1978 – 2020)", https：//www.jewishvirtuallibrary.org/israeli – polls – regarding – peace – with – the – palestinians, 2020 – 07 – 31.

太人与阿拉伯人的分歧，形成恶性循环。值得注意的是，在"世纪协议"中，美国首次要求巴勒斯坦承认以色列为犹太民族国家，并将其与实现和平挂钩，这实际上堵死了巴勒斯坦版"一国方案"的出路。

从巴勒斯坦方面看，由于政治问题依然悬而未决，经济独立依然难以实现，巴勒斯坦仍然缺乏主导地区局势和议程的能力，"冲击—反应"模式仍然将是其外交的主要表现形式。值得注意的是，（从图5① 所展示的统计数据来看）随着和平进程陷于停滞，以及以色列不断扩建犹太人定居

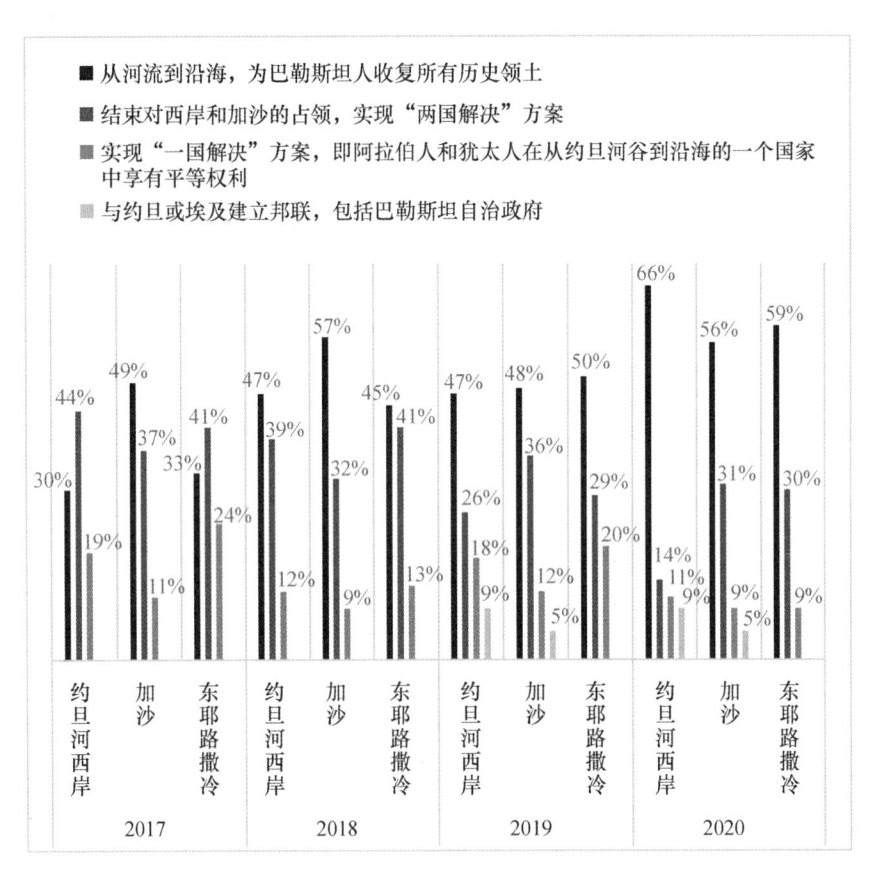

图5　巴勒斯坦民意调查：您对未来巴勒斯坦的国家优先事务的个人意见是什么？

① Jewish Virtual Library, "Palestinian Attitudes Toward Peace with Israel", https://www.jewishvirtuallibrary.org/palestinian–attitudes–about–peace–with–israel, 2020–07–31; David Pollock, "Palestinian Majority Rejects Two–State Solution, But Backs Tactical Compromises", https://www.washingtoninstitute.org/fikraforum/view/palestinian–majority–rejects–two–state–solution–but–backs–tactical–compromi, 2020–07–31.

点，尤其是在"世纪协议"出炉之后，约旦河西岸的民意呈现出向极端化发展的趋势，在巴勒斯坦各地"两国方案"的支持率都在下滑，并且约旦河西岸和加沙地带的民意逐渐合拍。这些现象释放了两个信号，即在和平进程停滞、地缘政治环境恶化的背景下，巴勒斯坦的民意开始走向极端化，并且巴勒斯坦各地民意的合流为政治派别日后形成合力提供了现实基础。再加上近年来巴总统阿巴斯的支持率下降，且年事已高，巴勒斯坦地区现在看似缺乏主动权，实则暗含变革与突破之机遇。

因此，"两国方案"其实并非无路可走，虽然"世纪协议"的出台和以色列政局的右倾对其构成威胁，但是与此同时也应该看到前者所造成的地区政治极端化倾向对巴勒斯坦而言也是一个以压促变的过程。随着巴勒斯坦民意也走向激进，政治派别的整合有了新的希望。而美国总统大选后，"世纪协议"是去是留，"两国方案"何去何从都还难有定数。巴以地区人民固然渴望和平，但通向和平之路难免还得见证一番冲突与战乱。尽管道阻且长，但"两国方案"并非山穷水尽，人们依然可以寄予希望。

塞浦路斯：
东地中海地缘政治博弈下的机遇与挑战[*]

一、塞浦路斯国内政治状况

（一）塞浦路斯国内政局总体保持稳定

近一年来，塞浦路斯政府确保了国内局势稳定，同时也推行了一系列改革措施。塞浦路斯现任总统尼科斯·阿纳斯塔西亚迪斯（Nicos Anastasiades）在2018年的大选中连任并顺利组阁后，2019年又对内阁成员进行了部分调整和增补：其中原内政部长康斯坦提诺斯·佩特里斯（Constantinos Petrides）取代哈里斯·乔治阿德斯（Harris Georgiades）成为新任财政部长；尼科斯·诺里斯（Nicos Nouris）被任命为新任内政部长；原政府新闻发言人普罗德莫斯·普罗德莫（Prodromos Prodromou）被任命为新任教育与文化部长；基里亚科斯·库索思（Kyriacos Koushos）成为新任政府新闻发言人；扬尼斯·卡鲁索斯（Yiannis Karousos）接替即将退休的瓦斯里基·阿纳斯塔西亚杜（Vassiliki Anastasiadou）成为新任交通运输部长。[①]此外，萨瓦斯·佩迪欧斯（Savvas Perdios）成为新建立的塞浦路斯旅游副部的首任部长。[②] 同时，塞浦路斯在2019年还推行了不少改革措施，其中最主要的是"国家综合健康计划"（希腊语"GeSY"）。该计划于2017年由塞浦路斯议会投票通过，主要目的是为全体公民提供平等、全面、高效

---

[*] 作者：刘金虎，西北大学中东研究所讲师。
[①] "Cyprus Government reshuffle announced", Parikiaki, 2 December 2019, http://www.parikiaki.com/2019/12/cyprus-government-reshuffle-announced/, 2020-08-05.
[②] 中华人民共和国驻塞浦路斯共和国大使馆经济商务处："塞副部级旅游部正式成立"，2019年1月16日，http://cy.mofcom.gov.cn/article/jmxw/201901/20190102827429.shtml，2020年8月5日。

的医疗保障服务。① 该计划由政府、用工单位和员工个人按照比例共同出资，并于2019年3月1日开始试行，2020年6月1日起在塞浦路斯全国推广。目前，"国家综合健康计划"的第一阶段已初步完成，包括662家药房、165家实验室、451名全科医生、170名儿科医生和1170名专业人士在内的机构和人员为该计划提供了支持；此外，全国约90%的人口都登记加入了该计划，其中已有35万参与者得到了医疗救治，26.5万人接受了实验室检测，另有13万人接受了医学影像检查。② 同时，为了提高国内高中教育质量，塞浦路斯政府对现行高中考试制度也进行了改革。塞政府规定，从2019年的新一届高一年级开始，所有学生将在每4个月内接受一次学业考试检验，以取代现有在学期末进行统一考试的方式。③ 不过，该项规定也受到了部分塞浦路斯中学生和教师的反对。④ 目前，该措施已于2019年12月在塞浦路斯各高中开始全面推广。⑤ 另外，2019年塞浦路斯政府推出的一系列改革举措还包括保证劳动者最低收入、精简政府冗余福利、成立旅游和航运部门、在塞浦路斯国民警卫队中雇佣专业士兵等。⑥

塞浦路斯也参与并完成了五年一次的欧洲议会选举工作。2019年5月23日至26日，欧洲议会选举在欧盟28个成员国中同时举行。⑦ 在本次选举中，来自塞浦路斯国内各党派及独立参选的72名候选人，围绕6个欧洲

---

① "What are the main features of the GHS?", Gesy, https：//www.gesy.org.cy/sites/Sites? d = Desktop&locale = en_ US&lookuphost =/en – us/&lookuppage = hioghsprinciples, August 5, 2020.

② "Gesy is here to stay, says minister as scheme marks six months", Cyprus Mail, December 12, 2019, https：//cyprus – mail.com/2019/05/26/exit – polls – in – european – elections – shows – close – disy – akel – race/, August 5, 2020.

③ "High school pupils protest against four – monthly exams", In – Cyprus, November 28, 2019, https：//in – cyprus.philenews.com/high – school – pupils – protest – against – four – monthly – exams/, August 5, 2020.

④ "Psem calls on students to walk out of classes Thursday", Cyprus Mail, November 26, 2019, https：//cyprus – mail.com/2019/11/26/psem – calls – on – students – to – walk – out – of – classes – thursday/, August 5, 2020.

⑤ "Introduction of new exams goes smoothly says minister (updated)", Cyprus Mail, December 9, 2019, https：//cyprus – mail.com/2019/12/09/new – style – exams – start – for – lyceum – students/, August 5, 2020.

⑥ "Cyprus elects first Turkish Cypriot to European Parliament", Aljazeera, May 27, 2019, https：//www.aljazeera.com/news/2019/05/cyprus – elects – turkish – cypriot – european – parliament – 190527081235092.html, August 5, 2020.

⑦ "2019年欧洲议会选举及其影响评析"，人民网，2019年07月22日，http：//world.people.com.cn/n1/2019/0722/c1002 – 31248509.html，2020 – 08 – 05。

议会席位展开争夺。① 2019年5月26日，塞浦路斯国内登记选民开始投票。最终，执政的塞浦路斯民主大会党（Disy）得票率为29.02%，位居第一位，获得2个议会席位；塞浦路斯第二大党派劳动人民进步党（AKEL）得票率为27.49%，位列第二，也获得2个议会席位；排名第三、第四位的分别是中右翼政党塞浦路斯民主党（DIKO，得票率为13.8%）和社会民主运动党（EDEK，得票率为10.58%），两者各获得1个议会席位。② 不过，尽管未获得议会席位，但塞浦路斯极右翼政党"全国人民阵线"（Elam）也获得了8%的选票。该党派在帕福斯（Paphos）地区的得票率为12%，在法马古斯塔（Famagusta）地区的得票率则高达16%。对此，塞浦路斯执政的民主大会党及在野的劳动人民进步党都对此表达了担忧，认为这表明激进的民族主义政治力量在塞国部分地区有增长的趋势。③ 另外，现年59岁的塞浦路斯大学教授尼亚兹·基兹柳雷克（Niyazi Kizilyurek）在此次选举中作为劳动人民进步党的候选人之一，也成功当选为欧洲议会议员。④ 作为历史上第一位当选议员的土耳其族塞浦路斯人，尼亚兹多年来一直支持塞浦路斯南北统一。而作为一名由塞浦路斯希腊族政党推举的候选人，尼亚兹的当选不仅为欧洲各国了解塞浦路斯土耳其族人的现实诉求提供了机会，同时也表明有越来越多的塞浦路斯土耳其族人和希腊族人都愿意参与到整个国家的和解和建设工作中，从而为塞浦路斯最终的统一也带来希望。

（二）塞浦路斯南北统一谈判仍前途未卜

近一年中，塞浦路斯希腊族及土耳其族领导人在国际社会的支持和协助下也进行了多次会晤，但涉及统一的和谈何时能恢复进行仍是未知数。2019年初，塞浦路斯政府曾对本年度的谈判充满期待。塞浦路斯外交部长

---

① "President promises year of reforms for 2020", Cyprus Mail, December 31, 2019, https://cyprus-mail.com/2019/12/31/president-promises-year-of-reforms-for-2020/, August 5, 2020.

② "2019 European Parliament election in Cyprus", European Sources Online, https://www.europeansources.info/record/2019-european-parliament-election-in-cyprus/, August 5, 2020.

③ "Euro-election winners Disy and Akel concerned over support for Elam (Update 8)", Cyprus Mail, May 26, 2019, https://cyprus-mail.com/2019/05/26/exit-polls-in-european-elections-shows-close-disy-akel-race/, August 5, 2020.

④ "Cyprus elects first Turkish Cypriot to European Parliament", Aljazeera, May 27, 2019, https://www.aljazeera.com/news/2019/05/cyprus-elects-turkish-cypriot-european-parliament-190527081235092.html, August 5, 2020.

尼科斯·克里斯托杜利德斯（Nicos Christodoulides）曾表示，今年是协商解决塞浦路斯问题至关重要的一年，目前最重要的任务就是制定解决问题的方案。① 2019 年 2 月，联合国负责塞浦路斯问题的特使简·霍尔·卢特（Jane Holl Lute）再次到访塞浦路斯，并与塞浦路斯总统阿纳斯塔西亚迪斯和塞浦路斯土耳其族领导人穆斯塔法·阿肯哲（Mustafa Akinci）举行了会谈。② 在卢特的努力下，阿纳斯塔西亚迪斯总统决定于未来一段时间内与阿肯哲继续进行对话。③ 然而，阿纳斯塔西亚迪斯和阿肯哲在 2019 年 4 月份分别会见卢特时均表示，"对方在保障公民政治平等方面的提议不可接受"。④ 在此之前，阿纳斯塔西亚迪斯曾提出他对塞浦路斯统一后国家制度的"新设想"，包括实行议会制民主制，塞浦路斯希腊族人在政府中担任总统，塞浦路斯土耳其族人担任副总统，各部部长则由双方轮流担任等。然而，土族领导人则认为该设想仍未能切实保障本族人民在政治参与方面的平等性，而且并未遵循 2017 年联合国秘书长安东尼奥·古特雷斯提出的解决方案，因此拒绝参与包括希腊、土耳其等在内的四方会谈。此后，双方言辞激烈，指责对方未能就统一后塞浦路斯公民在政治平等和政治参与等问题提出合理的解决方案。⑤ 而联合国安理会在 2019 年 5 月份召开的大会上听取了秘书长古特雷斯关于塞浦路斯统一谈判最新的报告后，一致认为塞浦路斯问题急需解决，希土两族领导人应为此积极努力，同时避免出现破坏谈判的行为，在相互信任的基础上建立相关机制。⑥ 雪上加霜的是，2019 年，土耳其单方面在塞浦路斯专属经济区进行的勘探活动为

---

① "This year a decisive one for Cyprus, says foreign minister", Cyprus Mail, January 3, 2019, https://cyprus-mail.com/2019/01/03/this-year-a-decisive-one-for-cyprus-says-foreign-minister/, August 2, 2020.

② "Lute meeting productive says spokesman", Cyprus Mail, February 4, 2019, https://cyprus-mail.com/2019/02/04/lute-meeting-productive-says-spokesman/, August 3, 2020.

③ "https://cyprus-mail.com/2019/02/04/anastasiades-to-contact-akinci-in-coming-days/", Cyprus Mail, February 4, 2019, https://cyprus-mail.com/2019/02/04/anastasiades-to-contact-akinci-in-coming-days/, August 5, 2020.

④ "Lute leaves empty-handed after talks proposal rejected", Cyprus Mail, April 8, 2019, https://cyprus-mail.com/2019/04/08/lute-leaves-empty-handed-after-talks-proposal-rejected/, August 5, 2020.

⑤ "Rhetoric between the leaders worsens", Cyprus Mail, April 9, 2019, https://cyprus-mail.com/2019/04/09/rhetoric-between-the-leaders-worsens/, August 5, 2020.

⑥ "UN Security Council stresses 'urgent need' for Cyprus settlement", Cyprus Mail, May 3, 2019, https://cyprus-mail.com/2019/05/03/un-security-council-stresses-urgent-need-for-cyprus-settlement/, August 3, 2020.

希土两族的谈判又蒙上了一层阴影。阿纳斯塔西亚迪斯在与卢特的通话中直言，如果土耳其方面不停止"侵犯"塞专属经济区的行为，塞浦路斯统一谈判就无法恢复进行。①

2019年下半年，尽管希土两族最高领导人进行了数次面对面会谈，但仍未就何时恢复统一谈判达成共识。2019年6月，塞浦路斯土耳其族领导人阿肯哲开始呼吁阿纳斯塔西亚迪斯总统参加新的"五方会谈"，以此表明塞浦路斯希腊族人民对于解决塞浦路斯问题的决心。② 同时，他提出建立一个双方共同参加的天然气能源委员会，以避免围绕塞专属经济区天然气开发问题而不断升级的紧张局势。2019年7月，阿肯哲又致电联合国秘书长古特雷斯，请求他尽快召开"五方非正式会议"，以此表明各方是否同意在建立两族、两区制联邦国家（a bicommunal bizonal federation）的基础上解决塞浦路斯问题。③ 他还说，塞浦路斯土耳其族人一直以来与联合国特使卢特进行了富有建设性的合作，但希土两族应再次重申已达成的共识，因为此前希族领导人曾对此有所反复。同月，塞浦路斯外交部长克里斯托杜利德斯表示，阿纳斯塔西亚迪斯总统预计于2019年8月中旬前与阿肯哲举行会谈。④ 2019年8月9日，阿纳斯塔西亚迪斯总统与阿肯哲在联合国驻塞浦路斯维和部队负责人官邸进行了会晤。⑤ 尽管在诸多议题上存在分歧，双方一致同意在2019年9月初与联合国秘书长举行三方会议，以商讨如何恢复统一和谈。然而，由于在瓦罗沙市（Varosha）重建，共同成立天然气能源委员会，以及在两族、两区制联邦国家之外寻求其他建国方

---

① "EEZ incursion prevents any hopes of talks, president tells UN", Cyprus Mail, May 16, 2019, https://cyprus-mail.com/2019/05/16/eez-incursion-prevents-any-hopes-of-talks-president-tells-un/, August 5, 2020.

② "Akinci calls on Anastasiades to participate in five-party meeting", Cyprus Mail, June 21, 2019, https://cyprus-mail.com/2019/06/21/akinci-calls-on-anastasiades-to-participate-in-five-party-meeting/, August 3, 2020.

③ "Akinci wants UN to call informal five-party meeting", Cyprus Mail, July 17, 2019, https://cyprus-mail.com/2019/07/17/akinci-wants-un-to-call-informal-five-party-meeting/, August 5, 2020.

④ "Anastasiades-Akinci meeting set to take place before mid August", Cyprus Mail, July 21, 2019, https://cyprus-mail.com/2019/07/21/anastasiades-akinci-meeting-set-to-take-place-before-mid-august/, August 3, 2020.

⑤ "塞浦路斯希土两族领导人决定恢复统一谈判"，新华网，2019年8月10日，http://www.xinhuanet.com/world/2019-08/10/c_1124860675.htm，2020年8月5日。

案等议题上存在分歧，希土双方最高领导人会谈的前景并不乐观。① 而联合国特使卢特在 2019 年 9 月初与希土两族领导人进行了五轮会谈后，仍无法解决双方的分歧。② 针对于此，联合国秘书长古特雷斯于 2019 年 10 月下旬要求希土两族的最高领导人于 2019 年 11 月 25 日在柏林举行一次非正式会晤，以商讨未来解决塞浦路斯问题的方案。③ 对此，阿纳斯塔西亚迪斯与阿肯哲都给予了积极回应。2019 年 11 月 25 日，联合国秘书长与塞浦路斯希土两族最高领导人在柏林举行了会晤。④ 虽然古特雷斯与两方领导人进行了"专注而坦率"的会谈，而阿纳斯塔西亚迪斯总统与阿肯哲也对他的努力表示欢迎，并重申了各自解决塞浦路斯问题的决心和合作的意愿，但是三方未能就任何实质性议题达成具体协议。⑤ 此外，阿纳斯塔西亚迪斯总统与阿肯哲还在 12 月共同出席了两场公共活动，但期间并未就塞浦路斯统一问题发表任何评论。⑥

二、塞浦路斯国内经济状况

（一）塞浦路斯国内经济发展总体向好

近一年来，塞浦路斯经济发展总体保持稳定。根据最新统计数据，2019 年全年塞浦路斯的国内生产总值（GDP）约为 219 亿欧元（按现价计算），增长率为 3.2%；而 2018 年塞浦路斯国内生产总值为 211.4 亿欧元，

---

① "Gas, Varosha blight talks hopes", Cyprus Mail, August 5, 2019, https：//cyprus - mail. com/2019/08/05/gas - varosha - blight - talks - hopes/，August 5, 2020.

② "Foreign minister 'less optimistic' after fifth round of meetings (Update 2)", Cyprus Mail, September 5, 2019, https：//cyprus - mail. com/2019/09/05/foreign - minister - less - optimistic - after - fifth - round - of - meetings/，August 6, 2020.

③ "Guterres calls leaders to Berlin meeting on November 25", Cyprus Mail, October 25, 2019, https：//cyprus - mail. com/2019/10/25/guterres - calls - leaders - to - berlin - meeting - on - november - 25/，August 3, 2020.

④ "联合国秘书长古特雷斯会见塞浦路斯希、土两族领导人 寻求重启和平谈判"，联合国新闻，2019 年 11 月 25 日，https：//news. un. org/zh/story/2019/11/1046311，2020 年 8 月 1 日。

⑤ "'Frank talks' but little sign of real progress, Guterres promises to continue efforts", Cyprus Mail, November 26, 2019, https：//cyprus - mail. com/2019/09/05/foreign - minister - less - optimistic - after - fifth - round - of - meetings/，August 6, 2020.

⑥ "Leaders due to attend bicommunal event on Monday", Cyprus Mail, December 13, 2019, https：//cyprus - mail. com/2019/12/13/leaders - due - to - attend - bicommunal - event - on - monday/，August 3, 2020.

增长率为3.8%。① 推动GDP增长的主要行业包括：建筑行业、信息和通信行业、科学和技术行业、行政及相关政府部门以及娱乐和休闲行业，而金融和保险行业则出现了负增长。尽管如此，2019年，塞浦路斯的GDP增长速度在欧盟国家中仍可排至第6位，远高于欧盟28国平均GDP增长率的1.6%，是欧洲各国中经济增速最快的国家之一。② 在GDP构成方面，农业占GDP的比重约为2.04%，同比2018年增长0.02%；工业占GDP的比重约为13.01%，同比增长0.83%；服务行业占GDP的比重约为71.86%，同比减少0.32%。③ 此外，2019年塞浦路斯人均GDP为2.49万欧元；全年平均失业率为6.3%；④ 2019年1月至12月居民消费品价格指数（CPI）平均增长了0.3%，同比2018年（增长1.4%）有所降低。⑤

在政府一般财政方面，塞浦路斯政府基本实现收支平衡，并略有结余。根据塞政府2019年的财政报告显示，当年政府总收入为66亿欧元，总支出为62亿欧元，结余4.23亿欧元，同比2018年结余的6.34亿欧元下降33%。⑥ 其中，塞浦路斯政府主要收入来源包括直接税、间接税等类型的税收收入，其总额由2018年的54.24亿欧元增长至55.25亿欧元，占据政府总收入来源的83.7%。而政府主要支出则为各类支出、公共部门工资和津贴等。这其中，政府各类支出为25.78亿欧元，分别由中央政府向各地方政府、欧盟、国家综合健康计划及社会福利部门拨付。公共部门工资及津贴为26.52亿欧元。而政府结余下降的主要原因在于公共开支有所增加，由2018年的9.33亿欧元增至12.74亿欧元，这其中的主要支出是

---

① 中华人民共和国商务部："塞2019年GDP增速为3.2%"，2020年3月30日，http：//www.mofcom.gov.cn/article/i/jyjl/m/202003/20200302949708.shtml，2020年8月6日。

② "2019年，塞浦路斯经济发展重点回顾"，"房知道"，2019年11月29日，http：//www.zghaojinpu.com/m/NewsHouseInformation_Show.php?theId=893，2020年8月1日。

③ "Distribution of gross domestic product (GDP) across economic sectors Cyprus 2019", Statista, July 28, 2020, https：//www.statista.com/statistics/382070/cyprus-gdp-distribution-across-economic-sectors/#:~:text=This%20statistic%20shows%20the%20distribution,percent%20from%20the%20services%20sector., August 8, 2020.

④ 中国领事服务网："塞浦路斯"，http：//cs.mfa.gov.cn/zggmcg/ljmdd/oz_652287/spls_654583/，2020年8月5日。

⑤ Cyprus Statistical Service, "Consumer Prices Index, Dec 2019", January 3, 2020, https：//www.mof.gov.cy/mof/cystat/statistics.nsf/All/E7D969152D71CE2FC2258481003BF10F?OpenDocument&sub=4&sel=1&e=&print, August 8, 2020.

⑥ 中华人民共和国驻塞浦路斯共和国大使馆经济商务处："塞政府提交2019年财政报告"，2020年4月9日，http：//cy.mofcom.gov.cn/article/jmxw/202004/20200402953798.shtml，2020年8月8日。

政府向"国家综合健康计划"调拨的3.6亿欧元。此外,2019年,塞浦路斯政府贷款32亿欧元,还贷35亿欧元。目前,塞政府负债总额为210亿欧元,下降1.5%,但仍超过GDP的100%。

在国内经济方面,以旅游业为代表的第三产业作为塞浦路斯经济增长的主要支柱,在2019年也保持了良好的增长势头。2019年1月至12月,塞浦路斯共接待游客397.6777万人,相较2018年(393.8625万人)增长了1.0%,创历史新高;其中仅12月份就有11.033万人赴塞国旅游,比2018年同期增长了3.5%,同时也刷新了有统计数据以来的历史纪录。[1]这其中,作为塞浦路斯旅游业的第一大客源国,2019年英国赴塞旅游人数约为133.1万,同比增加0.2%,占游客总数的33.5%。俄罗斯紧随其后,2019年赴塞旅游人数约为78.2万,同比减少0.2%,占游客总数的19.7%。以色列是塞浦路斯的第三大客源国,2019年赴塞旅游人数约为29.4万,同比增加26.3%,占游客总数的7.4%。排在第四位的是希腊,2019年赴塞旅游人数位17.2万,同比减少8%,占游客总数的4.3%。德国作为第五大客源国,2019年赴塞旅游人数约15.2万,同比减少19.9%,占游客总数的3.8%。[2] 不过,2019年旅游业为塞浦路斯带来的收入约为26.83亿欧元,比2018年的27.106亿欧元下降了1%;游客人均支出为674.65欧元,与去年同期的688.22欧元相比,下降了2.0%。[3] 针对于此,塞浦路斯旅游副部长萨瓦斯·佩迪欧斯表示,2019年是塞旅游副部成立的第一年。尽管受到英国"脱欧"、英国旅游业巨头托马斯库克公司破产、周边竞争加剧等不利影响,塞浦路斯旅游业仍然取得了不错的成绩;到2030年,塞浦路斯旅游部将努力实现来塞旅游人数增长30%、旅游业年度收入达到45亿欧元的目标。[4] 此外,在2019年进行的一项调查中显示,

---

[1] Cyprus Statistical Service, "Revenue from Tourism, Dec 2019", March 3, 2020, https://www.mof.gov.cy/mof/cystat/statistics.nsf/all/6C1B9F7675941070C2258481003CEFFC/$file/Tourists_Arrivals-Dec19-EN-170120.pdf?OpenElement, August 8, 2020.

[2] 中华人民共和国驻塞浦路斯共和国大使馆经济商务处:"2019年访塞游客人数再创新高,塞旅游部长对2019年旅游业表现表示满意",2020年1月21日,http://cy.mofcom.gov.cn/article/jmxw/202004/20200402953798.shtml,2020年8月5日。

[3] Cyprus Statistical Service, "Tourist Arrivals, Dec 2019", January 17, 2020, https://www.mof.gov.cy/mof/cystat/statistics.nsf/all/6C1B9F7675941070C2258481003CEFFC/$file/Tourists_Arrivals-Dec19-EN-170120.pdf?OpenElement, August 8, 2020.

[4] 中华人民共和国驻塞浦路斯共和国大使馆经济商务处:"2019年访塞游客人数再创新高,塞旅游部长对2019年旅游业表现表示满意",2020年1月21日,http://cy.mofcom.gov.cn/article/jmxw/202004/20200402953798.shtml,2020年8月5日。

由于在旅游业及酒店相关领域能够高效吸收外资,并将其用于必要的基础设施建设,塞浦路斯在全球吸引旅游投资的最佳策略国家(2019—2020年)的排名中高居第 4 位,前 3 名分别为澳大利亚、哥斯达黎加和阿塞拜疆。[①]

在进出口贸易方面,2019 年,塞浦路斯进出口贸易总量有所萎缩,贸易逆差有所增大。2019 年 1 月至 12 月,塞浦路斯外贸进口总额约为 82.359 亿欧元,同比下降了 11.7%;出口总额约为 31.462 亿欧元,同比下降了 27%;贸易逆差约为 50.897 亿欧元,同比扩大了 4.1%。[②] 其中,在出口方面,塞浦路斯工业制成品出口总额约 12.651 亿欧元,主要为机械用具、医疗用品、服装等轻工产品;农产品出口总额为 14.505 亿欧元,主要包括柑橘、奶酪、酒类等农产品。[③] 在进口方面,塞浦路斯主要进口产品包括机械设备、矿产品、贵金属及其制品和化学工业产品等,主要进口来源是欧盟各成员国。根据最新数据显示,2019 年 1 月至 12 月,塞浦路斯主要货物的进口来源国分别是希腊(16.090 亿欧元)、意大利(8.444 亿欧元)、英国(5.882 亿欧元)、德国(4.963 亿欧元)、荷兰(3.457 亿欧元)、西班牙(3.333 亿欧元)、法国(2.636 亿欧元)、比利时(2.27 亿欧元)等;此外,从其他欧洲国家如俄罗斯、瑞士、土耳其等的进口总额也达到了 2.394 亿欧元,从世界其他国家或地区的进口总额为 25.075 亿欧元。[④]

由于良好的发展势态,一些国际组织和机构对于塞浦路斯目前的经济发展状况持相对乐观的态度。2019 年,国际信用评级机构惠誉(Fitch)将塞浦路斯的长期外币发行人违约评级(IDR)维持在"BBB-",与 2018 年持平。[⑤] 有报告显示,如果能有效缩小银行业不良贷款风险敞口,惠誉

[①] 中华人民共和国驻塞浦路斯共和国大使馆经济商务处:"塞浦路斯在吸引旅游投资方面排名居前",2019 年 12 月 25 日,http://cy.mofcom.gov.cn/article/jmxw/201912/20191202925308.shtml,2020 年 8 月 5 日。

[②] 中华人民共和国驻塞浦路斯共和国大使馆经济商务处:"塞公布 2019 年外贸数据",2020 年 3 月 30 日,http://cy.mofcom.gov.cn/article/jmxw/202003/20200302949710.shtml,2020 年 8 月 5 日。

[③] Cyprus Statistical Service, "Intra-Extra E. U. Trade Statistics (by commodity and country), Jan-Dec 2019," March 23, 2020, https://www.mof.gov.cy/mof/cystat/statistics.nsf/All/304CCF85E4C81371C225848100447744?OpenDocument&sub=1&sel=1&e=&print, 2020-08-08.

[④] Foreign Trade Statistics, *Intra-Extra EU Trade Statistics (by Commodity and Country)*, January-December 2019, Cyprus Statistical Service, 2020, p. 8.

[⑤] "2019 惠誉(Fitch)确认塞浦路斯评级为 BBB-",楹进集团,2019 年 4 月 18 日,https://www.yingjinhk.com/news/2019/3666.html,2020 年 8 月 5 日。

或将在2019年第三季度调高塞浦路斯主权信用评级。[①] 而另一国际信用评级机构穆迪（Moody）在年报中称，目前给予塞浦路斯Ba2，积极的主权信用状况合理反映出作为小而富裕的经济体，塞浦路斯政府在处理金融危机中的出色表现和较好的经济弹性。[②] 此外，在世界经济论坛发布的2019年全球竞争力报告中，塞浦路斯以66.5的得分位居第44位，名次与去年位次持平，但得分增加0.8分。[③] 综合各指标得分和排名情况，塞浦路斯在社会制度体系、宏观经济稳定度、健康、金融体系四方面的单项位次有所提升，在基础设施、信息和通讯技术普及度、产品及劳动力市场等五项指标的位次明显下滑，其余项目基本保持了原有位次。

（二）塞浦路斯在能源开发领域取得较大进展

2019年，塞浦路斯在深海油气勘探和开发方面取得了不少突破。自2010年以来，塞浦路斯所在的东地中海地区已经成为全球油气勘探和开发的焦点地区之一。2010年至2015年，相继发现于以色列和埃及的他玛（Tamar）、利维坦（Leviatan）、佐尔（Zohr）等数个大型油气田不仅吸引了全球石油业巨头的目光，也使位于该区域核心地带的塞浦路斯意识到本国在油气勘探和开发领域的潜力。为此，塞浦路斯在2010年与邻国完成近海海域专属经济区（EEZ）的边界划分后，将南部专属经济区划分为13个区块，并进行了三轮勘探开发招标；美国埃克森美孚、美国诺布尔、荷兰皇家壳牌、法国道达尔、意大利埃尼、卡塔尔石油和以色列德雷克集团等多家公司中标，并已在所属区块内进行了多次联合勘探活动。[④] 2019年2月，埃克森美孚公司与塞浦路斯政府宣布，已在第10号区块发现了储量约为5万亿—8万亿立方英尺（tcf）的天然气井，超过了2011年诺布尔公司在第12号区块的"阿佛洛狄忒"（Aphrodite）天然气井的储量（约4.5万亿立方英尺）。据悉，该井不仅是在塞浦路斯专属经济区内发现的储量最

[①] "惠誉称塞浦路斯银行业不良贷款风险敞口继续下降"，新浪财经，2019年2月11日，https://www.yingjinhk.com/news/2019/3666.html，2020年8月5日。

[②] 中华人民共和国驻塞浦路斯共和国大使馆经济商务处："穆迪年报肯定塞目前主权信用状况"，2020年7月8日，http://cy.mofcom.gov.cn/article/jmxw/202007/20200702981209.shtml，2020年8月5日。

[③] 中华人民共和国驻塞浦路斯共和国大使馆经济商务处："2019年全球竞争力报告塞浦路斯位列第44位"，2019年10月12日，http://cy.mofcom.gov.cn/article/jmxw/201910/20191002903717.shtml，2020年8月5日。

[④] 中华人民共和国商务部："对外投资合作国别（地区）指南——塞浦路斯（2019版）"，http://fec.mofcom.gov.cn/article/gbdqzn/#，2020年，第19页。

大的天然气井，也是近两年来在世界范围内发现的最大天然气井之一。①受该发现的鼓舞，塞浦路斯政府于2019年5月宣布，计划在未来24个月内在本国专属经济区继续进行8次海上油气勘探、6次探索性勘探和2次评估性勘探。②同时，政府也将扩建位于瓦西里科斯（Vasilikos）地区的工业港口，将其变为覆盖包括塞浦路斯在内的更广大地区的石油和天然气工业服务运营中心，并为天然气加工行业公司提供更多基础设施和服务。③2019年7月，塞浦路斯政府还与道达尔和埃尼达成协议，将第7号区块的勘探许可证授予两家公司，两者各自拥有该区块50%的股份。④至此，道达尔与埃尼公司已拥有了塞浦路斯专属经济区13个区块中7个区块的开采许可。2019年11月，塞浦路斯政府向诺布尔、壳牌和德雷克集团颁发了天然气开采许可证，允许三家公司共同对第12号区块进行开采，并以液化天然气的形式出口。⑤该块区块的开采预计于2025年正式开始。届时，塞浦路斯政府将在未来18年内获得总计约93亿美元的额外收入。同时，该项目对缓解塞浦路斯能源进口压力，增加国内就业机会，促进与欧盟、美国及周边国家关系等起到积极作用。

此外，2019年，塞浦路斯还与多国合作，积极参与各类国际能源项目和组织的规划和建设。其中，东地中海海底天然气管道项目（East-Med）是塞浦路斯政府重点参与的能源项目之一。该项目设计全长约1900公里，水下深度达3公里，预计建造费用将超过60亿欧元。⑥项目建成后，预计每年从东地中海油气田向希腊输送100亿立方米天然气，后自希腊至意大

---

① "5-8 trillion cubic feet gas find 'encouraging' says energy giant", Cyprus Mail, February 28, 2019, https：//cyprus-mail.com/2019/02/28/5-8-trillion-cubic-feet-gas-find-encouraging-says-energy-giant/, August 8, 2020.

② "Eight offshore drills for hydrocarbons over next 24 months", Cyprus Mail, May 21, 2019, https：//cyprus-mail.com/2019/05/21/eight-offshore-drills-for-hydrocarbons-over-next-24-months/, August 8, 2020.

③ "塞浦路斯天然气能源的'世界级发现'"，中国能源网，2019年3月26日，https：//www.china5e.com/news/news-1054621-1.html，2020年8月5日。

④ "道达尔和埃尼与塞浦路斯签署勘探协议"，中国石化新闻网，2019年9月23日，http：//www.sinopecnews.com.cn/news/content/2019-09/23/content_1770226.htm，2020年8月5日。

⑤ "Lakkotrypis: another milestone in Cyprus' energy programme", Cyprus Mail, November 7, 2019, https：//cyprus-mail.com/2019/11/07/lakkotrypis-another-milestone-in-cypruss-energy-programme/, August 8, 2020.

⑥ "东地中海地区天然气产业未来仍存不确定风险"，中国贸易投资网，2020年3月6日，http：//www.tradeinvest.cn/information/5404/detail，2020年8月5日。

利再将天然气输送至欧洲各国。2019年3月，作为该项目的主要参与国之一，塞浦路斯与希腊、以色列及美国达成协议，全力支持该项目的建设工作。① 2019年12月，针对土耳其与利比亚之间对于专属经济区的分界协议，塞浦路斯与希腊和以色列等国定于2020年1月在雅典正式签署东地中海天然气管道相关建设协议，计划每年先向希腊及其他东南欧国家输送90亿—120亿立方米天然气。② 同时，美国政府也于2019年12月通过了《东地中海安全与能源伙伴关系法》（East – Med Act），旨在将塞浦路斯、以色列和希腊等国置于美国在东地中海地区新的战略核心中。③ 另外，2019年1月，塞浦路斯还与以色列、希腊、意大利、约旦、埃及等7国共同成立"东地中海天然气论坛"（East Mediterranean Gas Forum），总部设在埃及首都开罗。④ 该组织旨在加强各国在能源领域的协调合作，在国际法框架内解决或消除过境项目的障碍。2019年6月，该组织参与国的能源部长在开罗举行了第二次部长级会议，对组织章程及其正式确立为国际组织的时间表进行商讨。⑤ 2020年1月，"东地中海天然气论坛"正式成为国际组织，总部仍设在开罗。⑥ 最后，作为唯一没有被链接入欧洲电网中的国家，塞浦路斯也积极参与了欧非电网互联工程（Euro – Asia Interconnector）。该项目计划通过铺设深海高压直流电缆，将塞浦路斯与以色列和希腊的电网设施相连接。该项目不仅将结束塞浦路斯电力"孤岛"的局面，还将使其成为亚欧电网体系中的重要枢纽之一。该项目自2017年启动以来，塞方一致积极参与其中。2019年6月，塞浦路斯政府与相关方签署协议，允许出租

---

① "Pompeo welcomes trilateral cooperation（Update 2）", Cyprus Mail, March 20, 2019, https：//cyprus – mail. com/2019/03/20/pompeos – presence – proves – summits – value – says – anastasiades/，August 5，2020.

② 中华人民共和国驻塞浦路斯共和国大使馆经济商务处："东地中海天然气管道建设协议将于近期签署"，2019年12月24日，http：//cy. mofcom. gov. cn/article/jmxw/201912/20191202925018. shtml，2020年8月5日。

③ 中华人民共和国驻塞浦路斯共和国大使馆经济商务处："欧盟对东地中海天然气管道协议表示欢迎"，2020年1月13日，http：//cy. mofcom. gov. cn/article/jmxw/202001/20200102929881. shtml，2020年8月5日。

④ 中华人民共和国商务部："新的区域能源组织'东地中海天然气论坛'成立"，2019年1月17日，http：//www. mofcom. gov. cn/article/i/jyjl/e/201901/20190102827862. shtml，2020年8月5日。

⑤ "Lakkotrypis leaves for Cairo for Gas Forum", Cyprus Mail, July 24, 2019, https：//cyprus – mail. com/2019/07/24/lakkotrypis – leaves – for – cairo – for – gas – forum/，August 5，2020.

⑥ 中华人民共和国驻塞浦路斯共和国大使馆经济商务处："东地中海天然气论坛正式成立"，2020年1月21日，http：//cy. mofcom. gov. cn/article/jmxw/202001/20200102932355. shtml，2020年8月5日。

其境内土地以建设高压直流变电站，从而为该工程的具体实施铺平道路。[①] 预计到 2023 年，该项目的第一阶段工程将初步完成。届时，塞浦路斯将通过与希腊克里特岛和阿提卡地区相连的海底电缆，与整个欧洲大陆的电网进行连接，以此提高塞浦路斯电网的运转能力。

三、塞浦路斯对外交往情况

（一）塞浦路斯与欧盟各国积极互动

近一年来，塞浦路斯在能源、外交、地区安全等领域与欧盟进行了紧密合作。在塞浦路斯与土耳其的能源争端中，欧盟主要机构和成员国给予了塞浦路斯实际的支持。2019 年 6 月，针对土耳其在塞浦路斯专属经济区的能源勘探活动，欧盟多国领导人在马耳他会晤时一致声援塞浦路斯，并威胁对土耳其采取反制措施。[②] 2019 年 7 月，鉴于土耳其未停止在塞浦路斯专属经济区的钻探，欧盟理事会对土耳其实施了制裁，包括暂停关于签署航空运输全面协议的谈判，暂时不召开欧盟理事会与土耳其之间的高层对话会议，削减 2020 年对土耳其的经济援助，同时重新审查欧洲投资银行在土耳其的信贷业务等。[③] 在 2019 年 10 月举行的布鲁塞尔峰会上，欧盟成员国再次重申对塞浦路斯的支持，并赞成就土耳其的"非法开采"行为继续采取限制措施。[④] 同时，塞浦路斯在欧洲议会选举、欧洲与阿拉伯国家间关系等方面上也对欧盟给予以积极回应。2019 年 5 月，为应对欧洲议会选举，塞浦路斯政府在全国设立了众多投票站，其中，仅在北塞浦路斯就有 50 个投票点，在塞浦路斯以外还有 12 个投票点，以供居住在希腊、英国、比利时的塞浦路斯公民投票。[⑤] 2019 年 2 月，塞浦路斯总统阿纳斯

[①] "Land lease agreement paves way for EuroAsia Interconnector", Cyprus Mail, June 6, 2019, https://cyprus-mail.com/2019/06/06/land-lease-agreement-paves-way-for-euroasia-interconnector/, August 5, 2020.

[②] "塞浦路斯、土耳其油气纠纷 欧盟多国为塞声援"，新华网，2019 年 6 月 16 日，http://www.xinhuanet.com/world/2019-06/16/c_1210160124.htm，2020 年 8 月 10 日。

[③] "欧盟制裁土耳其，指责其钻探活动侵犯塞浦路斯利益"，新浪财经，2019 年 7 月 16 日，https://finance.sina.com.cn/roll/2019-07-16/doc-ihytcerm4095988.shtml，2020 年 8 月 10 日。

[④] "欧盟峰会三大焦点成果几何"，新华网，2019 年 10 月 19 日，http://www.xinhuanet.com/world/2019-10/19/c_1125125713.htm，2020 年 8 月 10 日。

[⑤] Cyprus Mail, May 26, 2019, https://cyprus-mail.com/2019/05/26/voting-begins-for-european-parliament-elections/, August 5, 2020.

塔西亚迪斯出席了欧盟—阿拉伯联盟峰会，期间他为促进欧洲与阿拉伯国间关系所做出的贡献得到了一些与会领导人的肯定。[①]

同时，塞浦路斯与欧洲主要国家也保持了良好的外交关系。作为关系密切的盟友，塞浦路斯与希腊在能源、地区安全等方面基本步调一致。2019年3月，塞浦路斯、希腊和以色列领导人在三国峰会中重申了对东地中海天然气管道项目的支持。[②] 同年8月的会议上，希腊也表示将继续支持塞浦路斯在其专属经济区进行天然气开发的合法权利，同时对土耳其的"侵犯行为"予以谴责。[③] 2019年11月，两国还共同谴责了土耳其与利比亚民族团结政府签署的备忘录，因为此举将侵害两国在东地中海现有的专属经济区划分。[④] 此外，塞浦路斯与希腊在7月份还发表了一项联合倡议，决心共同解决非法移民的遣返问题。[⑤] 同时，2019年塞浦路斯也积极与法国、英国、意大利等国保持良好沟通。2019年1月，塞浦路斯总统与法国总统在第五届欧洲—地中海领导人峰会（MED 7）上进行了会晤，双方就能源开发、塞浦路斯统一、地区安全等问题进行了深入沟通。[⑥] 同年3月，塞浦路斯总统阿纳斯塔西亚迪斯到访英国白金汉宫，与英国王储查尔斯王子共同庆祝两国维持多年的良好关系。[⑦] 2019年10月，塞浦路斯与法国海、空军还在塞浦路斯专属经济区某海域进行了联合演习，以深化两国及

[①] "Anastasiades arrives in Sharm el Sheikh for EU – Arab League Summit（Updated）", Cyprus Mail, February 24, 2019, https：//cyprus – mail. com/2019/02/24/anastasiades – arrives – in – sharm – el – sheikh – for – eu – arab – league – summit/，August 5, 2020.

[②] "希腊、塞浦路斯和以色列宣布支持东地中海管道"，中国石化新闻网，2019年3月22日，http：//www. sinopecnews. com/news/content/2019 – 03/22/content_ 1739606. htm，2020年8月3日。

[③] "Greece, Israel, US, Cyprus to boost energy cooperation（Updated）", Cyprus Mail, August 7, 2019, https：//cyprus – mail. com/2019/08/07/greece – israel – us – cyprus – to – boost – energy – cooperation/，August 5, 2020.

[④] "希腊、埃及、塞浦路斯：共同谴责利比亚与土耳其签署的协议"，半岛电视台，2019年11月30日，https：//chinese. aljazeera. net/news/2019/11/30/greece – egypt – cyprus – rejecting – libyan – turkish – agreements，2020年8月3日。

[⑤] "Greece and Cyprus to work together on irregular migrants", Cyprus Mail, July 23, 2019, https：//cyprus – mail. com/2019/07/23/greece – and – cyprus – to – work – together – on – irregular – migrants/，August 5, 2020.

[⑥] "Anastasiades, Macron discuss energy and security issues（updated）", Cyprus Mail, January 29, 2019, https：//cyprus – mail. com/2019/01/29/french – president – macron – arrives – for – meeting – with – cyprus – counterpart/，August 5, 2020.

[⑦] "Cyprus President Anastasiades At Buckingham Palace to Celebrate Cyprus – UK Ties", Greek Reporter, March 5, 2019, https：//eu. greekreporter. com/2019/03/05/cyprus – president – anastasiades – at – buckingham – palace – to – celebrate – cyprus – uk – ties – video/，August 9, 2020.

两国军队间的关系。[1] 11月,塞浦路斯与法国、意大利举行了海上联合军演,进一步增进了与欧洲其他国家军队的交流。[2]

(二)塞浦路斯与中东地区各国加强合作

近一年来,塞浦路斯积极构建与以色列、埃及、黎巴嫩、约旦等中东地区国家的多边外交关系。作为在东地中海地区的近邻,塞浦路斯积极寻求深化与以色列、埃及等国的双边关系。2019年2月,以色列总统鲁文·里夫林(Reuven Rivlin)到访塞浦路斯,双方就两国双边关系、公民教育、经贸往来、塞浦路斯问题等进行了讨论。[3] 5月,应以色列政府的请求,塞浦路斯派出两架飞机、两名飞行员及多名消防员,协助扑灭以色列境内不断出现的火情。[4] 2019年7月,一家塞浦路斯、以色列合资企业向塞政府申请,对塞浦路斯拉纳卡(Larnaca)市的码头和港口进行扩建。[5] 8月,塞浦路斯还派出两艘军舰,参加了由以色列发起的"狂浪—2019"多国海军联合军演。[6] 11月,两国军队还共同参加了"奥尼西洛斯·基甸—2019"军事演习。[7] 12月,塞浦路斯、以色列和希腊领导人一致同意,在2020年1月正式签署东地中海天然气管道协议。[8] 同时,2019年1月,塞浦路斯议会批准了一项通往埃及的海底天然气管道建设项目,该管道将同

---

[1] "法国和塞浦路斯举行联合海上军演",新华网,2019年10月13日,http://www.xinhuanet.com/world/2019-10/13/c_1125099945.htm,2020年8月4日。

[2] "Cyprus, France, Italy in joint naval exercise", Cyprus Mail, February 12, 2019, https://cyprus-mail.com/2019/02/12/israeli-president-begins-cyprus-visit/, August 5, 2020.

[3] "Israeli president begins Cyprus visit", Cyprus Mail, November 20, 2019, https://cyprus-mail.com/2019/08/13/cyprus-among-the-10-countries-present-at-largest-israeli-navy-exercise/, August 5, 2020.

[4] "Firefighters and planes sent to help with Israeli fires (Updated)", Cyprus Mail, May 24, 2019, https://cyprus-mail.com/2019/05/24/sixty-firefighters-on-standby-to-help-with-israeli-blazes/, August 4, 2020.

[5] "Joint Cypriot-Israeli venture submits bid for Larnaca port and marina project", Cyprus Mail, July 30, 2019, https://cyprus-mail.com/2019/07/30/joint-cypriot-israeli-venture-submits-bid-for-larnaca-port-and-marina-project/, August 5, 2020.

[6] "Cyprus among the 10 countries present at largest Israeli Navy exercise", Cyprus Mail, November 20, 2019, https://cyprus-mail.com/2019/08/13/cyprus-among-the-10-countries-present-at-largest-israeli-navy-exercise/, August 5, 2020.

[7] "Cyprus and Israel conclude Onisilos-Gideon military exercise", Cyprus Mail, November 20, 2019, https://cyprus-mail.com/2019/11/20/cyprus-and-israel-conclude-onisilos-gideon-military-exercise/, August 5, 2020.

[8] "地中海三国拟签天然气管道协议 减少依赖俄天然气",新华网,2019年12月24日,http://www.xinhuanet.com/world/2019-12/24/c_1210408642.htm,2020年8月1日。

时穿越两国的海上专属经济区。① 2019 年 5 月，有报道称目前已有超过 200 家塞浦路斯各类企业在埃及进行了投资，投资总额约为 4 亿美元。② 2019 年 10 月，塞埃两国外长在埃及首都开罗签署了一项避免双重征税的新协议，进一步促进两国在经贸方面的交流。③ 此外，2019 年 2 月，塞浦路斯总统与黎巴嫩总理萨阿德·哈里里（Saad Hariri）举行了会谈，就如何加强塞黎两国及黎巴嫩与欧盟关系进行了深入讨论。④ 2019 年 4 月，塞浦路斯、约旦和希腊三国领导人在安曼进行了会面，并对加强三国在能源、旅游、医疗卫生等领域的合作，鼓励建立更多私人合资企业，促进相互间的人才交流达成一致。⑤ 在同月举行的会议上，塞浦路斯外长与希腊、约旦和伊拉克等国的外长进行了会晤，对塞浦路斯作为欧盟成员国如何帮助伊拉克进行重建的问题和与会各国进行了探讨。⑥

不过，在过去的一年中，塞浦路斯与土耳其的关系出现进一步恶化的迹象。出现这一局面的主要原因是，双方在地中海天然气开发、塞浦路斯统一谈判等问题上存在较大分歧。由于不承认塞浦路斯政府对专属经济区的划分，2019 年 2 月，土耳其政府派出科考船，对包括塞浦路斯海上专属经济区第 1 号、8 号、12 号区块在内的广大海域进行了勘察。⑦ 2019 年 5 月初，土耳其派出一艘油气钻探船"法提赫"号（Faith），赴塞浦路斯专属经济区进行钻探活动。⑧ 同时，土耳其自 2019 年 5 月 13 日开始在黑海、

---

① "Cabinet approves bill for Egypt pipeline deal", Cyprus Mail, November 20, 2019, https：// cyprus – mail. com/2019/01/31/cabinet – approves – bill – for – egypt – pipeline – deal/, August 4, 2020.

② "Investment of Cypriot – owned businesses in Egypt reaches USD400 mln", Cyprus Mail, May 1, 2019, https：//cyprus – mail. com/2019/05/01/investment – of – cypriot – owned – businesses – in – egypt – reaches – usd400 – mln/, August 4, 2020.

③ 中华人民共和国驻塞浦路斯共和国大使馆经济商务处："塞浦路斯和埃及签署避免双重征税协议"，2019 年 10 月 11 日，http：//cy. mofcom. gov. cn/article/jmxw/201910/20191002903467. shtml，2019 年 8 月 2 日。

④ "President meets Lebanese PM in Egypt", Cyprus Mail, February 25, 2019, https：//cyprus – mail. com/2019/02/25/president – meets – lebanese – pm – in – egypt/, August 4, 2020.

⑤ "约旦希腊塞浦路斯举行三方首脑会议"，新华网，2019 年 4 月 14 日，http：//www. xinhuanet. com/world/2019 – 04/15/c_ 1124365377. htm，2020 年 8 月 1 日。

⑥ "Ties with Iraq to be enhanced", Cyprus Mail, April 14, 2019, https：//cyprus – mail. com/ 2019/04/14/ties – with – iraq – to – be – enhanced/, August 4, 2020.

⑦ "Turkey's research vessel back in Cyprus' EEZ", Cyprus Mail, February 4, 2019, https：// cyprus – mail. com/2019/02/04/turkeys – research – vessel – back – in – cyprus – eez/, August 4, 2020.

⑧ "Erdogan：we have the ships, we will drill", Cyprus Mail, June 13, 2019, https：//cyprus – mail. com/2019/06/13/erdogan – we – have – the – ships – we – will – drill/, August 4, 2020.

爱琴海和地中海同时举行军事演习，意在向潜在的冲突对象展示自己军事实力。① 2019年6月20日，土耳其政府向地中海东部派出了第二艘油气钻探船"亚武兹"号（Yavuz），其任务是在塞浦路斯东北部海域打一口3300米深的油气井。② 至2019年10月中旬，土耳其派遣的两艘船只均已开始钻探工作。此举不仅招致了包括塞浦路斯、希腊、美国以及欧盟国家在内多国的批评和制裁，而且也直接阻碍了塞浦路斯统一谈判的恢复。12月，塞浦路斯政府还向位于海牙的国际法院提起诉讼，以保护自己的油气资源不受土耳其的侵犯。③ 此外，土耳其也时常展示自己在塞浦路斯问题上的强硬态度。2019年7月，在土耳其出兵塞浦路斯45周年之际，土耳其总统雷杰普·塔伊普·埃尔多安（Recep Tayyip Erdogan）说，如果塞浦路斯土耳其族人的安全再次受到威胁，土耳其仍会像1974年一样毫不犹豫地"出兵保护"。④ 对于塞浦路斯的天然气开发计划，埃尔多安在2019年8月的一次讲话中提到，没有土耳其和"北塞"参与的项目都是无法实现的。⑤ 2019年12月，土耳其还向北塞浦路斯地区部署了数架装载弹药的无人机，用来保护土耳其船只在地中海上的勘察活动。⑥

（三）塞浦路斯与美国关系不断改善

近一年来，塞浦路斯与美国的双边关系取得较大进展。2019年3月，时任美国国务卿迈克·蓬佩奥（Mike Pompeo）在参加塞浦路斯、以色列和希腊三国峰会时，与塞浦路斯总统阿纳斯塔西亚迪斯进行了单独会谈。

---

① "土耳其欲在塞浦路斯海域钻探油气，再次举行史上最大海军演习"，"观察者"，2019年5月13日，https://www.guancha.cn/internation/2019_05_13_501414.shtml，2020年8月3日。

② "土耳其向地中海东部派出第二艘油气钻探船"，新华社，2019年6月20日，https://baijiahao.baidu.com/s?id=1636928546504853360&wfr=spider&for=pc，2020年8月3日。

③ "Cyprus petitions ICC over Turkey's offshore drilling", Middle East Online, December 5, 2019, https://middle-east-online.com/en/cyprus-petitions-icc-over-turkeys-offshore-drilling, August 4, 2020.

④ "On 45th anniversary of invasion, Erdogan says Turkey would not hesitate to do it again if TCs threatened", Cyprus Mail, July 20, 2019, https://cyprus-mail.com/2019/07/20/on-45th-anniversary-of-invasion-erdogan-says-turkey-would-not-hesitate-to-do-it-again-if-tcs-threatened/, August 5, 2020.

⑤ "Erdogan's comments undermine prospects for talks says government", Cyprus Mail, August 23, 2019, https://cyprus-mail.com/2019/08/23/erdogans-comments-undermine-prospects-for-talks-says-government/, August 4, 2020.

⑥ "Turkey Deploys Armed Drones to Northern Cyprus as Tensions Escalate", VOA News, December 16, 2019, https://www.voanews.com/europe/turkey-deploys-armed-drones-northern-cyprus-tensions-escalate, August 4, 2020.

双方就东地中海的能源开发及地区安全，塞美双边关系等议题进行了讨论。[①] 2019年4月，美国民主党参议员罗伯特·梅嫩德斯（Robert Menendez）和共和党参议院马尔科·卢比奥（Marco Rubio）共同起草了一份名为《2019年东地中海安全与能源伙伴关系法》（Eastern Mediterranean Security and Energy Partnership Act of 2019）的法案，其中涉及取消1987年以来美国对塞浦路斯实施的武器禁运等相关内容。[②] 2019年6月，美国负责欧洲及亚洲事物的助理国务卿马修·帕尔默（Matthew Palmer）在会见塞浦路斯总统后承诺，将致力于进一步加强美塞双边关系。[③] 针对土耳其在塞浦路斯专属经济区的勘探行为，美国政府也进行了多次谴责。2019年6月，美国驻塞浦路斯大使在一次公开活动中说，美国政府对近期土耳其政府宣布在塞浦路斯近海地区展开油气钻探的言论表示关切，同时敦促土耳其政府停止此类行为。[④] 2019年10月，国务卿蓬佩奥公开声明美国不会允许土耳其继续进行非法勘探，因为该行为是不可接受的，并且违反了国际法。[⑤] 此外，同年12月，美国参、众两院最终一致投票通过，正式结束了美国对塞浦路斯长达33年的武器禁运，并试图以此削弱俄罗斯和土耳其在塞浦路斯和东地中海地区的影响力。[⑥]

结　语

尽管处于东地中海错综复杂的地缘政治环境中，塞浦路斯在政治、经

[①] "US, Greece, Israel and Cyprus 'key partners' in security and prosperity in Eastern Mediterranean", Greek News Online, March 21, 2019, http：//www.greeknewsonline.com/us-greece-israel-and-cyprus-key-partners-in-security-and-prosperity-in-eastern-mediterranean/, August 9, 2020.

[②] "Menendez：new era in US-Cyprus relations (Updated)", Cyprus Mail, April 16, 2019, https：//cyprus-mail.com/2019/04/16/menendez-new-era-in-us-cyprus-relations/, August 4, 2020.

[③] "US official expects Cyprus and US 'to work closely' on bilateral relations", Cyprus Mail, June 6, 2019, https：//cyprus-mail.com/2019/06/06/us-official-expects-cyprus-and-us-to-work-closely-on-bilateral-relations/, August 4, 2020.

[④] "US deeply concerned by Turkish drilling (Updated)", Cyprus Mail, June 6, 2019, https：//cyprus-mail.com/2019/06/06/president-lauds-robust-partnership-with-us/, August 4, 2020.

[⑤] "Pompeo's statement a 'powerful message', president says (Update 1)", Cyprus Mail, October 6, 2019, https：//cyprus-mail.com/2019/10/06/illegal-turkish-drilling-in-cyprus-eez-unacceptable-pompeo-says/, August 5, 2020.

[⑥] "为了牵制俄土 美国会批准解除对塞浦路斯武器禁运"，人民网，2019年12月19日，http：//world.people.com.cn/n1/2019/1219/c1002-31513290.html，2020年8月10日。

济及外交领域仍取得了不少成绩。不过受领土、资源、历史遗留矛盾等问题的困扰，塞浦路斯在未来的发展中仍存在不少挑战。首先，由于对统一后塞浦路斯的政治权力和领土分配、流离失所的塞浦路斯人的回归及财产索赔，以及希腊、土耳其等"担保国"的去留等议题始终无法真正达成一致，塞浦路斯希土两族统一谈判的前途将充满不确定性。而长期的"南北分裂"导致的民族矛盾和地域隔阂将进一步影响未来塞浦路斯国内的政局走势及社会稳定。其次，尽管近年来国内经济保持了较高的增长速度，但塞浦路斯仍只是高度开放的小型经济体，经济发展对外高度依赖外国资金，对内主要依靠以旅游、金融为主的服务行业；因此，在面对外部局势变化，或是全球突发性公共医疗事件时容易出现较大波动。再次，虽然塞浦路斯在油气开发方面具有较大潜力，但由于深海油气开采的巨大成本，以及由能源获利分配所导致的国内矛盾，加上东地中海地区不断变化的局势，都导致短期内塞浦路斯在能源开发上难以迅速获利，同时存在较大风险。最后，虽然凭借优越的地理位置和灵活的外交策略，塞浦路斯与欧洲、中东及世界主要国家都保持了良好的外交关系，但它在诸多国际事务中仍难以起到实质性的作用。而且，由于本国内部事务的解决始终需依靠外部力量的介入，导致塞浦路斯在制定外交政策时也无法完全排除各种干扰，实现真正的独立自主。

新月地区

伊朗：
二元政治结构下的困境[*]

伊朗伊斯兰共和国是一个融合伊斯兰什叶派思想与现代共和制理念的二元混合制神权共和国，宗教领袖享有最高权威，民主选举在伊斯兰政权的框架下进行。2019年，伊朗二元政治结构中的伊斯兰什叶派思想特征和共和国特征之间的分歧扩大。伊朗的外部环境依旧未得到改善，美伊关系紧张持续加剧、双边冲突升级，同时，伊朗国内经济疲软，油价上涨引发民众大规模抗议。本文通过审视2019年伊朗的政治形势、经济发展和社会状况，试图把握伊朗近期的政治走向，认为短期内伊朗二元政治结构下的困境不会改观。

一、政治形势

2019年，伊朗政治形势的发展有三个突出表现：一是爆发大规模民众抗议，二是保守派开始重掌权力，三是伊朗和美国的冲突升级。

（一）爆发大规模民众抗议

2019年11月，伊朗民众在街头发起的抗议活动是伊朗二元政治结构矛盾在经济、社会层面的具体表现。2019年11月15日，伊朗政府突然宣布将油价提升50%，超出定量配给之外的油价则提升至原来的三倍。[①] 油

---

[*] 作者：阿里·希尔瓦尼（Ali Shirvani），西北大学中东研究所外教；李文庭，西北大学中东研究所博士研究生。

[①] 伊朗政府于2019年11月15日宣布上调汽油价格并施行配给，汽油价格从每升1万里亚尔（约0.6元人民币）上调至1.5万里亚尔（约0.9元人民币），家用汽车每辆每月限购60升汽油，超出部分需支付每升3万里亚尔。参见"伊朗街头示威者抗议油价飙升"，2019年11月16日，https://ifpnews.com/demonstrators-take-to-streets-to-protest-fuel-price-hike-in-iran，2020年8月3日。

价的飙升和久未改善的经济状况[①]引发了伊朗民众全国范围内的抗议，波及100多个城市，最终导致数百人死亡。此次抗议规模之大，在伊朗伊斯兰共和国建国40年以来都是罕见的。[②] 尽管活动受到了美国"极限施压"制裁的影响、西方势力的渗透和伊朗国内反对派的鼓动，然而不可否认的是，经济问题是抗议发生的直接诱因。此次上调油价是为应对美国对伊朗的"极限施压"制裁和缓解伊朗本国经济危机做出的"无奈之举"。这种经济行为的背后实质上是政治考量：伊朗政府为和美国展开外交博弈和意识形态斗争，只能从全局出发以举国之力应对，使经济行为服务于政治需求，而不得不牺牲部分群体经济利益以保证整体的政治利益。

伊朗伊斯兰共和国成立40年来，政府曾数次上调油价，但都是渐进式的，并不像这次这样突然。通常在程序上上调油价需获得立法机构"伊斯兰协商会议"同意，并提前向大众公布具体实施时刻表。此前每年小幅度的上调油价，都经过了议会同意，其过程相对透明化：法案的提出和最终通过都遵照宪法标准，协商过程公开并存有记录，公众可通过广播或者官方公报获取。[③] 此外，从发布全国性决议到可以执行该决议的强制性等待期为15天。但2019年的油价上调决议是由一个新成立的部门——"最高经济协调委员会"通过的。最初，伊斯兰协商会议的大多数议员都呼吁紧急叫停此项决议，但最高领袖哈梅内伊对该决议表示支持，并向伊斯兰协商会议的表决会场传达了"秘密信息"，使上调油价的决议最终"落地"实施。

本次抗议游行造成的重大影响表明，经济困难处境中的伊朗民众有可能集体动员反对政府的某项新决定。因而，在未来一段时间内，伊朗政府应尽量避免做出涉及宪法的草率决议，以免因激发民众不满而影响社会稳定。

---

① "Iran's Economic Update — October 2019", Oct. 9, 2019, https：//www.worldbank.org/en/country/iran/publication/economic-update-october-2019, 2020-07-18.

② Farnaz Fassihi and Rick Gladstone, "With Brutal Crackdown, Iran Is Convulsed by Worst Unrest in 40 Years", Dec. 1, 2019, https：//www.nytimes.com/2019/12/01/world/middleeast/iran-protests-deaths.html, 2020-07-30.

③ 伊朗宪法第69条规定："伊斯兰协商会议的任何决议必须公开进行，并通过广播和官方公报向公众提供完整记录。如国家安全需要，在总统、某部长或大会十名成员的要求下，可于紧急情况下举行非公开会议。非公开会议通过的决议必须在监护委员会在场的情况下，获得大会四分之三的成员批准后方才有效。紧急情况结束后，必须将会议记录以及其通过的相关决议资料公开。"

（二）保守派开始重掌权力

2019年，伊朗国内权力层发生了一系列变化，总体而言，形势有利于保守派。2018年，美国单方面退出伊核协议，使以现任总统鲁哈尼为代表的伊朗温和改革派尤为受挫。美国的退约给予保守派攻击鲁哈尼的口实，他们指责鲁哈尼政权软弱、无能，认为此前的亲西方政策是失败的。鲁哈尼本人也陷入窘境，伊朗强硬派的一些领导人和最高领袖哈梅内伊多次言语"敲打"鲁哈尼，最高领袖、保守派和政府官员对鲁哈尼的支持力度不复以往。

2019年年初和年末的事态发展更加有利于保守派。2019年3月7日，哈梅内伊任命易卜拉欣·莱西（Ebrahim Raisi）为司法总监。莱西属于保守派阵营，是伊朗"专家会议"成员之一。专家会议是伊朗选举领袖的最高权力机构，而莱西本人则是伊朗下一任领袖的"热门人选"。此外，伊朗第11届议会也成为保守派占多数席的一届议会。在2019年12月开启的伊朗第11届议会选举候选人登记中，有1.6万人完成登记，但其中大多数人被保守派所支持的宪法监护委员会认定为资格无效。2017年，总统大选最具竞争力的候选人之一穆罕默德·巴格·卡利巴夫（Mohammad Bagher Ghalibaf）最终在2020年5月当选第11届议会议长。卡利巴夫曾任伊朗伊斯兰革命卫队的高级指挥官、德黑兰市长等职，得到伊斯兰革命卫队的支持，对鲁哈尼的外交政策持反对态度。伊朗预计在2021年举行下一届总统大选，而2019年的形势发展表明总统大选前的伊朗国内政治平衡逐渐倒向保守派，保守派很有希望在总统选举中获胜，从而保守派最终有可能掌控全部立法、司法、行政三大权力部门。

（三）美伊冲突升级

2019年，伊朗和美国的关系持续紧张，双边冲突升级，这种势态很有可能继续恶化。特朗普政府对伊朗实施"长臂管辖""极限施压"制裁，伊朗难以通过出口石油赚取国际收入，国际处境愈发艰难。2019年5月8日，在美国退出伊核协议一周年之际，伊朗总统鲁哈尼对外宣布，如果伊核问题没有取得外交进展，伊朗将逐步减少对核协议的承诺，并每60天采取一次渐进行动。伊朗减少履行核协议义务的第一阶段始于2019年5月8日，第二阶段始于2019年7月7日。2019年7月7日，伊朗宣布浓缩铀丰度突破伊核协议规定的3.67%上限，达到约4.5%的水平。第三阶段始于2019年9月6日，自此伊朗将不再遵守伊核协议中关于研发的限制，并且开发新型离心机。在 2019 年 11 月开启的第四阶段，伊朗向福尔多核设施内 1044 台离心机注入六氟化铀气体。伊朗试图通过减少伊核协议承诺使美国恢复承认 2015 年签署的伊核协议，回到谈判道路，同时向欧洲国家施压。但美国继续加大对伊朗制裁的力度，美伊博弈日趋"白热化"。

2019 年 6 月 12 日，时任日本首相安倍晋三访问德黑兰，并与伊朗总统鲁哈尼和最高领袖哈梅内伊分别举行了会谈。安倍晋三此行的目的是调节美伊矛盾，尽管哈梅内伊表示拒绝接受调解。6 月 20 日，伊朗伊斯兰革命卫队用地空导弹打下美国的"全球鹰"无人机，特朗普宣称，他已决定在伊朗国内三个地区实施报复性军事袭击，但在实施前最后 10 分钟下令撤销。紧接着，7 月 4 日，伊朗超级油轮"格雷思一号"在直布罗陀海峡被英国海外领地直布罗陀当局政府扣押，原因是"伊朗油轮向叙利亚运送石油违反了欧盟对叙利亚的制裁"。7 月 19 日，伊朗在霍尔木兹海峡扣留了一艘名为"史丹纳帝国"的英国油轮。8 月 15 日，直布罗陀政府最高法院无视美国的接管请求，做出释放被扣伊朗油轮的裁定，前提是该油轮不会驶往叙利亚。"格雷斯一号"改名为"艾德里安·德里亚一号"，于 8 月 18 日驶离直布罗陀，进入地中海。伊朗官员称，这些石油会被运至欧洲，而不是叙利亚。随后，伊朗也释放了被扣留的英国油轮。

2019 年，伊朗政治局势凸显了其所处的紧张的国内局势和持续恶化的外部环境，进一步揭示出伊朗政治结构的二元性——伊斯兰特性和共和国特性之间的分歧。伊朗的最高领袖是宗教最高领导人、国家政治权力的核心，总统则是共和国政府的领导人，宗教和世俗两套权力体系错综复杂，既有相互制约又有互相博弈。执行部门在实施具体政策时摇摆于二元之间，内部治理缺失和监督缺位，制约了国家发展。

二、经济发展

伊朗实行以国有制经济为主体的混合经济制度，包括国营、合作经营和私营三种经济形式。[①] 石油和天然气产业是伊朗国民经济的支柱，

[①] 2006 年颁布的伊朗国家宪法第 44 条规定，伊朗伊斯兰共和国的经济有计划地建立在国营、合作经营和私营三种经济形式之上。并提出将部分国营经济私有化，设想在五年计划（2010—2015 年）中，每年私有化 20% 的国营企业。参见 "Law on Implementation of General Policies of Principle (44) of the constitution", http://en.ipo.ir/Law-on-implementation-of-General-Policies-of-Principle (44)，2020 年 8 月 13 日。

其天然气储量居世界第二位，已探明石油储量居世界第四位。同时，农业、制造业、服务业、金融业、钢铁业、手工业也是国民经济的重要产业。

2019 年，伊朗经济总体疲软。作为伊朗经济收入支柱的石油收入锐减，在美国退出伊核协议并加大对伊制裁的背景下，2019 年，伊朗的石油出口严重受阻，石油外汇减少，每日出口石油量从 2018 年 4 月的 250 万加仑下降至每日 25 万加仑。除此之外，石化业、矿业、海洋业、钢铁业、金融业等都受到了不同程度的消极影响，实现中期经济发展的目标仍然困难重重。加上人民生活成本上升，消费者物价指数（CPI）居高不下，2019 年，伊朗的国内生产总值仅为前两年的约 90%，通货膨胀率达到 41.1%。[1] 2019 年度国内生产总值为 4630 亿美元，[2] 扣除通货膨胀后收缩 7.59%。[3] 根据伊朗国家统计局提供的最新数据，2019—2020 财年伊朗经济总量预计将继续收缩 7%。[4] 2019 年，伊朗经济领域发生的最重要的三个事件是：成立最高经济协调委员会（SCEC）、推进反洗钱金融行动特别工作组（FATF）要求的相关法案受阻、伊朗货币里亚尔贬值。

（一）成立最高经济协调委员会

最高经济协调委员会（Supreme Council for Economic Coordination）的成立是 2019 年伊朗经济领域的年度大事。[5] 该机构在最高领袖哈梅内伊的命令下成立，旨在对美国施加的经济制裁做出快速回应，对抗外部经济封锁。它通过的决议对伊朗经济发展产生重要影响，2019 年底其发布的油价上调决议引发了 11 月全国范围内民众的大规模抗议。最高经济协调委员会替代伊朗原有的高层经济决策机构，目的是对美国的经济制裁做出快速反应。鉴于美国对伊朗的严厉制裁在特朗普总统任内预计不会发生改变，而伊朗目前的对美外交政策是"不要战争、不要妥协"，在此背景下，未来伊朗很有可能再次发生全国性的抗议。

---

[1] https：//www.imf.org/en/Countries/IRN#countrydata, 2020 – 09 – 06.
[2] World Economics, "Iran GDP: 1, 171 trillion international dollars (2019)", https：//www.worldeconomics.com/GrossDomesticProduct/Iran%20.gdp, 2020 – 08 – 10.
[3] https：//www.statista.com/statistics/294301/iran – gross – domestic – product – gdp – growth/, 2020 – 09 – 06.
[4] 伊朗统计局，https：//www.amar.org.ir/english, 2020 年 8 月 9 日。
[5] 最高经济协调委员会成立的法律程序部分完成于 2018 年，但是当年并未通过任何重要决议。

最高经济协调委员会的运行机制超出了伊朗国家宪法规定的原则。此前,所有的新法律和决议均由伊斯兰协商会议经透明的正当程序获得通过,并依据宪法公开审议和记录(宪法第69条和第97条),而且按规定,一项全国性法律或决议的发布到最终执行须经过15天的强制等待期。

最高经济协调委员会的结构目前尚不明确,似乎只涉及有关伊核协议的国家经济问题。① 伊朗宪法未对最高经济协调委员会的有关结构、有效期限、成员和权力做出具体说明,关于其主要成员只能通过最高领袖在一次公开演讲中提到的一些官员名字获得确认。1979年以来,先后有三个与最高经济协调委员会类似的立法机构成立。它们分别是1984年成立的最高文化革命理事会(SCRC)、2012年成立的最高网络空间理事会(SCC)和经1989年宪法修正案设立的最高国家安全委员会(SCNC)(根据宪法第176条)。其中前两个机构都是根据最高领袖的法令建立的,与它们有所不同的是,最高国家安全委员会的记录、会议记录、审议、讨论过程只是偶尔对外公开,且永不过期。以上三个机构均由不到20名成员组成,他们受最高领袖任命,其中有三个固定成员是各权力部门的现任负责人。

一方面,伊朗宪法并未赋予最高领袖通过新法令的明确权力,但两位经验丰富的领袖(霍梅尼和哈梅内伊)都曾试图突破宪法第71条所规定的议会为唯一立法机构的安排。该条宪法规定,议会在宪法规定权限范围内就所有事项制定新法律。另一方面,宪法将国家权力分别归于立法、司法和行政三个部门之下,他们在最高领袖的监督下分工合作。② 这种权力分配给予领袖至高无上的地位,因而,最高经济协调委员会等机构通过的决议都有可能高于议会法规,宪法监护委员会可以最终宣布议会法规违宪。在这种情况下,议会的管辖权仅限于与领袖法令不存在冲突的情况下,因此,如果某项立法行为与最高经济协调委员会和类似机构的法规相抵触,则议会的行动既不符合宪法,也不符合伊斯兰标准。③

最高经济协调委员会通过的法规在多个方面削弱了伊斯兰协商会议的

---

① Kelsey Davenport,"(JCPOA) at a Glance",https://www.armscontrol.org/factsheets/JCPOA-at-a-glance,2019-11-25.
② 宪法第57条。
③ Multiple Legislative Authorities in the Islamic Republic of Iran, http://www.shora-rc.ir/Portal/file/?10949/GP920612-031.pdf, 2019-05-03.

权威。这些法规的执行暴露了对伊朗宪法所规定的民主程序的忽视。一方面，这激起了对最高经济协调委员会合宪性的争论；另一方面，也形成了一个部分立法权模式。领袖颁布法令支持部分立法权，这种模式的建立将会逐渐冲击议会的立法权范围，从而违背议会权力由人民赋予的初衷，尽管这符合伊斯兰什叶派宪法思想的威权主义。

（二）推进反洗钱金融行动特别工作组（FATF）要求的相关法案受阻

伊朗正面临出台符合反洗钱金融行动特别工作组（FATF）要求的相关法案的压力，反洗钱金融行动特别工作组是反洗钱和打击资助恐怖主义的全球标准制定机构。2016年6月，反洗钱金融行动特别工作组对伊朗为解决其反洗钱和反恐怖主义融资方面的不足，以及实施行动计划方面寻求技术援助表示欢迎。而且，伊朗在2017年建立了相关的现金申报制度，2018年修订了《打击恐怖主义融资法案》，2019年伊朗通过了《反洗钱法》修正案。然而，加入《联合国打击跨国有组织犯罪公约》（《巴勒莫公约》）和《国际禁止恐怖主义融资公约》的法案已经经伊朗议会通过，但尚未获得宪法监护委员会的批准，尚未生效。① 伊朗遵守金融行动特别工作组的规定对于未来吸引投资者至关重要，尤其是在美国对伊朗实施全面严厉制裁之后。这些法案旨在遵守反洗钱金融行动特别工作组的要求，若这些法案被裁定违反宪法而未获通过，则反洗钱金融行动特别工作组有可能将伊朗列入国际投资黑名单。

根据宪法，当宪法监护委员会认为某项法案违反宪法或违反伊斯兰标准时，如果议会坚持执行，则该问题应转由确定国家利益委员会裁决。② 根据规定，确定国家利益委员会必须在争议发生后的三个月内（最晚不迟于一年）做出裁定。而本法案的执行有效期将于2019年10月1日截止。确定国家利益委员会未按要求的期限发表任何意见，因此这些法案最终被视为违反宪法而被否决。尽管法案支持者认为这可能影响到伊朗与欧洲和亚洲的对外贸易，但其保守派反对者表示，法案可能会妨碍伊朗对其盟友的资金支持，如黎巴嫩真主党。

由于伊朗未在2020年2月之前达到反洗钱金融行动特别工作组的要求，因此，反洗钱金融行动特别工作组将伊朗列入黑名单。伊朗为突破美

---

① 根据伊朗宪法第96条要求。
② 根据伊朗宪法第111条、112条要求。

国制裁而吸引外部投资之路陷入困境。

（三）伊朗货币里亚尔贬值趋势未改观

伊朗货币里亚尔在过去的40年里持续贬值，稳定性较差。前两届总统拉夫桑贾尼和内贾德执政期间的最后两年，里亚尔的贬值速度基本上加快了30%。2013年鲁哈尼上台后，尽管曾一度将年通货膨胀控制在10%内，但货币贬值的步伐并没有停止，2018年9月，伊朗货币里亚尔已跌至35年来最低值，为1美元约可兑换60060里亚尔。2019年，也是鲁哈尼任期最后两年的开始，同样的贬值实际上已不可避免。里亚尔在2019年虽略有回升，但在2020年2月新冠肺炎疫情暴发后再次下跌，总体上仍不能摆脱贬值的趋势。

三、社会发展

2019年，伊朗的社会基本上维持稳定，但同时，民生问题日渐突出，人民生活成本提高、对美好生活的向往和长久未能改善的现实构成反差。

（一）立法制度总体政策的确立

2019年的一项重大社会发展是9月宣布的立法制度总体政策（GPSL，以下简称"通用政策"）。根据法案第110条第1条，领袖办公室经与确定国家利益委员会协商，为立法机关及其行动设定了通用政策。该通用政策为议会的立法提供了跨部门的框架，同时，对立法的管辖权和权力范围做出限制。

根据宪法第57条和第110条，通用政策承认领袖对立法、司法、行政三个权力部门的监督权。透过其涉及到的建立立法机构的数目以及政府办公室发布的所有其他法令，可发现此举意在压制三个权力部门，具有明显的威权主义的倾向。与三权分立的政治意义对比，从什叶派—伊斯兰特征的伊朗宪法中产生的超宪法权力更加趋于无限。

该通用政策提出，在与宗教标准和宪法不一致的情况下，应评估和修订完善现有法律，建立必要的机制，保证伊斯兰标准适用于所有法律法规。总体政策将领袖办公室置于立法的最优先位置，旨在根据伊斯兰标准将法律分类，解决冲突，协调法律和伊斯兰准则，制定包括政策、法规、规章和指导方针的层级体系，制定执法时间表。三个权力部门的负责人将向最高领袖报告宏观和微观的法律进展。总体政策更多地限制了议会的运作范围和效率。

通用政策最后强调了宪法未执行的条款、战略计划、国家总体政策、五年发展计划以及对领导层的要求，确定了立法的优先重点。并在最后提出，三个权力部门有义务促进形成了解、尊重、遵守法律的文化，并使之成为对公众的要求。

（二）伊朗柔道联合会被禁赛

伊朗通过政府行政体系推行体育政策。在过去的40年中，伊朗政客更加趋向于让政治参与体育运动，通过体育运动赛事达到国内国际政治目标。[①] 2019年东京世界柔道锦标赛之后，伊朗柔道联合会被宣布中止参加国际柔道联合会及其各联盟组织或授权的所有比赛、行政和社会活动。[②] 2019年9月10日，根据《国际柔道联合会规约》第28条，国际柔道联合会（IJF）执行委员会对伊朗柔道联合会做出禁赛处分，并将案件提交至第一国际柔道联合会纪律委员会。禁赛的原因是由于2019年8月28日，即在2019年东京世锦赛期间，伊朗当局和伊朗柔道联合会命令伊朗柔道运动员赛义德·莫拉伊（Saeid Mollaei）退出比赛，以避免与以色列运动员比赛。伊朗柔道联合会对此表示否认，并认为被禁赛是不公正的。国际柔道联合会认为，伊朗柔道联合会的行为违反了《奥林匹克宪章》等多项法规。国际柔道联合会纪律委员会表示，伊朗多次如此行事，破坏了国际柔道联合会的合法权益、原则和宗旨。这是伊朗二元政治对体育界的影响，而国际足球联合会（FIFA）等国际体育机构明确要求所有国家不应以政治倾向干涉体育事业。

结　语

2019年，伊朗的政治局势在二元政治结构的影响下，出现了新的变化，政治倾向保守派，经济持续下行，社会大体维持稳定和可控。由于

[①] M. Dousti, M. Goodarzi, H. Asadi & M. Khabiri, "Sport Policy in Iran", *International Journal of Sport Policy and Politics*, No. 5, 2013, pp. 151 – 158.

[②] "Iran Judo Federation calls suspension 'unfair' after being banned for ordering fighter to withdraw", Sep. 18, 2019, https://www.cnn.com/2019/09/18/sport/iran–judo–federation–suspension–saeid–mollaei–ijf–spt–intl/index.html, 2020 – 08 – 10.

伊朗和美国的对立博弈短期不会改变，美国不会撤销对伊朗的严厉制裁，而伊朗迫切需要打开国际局面，缓解外交紧张，同时出口本国石油赚取外汇，摆脱国内经济困境，因此，寻求与中国等域外大国的合作、联合同样受制裁的其他国家，是伊朗目前可采取的"突围"策略。审视2019年伊朗政治、经济和社会领域的发展，结合40年来伊朗伊斯兰共和国的历史，未来短期内伊朗仍旧面临严峻的国际形势和国内发展的多重考验。

伊拉克：
"十月革命"动荡下的局势走向[*]

2019年，在政治局势上，伊拉克爆发了后萨达姆时代最大规模的反政府抗议活动，被称为"十月革命"。抗议诉求围绕穆哈萨萨权力分享体制所带来的诸多弊端而展开：政府腐败、社会高失业率、基本公共服务缺失等，以及反对伊朗等外部势力干涉伊拉克事务等。在安全局势上，"伊斯兰国"势力开始重新活跃，暴力恐怖活动及人员伤亡增多。在安全局势有所恶化以及爆发大规模抗议活动的情况下，2019年，伊拉克经济发展速度有所放缓，服务业所受影响最为明显。在未来，需高度警惕IS等恐怖主义势力的复苏态势，在政治体制上进行根本性改革，纠正穆哈萨萨体系的弊端才是平息抗议活动、实现政治稳定与国内和平的根本之道。

一、政治局势：爆发2003年以来最大规模的反政府抗议

2018年"伊斯兰国"被击败后，伊拉克实现了短暂和平，政治上完成了议会换届选举并产生了新一届政府，原本有望步入正轨，迎来稳定的曙光，然而好景不长，2019年10月，巴格达爆发了大规模的游行示威活动，并迅速蔓延至全国大部分地区，至今仍未彻底平息，成为萨达姆政权倒台以来规模最大、伤亡最严重的一次反政府抗议活动。民众将斗争矛头对准了政绩平平的迈赫迪政府以及更深层次的伊拉克现行政治体制，要求终结2003年以来由族群、宗派为基础实现国家权力分配共享的穆哈萨萨（Muhasasa）体系，最终导致上任仅一年多的阿迪勒·阿卜杜勒－迈赫迪政府被迫下台，3个月后才成立由穆斯塔法·卡迪米任总理的新内阁并承诺进行改革。此次大规模的抗议活动一直延续至今仍未

---

[*] 作者：申玉辉，西北大学中东研究所讲师。本文为陕西省教育厅重点研究基地项目"大国关系中的阿富汗毒品问题"（项目编号：14JZ049）、陕西省教育厅人文社科专项科研计划"阿富汗毒品问题及其解决前景研究"（项目编号：15JK1729）的阶段性成果。

彻底平息，由于爆发于2019年10月1日，因而也被称为伊拉克"十月革命"或"蒂什林革命"①。

（一）抗议示威活动的大致经过

2019年10月1日，包括许多大学生在内的约1000名民众在巴格达解放广场举行和平集会，抗议政府腐败以及未能提供基本服务、创造就业机会。然而，警察对抗议者使用高压水枪、橡皮子弹和催泪瓦斯后，和平示威立刻转变成一场冲突和骚乱，并迅速蔓延到南部省份。② 至2019年10月6日，伊拉克安全部队和反政府抗议者之间的冲突已造成100多人死亡，6000多人受伤。③ 面对日益紧张的政治与安全局势，总理迈赫迪先是将暴力事件归咎于"煽动暴乱的团体"，而后宣布在巴格达实行宵禁，以"保护全面和平"，防止"渗入者"袭击安全部队和公共财产。此外，抗议活动较大的圣城纳杰夫和南部城市纳西里亚也实施了宵禁。政府当局还下令切断网络，理由是，此次抗议活动最初是通过社交媒体组织发动，切断网络意在阻止抗议活动的蔓延。禁网令导致全国大约75%的地区处于"离线"状态。④ 伊拉克政府的表态与举措引发民众的强烈不满，抗议诉求很快升级为要求迈赫迪政府下台。伊拉克什叶派领袖大阿亚图拉·阿里·西斯塔尼呼吁政府进行"严肃改革"，同时批评安全部队和抗议者犯下的所有暴力行为。颇具影响力的什叶派神职人员和政治家穆克塔达·萨德尔则直接呼吁抵制议会，直到政府提出可以被人民接受的改革方案。⑤ 随后，迈赫迪政府批准了一项"17点计划"，包括增加对穷人的住房补贴、对失业人员的津贴、对失业青年的培训项目和小额贷款计划等，抗议活动中的

---

① "蒂什林"：Tishreen，阿拉伯语中"十月"的意思。

② "2 protesters killed as Iraq anti‐government rallies turn violent", Al Jazeera, October 2, 2019, https：//www.aljazeera.com/news/2019/10/baghdad‐police‐open‐fire‐anti‐government‐protesters‐191001143248615.html.

③ John Davison, Ahmed Rasheed, "Iraqi police fire on protesters in new unrest, death toll passes 100", Reuters, October 6, 2019, https：//www.reuters.com/articlc/us‐iraq‐protests/iraqi‐police‐fire‐on‐protesters‐in‐new‐unrest‐death‐toll‐passes‐100‐idUSKCN1WL06W.

④ "Iraq protests: Death toll rises to 20 as unrest spreads", Al Jazeera, October 3, 2019, https：//www.aljazeera.com/news/2019/10/iraq‐imposes‐curfew‐baghdad‐deadly‐protests‐191003060238724.html.

⑤ "What's behind the protests in Iraq?", DW News, October 5, 2019, https：//www.dw.com/en/whats‐behind‐the‐protests‐in‐iraq/a‐50712024.

死者按牺牲于战场的安全部队成员对待，其家属可得到相应救济和照顾等。① 因这一承诺，再加上什叶派传统节日阿巴因节（Arbaeen）② 将至，抗议示威一度平息，然而 2019 年 10 月 24 日开始，伊拉克重新陷入骚乱，暴力抗议再次升级。随后，迈赫迪授权所有省长可在他们的省份实施部分或全面宵禁，并宣布首都巴格达实行无限期宵禁。

2019 年 10 月末，伊拉克抗议民众的不满从迈赫迪政府扩大到反对伊朗干涉本国内政。起因在于，萨德尔呼吁其政治对手、亲伊朗的什叶派军事强人哈迪·阿米里支持推翻迈赫迪政府，但遭到伊朗方面的反对。伊朗伊斯兰革命卫队圣城军领导人卡西姆·苏莱曼尼劝说阿米里继续支持迈赫迪，阿米里随后表态称，若推翻迈赫迪政府将引发更严重的政治动荡。伊朗支持的民兵还被怀疑在巴格达的屋顶上部署狙击手，试图帮助镇压抗议活动。这激化了伊拉克民众对伊朗干涉的不满，他们在抗议活动中高喊"伊朗滚出去"的口号。在 10 月份，抗议活动从巴格达蔓延到以什叶派为主的南部地区，并造成 250 多人死亡。③

进入 11 月，抗议者封锁了通往伊拉克海湾的乌姆盖斯尔港口和祖拜尔港口。乌姆盖斯尔是伊拉克进口粮食、植物油和糖的港口，抗议民众封锁了通往该港口的所有道路，运载货物的卡车被禁止进出。由于伊拉克是严重依赖粮食进口的国家，因而，此举招致伊拉克安全部队连夜对抗议者使用了实弹和催泪弹。④ 祖拜尔港口是伊拉克第二大商业港口，封锁后原有的石油贸易、油轮的进出被迫中断。持续不断的抗议活动还使连接东西巴格达的朱胡里亚桥、锡纳克桥和阿哈拉桥关闭，伊拉克民众只能依靠船只

---

① John Davison, Ahmed Rasheed, "Iraqi police fire on protesters in new unrest, death toll passes 100", Reuters, October 6, 2019, https://www.reuters.com/article/us – iraq – protests/iraqi – police – fire – on – protesters – in – new – unrest – death – toll – passes – 100 – idUSKCN1WL06W.

② 阿巴因节是为了纪念什叶派第三任伊玛目侯赛因殉难第 40 日，即什阿舒拉节后第 40 天，伊斯兰历圣月第 10 天。2019 年阿巴因节为公历 10 月 19 日至 20 日，由于什叶派穆斯林在圣月前 9 天要做祈祷，因而伊拉克的抗议活动在 10 月 8 日以后得以暂时平息。阿巴因节被称为世界上规模最大的年度朝觐之一。节日期间，来自 60 多个国家近 2000 万什叶派穆斯林会前往侯赛因圣陵所在地——巴格达西南 65 公里的古城卡尔巴拉朝觐。

③ Reuters Staff, "Exclusive: Iran intervenes to prevent ousting of Iraqi prime minister – sources", Reuters, November 1, 2019, https://www.reuters.com/article/us – iraq – protests – iran – exclusive – idUSKBN1XA2DI.

④ Reuters Staff, "Iraqi protesters and security forces clash, keep Umm Qasr port closed", Reuters, November 1, 2019, https://www.reuters.com/article/us – iraq – protests – port/iraqi – protesters – and – security – forces – clash – keep – umm – qasr – port – closed – idUSKBN1XC066.

渡过底格里斯河，造成交通不便。① 抗议者还封锁了巴格达和其他地方的道路、办公室和学校。总理迈赫迪则呼吁市场、工厂、学校重新开放，恢复正常的生产生活秩序。② 此外，伊拉克针对伊朗的抗议活动不断升级，抗议者冲进伊朗驻卡尔巴拉和纳杰夫的领事馆，指责伊朗干涉伊拉克内政及支持政府电视台。面对抗议，伊朗敦促抗议者在"法律结构框架"内寻求变革，并指责西方在伊拉克"散布混乱"。至11月末，抗议活动导致至少344人死亡。③ 11月29日，总理迈赫迪正式向议会递交了辞呈。④

2019年12月以来，一些意外事件使得抗议活动再次升级，政治局势更加扑朔迷离。12月10日，卡尔巴拉的活动人士法希姆·塔伊在卡尔巴拉的安萨尔酒店外被骑摩托车的不明身份枪手暗杀。法希姆·塔伊在鼓励卡尔巴拉的抗议活动中扮演了重要角色，被认为是萨德尔的支持者。此次暗杀引发数百名民众走上街头，将幕后真凶指向伊朗支持的民兵组织。⑤ 12月12日，一名16岁的男孩在解放广场上被处以私刑致死，理由是向抗议者开枪。萨德尔对这一暴行表示强烈愤慨，但抗议者则宣称与此事无关，并指责亲伊朗的武装派系在杀害和绑架抗议者中发挥了作用，称此次暴行是一项旨在"败坏和平抗议者声誉的马基雅维利式计划"。⑥ 另外，由于迈赫迪内阁辞职，伊拉克国内围绕新任总理人选问题展开激烈争夺。抗议民众要求下一任总理必须是政治独立人士，且表示不会接受任何政治团体支持的候选人，进而要求修改选举法，改变以往各政党联盟的候选人轻松赢得议会席位的情况。伊拉克议会最终做出妥

---

① "Iraqi protesters block road to second major commercial port", AP News, November 19, 2019, https：//www.businessinsider.com/iraqi-protesters-block-road-to-second-major-commercial-port-2019-11.

② "Three killed as Iraq protesters attack Iran consulate in Karbala", Al Jazeera, November 4, 2019, https：//www.aljazeera.com/news/2019/11/iraqi-protesters-attack-iran-consulate-karbala-191103232545555.html.

③ "Iraq unrest：Protesters set fire to Iranian consulate in Najaf", BBC News, November 28, 2019, https：//www.bbc.com/news/world-middle-east-50580940.

④ "Iraqi PM formally submits resignation amid more violence", POLITICO, November 29, 2019, https：//www.politico.com/news/2019/11/29/iraq-prime-minister-resign-worsening-crisis-074396.

⑤ "The Assassination of Activist Fahim Al-Tai Commemorated In Karbala", AL SHAHID, December 10, 2019, https：//alshahidwitness.com/al-tai-karbala-assassination/.

⑥ "Iraq's Sadr threatens to withdraw supporters from Tahrir after teenager lynched", Middle East Eye, December 12, 2019, https：//www.middleeasteye.net/news/muqtada-al-sadr-threatens-withdraw-supporters-after-teenager-lynched-protesters.

协，同意制定一项新的选举法，旨在为无党派人士在议会中赢得席位提供更好的机会。新选举法将全国 18 个省改为几个选区，每 10 万人选出 1 名议员，在选区中赢得最多选票的人将获得席位。与之前的法律一样，新法律将至少 1/4 的议会席位分配给女性。宗教少数派，包括基督教徒和雅兹迪人也有一定配额。

然而，新的选举法草案并未平息伊拉克国内的政治分歧，西斯塔尼和萨德尔表示支持新选举法，认为有助于清除腐败的政党；大多数库尔德人和一些逊尼派阿拉伯议员则抵制修改选举法。① 2019 年 12 月 26 日，哈迪·阿米里提名由巴士拉省省长阿达尼为新任总理，遭到总统巴尔哈姆·萨利赫的拒绝，他认为，这一提名不会满足抗议者由无党派独立人士出任总理的要求，因而也不会有助于平息持续 3 个月的骚乱。然而由于宪法规定，伊拉克总统没有拒绝总理提名的权力，因此萨利赫以辞职相威胁。萨利赫总统的这一立场得到了抗议民众与萨德尔集团的欢迎。②

伊拉克大规模的抗议活动还加剧了美国与伊朗在该地区的争夺与对抗。伊朗支持的真主党武装曾在基尔库克附近发动针对美国的火箭弹袭击，随后美国发动空袭进行报复，造成隶属于伊拉克民兵组织——"人民动员力量"的真主党武装至少有 25 名成员丧生，51 人受伤。美伊对抗使伊拉克抗议民众分裂为亲美派和亲伊朗派。2019 年 12 月 29 日，数百名亲伊朗抗议者包围了美国驻巴格达大使馆，声援"人民动员力量"，高呼"打倒美国"的口号。③

（二）抗议示威活动的深层原因

始于 2019 年 10 月 1 日的大规模抗议示威，虽然主要发生在伊拉克什叶派心脏地带的南部城市和主要产油区，但截至 2020 年 1 月，已造成至少 460 名抗议者被杀，2.5 万人受伤，是 2003 年以来规模最大的一次，引发

---

① Qassim Abdul‑Zahra, "Iraq's parliament approves new election law amid protests", AP News, December 25, 2019, https：//apnews.com/e608aeef311759aeeb7483ad3f9f33d5.

② Ahmed Rasheed, "Iraqi president threatens to quit in defiance of Iran's allies in parliament", Reuters, December 26, 2019, https：//uk.reuters.com/article/uk‑iraq‑protests‑idUKK-BN1YU0Q3.

③ Arwa Ibrahim, "Pro‑Iran protesters at US embassy in Baghdad gear up for sit‑in", Al Jazeera, January 1, 2020, https：//www.aljazeera.com/news/2019/12/protesters‑embassy‑baghdad‑gear‑sit‑191231130210231.html.

各界对伊拉克局势的高度关注与担忧。① 究其原因，表面来看，是伊拉克政府在提供基本服务和就业机会等方面的严重失职，以及长期以来给民众留下的不良形象，使伊拉克民众纷纷走上街头表达不满。然而，抗议诉求迅速发展为对伊拉克政治体系进行全面改革，表明伊拉克民众对政府有更深层次的系统性的不满。从根本上讲，此次抗议示威活动，是伊拉克民众对 2003 年萨达姆倒台后所确立的族群、宗派权力分享配额制度即穆哈萨萨体系所造成的一系列国家治理失败的强烈不满。再加之伊朗和美国等外部势力的插手和干预，让此次抗议活动的爆发与演进有了更多的国际背景。

穆哈萨萨体系在伊拉克的正式确立是在 2003 年萨达姆倒台后，然而其设想早在 1992 年就由什叶派、库尔德人和逊尼派三派势力的流亡政治团体所提出。根据这一设想，萨达姆政权一旦被推翻，长期被压制的政治反对派尤其是什叶派与库尔德人可登上政治舞台，与逊尼派共同分享国家权力，没有任何一个种族或宗派集团能够凌驾于其他集团之上，这样才能确保复兴社会党一党专政统治永远不会恢复。2003 年萨达姆倒台后，美国将穆哈萨萨体系作为伊拉克实行民主化转型的主要方式和体现。长期受压制的什叶派与库尔德人开始登上政治舞台，与逊尼派角逐国家公权力的分享，并最终形成什叶派、逊尼派和库尔德人分别出任政府总理、国民议会议长和国家总统的制度性框架，并在 2005 年宪法中得以确认并延续至今。结束了长期实行党禁和一党专政的伊拉克政体，当时出现了 7 个主要政党：库尔德斯坦民主党、库尔德斯坦爱国联盟、伊拉克全国委员会、伊拉克全国协议、伊拉克伊斯兰革命最高委员会、达瓦伊斯兰党和伊拉克伊斯兰党，他们都表示支持和遵守穆哈萨萨体系。②

穆哈萨萨体系自确立以来，一直为西方国家所津津乐道，认为是民主制度在中东国家的典型体现。这种权力分享体制既能使占伊拉克人口 60% 但长期被萨达姆政权政治打压的什叶派穆斯林主导国家政权，又能确保逊尼派（约占伊人口的 18%）与库尔德人（约 15%）等少数族群与教派参

---

① "Thousands protest in southern Iraq, demand independent PM", Al Jazeera, December 22, 2019, https://www.aljazeera.com/news/2019/12/thousands - protest - southern - iraq - demanding - independent - pm - 191222085726485.html.

② Toby Dodge, "Iraq and Muhasasa Ta'ifia: the external imposition of sectarian politics", The Foreign Policy Centre, November 12, 2018, https://fpc.org.uk/iraq - and - muhasasa - taifia - the - external - imposition - of - sectarian - politics/.

与国家政治生活，保障他们的合法政治权益。① 然而，该体系存在三大致命弊端：首先，它强调宗派身份认同与政治的关联性，而国家认同意识淡薄，各派力量更注重自身族群权力与利益的维护与扩张，在具体实行过程中，伊拉克宗派对立、分裂与斗争情况严重，围绕议会选举及政府组阁的权力斗争、什叶派与逊尼派之间的矛盾冲突，以及库尔德自治区的独立倾向与政治风波等都让国家陷入严重内耗。三派力量团结合作以促进伊拉克整体发展与人民普遍幸福的初衷更是被抛之脑后。其次，由于确保三大族群、宗派力量可永久共享政治权力，缺乏良性竞争机制的穆哈萨萨体系日益沦为政治精英瓜分国家资源以自肥的工具，直接助长了严重的裙带关系和腐败行为。再次，由于伊拉克国内三大宗派力量的国家意识淡薄，穆哈萨萨体系让外部势力更加有机可乘，使各派力量分别成为相关国家在伊拉克的代理人。事实证明，后萨达姆时代的伊拉克，美国、伊朗、土耳其等国以及 IS 等势力纷纷向伊拉克渗透，伊拉克日益沦为大国强国争夺的地盘。

现阶段，伊拉克的政党主要可分为什叶派、逊尼派和库尔德人三大主要联盟或阵营，它们之间既为了在国民议会中获得更多议席而角逐，也为解决政府难产问题而达成内部交易与妥协，如与美国和伊朗均保持密切关系、同时得到阿米里和萨德尔共同支持的前石油部长阿迪勒·阿卜杜勒－迈赫迪在 2018 年出任总理，就是各方力量相互较量与妥协的结果。然而，迈赫迪政府基本上延续了往届政府在执政方面的不力表现，在民众迫切期望的改善基本公共服务如提供电力、创造就业机会以缓解高失业率尤其青年人的失业问题等方面，几乎毫无建树，但政府腐败问题却愈演愈烈。伊拉克民众对政府的不满，已突破对某一具体内阁的失望，最终上升为对产生政府的深层次政治体制的否定与反对。因此，此次大规模的抗议示威活动，伊拉克民众较为意外地团结一致，突破了族群与宗派的界限与分歧，将抗议矛头指向伊拉克现行的穆哈萨萨政治体制，以及广失民心的三大宗派力量的政治精英们，并要求由无党派人士出任新总理，以此来表达对伊拉克政府的不满。②

---

① "伊拉克：国家概况"，中国领事服务网，http：//cs. mfa. gov. cn/zggmcg/ljmdd/yz_645708/ylk_ 648128/，2020 年 7 月 26 日。
② Arwa Ibrahim, "Muhasasa, the political system reviled by Iraqi protesters", Al Jazeera, December 5, 2019, https：//www. aljazeera. com/news/2019/12/muhasasa - political - system - reviled - i-raqi - protesters - 191202201939755. html.

在某种程度上讲，伊拉克的此次大规模抗议示威活动，与2011年西亚北非政局动荡有诸多相似之处，且有不少新内容。首先，与2011年情况类似，伊拉克抗议浪潮是一种无领袖、无组织的自发行为，没有产生具备强大社会影响力和号召力的领导人，缺乏明确的斗争纲领，抗议活动缺乏组织性、纪律性，在一定程度上消解了其对伊拉克政治的冲击力度。其次，具有革命性。此次抗议持续时间较长，至2020年年中仍未平息，也没有迅速接受领导人的妥协举措，而是寻求从根本上变革现存的穆哈萨萨政治体系，彻底重组伊拉克政治。再次，2011年西亚北非政局动荡中，民众普遍要求结束强人政治、独裁统治以实现民主，寻求的是民主的"从无到有"；而伊拉克抗议活动中，民众更多是希望对现有的民主运作模式进行变革，寻求民主的"由坏向好"。最后，伊拉克抗议活动不仅针对本国统治阶层，反对外来干涉也是抗议的重要内容。

二、安全局势："伊斯兰国"势力重新活跃

近年来，伊拉克境内最大的恐怖主义威胁来自"伊斯兰国"（IS）。在国际社会的联合打击下，该恐怖组织在2017年大体结束了对伊拉克的领土占领，失去了对主要城市据点的控制。由于安全局势的大体好转，2018年，伊拉克死于恐怖主义的人数（1054人）较前一年下降了75%，为2003年以来最低。[1] 然而，IS并未被彻底根除，其武装分子或转入地下，或分散至各地，并在农村和偏远地区不断发动恐怖活动，绑架、暗杀和对公共设施的袭击，在频率和范围上均呈不断增加态势，并呈现出一系列新特点。

具体而言，在人员规模上，2018年1月时，据估计，IS在伊拉克和叙利亚的活跃武装分子及其追随者有1万人左右[2]；2019年，这一数字升至2万—2.5万人左右，另有1.5万—2万名与"基地"组织有关的武装分子活跃于该地区[3]。伊拉克境内的恐怖主义势力有重新壮大态势。在发动恐

---

[1] "Global Terrorism Index 2019", http://visionofhumanity.org/app/uploads/2019/11/GTI-2019web.pdf.

[2] Vivian Salama, Courtney Kube, "IS still has up to 10000 loyalists in Syria and Iraq, warn experts", NBC News, January 20, 2018, https://www.nbcnews.com/storyline/isis-uncovered/isis-still-has-10-000-loyalists-syria-iraq-warn-experts-n838051.

[3] Joseph Hincks, "With the World Busy Fighting COVID-19, Could IS Mount a Resurgence?", TIME, April 29, 2020, https://time.com/5828630/isis-coronavirus/.

怖活动次数上，2019年，IS在伊拉克共发动844次恐怖袭击①，并多集中在迪亚拉省（162次）、萨拉赫丁省（133次）、安巴尔省（127次）、尼尼微省（118次）、基尔库克省（103次）等地区②。这些恐怖活动共导致534名平民死亡，1121人受伤。③ 与2018年相比，2019年IS在发动空袭次数上可谓大幅提升（2018年为407次），但所造成的人员伤亡情况则有所下降（2018年平民死伤人数分别约为900人和1600人④）。在活动特点上，较之前相比，IS的隐蔽性更强，其武装分子多躲避在高山、洞穴、偏远的沙漠、果园、河谷和岛屿，以及被摧毁和遗弃的村庄里，并且善于伪装自己，如在旷野假扮成牧羊人以免被发现。⑤ 在恐袭手段上，小规模袭击、绑架和勒索平民事件越来越多。因遭遇国际社会的沉重打击，IS现阶段很难发动大规模的、针对城市重大目标的暴力袭击。在小规模袭击或绑架勒索事件中，IS武装分子的规模大致在5—10人左右，而绑架勒索的目的在于获得资金以维持生计。

　　IS之所以能够重新活跃，主要有以下几方面原因。首先，从根本上讲，叙利亚与伊拉克依然存在的战乱环境为恐怖主义提供了客观土壤。IS活跃的叙伊边境、伊拉克北部等地正是战乱最严重的地区，叙利亚内战、伊拉克政府与北方库尔德自治政府之间的对抗一直未能平息。其次，伊拉克长期存在的政治腐败、治理不善、宗派对立、经济低迷等使对IS的打击成效大打折扣，也为IS利用民众对政府的不满而将其招纳其中提供了机会。例如，一些逊尼派占多数的IS的据点，被伊朗支持的什叶派民兵武装夺回后，就处于什叶派控制之下，这引起当地逊尼派民众的不满，再加之伊拉克政府在政治和解与善后工作方面的失败表现，导致IS卷土重来，继续控制这些地区。⑥ 以上两点对伊拉克而言是短期内难以解决的问题，因

---

① "Country Reports on Terrorism 2019：Iraq", https：//www.state.gov/reports/country-reports-on-terrorism-2019/iraq/.
② "Iraq：Issues in the 116th Congress", https：//fas.org/sgp/crs/mideast/R45633.pdf.
③ "Country Reports on Terrorism 2019：Iraq", U.S. Department of State, https：//www.state.gov/reports/country-reports-on-terrorism-2019/iraq/.
④ "Country Reports on Terrorism 2018", U.S. Department of State, https：//www.state.gov/wp-content/uploads/2019/10/DSG-Statistical-Annex-2018.pdf.
⑤ "Averting an IS Resurgence in Iraq and Syria", https：//d2071andvip0wj.cloudfront.net/207-averting-an-isis-resurgence.pdf.
⑥ Mike Giglio, Kathy Gilsinan, "The Inconvenient Truth About IS", The Atlantic, February 14, 2020, https：//www.theatlantic.com/politics/archive/2020/02/kurdish-leader-isis-conflict-iraq-iran/606502/.

此，IS或类似的恐怖主义组织的根除必将是伊拉克政府与国际社会所面临的长期任务。再次，新形势下IS宣传与斗争策略的转变。在基本丧失全部所占地盘后，IS在宣传策略上不再炫耀其领土或建立"哈里发国"，而是不断展示其生存下去与誓言复仇的决心；在斗争策略上，IS强调通过消耗战、持久战来战胜"敌人"。2019年4月，IS领导人巴格达迪称："'伊斯兰国'现在的战斗是在长期作战中让敌人流血，'圣战'者已经向敌人表明，他们有能力掌握主动权，知道今天与他们的敌人进行的战斗是消耗战"，并称这一斗争策略是"现代'圣战'历史的第一个此类计划"。[1] 此后，IS还发布了进行长期消耗战的具体手段，如发动小规模袭击、伏击、爆炸和突袭等。另外，IS及其恐怖活动的网络化、信息化（即发动信息或媒体"圣战"、网络"圣战"等）也是新近较为明显的变化之一。在实体层面遭遇沉重打击的情况下，IS越来越倚重媒体和网络进行意识形态宣传以赢得支持，以及煽动恐怖活动，大搞"虚拟哈里发"。这让以往主要依靠军事手段进行打击的反恐行动陷入困境。最后，各方力量在伊拉克的博弈为IS赢得了生存空间与机会。IS在实体上被击溃后，伊拉克陷入多方力量博弈状态。美国、伊朗、伊拉克政府、库尔德自治政府等各派力量间的矛盾、冲突与对抗，尤其因美国担忧伊朗势力在叙伊地区的渗透而引发的两国间关系的紧张，对合力打击包括IS在内的恐怖主义产生了负面影响。

2019年，伊拉克在打击恐怖主义方面取得的标志性进展是IS领导人阿布·贝克尔·巴格达迪被击毙。2019年10月27日，美国总统特朗普宣布，IS最高头目巴格达迪已在美军于叙利亚西北部进行的一次针对他的夜间军事行动中自杀身亡。[2] 作为IS的创立者和中心人物，巴格达迪的死亡有助于削弱该组织的内部团结与凝聚力，并增加内部权力争夺的可能。然而，这一事件更多只是具备象征意义：巴格达迪在自杀之前，IS的整体实力已然衰败，其控制力、影响力与号召力相比IS最猖獗时期已有所下降，而且，随着生存方式与斗争手段在新形势下做出的调整，IS远未被彻底消灭，它依然是伊拉克最大的恐怖主义威胁，发动及支持了该国半数以上的

---

[1] Nur Aziemah Azman, "Islamic State's Narratives of Resilience and Endurance", Counter Terrorist Trends and Analyses, Vol. 12, No. 1, 2020, pp. 82 – 86.

[2] "特朗普宣布极端组织头目巴格达迪在美军袭击中身亡", CCTV, http：//news.cctv.com/2019/10/27/ARTICbwEKNNtYb3uF2qsDceu191027.shtml。

恐怖活动。① 在 2019 年《全球恐怖主义指数》（Global Terrorism Index 2019）报告中，伊拉克的恐怖主义指数为 9.241，仅次于阿富汗的 9.603，仍是全球受恐怖主义威胁最严重的国家之一。②

除了恐怖主义威胁之外，2019 年伊拉克安全局势还因下半年的大规模抗议活动而恶化，且所造成的平民伤亡程度不亚于恐怖主义。据伊拉克罹难人数统计组织（Iraq Body Count）数据显示，2019 年伊拉克死于军事行动的非军事人员数量降至 2392 人，为 2014 年以来最低。其中，最少的是 8 月份，有 93 人死亡；而 10 月份死亡人数最多，达到了 361 人。③ 爆发于 10 月 1 日并持续数月的大规模反政府抗议活动迅速使伊拉克安全局势恶化，2019 年最后 3 个月死于游行抗议的人数达到了 600 人左右④，超过了 IS 全年的恐袭活动所造成的平民死亡数量（534 人）。抗议活动中造成死伤的主要原因是伊拉克政府警察和军队对民众动用子弹、催泪弹等武器。

总体而言，2019 年伊拉克的安全局势主要受两大因素的影响而恶化：IS 的重新活跃与下半年爆发的大规模反政府抗议活动。在内外政策上广失民心的迈赫迪政府无力稳定国内局势，伊拉克在 2019 年经历了严重的政局动荡。

三、经济形势：恢复增长中有隐忧

2019 年，伊拉克 GDP 总量由 2018 年的 2242 亿美元增长为 2341 亿美元，与 2014 年 2346 亿美元的历史最高值大体持平。⑤ 经济增长率为

---

① "Iraq: Issues in the 116th Congress", https://fas.org/sgp/crs/mideast/R45633.pdf.
② "Global Terrorism Index 2019", http://visionofhumanity.org/app/uploads/2019/11/GTI-2019web.pdf.
③ 2003 年伊拉克战争以来，伊拉克平民死亡人数在 2006 年达到最高，为 29517 人。此后逐年下降至 2011 年的 4162 人，2012—2014 年又不断上升至 20218 人，之后这一数字又逐年下降。详见 Lily Hamourtziadou, "Iraq in 2019: Calls for a 'True Homeland' met with deadly violence", Iraq Body Count, https://www.iraqbodycount.org/analysis/numbers/2019/。
④ "Iraq: Protest death toll surges as security forces resume brutal repression", Amnesty International, January 23, 2020, https://www.amnesty.org/en/latest/news/2020/01/iraq-protest-death-toll-surges-as-security-forces-resume-brutal-repression/.
⑤ "GDP (current US $) - Iraq", World Bank, https://data.worldbank.org/indicator/NY.GDP.MKTP.CD?locations=IQ.

4.4%，扭转了之前两年呈负增长的态势。[1] 通货膨胀率保持在平均0.2%的低水平，这很大程度上得益于来自邻国的廉价进口商品。[2] 但受第四季度大规模抗议活动的影响，伊拉克服务业、石油产业在内的多个行业受到不同程度的打击，尤其服务业在第四季度的增速仅为0.9%。[3] 农业方面，2003年以来不断恢复的势头，随着IS的猖獗而开始负增长，2017年、2018年分别萎缩了16%和26%，2019年终于迎来了约5%的正增长，产值为46.8亿美元，对国民经济的贡献率持续下降，目前仅为2%。[4] 伊拉克的粮食、水果和蔬菜等生活必需品依赖从别国进口，是一个粮食纯进口国。伊拉克政府长期面临着改善农业基础设施、恢复和扩大可耕地面积等艰巨任务，解决上述问题方能改变该国农业发展严重滞后的局面。石油工业方面，作为伊拉克经济的支柱产业，石油的低开采量、低炼油能力长期制约着伊拉克石油工业的发展，原油直接出口几乎是伊拉克出口的全部。2019年，伊拉克出口总规模为823亿美元，其中原油出口规模为800亿美元，占比高达97.2%。[5] 伊拉克石油收入受国际油价影响，体现出严重的对外依赖性，这一局面短期内很难改变。

结　语

2019年是伊拉克击败IS短暂恢复和平后又重新陷入动荡的一年。实行16年之久的穆哈萨萨体系由于其弊端所带来的诸多问题，如腐败问题、基本公共服务缺失、无力扭转高失业率等而最终濒临崩溃，招致伊拉克民众发动后萨达姆时代最大规模的反政府抗议示威活动。这一抗议活动在2020年依然持续，总理迈赫迪及其看守政府最终倒台，前通信部长穆罕默德·陶菲克·阿拉维被任命为新总理，但他两次提交的内阁成员名单均未赢得议会信任投票，因而在一个月内未能成功组阁并被迫退出总理角逐。

---

[1] "GDP growth（annual %）- Iraq"，World Bank，https：//data.worldbank.org/indicator/NY.GDP.MKTP.KD.ZG?locations=IQ.

[2] "The World Bank In Iraq：overview"，World Bank，May 1, 2020，https：//www.worldbank.org/en/country/iraq/overview.

[3] World bank，"Iraq's Economic Update — April 2020"，World Bank，April 16, 2020，https：//www.worldbank.org/en/country/iraq/publication/economic-update-april-2020.

[4] "Republic Of Iraq"，World Bank，April 16, 2020，http：//pubdocs.worldbank.org/en/527001554825517687/mpo-irq.pdf.

[5] "Iraq Facts and Figures"，OPEC，https：//www.opec.org/opec_web/en/about_us/164.htm.

萨利赫总统转而提名国家情报局局长穆斯塔法·卡迪米为新任总理。伊拉克总理在 10 周内三易其主。而卡迪米能否在美国、伊朗、国内三大宗派力量以及伊拉克民众间尽快弥合分歧、缓和紧张局势仍需观察，长远来看，穆哈萨萨体系的变革并非简单的政府更迭。2019 年，受抗议活动的影响，伊拉克安全局势有所恶化，IS 有卷土重来之势。伊拉克经济尤其服务业也在这一年受安全局势与政治局势的影响而遭遇到不小打击。

叙利亚：
新形势下重建的内外困境分析*

叙利亚危机自 2011 年爆发以来已持续了近十年。西方国家和中东地区大国相继介入，它们之间的利益盘根错节，在叙利亚的博弈异常激烈。近年来，叙利亚局势已出现了明显的好转。叙政府军通过与叙库尔德武装合作，不费吹灰之力收复了幼发拉底河以东的大片土地。叙利亚局势第一次比较清晰地出现了叙政府军有可能收复全境失地的前景。此外，当前巴沙尔政权面临的任务，一是叙利亚问题的政治解决，二是叙利亚的经济重建。政治解决叙利亚问题是当前国际社会的普遍共识。"日内瓦和谈"和"阿斯塔纳和谈"机制在推进叙利亚政治进程中取得了突破性的进展，其重要成果是成立了具有代表性的宪法委员会。该机构有利于叙利亚问题相关方保持政治对话，增进相互的理解和信任，为叙利亚的政治解决进程迎来曙光。叙境内的极端组织残余势力正逐渐被肃清。当前叙利亚问题的焦点主要在北部地区，各方在此地的博弈空前激烈。美国的撤军行动引发了地缘政治的系列联动反应，致使叙利亚局势发生了急剧变化。美国和俄罗斯在叙利亚的力量此消彼长，双方博弈呈现"美退俄进"的态势。土耳其和叙利亚政府经俄罗斯协调签署了谅解备忘录，双方达成和解，一定程度上缓解了土、叙两国的紧张关系。美军撤离为土耳其进攻叙利亚提供了"方便"之举，缓和了近年来嫌隙不断的美、土矛盾。以色列和叙利亚的关系日趋紧张，为阻碍叙利亚统一，以色列频繁向其发动空袭。当前叙利亚局势总体趋于稳定，其经济重建工作已全面展开。此种形势下，叙利亚的金融业、工业、商业、农业、油气产业以及旅游业等均得到了恢复并有所发展。

---

* 作者：白胜洁，西北大学中东研究所博士后，讲师。本文是 2017 年度国家社会科学基金西部项目"叙利亚危机冲击下的俄罗斯与中东关系及中国应对研究"（17XGJ008）的阶段性成果；陕西省教育厅哲学社会科学重点研究基地项目"19 世纪末 20 世纪初俄国工业垄断研究——以冶金和纺织工业部门为例"（项目批准号：16JZ079）；第 67 批面上资助"西部地区博士后人才资助计划"项目"苏联解体前后二十年中亚国家的社会经济变迁研究"（项目批准号：2020M673622XB）。

一、国内局势发展的新动态

2019年10月，美军从叙利亚北部撤离，打破了这一地区长期形成的力量平衡，引发了叙利亚局势的急剧变化。

（一）叙政府军有望恢复全境控制

当前，叙利亚局势在多方力量的共同作用下进入了一个新的阶段。第一次出现了叙政府可能恢复全境控制的前景。[1] 这一局势的出现与美国宣布从叙北部撤军、土耳其向叙北部发动军事行动所引发的一系列联动反应直接相关。因为美国的"背叛"，叙库尔德武装在紧急之下只能选择投靠叙政府，力求保存实力，增加日后与叙政府军谈判的筹码。对于叙政府军与库尔德武装之间达成一定程度上的合作，中国社会科学院西亚北非研究所研究员殷罡认为，双方虽然在相关问题上存在分歧和矛盾，但两者并非敌对关系，仍有良好的合作基础。经协商，叙库尔德武装从叙北部撤出，向叙政府交出泰勒里法特、科巴尼、卡米什利等边境重镇及拉卡、哈塞克等重要城市。叙政府军则挥师北上，派重型坦克、装甲兵和运兵车等驶向叙北部边境，迅速占领幼发拉底河东岸的大片土地。叙政府军回到叙利亚北部标志着叙局势的重大转变。土耳其与叙利亚政府军的军事冲突在俄罗斯调解下已暂停，双方的紧张关系也有所缓和。俄罗斯与土耳其就建立"安全区"的问题达成共识：俄军警和边防人员在150小时内协助库尔德武装撤至叙土边界30公里外，俄、土双方可在安全区以东、以西深入叙境内10公里地区进行联合巡逻。[2] 俄土对此次协议均给予了较高的评价。土耳其总统埃尔多称该"历史性协议"将开启叙利亚持续稳定的新时代。普京也表示，上述协议或将成为叙局势的一个转折点。目前，在叙利亚只有西北部的阿弗林、伊德利卜省及其周围大约6000—7000平方公里面积范围以及东北部边境的"安全区"仍被土耳其及其所支持的反对派占据，整体而言，叙利亚政府军已基本恢复了对叙北地区的管控。

---

[1] 李光、李绍先："叙利亚形势新发展及各方博弈"，《现代国际关系》，2019年11期，第28页。

[2] "Меморандум о взаимопонимании между Российской Федерацией и Турецкой Республикой", Официальные сетевые ресурсы Президента России, 22 октября, 2019, http://www.kremlin.ru/supplement/5452, 2020–07–25.

（二）政治解决进程迎来曙光

政治解决叙利亚问题已成为国际社会的普遍共识，推进政治进程也是解决当前叙利亚问题唯一切实可行的出路。当前，解决叙利亚问题的两大机制是俄罗斯主导的"阿斯塔纳和谈"和联合国主导的"日内瓦和谈"。目前，叙利亚制宪进程在两大机制的推动下取得了突破性进展。"阿斯塔纳和谈"是俄罗斯、土耳其和伊朗三国于2017年发起，旨在推动政治解决叙利亚问题。近年来，俄土伊三方协调机制在协调叙利亚局势中发挥着重要作用，其通过建立冲突降级区等已实现了叙境内局势的基本稳定。① "阿斯塔纳和谈"自启动以来，在加强停火制度、建立冲突降级区和发展监督机制方面取得了显著成效。伊朗总统鲁哈尼对"阿斯塔纳和谈"给予了高度的评价，他在阿斯塔纳视频峰会上表示，"阿斯塔纳和谈"是解决叙危机的成功途径。② 作为"阿斯塔纳和谈"主导方的俄罗斯，借此平台在叙利亚战争中实现了两个关键目标：一是军事打击反对派；二是将政治进程的焦点从政治过渡转移到修改宪法。设立宪法委员会是"阿斯塔纳和谈"推动叙政治进程的重要成果之一。2019年，就启动宪法委员会的问题，相关各方在这一和谈的框架下进行了多次磋商。2月16日，俄罗斯、土耳其和伊朗三国领导人就叙利亚问题所达成的协议表示"必须推进叙内部的政治对话，尽快启动叙利亚宪法委员会的工作"。③ 4月17日，俄罗斯外长拉夫罗夫呼吁尽快组建叙利亚宪法委员会。④ 9月23日，联合国秘书长叙利亚问题特使吉尔·彼得森会晤叙利亚外交部长瓦利德·穆阿利姆，在着重谈及叙利亚宪法委员会组建和运作事宜之后，此项工作才有了实质性的进展。这是"阿斯塔纳和谈"在推进叙利亚政治进程中的重要贡献。叙利亚政府和反对派就宪法委员会权限和核心程序规则达成协议。该宪法委员会由150名成员组成，其中50名为叙政府代表，50名为叙利亚反对派代表，50名为民间代表。在此基础上，从政府、反对派和民间代表中分

---

① "Лавров выступил за скорейшее формирование сирийского конституционного комитета"，ТАСС，24 октября，2019，https：//tass. ru/politika/5714533，2020 – 07 – 02.
② "Путин и Рухани подвели итоги астанинских переговоров по Сирии"，ТАСС，29 февраля，2019，https：//news. myseldon. com/ru/news/index/176289533，2020 – 07 – 02.
③ "Президенты РФ，Турции и Ирана договорились о формировании Конституционного комитета Сирии"，ТАСС，https：//tass. ru/politika/5714533，2020 – 07 – 22.
④ "Лавров выступил за скорейшее формирование сирийского конституционного комитета"，ТАСС，24 октября，2019，https：//tass. ru/politika/5714533，2020 – 07 – 22.

别遴选15名成员，组成宪法委员会小组，负责宪法修改或起草具体工作。宪法委员会作为开启叙利亚政治进程最现实的渠道，对推动叙政治化进程的积极作用是不言而喻的。2019年10月30日，叙宪法委员会在日内瓦正式启动，开始就宪法改革事宜展开工作。① 联合国叙利亚特使对此次会议给予了高度评价。11月，在日内瓦举行了两轮会议。② 叙宪法委员会会议的召开，标志着历时多年的叙利亚危机正进入一个新的阶段。2020年2月15日，俄罗斯外长拉夫罗夫声明说，叙利亚宪法委员会第三次会议正在筹备中，计划借此重启搁置已久的叙利亚和谈。③ 宪法委员会有利于叙利亚问题相关方保持政治对话，增进相互的理解和信任，为叙利亚的政治进程迎来良好的开端。

（三）清剿"伊斯兰国"残余势力

近年来，随着"伊斯兰国"在叙境内的据点被全部清除，叙境内的恐怖袭击活动明显减少，其安全形势持续稳定向好。目前，叙利亚政府军在多方力量的支持下正继续肃清极端组织残余势力。清剿极端组织面临的难题主要有两个，一是叙境内不受政府控制的部分地区，当地分离主义倾向渐强，有可能成为残余极端分子和分离主义势力的"温床"。俄军总参谋部作战总局副局长哈吉穆罕默多夫在莫斯科国际安全会议上指出，目前，叙境内幼发拉底河以东不受叙政府控制的地区，极端组织"伊斯兰国"残余势力可能在那里卷土重来，需警惕极端和分离势力在叙利亚抬头。④ 二是叙境内极端组织长期受助于土耳其的支持。叙利亚外交部声明称，土耳其车队越境向伊德利卜汉谢洪的极端组织"征服阵线"运送武器、弹药等物资装备。⑤ 伊德利卜省是叙利亚极端组织和反对派武装在叙境内的最后

---

① "В Женеве приступает к работе Конституционный комитет Сирии", ТАСС, 30 октября 2019 годы, https：//world.huanqiu.com/article/9CaKrnKnwkk, 2020 – 07 – 22.

② "Конституционный комитет Сирии достиг первой договоренности", ТАСС, 2 ноября 2019 годы, https：//tass.ru/mezhdunarodnaya – panorama/7073453, 2020 – 07 – 02.

③ "Лавров заявил, что третья сессия сирийского Конституционного комитета готовится", ТАСС, 15 февраля 2020 годы, https：//tass.ru/politika/7770203, 2020 – 08 – 01.

④ Выступление Министра иностранных дел России С. В. Лаврова на Московской конференции по международной безопасности, 24 апреля 2019 годы, http：//thailand.mid.ru/key – issues/5427 – vystuplenie – ministra – inostrannykh – del – rossii – s – v – lavrova – na – moskovskoj – konferentsii – po – mezhdunarodnoj – bezopasnosti – moskva – 24 – aprelya – 2019 – goda, 2020 – 07 – 11.

⑤ 翟东婧："叙俄联军收复伊德利卜重镇汉谢洪"，《中国国防报》，2019年8月28日，第004版。

盘据地。其大部分地区由"征服阵线"所主导的"解放叙利亚"联盟控制。①"征服阵线"对哈马省北部的村镇多次发动袭击，严重威胁了当地民众的生命安全。鉴于此，叙利亚政府军先是对哈马省和伊德利卜省交界地带的极端组织据点实施军事打击，收复了阿里迈赫、米丹盖扎莱等村镇，随后又继续对伊德利卜省南部重镇汉谢洪的极端组织目标实施打击，消灭了大量武装分子。②对于极端组织在伊德利卜省的恐怖活动，也引起了叙利亚相关各方的关注。在第13轮叙利亚问题"阿斯塔纳和谈"的声明中就为此表示非常担忧。对此，俄罗斯政府和叙利亚政府也明确表示会对叙境内的极端组织持续发动军事打击。随后，叙政府军再次对哈马省北部、伊德利卜省南部多地实施精准打击，收复汉谢洪、莫雷克、拉塔米奈等村镇，并清除了这些地区的恐怖主义势力。③

二、多方博弈聚焦叙利亚北部

叙利亚问题相关各方围绕叙利亚的局势展开了激烈的博弈较量。近年，叙利亚政府先后收复了三个冲突降级区，目前仅剩北部的伊德利卜省。叙利亚问题的焦点也随之转到北部地区。特别是美国从叙北部撤军、土耳其对叙北部发动军事行动之后，该地区的各派力量进行了分化和重组，其在叙北部的博弈也呈现出一个新的变化。

（一）"美退俄进"态势凸显

2019年10月7日，美国宣布从叙东北部撤军。时隔4天，10月11日，驻扎在叙利亚的美军哨所遭到了土耳其炮击④，误炸事件加快了美军撤离的节奏。特朗普突然宣布从叙利亚撤离，遭到昔日"盟友"叙库尔德武装力量的强烈抗议，此举也受到了美国政界和媒体的严厉抨击。可以

---

① "叙政府军收复伊德利卜战略要地取得重大地面进展"，新华网，2019年8月13日，http：//www.xinhuanet.com/world/2019-08/13/c_1210239284.htm，2020年8月10日。
② Игнатенко А. А. Документированные заметки к предыстрории катарского кризиса. Часть 2, http：//www.iimes.ru/? p = 35981，2020-07-22.
③ Сирия итоги недели 18-24 августа：армия Сирия освободила Жан-Шейхун и зачистила 《Латаминский котел》, https：//riafan.ru/1206175-siriya-itogi-nedeli-18-24-avgusta-armiya-sirii-osvobodila-khan-sheikhun-i-zachistila-lataminskii-kotel，2020-08-02.
④ Турецкие войска в Сирии обстреляли американский пост, https：//ittiloot.com/glavnaja/15853-tureckie-vojska-v-sirii-obstreljali-amerikanskij-post.html，2020-07.02.

说，撤军行动给美国带来了严重的消极后果。一是，美军撤离后所留下的真空地带很快被其他力量占据；二是，"出卖"盟友叙库尔德武装的行为在国际上造成了严重的负面影响，"不可靠"的负面形象损害了美国的国际信誉。为挽救这一损失、扭转被动局面，特朗普改变之前对土耳其的行动"不干涉、不参与"的态度，谴责其行为已对地区安全构成威胁，必须对其实施三项制裁。10月17日，特朗普派副总统彭斯和国务卿彭佩奥就土耳其发动军事行动的问题进行斡旋。依据协议，土耳其暂停"和平之泉"行动120小时，而叙利亚库尔德武装则从土叙边界后撤30公里。①

自2019年10月9日土耳其发动"和平之泉"行动以来，美国在驻叙态度上频频变化。10月21日，美国国防部长马克·埃斯珀表示，为防止"伊斯兰国"重新掌控叙利亚油田，必须派美军亲自控制幼发拉底河以东的油田。幼发拉底河东岸的石油资源十分丰富，集中了叙利亚约90%的油田。美国以保护叙利亚油田的名义增兵叙利亚，将半个坦克营（15辆"艾布拉姆斯"主战坦克）部署到叙利亚东部。② 美国占领叙利亚油田并私自贩卖石油获益。据俄罗斯外交部发言人玛丽亚·扎哈罗夫（Мария Захарова）指控，美国从叙利亚东北部的油田非法出口石油，每月获利超过3000万美元。③ 叙利亚政府认为，美国掠夺叙利亚石油的行为严重损害了叙利亚国家的利益。对此，俄罗斯表示支持叙政府以最快速度收复全境，同时呼吁美国将叙利亚油田归还叙利亚人民。④ 美军"重返"将目标瞄准叙利亚油田的意图主要有两个：一是保留美军在叙利亚的军事存在有利于维持美国对未来叙局势发展的影响力。二是控制叙利亚油田为日后牵制叙利亚政府及俄罗斯留有筹码。值得注意的是，美国虽然在叙利亚东部油田仍保留了军事存在，但其对叙利亚问题的直接干预能力和影响力则有所下降。

与美不同，俄罗斯则在此次叙局势突变中起到了建设性的作用。一是美军撤离之后，俄罗斯借机果断促成叙库尔德武装和叙政府的联手，此事

---

① США и Турция достигли соглашения о приостановке операции "Источник мира" на севере Сирии，2020-07-22.

② США намерены взять под контроль нефтяные месторождения в Сири, http://www.internovosti.ru/text/? id=132323&cal=1-7-2020，2020-07-22.

③ Захарова: США незаконно вывозят из Сирии нефть на сумму свыше $30 млн в месяц, https://tass.ru/politika/7070929，2020-07-22.

④ "俄罗斯支持叙政府以最快速度收复全境，呼吁美国为了叙利亚人民归还叙利亚油田"，腾讯网，https://new.qq.com/omn/20191124/20191124A0IGKD00.html，2020年7月2日。

件成为了叙利亚战争的重大转折点,为叙政府军收复全境失地提供可能。二是与土耳其签署谅解备忘录,即避免土叙双方发生直接冲突,又使俄军警得以随叙政府军进入其新收复的失地。综上所述,在这一局势突变中,美俄在叙利亚问题上明显出现了"美退俄进"的态势。

(二)土耳其发动军事行动引发叙北部局势紧张

为打击叙库尔德武装,土耳其向叙利亚北部发动了"和平之泉"的军事行动,造成叙境内多名平民死伤,约10万平民逃离家园。对此,土耳其方面解释称,此次军事行动的目的是基于反恐的需要。但此种托词并未获得国际上的谅解。一些国家对土耳其的行动进行了严厉的谴责和制裁。德国呼吁土耳其必须终止在叙北部的军事行动,并声明禁止向土耳其出口有可能被用于叙利亚的军品。[1] 欧盟也表示,土耳其的行动有可能再次引发欧洲难民潮。[2] 叙利亚政府表示,对土耳其的军事行动将采取一切合法手段进行抗击。土耳其发动"和平之泉"行动的目的主要有两个:一是将其视为恐怖组织的库尔德武装力量从土叙边界驱除出去;二是在土叙边界叙利亚一侧设立"安全区"用于安置土耳其境内的叙利亚难民。土耳其所主张建立的"安全区"是指叙北部幼发拉底河以东中段约120公里的范围内纵深32公里的地区。发动"和平之泉"行动之后,土耳其在5天之内与美国和俄罗斯达成了两份协议,这使其在叙北部局势突变中得到了较大的实利。一方面,最终设立的"安全区"范围满足了土耳其拟议中对安全区的全部要求;另一方面,叙库尔德武装又沿土叙边界全线后撤了30公里。不仅如此,嫌隙不断的美土关系在一定程度上也得到了改善。虽然,当前美土双方就相关问题已达成了一定的共识,但双方关系能否"回暖"仍有待观察。另外,土叙的紧张关系虽经俄罗斯调停有所缓解,但双方围绕伊德利卜省的冲突恐将持续不断。

(三)以色列频繁空袭叙利亚,以叙关系紧张

2011年叙利亚危机爆发以来,以色列一直密切关注叙利亚危机的发展

---

[1] Меркель в разговоре с Эрдоганом призвала Анкару немедленно прекратить операцию в Сирии, https://tass.ru/mezhdunarodnaya‐panorama/6994749, 2020‐07‐02.

[2] Греция опасается, что действия турции в отношении сирии снова приведут к потоку беженцев в европе, https://tass.ru/mezhdunarodnaya‐panorama/6989208http://world.people.com.cn/n1/2019/1018/c1002‐31407775.html, 2020‐07‐02.

动态。作为当前以色列北部所面临的重要威胁，如何妥善应对叙利亚危机成为以色列国内关注的重点问题。目前，以色列军政界在应对叙利亚问题上达成的基本共识是避免大规模直接军事介入叙利亚危机。为此，以色列主要运用外交和军事双重手段：在外交上，试图借力美国和俄罗斯维护自己在叙利亚的利益；在军事上，虽然没有派遣部队直接参战，但却对叙境内的军事基地、武器仓库、军事研发机构等安全威胁目标实施精准打击。近年来，以色列对叙利亚发动了多次大规模的空袭行动，造成了叙利亚大量的人员伤亡和财产损失。2019年7月1日，以色列空袭了叙利亚中部地区的导弹基地研发中心，造成4人死亡、21人受伤。[①] 7月24日，以色列对叙利亚再次实施空中打击，造成15人死亡，其中包括5名平民。为保持空中作战优势，以色列还摧毁了叙利亚反隐身雷达站，对叙利亚政府军造成了巨大损失。

以色列除担心叙利亚危机所带来的战争风险危及自身安全之外，更担心戈兰高地的归属权问题会因此而复杂化。众所周知，戈兰高地归属问题是以色列与叙利亚之间最为敏感的问题，也是双方冲突的核心问题之一。戈兰高地资源丰富且战略价值极高，以色列和叙利亚为此长期冲突不断。[②] 目前，以色列虽然占领着戈兰高地，但除美国之外，国际社会普遍不承认其对戈兰高地拥有"主权"[③]。为达到对戈兰高地的长期占有并使之合法化，以色列趁叙利亚内乱之机频繁对其发动空袭，力图使叙利亚无力应对这一问题。随着叙利亚局势明显向好，以色列对叙利亚的空袭导致以叙关系趋于紧张。

三、叙利亚经济的恢复和发展

持续多年的战乱不仅使叙利亚人民流离失所，大量基础设施遭到毁灭性的破坏，而且给工业、农业、商业、旅游业等造成巨大损失。叙利亚总理哈米斯在第三届"叙利亚应对经济封锁论坛"上表示，据初步统计，叙

[①] Жертвами удара ВВС Израиля по Сирии стали четыре мирных жителя. Подробнее: https://eadaily.com/ru/news/2019/07/01/smi-zhertvami-udara-vvs-izrailya-po-sirii-stali-chetyre-mirnyh-zhitelya, 2020-07-01.

[②] Голанские высоты: Израиль против Сирии, https://diletant.media/articles/45241932/, 2020-07-01.

[③] Голаны: где это, почему за них борются Израиль и Сирия и при чем тут США Читать полностью: https://news.tut.by/world/631017.html, 2020-07-03.

利亚政府在战争中损失约45000亿叙镑（约870亿美元），其中在战争中被损毁的政府建筑达28000栋以上，完全或部分破坏的国有企业和工厂大约有188个，遭恐怖分子破坏和洗劫的古迹有1194个，在39个发电站中15个被完全破坏，目前有一半电网陷入瘫痪。① 针对这一现实情况，叙利亚总统阿萨德评估，叙利亚重建基础设施大概需要10—15年，耗资至少4000亿美元。② 当前，叙利亚政府正加快推进叙战后的经济重建工作。2018年年底，叙利亚政府部门已做好重建筹备的相关工作，2019年，重建已全面展开。

（一）国民经济恢复与初步发展

为加快叙利亚的战后重建，叙政府实施了多项措施。叙经济与外贸部长穆罕默德·哈利勒表示，叙利亚经贸部通过了新的法律和特别举措，以推动私营经济发展，并为外国投资者创造良好的投资环境。③ 为吸引外资，叙政府举办了多场展览会，它是叙利亚采购商与外国的产品供应商之间洽谈商务合作的专业性活动，为叙利亚采购商提供了与国外厂家直接面对面洽谈合作、展示产品、体验产品的机会，为外国企业参与叙利亚重建市场搭建了一个良好的平台。第61届国际博览会是近年叙利亚举办的最具影响力的一场展会。本次活动于2019年8月28日至9月6日在大马士革举办，④ 吸引了来自30多个国家和地区的约1800家企业参展，展区面积首次超过10万平方米，⑤ 是叙利亚有史以来规模最大、参与企业最多且覆盖领域最广的一届。此次博览会为吸引外资、发展本国工业及旅游业发挥了重要的作用。俄罗斯与叙利亚在大马士革博览会期间签订了3份合约，规定两国石油公司将共同勘探、开采及生产叙利亚东部地区的石油和天然气

---

① "叙政府在叙战争中损失超过870亿美元"，中华人民共和国驻阿拉伯叙利亚共和国大使馆经济商务处，http://sy.mofcom.gov.cn/article/jmxw/201910/20191002904094.shtml，2019年9月9日。

② Асад оценил восстановление инфраструктуры Сирии в $400 млрд, https://www.rbc.ru/politics/15/04/2018/5ad3197e9a7947f3375fa03e, 2020-07-01.

③ "叙经贸部推出新的经济发展举措"，中华人民共和国驻阿拉伯叙利亚共和国大使馆经济商务处，2019年6月16日，http://sy.mofcom.gov.cn/article/jmxw/201910/20191002904094.shtml。

④ 61-я Дамасская международная ярмарка, https://metall.life/expositions/461, 2020-07-01.

⑤ В Дамаске проходит 61-я международная ярмарка, https://syria.mil.ru/peacemaking/info/news/more.htm?id=12250459@egNews, 2020-07-01.

资源。① 阿联酋沙迦工业与商业协会主席苏尔坦·阿韦斯也表示，阿联酋与叙利亚就投资清单已达成一致，其中包括传统能源、新能源、农业等领域。② 目前，印度、伊朗、马来西亚的部分企业已经在叙利亚启动项目。③

在叙利亚政府的全力扶持下，金融业、工业、商业、农业、油气产业以及旅游业均得到了逐步恢复和发展。在金融方面，为抑制货币贬值出台外汇管控政策。叙利亚货币贬值严重，2019 年 1—9 月间贬值约 40%。由于叙利亚受到美国等西方国家的长期制裁，加之多年战乱，叙镑短期迅速贬值很可能再次引发叙利亚经济危机。叙利亚保护叙镑法律委员会成员优素福建议，实施 20 世纪 80 年代时叙采取的外汇管控政策：不允许个人持有外汇，兑换外汇只能通过合法渠道，以此整治汇率市场，保护叙低收入群体。④ 在生产建设方面，叙政府正加快基础设施的修复和重建，工业生产持续复苏：为扶持工业园区的建设和发展，叙利亚政府拨款 25 亿叙镑（约合 500 万美元）⑤；叙利亚"大马士革—塔尔图斯"的铁路运输已于 2019 年恢复正常运营，首班列车搭载了 1000 吨粮食从塔尔图斯港出发抵达大马士革⑥；叙利亚霍姆斯电力公司宣布，目前该省西部辛迪杨村风力发电站和扎哈比电力转换站之间的联网工程已经完成，预计将于近期投入生产；⑦"东方阿尔克 2 号"气田已重新投入使用，其自 2011 年叙利亚危

---

① Министерство нефти Сирии подписало три важных контракта с Россией, 12 Сентября 2019 годы, https：//social. riafan. ru/1211316 - ministerstvo - nefti - sirii - podpisalo - tri - vazhnykh - kontrakta - s - rossiei, 2020 - 07 - 01.

② "阿联酋和叙利亚就在叙投资清单达成一致"，中华人民共和国驻阿拉伯叙利亚共和国大使馆经济商务处，2019 年 9 月 2 日，http：//sy. mofcom. gov. cn/article/jmxw/201910/20191002904094. shtml。

③ "叙利亚重建：50 多家中国企业将参展第 61 届叙利亚大马士革国际博览会"，中东非资讯平台，2019 年 8 月 10 日，https：//mp. weixin. qq. com/s？ src = 11&timestamp = 1612350399&ver = 2868&signature = jX7JktvGi9gVFHi3NK2YQiXDZimqkqLGi3ZtUXf79 - zW * CeF - 0NvSr - 7Oxu9MOaQol4mpPzDp8JlB3cLrEe4wuGHYLe1JgLa6r733cVU7Bv9nvNXcY1t15K1f7OeD - eg&new = 1。

④ "叙官员建议整治汇率市场以阻止叙镑进一步贬值"，中华人民共和国驻阿拉伯叙利亚共和国大使馆经济商务处，2019 年 9 月 11 日，http：//sy. mofcom. gov. cn/article/jmxw/201910/201910 02904094. shtml。

⑤ "叙政府支持叙工业园区发展"，中华人民共和国驻阿拉伯叙利亚共和国大使馆经济商务处，2019 年 4 月 25 日，http：//sy. mofcom. gov. cn/article/jmxw/201910/20191002904094. shtml。

⑥ "Дамаск - Тартус", https：//travelask. ru/questions/1514284 - damask - tartus. 2020 - 07 - 01.

⑦ "叙利亚首座风力发电站即将投入使用"，中华人民共和国驻阿拉伯叙利亚共和国大使馆经济商务处，2019 年 9 月 11 日，http：//sy. mofcom. gov. cn/article/jmxw/201910/20191002904094. shtml。

机爆发以来停产至今，预计运营后每天出产17.5万立方米天然气。[1] 在农业方面，叙利亚政府出台了多项扶持农业的优惠政策，如为农民提供贷款、各种农机具、种子化肥等，并协助农民快速开展农业活动。这些措施使农业生产得到了快速的恢复。2019年，叙利亚的棉花种植面积比上一季增加了2.3万公顷。[2] 在叙利亚境内从事棉花相关工作的公民有20%以上，棉花种植面积的增加有利地缓解了返乡难民的就业问题。此外，据联合国粮农组织发布的报告称，本年度因雨水增多及国家整体安全情况的改善，叙利亚小麦产量较往年也有大幅增长。[3]

叙利亚政府为改善民众的基本生活还出台了多项惠民政策。叙利亚商业银行对个人贷款的规定做出了修改，个人贷款的最高额度提升至1500万叙镑，贷款人在贷款期限结束时的年龄规定提高到65岁。[4] 叙公共工程与住房部发表声明称，有关建筑公司正在抓紧推进迪马斯新城内的青年住房项目，预计明年完成最终阶段的住房分配工作。据悉，该项目占地面积为600公顷，规划350栋住宅楼，可容纳约13万人居住。[5]

（二）中叙经贸合作取得新发展

叙利亚是中国"一带一路"沿线的重要国家，中国是叙利亚重建的重要参与方。"一带一路"为叙利亚重建带来了新的历史机遇。中国提出了"一带一路"倡议与叙利亚战后重建相互对接的发展思路受到了叙利亚政府的热烈欢迎。中叙两国政府为加强双边经贸合作给予了大力支持。

叙利亚政府高度重视中国企业参与叙利亚的经济建设，曾派遣企业代表团访华走访考察中国企业。2019年3月14日，叙利亚战后重建需求对接会在温州举行。叙利亚政府希望通过此次活动让中国企业了解当前叙国

---

[1] "叙俄两国政府签订3份石油开发合同"，中华人民共和国驻阿拉伯叙利亚共和国大使馆经济商务处，2019年9月4日，http://sy.mofcom.gov.cn/article/jmxw/201910/20191002904094.shtml。

[2] "叙利亚本季节棉花种植面积增加了2.3万公顷"，中东非资讯，https://www.sohu.com/a/305786663_120073528，2019年3月23日。

[3] "叙利亚小麦产量较往年有大幅增长"，中华人民共和国驻阿拉伯叙利亚共和国大使馆经济商务处，2019年10月14日，http://sy.mofcom.gov.cn/article/jmxw/201910/20191002904094.shtml。

[4] "叙商业银行提高个人贷款最高额度"，中华人民共和国驻阿拉伯叙利亚共和国大使馆经济商务处，2019年8月7日，http://sy.mofcom.gov.cn/article/jmxw/201910/20191002904094.shtml。

[5] "叙利亚加紧推进青年住房项目"，中华人民共和国驻阿拉伯叙利亚共和国大使馆经济商务处，2019年6月16日，http://sy.mofcom.gov.cn/article/jmxw/201910/20191002904094.shtml。

内局势并看到叙战后重建的商机。叙利亚保税区总局局长利亚德·库萨(Eyad – Alkuossa)在会上指出,"叙利亚总体局势趋于稳定,政府已启动战后重建工作,现在百废待兴,热切期待温州企业来叙利亚投资"。出席此次会议的温州企业代表有 150 多人,对投资叙利亚市场也表现出浓厚的兴趣。① 为保证"叙利亚重建—中国产品采购项目合作的对接会"顺利召开,来到中国的叙利亚领导人强调在对接会现场参会所有企业务必准备样品,同时表示叙利亚政府对此次会议给予了全力的支持,计划邀请叙利亚各大媒体、各工厂及相关重建单位积极参与,并向中国政府和企业表达了叙利亚企业渴望中国企业参与叙利亚重建与合作的愿望。② 此次对接会涉及的产品有科技、能源、石油设备、水利工程、机械设备、家电产品、五金产品、电力电器、车辆及配件、轻工产品、建筑、装潢产品、太阳能系列产品、电脑手机系列产品等。③ 中叙采购对接会是经叙利亚经济部批准,交由叙利亚保税区总局主办、叙利亚"中国城"承办。叙利亚"中国城"是当地重要的商贸中心,负责中国与叙利亚两国企业供求产品对接。它始建于 2004 年,位于叙利亚首都大马士革阿德拉保税区,曾在叙利亚内战期间停止商业活动,直到 2019 年 4 月 22 日重新启动运营。"中国城"占地面积 1 万平方米,有 120 多个铺位,已吸引入驻中国企业 30 多家,目前在叙利亚已建立了良好的信用基础和知名度,为中叙双边企业搭建了安全、成熟、稳定的桥梁。④

为迎接第 61 届叙利亚大马士革国际博览会,叙利亚"中国城"邀请了 50 多家中国企业参加,其中多家企业来自江浙。本次展会不仅提供了中国企业展示产品开拓叙利亚市场的平台,同时标志着中国企业已经积极参与到叙利亚重建当中,并为推动叙利亚重建与"一带一路"有机结合奠定了坚实的基础。⑤

叙利亚政府承诺为吸引中国企业参与战后重建将出台一系列优惠政

---

① "叙利亚战后重建商机引温商关注",温商网,2019 年 3 月 20 日,http://news.wzsee.com/2019/0320/288262.html。
② "邀请函:2019 叙利亚战后重建—中国采购项目合作对接会",中东非资讯,2019 年 3 月 29 日,https://www.sohu.com/a/303743115_617282。
③ "中国产品采购项目合作对接会加快'一带一路'与叙利亚重建发展合作",中东非资讯,2019 年 7 月 5 日,https://dy.163.com/article/EJAFR3T305417CYT.html?referFrom=sogou。
④ "邀请函:2019 叙利亚战后重建—中国采购项目合作对接会",中非创业学苑,2019 年 3 月 25 日,https://mp.weixin.qq.com/s?src=11&timestamp=1598124704&ver=2538。
⑤ "叙利亚重建:50 多家中国企业将参展第 61 届叙利亚大马士革国际博览会",中东非资讯,2019 年 8 月 10 日,https://www.sohu.com/a/317423936_120073528。

策。叙利亚保税区总局局长利亚德·库萨和叙利亚"中国城"创始人周东赟在接受中国记者的采访时表示,叙利亚境内的9个保税区对中国企业实行"无门槛"开放,在叙投资的中国企业享受出口及转口贸易免税,此外,在贸易、法规、税务、物流等方面也会提供优惠的条件。[①]

中国和叙利亚在经贸合作方面可优势互补,存在巨大的合作潜力。现叙利亚的电力、能源、住房、铁路、公路、桥梁等主要基础设施的建设是叙政府最重要的工程项目。而中国的基建技术又处于世界领先水平。同时,叙政府也希望中国企业参与其大型重建项目建设。此外,叙利亚正逐步恢复工业、商业、农业以及与民生相关的其他行业,因此,在建筑及装潢产品、机械产品、家用电器、轻工产品、服装纺织品、农机农具、车辆及配件、五金产品、电工电气产品等方面存在较高的需求。而中国作为制造业强国,其制造业增加值自2010年首次超过美国之后已连续多年稳居世界第一。近年来,中国在中高端先进制造领域也有了显著的突破。如中国芯片行业正在实现跨越式的发展。[②] 可见,叙利亚重建为中国企业的发展提供了历史机遇,但由于叙利亚的政治重建和安全重建尚未完成,而且在货币结算、法律制度层面也存在诸多不确定因素,因此,中国企业在叙投资仍存在一定的风险。

结　语

叙利亚局势虽然出现了一些积极的变化,但未来的发展趋势仍存诸多的不确定性。首先,美国"去而复返"必然打破叙利亚问题相关各方的力量平衡,引发一系列的连锁反应。美国撤离叙利亚北部之后,这一真空地带很快被土耳其军队、叙利亚政府军及俄罗斯军警占领。为弥补这一行动所带来的消极后果,美国采取了一系列积极的补救措施。对土耳其对叙北部发动的军事行动,美国先是改变之前"不参与、不干涉"的态度,转为对土耳其实施制裁并与之签订停火协议,后又以"保护油田"的名义将部分美军留在叙利亚北部且持续增兵。美国在叙驻军问题上可谓是一变再变,其一系列行动,引发了各方力量的分化和重组,这为未来叙利亚局势

[①] "叙利亚战后重建商机引温商关注",温商网,2019年3月20日,http://news.wzsee.com/2019/0320/288262.html。

[②] "作为大国脊梁,中国制造在全球制造业中处于什么水平?",永洪科技,2020年5月15日,https://mp.weixin.qq.com/s?src=11&timestamp=1598099230&ver=253831。

的走向增添了变数。其次，叙北部伊德利卜地区仍存在较高的冲突风险。虽然土叙两国的紧张关系经俄罗斯调解得到了暂时性的缓解，但双方围绕伊德利卜省的冲突短期内难以解决。伊德利卜省既是土耳其支持的叙反对派在叙境内的最后据点，又是叙利亚政府必然要收复的最后一个冲突降级区。可见土叙双方在伊德利卜省问题上存在根本对立的矛盾，和解只能是暂时的，未来冲突恐将持续不断。2020年3月，土耳其自"和平之泉"行动之后，再次向伊德利卜省的叙利亚政府军发动了代号为"春天之盾"的军事行动。现叙利亚政府军与土耳其支持的武装分子在伊德利卜省的冲突持续发酵。为缓解持续升级的土叙矛盾，俄罗斯严厉警告土方禁止发动新一轮的攻击，同时对其所支持的反政府武装进行清剿。近年来，虽然土俄往来日渐频繁，两国关系不断走近，但双方基于各自的利益诉求所建立的合作能维持多久仍需拭目以待。再次，戈兰高地归属问题作为日后叙利亚和谈中很难回避的重要议题，决定了以叙关系的发展恐将会面临严峻挑战。最后，叙利亚借助宪法委员会是否可以实现和平统一？宪法委员会的先进性具有很强的代表性，受美西方等国力量干预不大，关键是首次为叙利亚问题冲突各方搭建了不设任何前提条件的直接对话平台。[①] 该机构自2019年10月在日内瓦启动以来召开了两次会议，会谈最终因为议题设置存在矛盾而被迫暂停。可见，宪法委员会虽然为叙利亚问题的政治解决带来了积极的信号，但对叙利亚政治进程的推进并未取得实质性的进展。近日，宪法委员会在联合国的主导下在日内瓦举行了第三轮会议，参会各方就相关问题进行了良好的沟通和互动。[②] 如今，叙利亚问题政治解决的趋势整体向好，但如何化解叙相关各方的分歧和矛盾，完成叙利亚的和平统一，对于宪法委员会而言可谓任重而道远。

[①] 闫伟："美国博弈下的叙利亚问题及其前景"，《国际论坛》，2020年第4期，第73页。

[②] "Лавров заявил, что третья сессия сирийского Конституционного комитета готовится", ТАСС, 15 февраля 2020, https://tass.ru/politika/7770203, 2020 - 08 - 07.

黎巴嫩：
内外影响下的政治经济发展困局[*]

近年来，黎巴嫩国家治理和社会发展进程困难重重、危机四伏。政治方面，2019年初召开的阿拉伯国家经济峰会遭到抵制，仅有黎巴嫩、卡塔尔等少数国家的元首出席，与会各国对各项动议争议不休，达成实质协议的愿望最终流产[①]。与此同时，真主党和以色列的矛盾不断激化，双方矛盾愈演愈烈、冲突不断升级。[②] 经济方面，黎巴嫩国内经济危机进一步恶化并引发连续数月的民众抗议。虽然黎巴嫩政府决心缓解从2018年开始的经济危机，但其颁布的一系列改革举措收效甚微。社会方面，黎政府出台的针对例如瓦次普（WhatsApp）等互联网通话软件的税收政策，直接导致黎巴嫩群众大量涌上街头，反对以总理哈里里为首的政府统治[③]。持续多月的游行活动最终导致了哈里里的再次辞职，直到前教育部长迪亚卜继任总理。危机四伏之下，始于2020年的新冠肺炎疫情的肆虐以及年中的贝鲁特港口大爆炸，更是让黎巴嫩的发展前途充满变数。

一、困境中的政治局势

（一）失败的峰会

2019年1月，阿拉伯国家经济峰会在黎巴嫩举行。多数阿拉伯国家首

---

[*] 作者：张志远，西北大学中东研究所硕士研究生；黄民兴，西北大学中东研究所教授。

[①] Arwa Ibrahim, "Rifts and absences overshadow 'failed' Arab summit in Beirut", 20 Jan 2019, https：//www.aljazeera.com/news/2019/01/rifts-absences-overshadow-failed-arab-summit-beirut.

[②] "Lebanese army fires at Israeli drones near border", 20 Aug 2019, https：//www.aljazeera.com/news/2019/08/lebanese-army-fires-israeli-drones-border.

[③] Lina Khatib, "Lebanon is experiencing a social revolution", 20 Oct 2019, https：//www.aljazeera.com/indepth/opinion/lebanon-experiencing-social-revolution.

脑的缺席，反映出黎巴嫩在阿拉伯地区外交上的困境。中东政治分析专家穆罕默德·哈格阿里说，这些国家缺席的情况表示，黎巴嫩政府在阿拉伯社会缺乏支持者。同时，在叙利亚是否应该重返阿拉伯国家联盟的问题上，在黎巴嫩国内以及国际社会皆存在一些争议。[1] 黎巴嫩外交大臣巴西尔在峰会前呼吁，让叙利亚重返阿拉伯联盟，并称叙利亚的缺席是会议中最大的遗憾。在黎巴嫩真主党和"阿迈勒运动"希望叙利亚重新加入联盟，然而，这并未得到其他党派的支持。由于政治分歧，黎巴嫩未能使阿拉伯国家就帮助其应对经济和政治挑战的策略达成共识。除此之外，收容着上百万叙利亚难民的黎巴嫩呼吁叙利亚难民尽快返回叙利亚，但是不少阿盟成员国在这一问题上各执己见，一些阿拉伯国家坚持认为，这一问题必须与叙利亚问题的政治进程联系在一起。而这次峰会上特别引人注目的还有利比亚在会议召开前夕突然宣布抵制，其原因是黎巴嫩真主党成员在会议开始前，在会场附近拆除并焚烧了利比亚的国旗，以抗议什叶派领袖穆萨在1987年访问利比亚期间的突然失踪[2]。

（二）不稳定的哈里里政府

萨阿德·哈里里总理在2019年初获得了连任，黎巴嫩也在长达8个月的空白期后再次成立了政府。哈里里此前一直担任看守政府的总理，而黎巴嫩一直处于没有政府的情况[3]。作为于2005年被刺杀的哈里里总理之子，萨阿德·哈里里继承了其父亲温和派的政治属性，以及其与法国等西方国家的传统友谊。由其担任黎巴嫩总理，对于争取法国等西方国家的经济援助有较大的优势，这也是维持黎巴嫩经济发展的重要因素之一。萨阿德·哈里里在就任之初就面临着巨大的挑战。在2018年5月的选举中，他失去了超过1/3的国会议员支持，但是依旧保持了其作为逊尼派穆斯林的领袖地位，从而得以继续担任总理。而根据黎巴嫩宪法的规定，总理必须

---

[1] Arwa Ibrahim, "Beirut summit: Arab leaders agree 29 - item economic agenda", 21 Jan 2019, https://www.aljazeera.com/news/2019/01/beirut - summit - leaders - agree - 29 - item - economic - agenda.

[2] Arwa Ibrahim, "Rifts and absences overshadow 'failed' Arab summit in Beirut", 20 Jan 2019, https://www.aljazeera.com/news/2019/01/rifts - absences - overshadow - failed - arab - summit - beirut.

[3] Anchal Vohra, "Lebanon finally has a new government. What's on its agenda?", 1 Feb 2019, https://www.aljazeera.com/news/2019/02/lebanon - finally - government - agenda.

由逊尼派穆斯林担任,这也是哈里里得以继续担任总理的前提条件①。世界银行此前曾警告说,如果黎巴嫩没有产生政府,国际社会是否给予其价值110亿美元的贷款和赠款需要重新考虑②。经过反复争论,哈里里被迫屈服,使得真主党支持的6名逊尼派穆斯林中的1名获得内阁职位,而哈里里原本完全拒绝了该要求。这体现了真主党作为该国最强大党派的现状,哈里里和黎巴嫩的其他政治阶层别无选择。尽管哈里里依旧保持作为逊尼派政治领袖的地位,但是大量逊尼派选民流失的情况显示出他对权力控制力的下降,而真主党对哈里里施加压力的能力显示出是伊朗、而不是沙特阿拉伯在黎巴嫩具有更大的影响力。2017年11月,沙特阿拉伯曾试图让哈里里辞职,以加强其对黎巴嫩的影响,然而此举最终失败。③

(三)美国对真主党的制裁延续

美国总统特朗普已经推翻了其前任奥巴马的中东政策,放弃了后者曾广受赞誉的伊朗核协议,并开始对伊朗实施制裁。作为伊朗在黎巴嫩国内最坚定的支持者,真主党也受到美国制裁。2019年3月,时任美国国务卿蓬佩奥在访问贝鲁特时的讲话中警告了真主党破坏黎巴嫩稳定的举动。他还提到,黎巴嫩面临一个选择,即选择"作为一个独立的国家",或者"允许伊朗和真主党来决定它的未来"。④ 美国财政部在一份声明中宣布对真主党的3个成员实施经济制裁。其中包括2名黎巴嫩议员和1名负责真主党与黎巴嫩安全机构之间协调的安全官员。自2017年开始,被美国财政部列入黑名单的真主党个人和实体数量已经达到50个。⑤

在过去的10年内,真主党已成长为一个拥有武装部队的党派,它在叙利亚内战中派遣了数千名战士援助巴沙尔政府。真主党还援助了伊拉克的什叶派民兵,并支持也门的胡塞武装。而包括总统奥恩在内的黎巴嫩政治

---

① Anchal Vohra, "Lebanon finally has a new government. What's on its agenda?", 1 Feb 2019, https://www.aljazeera.com/news/2019/02/lebanon-finally-government-agenda.

② Michael Fakhri, "Lebanon needs to free its economy from international lenders", 25 Oct 2019, https://www.aljazeera.com/indepth/opinion/lebanon-free-economy-international-lenders.

③ Hands Baumann, "Lebanon's economic crisis didn't happen overnight. So how did it get to this point?", 22 Oct 2019, https://www.washingtonpost.com/politics/2019/10/22/lebanons-economic-crisis-didnt-happen-overnight-so-how-did-it-get-this-point/.

④ Anchal Vohra, "Pompeo tells Lebanon to choose Hezbollah or independence", 23 Mar 2019, https://www.aljazeera.com/news/2019/03/pompeo-tells-lebanon-choose-hezbollah-independence.

⑤ "Country Reports on Terrorism 2019: Lebanon", https://www.state.gov/reports/country-reports-on-terrorism-2019/lebanon/.

家明确表达了对真主党支持的需要。他指出,黎巴嫩反对美国对真主党的制裁,因为真主党是黎巴嫩社会的合法组成部分。

(四)难民问题难以根除

2019年,黎巴嫩继续实施对于叙利亚难民的遣返。黎巴嫩政府在2019年7月要求叙利亚难民拆除其在黎居住建筑。黎巴嫩外交部表示,拆除以及驱逐行动将阻止叙利亚难民永久定居在黎巴嫩。根据黎巴嫩政府统计,黎巴嫩现今拥有610万人口,估计有150万难民,联合国难民事务高级专员估计有100万难民。黎巴嫩实施紧缩的财政政策,其经济发展疲软,政府债务、失业率居高不下,这些都推动了其对难民的遣返。根据"大赦国际"在2019年8月的一份声明,在2019年5月中旬至8月9日之间,大约有2447名叙利亚人被驱逐出黎巴嫩。

(五)黎以边界冲突

2019年8月,2架以色列无人机入侵贝鲁特南部,黎巴嫩政府军对此进行了还击,而黎巴嫩亦多次向联合国提出抗议,认为以色列侵犯了其领空。真主党亦称之为"侵略行径",并宣布对此行为进行报复。真主党领导人纳斯鲁拉在讲话中警告,以色列2架无人机的坠落标志着事态向危险发展。[①]

真主党和以色列在2006年曾进行了为期一个月的战争,两国之间的边界此后一直保持着相对平静。在那场战争中,有1100多名黎巴嫩人(主要是平民)和159名以色列人丧生。什叶派武装组织阻止了以色列对于黎巴嫩南部的地面入侵,并袭击了以色列目标,从而刺激了该地区民众对真主党的支持。从那时开始,真主党已经成为叙利亚政府在该地区的主要支持者之一,而以色列指责伊朗用金钱和武器支持真主党,并利用其对以色列进行威胁和破坏。

二、民众抗议和政府更替

(一)税收引发的抗议

2019年9月,黎巴嫩政府提出对"瓦尔普"(Whats App)、"脸书"

[①] "Lebanon's Hezbollah downs Israeli drone in southern town", 9 Sep 2019, https://www.aljazeera.com/news/2019/09/lebanon-hezbollah-downs-israeli-drone-report.

(Face time)等通话软件实施收费，此举遭到广大国民的强烈不满。由于黎巴嫩只有两家电信服务商，且均为国有，消费者承担着昂贵的移动电话费用，因此，多数消费者选择用互联网软件替代电信通话。黎巴嫩有350万互联网通话软件使用者，黎巴嫩政府预计这一举措会带来每年高达2.5亿美元的财政收入。①

然而这一举措彻底点燃了群众的不满情绪，直接导致黎巴嫩爆发了多年来最大规模的抗议活动。示威者用燃烧的轮胎封锁了境内的多条道路。一名抗议者宣称，他们不只是因为网络通话软件收费，更是因为燃料、食物的短缺而抗议。② 随着抗议活动的蔓延，黎巴嫩政府在几天内宣布取消对WhatsApp等通话软件收费，然而抗议活动已经难以控制。在迫使政府撤回了WhatsApp征税的计划后，抗议者直接提出了希望政府垮台的口号。

这一抗议活动是黎巴嫩政治、经济问题长期积累的总爆发。近年来黎巴嫩经济增长缓慢，是世界上债务负担最高的国家之一。由于国际资金流入放缓，其金融体系正面临着前所未有的压力。2018年来，黎巴嫩经济状况急转直下，邻国叙利亚内战的持续严重影响了黎巴嫩经济状况，不断流入的叙利亚难民更是给黎巴嫩国内造成了巨大的政治和经济压力。受外部和边境冲突及经济环境不稳定的影响，黎巴嫩35岁以下青年的失业率高达37%，③ 用于解决国家财政问题的各种方法，被证明难以见效。一些宗派政客，其中许多是内战中的退伍军人，长期以来一直将国家资源服务于自己的政治利益，不肯让出自己的特权。这次抗议活动也是对上台不到一年的哈里里为首的民族团结政府最大的挑战。

随着全国范围内抗议活动的不断增加，总理哈里里向他的政治伙伴下达了最后通牒，要求其支持他的改革④。哈里里在电视讲话中呼吁他的政治伙伴做出明确、果断的回应来说服他和黎巴嫩人民以及国际社会中的其他国家以缓解黎巴嫩的紧张局势。而作为当今政府及其盟友的一部分，真

---

① "Cash-strapped Lebanon plans to charge for WhatsApp calls", 17 Oct 2019, https://www.aljazeera.com/ajimpact/cash-strapped-lebanon-plans-charge-whatsapp-calls.

② "Thousands gather on Beirut's streets for anti-government protest", 4 Nov 2019, https://www.aljazeera.com/news/2019/11/thousands-gather-beirut-streets-anti-government-protest.

③ Kareem Chehayeb, "Lebanon troops demolish Syrian refugee homes as deadline expires", 2 July 2019, https://www.aljazeera.com/news/2019/07/lebanon-troops-demolish-syrian-refugee-homes-deadline-expires.

④ Timour Zaharia, "Lebanon reforms 'must start from politicians' bank accounts", 20 Oct 2019, https://www.aljazeera.com/news/2019/10/lebanon-reforms-start-politicians-bank-accounts.

主党在本次抗议活动中选择支持政府而不是抗议群众。真主党总书记纳斯鲁拉说，他鼓励政府不增加税收，但是并不希望政府垮台。①

在内战结束后，黎巴嫩政府虽然投入了大量资金用来恢复公共设施建设，然而黎巴嫩的基础设施依然存在着严重问题，如停水、停电以及水污染问题等。但这只是抗议者不满的一小部分，他们指责黎巴嫩的政客们在经济停滞的情况下通过非法手段致富，② 这反映出整治贪污腐败问题在该国已迫在眉睫。反腐败组织"透明国际"指出，贪污腐败行为在黎巴嫩很普遍，并且渗透到社会的各个层面，而黎巴嫩政府在打击贪污腐败方面的进展微不足道。

面对着抗议愈演愈烈的情况，哈里里总理宣布改革，并公布了2020年财政预算。其中改革和预算包括将现任和前任总统、部长及议员的薪水减半，以及废除包括新闻部在内的数个国家机构，并且建立反腐败委员会，承诺在2020年的财政预算中不增加新税收等措施。然而上述举措并不能让抗议者满意，成千上万的人聚集在黎巴嫩各个城市，呼吁该国统治精英辞职，他们提出要求结束黎巴嫩按照教派划分统治势力的政府形式。③ 抗议者认为教派统治使该国各种基督教和伊斯兰派别根深蒂固，阻碍了政治和经济发展，并且助长了宗派主义。

在1943年黎巴嫩脱离法国宣布独立后，宗派主义正式成为黎巴嫩政治体系的一部分。黎巴嫩建国时，开国元勋赋予了基督徒在议会中的多数席位，并规定总统必须是马龙派基督徒，总理必须是逊尼派穆斯林，而议会议长必须是什叶派穆斯林。④ 尽管该国在1990年内战结束时曾努力将这种宗派主义的政治体系淘汰，并且议会里的基督教和伊斯兰教成员于1988年在沙特阿拉伯的塔伊夫签署了一项协议⑤，试图建立两者之间的平等关系，

---

① "Lebanese continue protests, demand government to fix economy", 20 Oct 2019, https://www.aljazeera.com/news/2019/10/lebanon-protesters-vow-continue-demonstrations-fourth-day.

② Timour Zaharia, "Lebanon reforms 'must start from politicians' bank accounts", 20 Oct 2019, https://www.aljazeera.com/news/2019/10/lebanon-reforms-start-politicians-bank-accounts.

③ Aasdair Soussi, "Thirty years after Taif, Lebanese seek end to sectarian politics", 22 Oct 2019, https://www.aljazeera.com/news/2019/10/30-years-taif-accord-lebanon-protests-sectarian-politics.

④ Aasdair Soussi, "Thirty years after Taif, Lebanese seek end to sectarian politics", 22 Oct 2019, https://www.aljazeera.com/news/2019/10/30-years-taif-accord-lebanon-protests-sectarian-politics.

⑤ Lina Khatib, "Lebanon is experiencing a social revolution", 20 Oct 2019, https://www.aljazeera.com/indepth/opinion/lebanon-experiencing-social-revolution.

将行政权力从总统移交给总理来纠正这种不平衡，同时也将消除政治宗派主义确定为黎巴嫩的基本国家目标。协议签署的 30 年后，黎巴嫩实现了相对和平，然而所有派别的政治家继续坚定地支持政治宗派主义。这是因为该国政治体系从一开始就巩固而不是改善了宗派分离情况。除此之外，不同政治派别之间信任度低，政治精英之间相互对立而不是共享权力。此后黎巴嫩出现了一系列的宪法危机和政治僵局，经常危及到权力共享的可能性。其中最著名的例子是，前总理拉菲克·哈里里 2005 年被暗杀的事件进一步加深了各宗派之间的不信任感。黎巴嫩政治精英们利用复杂的赞助网络来获得追随者的支持，从而获得了与政治权力不成比例的经济份额。[1]因为贝鲁特的社会政治体系是根据名义上的教派人口数量来分配职位和权力的。

在一定程度上，黎巴嫩的示威抗议类似于其他阿拉伯国家因政策失败引发的抗议运动，但是与其他政治权力集中于一个领导者或一个派别的阿拉伯国家不同，黎巴嫩的示威者针对的是一个领导阶层。造成上述情况的原因是，示威者似乎因为经济困境而指责宗派主义。黎巴嫩人逐渐团结起来，要求改善、治理和提高生活质量。示威者最大的目标是彻底改革政治领导阶层。真主党总书记纳斯鲁拉坚持认为，黎巴嫩正在成为国际的目标。他还暗示，一些与外国利益有关的激进主义者，希望黎巴嫩陷入内战，因此统治阶层只会寻求表面上的改变。

（二）哈里里辞职和迪亚卜上台

2019 年 10 月底，在黎巴嫩人民发动大规模抗议后的第 13 天，黎巴嫩总理萨阿德·哈里里宣布辞职。总统米歇尔·奥恩要求哈里里政府继续看守，直到新政府组建为止。[2] 萨阿德·哈里里继承了父亲、前总理拉菲克·哈里里与西方国家，尤其是法国的紧密关系。2018 年 4 月，法国组织了一次名为"企业经济发展与改革"（CEDRE）的国际会议。该会议的参加者包括了诸多欧洲、阿拉伯国家以及世界银行等金融组织。[3] 与会各方

---

[1] "Lebanon protests: Five things you need to know", 19 Oct 2019, https://www.aljazeera.com/news/2019/10/lebanon - protests.

[2] Joe Macaron, "What next for Lebanon after Hariri's strategic exit?", 30 Oct 2019, https://www.aljazeera.com/indepth/opinion/lebanon - hariri - strategic - exit -191030091514884.

[3] "Final statement - International Support Group for Lebanon", 11 Dec 2019, https://www.diplomatie.gouv.fr/en/country - files/lebanon/news/article/final - statement - international - support - group - for - lebanon - paris -11 - dec -2019.

承诺向黎巴嫩提供110亿美元的贷款用于基础设施建设。这笔贷款在黎巴嫩被视为一个拯救其经济和金融的重要工具，而作为与西方国家联系的纽带，哈里里一直被认为在其中起到重要作用。[1] 然而，这笔贷款迟迟未到，因为哈里里的政府未能实施取得这些资金所需要的改革。

在哈里里总理宣布辞职之后，黎巴嫩的抗议活动依然没有停止。示威者继续要求总统和议会辞职。在辞职前后，哈里里一直致力于建立一个由技术官僚组成的政府，但遭到了总统米歇尔·奥恩的反对。奥恩表示，新政府必须包括现有官员，因为仅仅依靠技术官僚，政府将无法制定国家政策。真主党总书记纳斯鲁拉反对哈里里的辞职，并在他辞职后努力使局势回到其以前的状况。纳斯鲁拉呼吁建立一个代表性尽可能广泛的代表制政府，其中包括街上的抗议者，并由哈里里或看守政府支持的人领导。[2] 然而萨阿德·哈里里在黎巴嫩军队及进步社会党的盟友表示，即使哈里里继续领导，他们也将退出下届政府。

尽管哈里里在抗议中表现出站在抗议者的一边，但依然没有使众多抗议者满意。其理由是哈里里在抗议中投机取巧，一直试图讨好抗议者。抗议者还认为，金融危机是他已故的父亲、前总理拉菲克·哈里里大量举债导致的，并且，作为黎巴嫩的巨富，哈里里家族通过执政受益颇多，其中不乏非法来源收益。因此，他们认为萨阿德·哈里里不是改革者。

2019年12月，黎巴嫩总统米歇尔·奥恩责成前教育部长哈桑·迪亚卜组成该国的下一届政府，这是奥恩在与真主党及其盟友进行漫长的会谈后进行的任命。有国际舆论认为，新一届的政府是一个真主党的政府，而这会把黎巴嫩与国际援助隔离开来，并在之后将其暴露于经济制裁之下，从而使其更难以应对这场经济危机。

抗议者在迪亚卜被任命后，决定继续抗议。因为他们认为这次任命使得该国逊尼派和什叶派两个阵营的分裂程度加大。抗议者要求政府结束宗派制度，任命一名在政治上中立的总理，并希望该总理组成一个由专家和技术人员组成的政府，制定新的选举法，并进行议会选举。[3] 抗议者质疑

---

[1] Hanes Baumann, "Lebanon's economic crisis didn't happen overnight. So how did it get to this point", 22 Oct 2019, https：//www.washingtonpost.com/politics/2019/10/22/lebanons-economic-crisis-didn't-happen-overnight-so-how-did-it-get-this-point/.

[2] Timour Azhari, "Hassan Nasrallah：Corruption investigators should 's tart with us'", 12 Nov 2019, https：//www.aljazeera.com/news/2019/11/hasan-nasrallah-corruption-investigations-start.

[3] "Lower turnout as protesters rally against new Lebanon PM", 23 Dec 2019, https：//www.aljazeera.com/news/2019/12/turnout-protesters-rally-lebanon-pm.

迪亚卜落实反腐败的措施以及处理国内一系列政治和经济问题的能力。迪亚卜在政治体制上的薄弱影响，使他无法遏制真主党在国家机构中的权力和影响，这使得迪亚卜面临的工作极为困难。迪亚卜还缺乏在逊尼派社区中的强势地位，以吸引沙特阿拉伯、埃及等区域大国支持。然而，即使是哈里里继承了父亲拉菲克·哈里里在海湾地区和阿拉伯世界其他国家的关系之后，由于其对真主党的让步，已经导致了沙特等国的强烈不满。

三、危机四伏的经济局面

（一）2019年宏观经济局势

由于经济困难，加上政治危机以及自叙利亚冲突以来持续的难民问题，黎巴嫩的经济局势在2019年持续恶化。由于投资者信心低落，黎巴嫩经济不确定性突出，同时，政府实施货币紧缩政策以及房地产行业的大幅萎缩，黎巴嫩的经济年增长率在2018年下降至0.3%左右，且2019年持续疲软。[1] 根据相关统计数据显示，[2] 2019年黎巴嫩的国内生产总值增长率为-6.51%，为2009年以来的最低，人均GDP为9654.8美元，人均收入为7380美元，较2018年皆有所下降。黎巴嫩2019年的失业率达到6.23%，相比于2018年的6.14%略有上升。其中青年失业率高达17.61%。2019年的通货膨胀率为2.9%，相较于2018年的4.55%略有下降。

2019年，黎巴嫩各经济部门在国民生产总值中的份额为：农业5.29%，工业12.83%，服务业75.91%。相较于2018年，农业占比略有上升，工业和服务业占比略有下降。而2019年的人口增长率仅为0.1%，为10年内最低。各经济部门分类的就业人数占比为：农业部门占比为13.61%，工业部门为22.46%，服务业部门为63.96%。黎巴嫩城市化水平持续提高。作为中东地区城市化程度最高的国家，2019年黎巴嫩城镇人口占总人口的比例已达到88.76%，突破新高。人口年龄结构方面，0—14岁人口占比为25.5%，15—64岁人口占比为67.15%，65岁以上人口为7.27%。根据统计，2019年0—14岁人口为10年内最低，65岁以上老年

---

[1] "WHAT IS BEHIND LEBANON'S DEEPENING FINANCIAL CRISIS?", Feb 10, 2020 https://internationalbanker.com/finance/what-is-behind-lebanons-deepening-financial-crisis/.

[2] "Lebanon - data", https://data.worldbank.org/country/lebanon.

人口比重则突破新高。①

对外贸易方面，2019 年，黎巴嫩的贸易逆差缩小了 8.9%，为 155 亿美元，其中进口额下降了 3.7%，为 192 亿美元，出口增加 26.6%，为 37 亿美元。② 由于国际社会对黎巴嫩政府的信任度下降，随着黎巴嫩股票市场的衰退以及经济疲软，欧元债券的低迷显而易见。在哈里里于 2019 年 10 月底辞职之后，债券指数达到了 2003 年 12 月以来前所未有的历史低点 48.5。2019 年 10 月的抗议迫使黎巴嫩银行部门采取了一些金融措施。首先，由于严重的经济和金融危机，其主要上市银行在黎巴嫩中央银行的批准下选择推迟发布 2019 年一季度之后的财务报告。其次，为了保护其资金的流动性，特别是美元流动性，银行对提款和国际转账施加限制。为了支持银行资本，黎巴嫩中央银行向商业银行发出指令，要求银行在 2019 年不分配利润，并在 2020 年 6 月前将资本增加 20%。此举是为了降低银行的融资成本，黎巴嫩中央银行还指令商业银行在 2019 年 12 月后将存款利率提高到 8.5%，并将美元存款利率的上限扩展到 5%。

黎巴嫩经济的传统增长引擎——房地产建筑业以及旅游业停滞不前，而其广受国际赞扬的银行业在 2019 年的危机中更被证明是脆弱不堪的，这都显示出令人担忧的前景。而危机四伏的经济局面引发了国际社会对该国经济崩溃的担忧。在经济放缓以及黎巴嫩移民和银行存款转移的背景下，该国负债率持续上升，其财政赤字从 2018 年 10 月的 47.3 亿美元下降到 2019 年 10 月的 40.2 亿美元，这是由于黎巴嫩财政部提供的细目显示政府支出总额下降了 8.5%。虽然黎巴嫩财政赤字数额缩小，但是其公共债务总额以难以阻止的方式增长。黎巴嫩是仅次于日本和希腊的世界第三大债务国。根据 IMF 估算，其 2019 年的负债率已达到 GDP 的 150% 以上，预计 2020 年该数据将达到 GDP 的 161.8%，2021 年将达到 GDP 的 167%。③ 评级机构惠誉预测黎巴嫩即将发生 88 亿美元公共债务违约，同时在 2019

---

① "Lebanon – Statistics&Facts"，https：//www.statista.com/topics/5178/lebanon/？#dossierContents_ _ outerWrapper.

② "Lebanon – Statistics&Facts"，https：//www.statista.com/topics/5178/lebanon/？#dossierContents_ _ outerWrapper.

③ "Lebanon2019 budget deficit 'much bigger' than expected"，11 Dec 2019，https：//www.reuters.com/article/us – lebanon – protests – budget.

年10月将其评级下调至CCC-。① 为了筹集资金，2019年9月，黎政府决定对WhatsApp等互联网通话软件征税，直接引发了该国10年以来最大的群众抗议，并迫使总理哈里里于2019年10月辞职。面对着日益加剧的经济危机，黎巴嫩各个银行不得不关闭两个星期来缓解资金外流状况，这导致了储户的恐慌，他们注意到自己的提款额有限，并且自己的资产不允许向国外转移。

除了宏观经济以及政治挑战外，该国还面临着其他社会问题。叙利亚难民的大量涌入，给该国的人口平衡、劳动力市场、基础设施和公共服务的供应成本增加了巨大压力。黎巴嫩失业率在短时间内急剧上升，超过1/4的黎巴嫩劳动力受到影响，超过70%的难民和超过1/3的黎巴嫩公民生活在贫困线以下。② 而作为黎巴嫩重要支柱型产业之一的旅游业，在该国持续不稳定的政治经济情况面前再一次受到打击。据2019年10月黎巴嫩政府发布的有关黎巴嫩游客入境统计显示，贝鲁特的游客入住率下降了14.2%，其酒店入住率仅为10%，除贝鲁特之外的其他地区的酒店则几乎无人入住。而在2008年至2011年间经历了繁荣发展的房地产业，此时也处于危急之中。

（二）试图进行经济改革

2019年10月，黎巴嫩总理萨阿德·哈里里提出了一系列金融改革措施，其部分是为了安抚抗议者。然而抗议群众拒绝了总理的提议，认为他们听取了同样的改革承诺已经有30年，而之前类似的努力只会使上层阶级更加富裕，而使收入不平等情况更加严重。③ 正如卡耐基基金会的调查显示，目前黎巴嫩最富有的0.1%的人口（其中很大一部分是政治阶层），其收入占国民总收入的10%。黎巴嫩的国民收入具有双重社会结构特点，最富裕的群体位于最高阶层，其收入水平与高收入国家的收入水平相当；④

---

① "Fitch Downgrades Lebanon's Byblos Bank to 'CCC -': on Negative Watch", 29 Oct 2019, https://www.fitchratings.com/research/banks/fitch-downgrades-lebanon-byblos-bank-to-ccc-on-negative-watch-29-10-2019.

② Nicholas Larsen, "WHAT IS BEHIND LEBANON'S DEEPENING FINANCIAL CRISIS?", 10 Feb 2020, https://internationalbanker.com/finance/what-is-behind-lebanons-deepening-financial-crisis/.

③ "Lebanese continue protests, demand government to fix economy", 20 Oct 2019, https://www.aljazeera.com/news/2019/10/lebanon-protesters-vow-continue-demonstrations-fourth-day.

④ Michael Fakhri, "Lebanon needs to free its economy from international lenders", 25 Oct 2019, https://www.aljazeera.com/indepth/opinion/lebanon-free-economy-international-lenders.

而低收入群体却像许多欠发达国家一样贫穷。自 2005 年以来，黎巴嫩最富有的人群收入增长迅速，收入最高的 20% 的人其收入增加了 5%—15%，而收入最低的 50% 的人其收入则减少了 15%，最贫穷的人口数量增加了 1/4。2005 年至 2016 年黎巴嫩亿万富翁的平均财富更是占国民总收入的 20%。

对于哈里里本人来说，改革并不能缓解日益严重的贫富差距现象，其宣布改革议程的主要目标是安抚国际贷方。哈里里试图说服它们发放 2018 年 4 月在巴黎举行的捐助者会议上承诺的贷款。但这一贷款的前提是黎巴嫩政府必须执行相应改革，[1] 包括承诺将 70 亿美元用于政府资产和公共财产的私有化，以及采取通货紧缩策略，例如提高税收削减公共部门的工资以及减少社会服务，这些措施的落实将会使得国际贷方，尤其是法国和世界银行在黎巴嫩的经济和政治生活中，拥有了更大的权力。

抗议反映了黎巴嫩人民希望重新获得掌握自己生活权利的愿望。如果 CEDRE 会议上的贷款和条件保持不变，黎巴嫩的政治和经济前途将受到国际贷方的控制，从而限制其经济结构真正变革的可能性。[2] 国际社会希望黎巴嫩社会稳定并促成其经济增长，然而黎巴嫩的根本问题并不是缺乏经济增长的动力，而是其深刻的经济不平等和政府的低效管理，即使这些措施推动黎巴嫩经济增长也无法保证这种增长会让黎巴嫩人民受益。

（三）难以解决的财政金融问题

黎巴嫩公共债务过多，这可追溯到 20 世纪 90 年代内战后重建时期，虽然在法国前总统雅克·希拉克 2001 年至 2007 年的协调下，召开了一系列捐助者会议，承诺提供大量财政援助，但该会议从未能够恢复黎巴嫩内部和外部资金的可持续性。[3] 在 2008 年全球金融危机之后，当时大约有 300 亿美元的资本（约占黎巴嫩当年 GDP 的 8%）流向黎巴嫩。其中大部分资金流入是由于在金融危机背景下全球其他市场利率低下，而黎巴嫩银行却反其道而行，提高利率以迎接国外资本。大量外国资金的汇入，使得

---

[1] "Lebanon's Economic Update — October 2019", 9 Oct 2019, https：//www.worldbank.org/en/country/lebanon/publication/economic – update – october – 2019.

[2] "The economic context of Lebanon", https：//www.nordeatrade.com/en/explore – new – market/lebanon/economical – context.

[3] Nicholas Larse, "WHAT IS BEHIND LEBANON'S DEEPENING FINANCIAL CRISIS？", 10 Feb 2020, https：//internationalbanker.com/finance/what – is – behind – lebanons – deepening – financial – crisis/.

黎巴嫩中央银行能够利用部分流入资金来增加其储备，最终为庞大的账户赤字的扩大提供空间。资金流入还导致黎巴嫩通货膨胀上升，在2008年达到10%的峰值。在这种情况下，短期内债务与国内生产总值的比重下降。

2011年开始的叙利亚内战对黎巴嫩经济造成了一定影响，但这并不是黎巴嫩当前金融危机的根源。战争的影响主要在于对黎巴嫩的出口以及难民问题。战争以来，黎巴嫩已接纳了超过100万叙利亚难民。[①]据世界银行在2013年统计，叙利亚内战给黎巴嫩带来的财政总成本约为26亿美元，这一数额被国际社会2012年至2018年度向黎巴嫩支付的81亿美元的发展援助所抵消。因此，更可能导致当前危机的直接原因，是2017年11月黎巴嫩总理萨阿德·哈里里在沙特阿拉伯的神秘失踪和突然辞职。在2017年11月4日的讲话中，哈里里公开宣布辞去他的职务，其后他失踪超过10天。这引发了人们对他被沙特阿拉伯扣为人质的担忧。最终，在法国总统马克龙的干预下哈里里来到法国，从而最终返回黎巴嫩，并继续担任总理。[②]在这一系列事件后，居民存款崩溃，银行利率飙升，对私人银行的贷款金额下降，当年国民生产总值的增长率下降到0.25%。

导致黎巴嫩目前陷入困境的因素还有该国令人困惑的货币政策。在10年内，黎巴嫩中央银行放宽了存款人的利率以缓解政府不断加剧的债务问题，并使用美元支付大量进口货物以维持黎巴嫩镑的汇率，因此在金融危机之后的这段时间内，黎巴嫩是为数不多的为投资者提供极具吸引力回报率的国家之一，而世界上许多国家都大幅降低了利率以刺激经济复苏，这使得这个中东国家吸引了来自世界各地的投资者。但是过度依靠海外美元是一个危险的政策，这些美元并不足以支付利息和资本支出，于是黎巴嫩中央银行继续支付高利率来吸引资金。根据国际货币基金组织的数据，其美元贷款利率从2018年初的7%上升到2019年6月的9.7%，这反过来又导致黎巴嫩镑的贷款利率上升，随着经济状况的恶化、贫困程度的加剧以及利率的不断上升，商业银行的存款数额在2018年初开始急剧下滑，而外国存款数额在一年后也急剧下滑，黎巴嫩才真正感受到之前的措施带来的影响。

[①] "Amnesty calls on Lebanon to stop expulsion of Syrian refugees", 28 Aug 2019, https://www.aljazeera.com/news/2019/08/amnesty-calls-lebanon-stop-expulsion-syrian-refugees.

[②] Dune Haugnbolle, "Lebanon Is Facing an Economic and Environmental Disaster", 20 Feb 2019, https://foreignpolicy.com/2019/02/20/lebanon-is-facing-an-environmental-and-economic-disaster-hezbollah-hariri-aoun/.

人们对经济的信心下降，导致了存款的美元化程度提高，给黎巴嫩中央银行的资产负债以沉重的打击。因此世界银行认为，如果情况恶化，贫困水平可能从 1/3 左右上升到一半。世界银行在 11 月的观察中提到，黎巴嫩的失业率已经很高，尤其是年轻人的失业率已经急剧上升。

到 2019 年底，尽管黎巴嫩中央银行依然在履行对国内银行的还款义务，然而投资者越来越担心其可能会拖欠次年 3 月份的下一次债券付款，而且随着私营部门继续拖欠贷款，一些人认为黎巴嫩银行的坏账率比美国 2008 年的情况还要高，黎巴嫩人将面临着历史上最具挑战性的金融危机时刻。

国家财政方面，2019 年，黎巴嫩的国家债务已达到 908.5 亿美元，国家债务相较于 GDP 占比为 155.13%。2019 年政府支出占 GDP 比重为 31.23%，较 2018 年的 31.48% 略有下降。2019 年 8 月 23 日，惠誉将黎巴嫩长期外国货币发行评级从 B - 下调至 CCC，[①] 这反映出黎巴嫩政府融资压力越来越大，政府违约风险提高。虽然黎巴嫩在 2019 年提出了新的财政调整方案，但是由于缺乏稳定的政府债务计划，黎巴嫩仍需要大量资本流入为其庞大的预算和赤字提供资金。惠誉估计 2019 年黎巴嫩外部融资总需求将占到 GDP 的 24%。然而，2018 年底至 2019 年 6 月，黎巴嫩商业银行的总存款下降，外汇存款在六月同比增长 3.6%。6 月黎巴嫩银行美元化程度达到 71.5%，高于 2018 年同期 68%。非居民外汇存款同比增长不到 3%。外汇存款的平均利率在六月份为 5.8%。相对于美元，储户储存黎巴嫩镑的信心减弱，这源自于黎巴嫩国内的政治动荡、政府的干预无效、经济形势恶化以及地缘政治风险上升，包括美国对真主党的制裁以及黎巴嫩与海湾国家之间关系的弱化。2019 年 1 月，黎巴嫩财政部长曾提出了重组国内债务以减轻黎巴嫩政府利息负担，随后这些举措虽然撤销，但是加剧了存款人的担忧。

2019 年 12 月，惠誉评级将黎巴嫩的长期外国货币发行评级从 CCC 下调至 CC -。关于黎巴嫩的这次下调，惠誉认为，由于黎巴嫩严重的政治不确定性，实际上的资本管制以及投资者对银行业的信心受损，导致政府债务重组及违约的可能性非常大。[②] 这将阻止黎巴嫩所需资金的流入以及平

[①] "Fitch Downgrades Lebanon to 'CCC'", 23 Aug 2019, https://www.fitchratings.com/research/sovereigns/fitch-downgrades-lebanon-to-ccc-23-08-2019.

[②] "Fitch Downgrades Lebanon to 'CC'", 12 Dec 2019, https://www.fitchratings.com/research/sovereigns/fitch-downgrades-lebanon-to-cc-12-12-2019.

行汇率的出现,并且黎巴嫩中央银行未能完全履行其外汇义务,反映出黎巴嫩越来越大的财务压力。没有资金持续流入,意味着外汇储备下降加剧,当下政治阶层和抗议民众之间的破裂,可能导致持续的政治动荡、经济衰退的迹象,加上银行存款的提取受到限制,货物短缺状况不断出现,进一步加剧了社会动荡的风险。惠誉估计,黎巴嫩中央银行的外汇储备总额将在2019年底降至280亿美元,相比于2018年下降40亿美元,并且由于25亿美元的欧洲债券到期,以及大量外部融资需求,2020年将继续缩小逆差,但仍保持在85亿—95亿美元之间。①

黎巴嫩长期得到海湾国家(如沙特阿拉伯)的财政支持。然而,近年来,由于黎巴嫩真主党在黎政府地位上升,其影响力日益增强,出于地缘政治考虑,与海湾国家的关系削弱。这是由于黎巴嫩真主党与伊朗有着密切的联系,而伊朗与沙特阿拉伯在海湾地区存在着非常激烈的竞争。海湾国家在2018年4月的CEDRE会议上认捐了35亿美元,但尚未支付。2019年12月11日,国际支援黎巴嫩组织ISTL在巴黎举行的一次会议中重新声明了对黎巴嫩的支持,其条件是黎巴嫩组建一个新政府,并尊重示威者要求实施改革。

(四) 第四季度经济严重衰退

黎巴嫩2019年第四季度GDP大幅下滑,增长率介于-5%到-6%之间。2019年的10月至12月,黎巴嫩平均月通货膨胀率翻了两倍多,从1.33%上升到12月的6.69%。通货膨胀率急剧上升的原因是2019年11月8日首次实行资本管制,该限制导致黎巴嫩出现了一个平行市场,在黑市上美元对黎巴嫩镑的比率超过1∶2000,而官方汇率依旧保持在1∶1507.5。

2019年第四季度黎巴嫩汽车销量大幅下滑,11月注册的新车数量相较于2018年同期大幅下降79%,② 友邦保险将这一大幅下降归因于黎巴嫩的强制资本管制,暂停汽车贷款以及美元流动性不足③。与此同时,黎巴嫩房地产市场开始活跃,随着资本管制措施的实施,房地产业成为大型储户

---

① "Fitch Downgrades Lebanese Banks to 'RD'", 2 Dec 2019, https://www.fitchratings.com/research/banks/fitch-downgrades-lebanese-banks-to-rd-12-12-2019.

② "Car Market Slump in 2019", 14 Dec 2019, https://blog.blominvestbank.com/32038/car-market-slump-in-2019/.

③ "2019 AIA Middle East International Conference Registration & Event Details 2019", http://www.aiamiddleeast.org/register.

为规避风险而进行投资的目标。2019年12月仅房地产交易就有6189笔，该数目几乎是2019年11月的两倍。然而，这多数是二手房产的交易，房地产新项目的需求依然低迷，建筑许可证总数和建筑面积相比于2018年同期分别下降了19.8%和32.7%。[1]

2019年第一季度旅游业是经济的亮点，这是由于沙特等国放宽了对黎巴嫩的旅游限制，然而第四季度政治经济局面的恶化阻碍了该行业的发展。在第一季度有923820名旅客访问黎巴嫩，游客数量达到2010年水平。到2019年底，黎巴嫩机场乘客人数相比于2018年同期下降1.72%。这是黎巴嫩机场乘客人数8年来第一次下滑，累计游客数量同比下降1.4%。[2]黎巴嫩一家管理公司表示，在之前的两个月有260多家食品企业被迫关闭，到2019年12月底，这一数字增至465家。酒店所有者协会负责人阿赫卡尔表示，贝鲁特以外的酒店入住率为0，而贝鲁特地区的酒店入住率介于7%—12%之间，这是酒店业近代历史上最严重的危机。他说，贝鲁特试图在危机之前恢复其重要性，但是由于银行设施的减少，他们不能指望游客来黎巴嫩。他还补充道，为了维持生计，黎巴嫩80%的酒店已经关闭。

（五）国际社会的援助

由法国和联合国黎巴嫩问题特别协调员办公室共同主持的黎巴嫩国际赞助小组会议于2019年12月11日在法国巴黎举行。中国、德国、意大利、俄罗斯、英国、美国、阿拉伯国家，欧洲复兴开发银行、欧洲投资银行、国际货币基金组织、世界银行以及其他国际金融公司参加了会议。黎巴嫩也派代表参与了讨论。专家组认为，维护黎巴嫩的稳定与统一需要组建一个有效的政府，这个政府能够满足所有黎巴嫩人表达的愿望，并且施行实质性的经济改革以使该国摆脱紧张局势和经济危机。[3] 该会议呼吁黎巴嫩政府立即通过可靠的2020年预算，这是迈向多年财政计划的第一步，其中包括永久性措施，旨在可持续地改善基本平衡，同时加强社会安全保障以保护最贫困的群众以及维持其基本生存需求。会议还敦促黎巴嫩当局采取果断行动，恢复金融部门供资模式的稳定性和可持续性，以及采取相

---

[1] "Overview of the Lebanese Economy in 2019", https：//blog.blominvestbank.com/33009/overview-of-the-lebanese-economy-in-2019/.

[2] "Overview of the Lebanese Economy in 2019", https：//blog.blominvestbank.com/33009/overview-of-the-lebanese-economy-in-2019/.

[3] IMad K Harb, "The imminent failure of Lebanon's new prime minister", https：//www.aljazeera.com/indepth/opinion/imminent-failure-lebanon-prime-minister.

应手段应对腐败和逃税行为。专家组重申，于2018年4月6日商定的CE-DRE会议的结果依然有效，在这方面，黎巴嫩政府应尽快推动现有项目的执行，承诺根据人们的需求和期望对资本投资计划的各个项目进行排序，并设立一个资金委员会监督。其执行专家组还认为，国际金融机构的支持对于帮助黎巴嫩政府进行必要的经济改革至关重要。① 专家组重申，愿意支持黎巴嫩为进行改革采取的一系列活动，包括通过向黎巴嫩新政府提供技术援助，并按照当前的局势，确保黎巴嫩获得基本商品和设施以维持黎巴嫩人口的生计和经济恢复能力。

2019年12月，黎巴嫩看守总理萨阿德·哈里里向德国总理默克尔、英国首相约翰逊和西班牙总理桑切斯发出援助呼吁。此前，他曾向沙特阿拉伯、法国、俄罗斯、土耳其、美国、中国和埃及发出了援助呼吁，这凸显了黎巴嫩严峻的经济状况。世界银行警告称其金融和经济压力在增加，黎巴嫩呼吁友好国家帮助其解决流动性短缺问题，并为其国进口提供信贷以维持粮食安全，并提供生产原料。

2019年的最后一个星期，示威者在黎巴嫩最大的银行——奥迪银行的贝鲁特办公室抗议高呼，起因为该国大部分银行都实施了严格的提款限额，将客户的提款金额限制在每周几百美元。黎巴嫩内战以来最严重的金融危机使该国许多地方陷入了现金困境。②

结　语

毫无疑问，2019年的黎巴嫩充满了困难与动荡。不论是宗派林立、经济衰颓、政府更替的国内环境，还是制裁频繁、冲突动荡和错综复杂的国际局势，让人深刻感受到历史的车轮在这个中东小国留下的无数痕迹。进入2020年，新冠肺炎疫情的持续影响和震惊世界的黎巴嫩港口爆炸事件更是让黎巴嫩的局势雪上加霜。然而，黎巴嫩人没有放弃对自己家园的拯救，就像2018年颇受欢迎的黎巴嫩电影《何以为家》那样，黎巴嫩人民依旧在寻找那个和谐的家。

---

① "Final statement – International Support Group for Lebanon", 11 Dec 2019, https：//www.diplomatie.gouv.fr/en/country-files/lebanon/news/article/final-statement-international-support-group-for-lebanon-paris-11-dec-2019.

② IMad K Harb, "The imminent failure of Lebanon's new prime minister", https：//www.aljazeera.com/indepth/opinion/imminent-failure-lebanon-prime-minister.

卡塔尔：
断交后再"退群"的内外政策分析*

2019年，在断交危机尚未解决时，卡塔尔又宣布退出石油输出国组织，助推天然气发展，其经济发展呈现新态势。外交上，卡塔尔与美国、俄罗斯等域外大国以及土耳其、伊朗和伊拉克等中东大国的关系继续向好，缓解了断交后的外交压力。经济上，卡塔尔依然占据天燃气出口第一的位置，并且加强了与亚洲国家的贸易往来。2022年世界杯项目的建设也为卡塔尔继续发展提供了动力。但经济发展和社会管理层面仍存在不足之处。

一、外交形势渐趋缓和

（一）恶化后的缓和迹象

卡塔尔断交危机已持续3年，事态显露微弱的缓和态势。2017年6月，沙特、阿联酋、巴林和埃及等国以卡塔尔"支持恐怖主义"和"破坏地区安全"为由，宣布与卡塔尔断交，并对卡塔尔实施禁运和封锁政策，又提出13条苛刻的要求。2017年12月，卡塔尔埃米尔塔米姆顺利出席了在科威特举行的海合会第38次首脑峰会，却因沙特、阿联酋和巴林等国元首有意缺席使缓和希望破灭。2018年整年，外交危机并未呈现明显的缓和态势，甚至因一系列事件而愈加紧张，比如：卡塔尔下令禁止进口沙特、阿联酋、巴林和埃及四国的产品；沙特欲修建"萨尔瓦"（Salwa）运河试图将卡塔尔变成一座"孤岛"；阿联酋扣押卡塔尔船只；卡塔尔欲购买俄罗斯S-400防空系统以及卡塔尔副首相兼国防大臣在2018年6月初的"香格里拉对话会"上表示卡塔尔不会参与任何针对伊朗军事行动的言论

---

* 作者：刘亚萍，西北大学中东研究所博士研究生。

等。除了上层政治方面，沙特的民众对卡塔尔"拜因体育"（Bein Sports）买断了2018年世界杯的中东地区转播权而敌视卡塔尔政府。

在经历2020年全球性病毒危机的肆虐后，全球合作再获广泛认同，在2021年1月5日召开的第41届海湾阿拉伯国家合作委员会首脑会议上，沙特、巴林、阿拉伯联合酋长国和埃及与卡塔尔恢复全面外交关系，签署《欧拉宣言》，各个阿拉伯国家还签署了多份多边协定，强调将促进海湾国家的一体化进程，维护增强地区团结与稳定，随后海湾国家间贸易和旅游也逐步开放。这次转机的实现不仅在于断交危机给双方造成的经济损失和持续的新冠肺炎疫情造成海湾国家经济困难等内部因素，还在于沙特为与拜登政府交好而提前释放出友好信号。沙特预先缓和与卡塔尔的关系，有助于与美国新政府建立良好关系。美国在卡塔尔建立了中东最大的空军基地，维护海湾国家间的稳定和团结是美国的重要战略之一。另一重要外因就是伊朗在中东影响力增强的压力。沙特等国本欲以断交威胁卡塔尔断绝与伊朗的关系，相反却拉近了伊卡之间的关系。面临伊朗的强势和美国的压力，海湾国家之间的团结与稳定显得尤为重要，因此化解断交危机逐渐被提上日程。当然，卡塔尔也不愿被长期孤立，在双方共同意愿下，海湾国家间的关系不断向好。

卡塔尔和伊朗的关系成为沙卡两国和解的重要阻碍，目前看来和解还不具备实质性基础，两国的和解还是长期的过程。但任何国家的"单打独斗"都不会使其强大到足以在不连通邻国的情况下面对和克服危机，尤其是当这些邻国相互联系并享有相同的地缘政治、传统、宗教、血统、政治制度和语言时。所以卡塔尔和海合会其他成员国和解或许只是时间的问题。

（二）加强与美国和俄罗斯的关系

为了降低断交危机给卡塔尔带来的经济和外交压力，卡塔尔积极加强与域外大国之间的关系。首先就是改善与美国的关系。为了制衡伊朗在中东势力的发展，美国积极斡旋卡塔尔与沙特等国的外交危机，推动埃及、约旦和海合会六国组建地区军事联盟。蓬佩奥认为，卡塔尔与海湾阿拉伯邻国关系的恶化会削弱对抗伊朗的能力，也不利于美国实现其"中东战略联盟"计划，因此，他向巴林、埃及和阿拉伯联合酋长国提议改善与卡塔尔的关系。

卡塔尔加强与美国的军事贸易往来。自2018年时任美国国务卿蒂勒森改变了以往对卡塔尔"支持恐怖主义"的认定,公开宣称卡塔尔是美国强大的合作伙伴后,美国和卡塔尔的关系升温,卡塔尔也允许美国扩大在其境内的乌代德军事基地。乌代德军事基地是美国在中东地区最大的军事基地,驻扎有至少 1.3 万名美国军事人员,并部署了多架 B – 52H 型远程战略轰炸机。美国政府还批准向卡塔尔出售价值不超过 30 亿美元的 24 架波音 AH – 64E 阿帕奇攻击直升机和相关设备。之后,美国参议院否决了禁止向卡塔尔出售弹药的提案。① 此外,卡塔尔还与美国公司签订了商业合同,例如购买 5 架波音 777 型货机以及通用电气公司的飞机发动机等。但由于美卡两国经济和外交地位的悬殊,两国关系的主导权始终由美国掌控。

其次,为了打破沙特等国的封锁和撬动并改善与美国的关系,卡塔尔不断与俄罗斯进行军事武器贸易,以加强国家的防务能力。同时俄罗斯也需要借助与卡塔尔的关系增加其在中东地区的影响力。俄罗斯与卡塔尔基于共同的战略利益需求,于 2017 年签署了政府间军事技术合作协议。俄罗斯国防产品出口公司(Rosoboron export)和卡塔尔国防部代表签署了合作备忘录和框架合同。两年来,两国继续就 S – 400 导弹贸易进行磋商。同时双方也关注其他经贸合作领域,尤其是加强双方投资关系,如卡塔尔投资局持有俄石油公司 19.25% 的股权。截至 2019 年底,两国贸易额达到约 8000 万美元。2020 年初,两国签署了一份政府间的安全领域谅解备忘录,主要包括打击国际恐怖主义和网络犯罪,以及经济安全问题。

(三)加强与其他伊斯兰国家之间的关系

沙特和伊朗一直是水火不容的关系。在与沙特断交后,卡塔尔更加注重发展与伊朗的关系。1995 年,哈马德·阿勒萨尼上台后开始展开全方位外交以提升地区影响力,其中一点就是改善与伊朗的关系。在卡塔尔被封锁期,伊朗每天向卡塔尔运送 1100 吨水果和蔬菜。② 伊朗总统鲁哈尼谴责对卡塔尔的封锁,并表示"德黑兰将支持卡塔尔政府",同时向卡塔尔飞机开放伊朗领空。卡塔尔是伊朗插手海湾地区事务的重要切入点。2019 年,卡塔尔副首相穆罕默德表示,美国对伊朗单方面石油制裁不会产生积

---

① "US Senate upholds arms sales to Bahrain, Qatar", Defensenews, 13 June, 2019, https://www.defensenews.com/congress/2019/06/13/us – senate – upholds – arms – sales – to – bahrain – qatar/, 2020 – 07 – 24.

② "Iran supplies 1,000 + tons of food to Qatar every day – media", RT New, 22 June, 2017, https://www.rt.com/news/393644 – iran – qatar – food – supply – blockade/, 20 June, 2020 – 06 – 20.

极效果，呼吁美伊双方以对话的方式解决问题。同时两国还存在巨大的利益共同点，即共同拥有位于波斯湾的北方气田——南帕斯天然气田。北方气田是卡塔尔最大的收入来源，利益拉近了两国的关系。伊朗在中东地区的战略地位和其发挥的重要作用，以及共同的利益点使卡塔尔不断加强与伊朗的合作，强化双边关系，以维护地区和平。

为了减轻封锁的困扰，卡塔尔加强了与土耳其的贸易往来。卡塔尔遭遇封锁初期，土耳其为卡塔尔提供淡水和食物，派兵进驻卡塔尔进行军事演习以保护其领土安全。[1] 同时，两国不断加强双方的经济联系。2018 年，两国签署了一项涵盖电信和金融服务等内容的商业和经济伙伴关系协议，旨在降低贸易成本和加强经济关系，特别是在石油产品和天然气能源方面。随后卡塔尔表示将对土耳其进行 150 亿美元的直接投资。2019 年，土耳其对卡塔尔的国防和航空产品出口增加了近两倍。[2] 同时，土耳其央行为卡塔尔提供的贷款总限额已从 30 亿美元增至 50 亿美元。土耳其企业在卡塔尔开展了 146 个项目，总价值达 170 亿美元，还会为 2022 年世界杯提供安全、网络防御和智能城市系统等服务。过去十年内，土耳其和卡塔尔的双边贸易额增长 84%，2018 年达到 23 亿美元。[3] 可以说断交危机之后，土耳其对卡塔尔的紧急救援拉近了两国的关系。

（四）加强与亚洲国家的关系

卡塔尔不断加强与亚洲国家间的关系，自 2008 年起，卡塔尔积极拓展与日本、中国、马来西亚、泰国和韩国等的天然气贸易，签署长期购销合同。卡塔尔的"向东看"战略和向亚洲出售液化天然气、石油是其近年来经济发展的重要增长点。日本、韩国、中国和印度是其排名前四的出口目的国。自 2014 年中卡两国建立战略伙伴关系以来，卡塔尔积极支持"一带一路"倡议，两国关系发展顺利，尤其是经贸合作频繁，包括能源、飞

---

[1] The Peninsula, "Qatar's investment in Turkey crosses ＄20 bn", 19 July, 2018, https：//thepeninsulaqatar.com/article/19/07/2018/Qatar%E2%80%99s-investment-in-Turkey-crosses-＄20bn, 2020－07－24.

[2] Anadolu Agency, "Turkey：Export－import coverage in 11 months nearly 87%", December 02, 2019, https：//www.aa.com.tr/en/economy/turkey－export－import－coverage－in－11－months－nearly－87－/1661244, 2020－07－13.

[3] Anadolu Agency, "Turkey seeks more Qatari investments：Vice president", November 01, 2019, https：//www.aa.com.tr/en/economy/turkey－seeks－more－qatari－investments－vice－president/1633267, 2020－07－13.

机、汽车、钢铁制品和日用品等。在卡塔尔"2030 国家发展愿景"的推动下，中卡将实现更多领域的合作，前景良好。近年来，中国有 20 多家大型企业进驻卡塔尔，为卡塔尔供水系统升级和高铁建设提供技术支持，还参与世界杯主体育场的建设和哈马德港口[①]等大型项目工程等。在卡塔尔工作的华人约有 5000 人，绝大部分从事建筑工程、商贸等领域工作。[②] 根据国家信息中心发布的《"一带一路"贸易合作大数据报告 2018》，在"一带一路"沿线国家中，卡塔尔与中国进出口贸易总额增长速度最快，超过 35%。2019 年，中卡货物贸易总额为 111.2 亿美元，较 2018 年有微弱的增长，中国是卡塔尔第二大贸易伙伴国。卡塔尔中资企业协会的成立意味着中卡两国合作空间将进一步扩大。

扩展与日本的合作。日本为了维持液化天然气（LNG）、原油等资源的稳定供应，与卡塔尔构筑了紧密的合作关系。近年来，日本一直是卡塔尔最大的贸易伙伴国。2018 年，卡塔尔向日本的出口总额达 116 亿美元，其中，天然气出口占到卡塔尔生产总额的 13.1%。众多日本企业进驻卡塔尔，如日本丸红与三井等多家企业持有卡塔尔天然气出口项目的股份，日本还希望向卡塔尔提供技术支持。此外，日本和卡塔尔均希望加强双方在防卫和教育等方面的进一步合作，扩大日本自卫队与卡塔尔军队的军事交流。

（五）打造良好的国际形象，参与化解地区问题

为了营造良好的国际形象，提升在中东国家间的地位，卡塔尔政府提高了地区热点问题的参与度。首先是支持伊拉克政府。在伊拉克重建方面，卡塔尔表示在政治和安全方面支持伊拉克，希望发展与伊拉克的兄弟关系，支持伊拉克实现稳定与和平，还承诺向伊拉克提供价值 10 亿美元的贷款和投资。同样在 2017 年断交危机伊始，伊拉克外长贾法里称"伊拉克站在卡塔尔一方"，反对针对任何国家的封锁和隔离，认为对话是解决分歧的最好方式。其次是参与人道主义项目。2019 年 1 月 25 日，卡塔尔官员宣布，为了帮助改善加沙地带民众的生活条件和解决人道主义问题，卡塔尔援助 1500 万美元用于加沙地带的人道主义项目，包括帮助贫困家

---

① 哈马德港口的投入使用标志着卡塔尔可以直接从中国进口货物，而无需再通过阿联酋迪拜转运。

② 中国商务部："对外投资合作国别（地区）指南——卡塔尔（2019 年版）"，http://www.mofcom.gov.cn/dl/gbdqzn/upload/kataer.pdf，第 4 页。

庭、改善和发展电网、临时就业计划等。最后是积极调解阿富汗问题。卡塔尔是阿富汗喀布尔唯一同意与塔利班进行和谈的地方。美国政府与阿富汗塔利班均对卡塔尔承办的和谈工作以及所发挥的调解作用表示感谢。

此外，卡塔尔致力于可持续发展。根据"2030 国家发展愿景"，卡塔尔采取了众多措施来改善和开发技术，包括优化用水、鼓励水的回收和再利用等，以及通过加强能源、废物回收利用率和增加绿地覆盖率来改善空气质量。在世界杯场馆建设方面，卡塔尔采取太阳能进行冷却和照明技术以达到节水和节能目标。卡塔尔还捐助 1 亿美元支持小岛屿发展中国家和贫穷国家应对气候变化、自然灾害和环境挑战。[1]

二、经济发展稳中有进

（一）经济发展概况

根据贸易经济网（Trading Economics）给出的数据，断交以来，卡塔尔经济发展状况较为稳定。

表 1　2016—2019 年卡塔尔宏观经济状况

年份	GDP（亿美元）	人均 GDP（美元）	GDP 实际增长率（%）
2016 年	1517.3	57970	2.10
2017 年	1669.3	62830	1.60
2018 年	1924.5	70780	2.20
2019 年	1834.7	64781	-0.18

资料来源：Trading Economics,"Qatar GDP 1970 – 2019 Data", https://tradingeconomics.com/qatar/gdp。

2019 年国民生产总值下降最主要的原因就是天然气价格的下降。卡塔尔的支柱产业是石油、天然气及与之相关的石化产业，其占国民生产总值的 50% 左右。据《BP 世界能源统计年鉴（2020 年）》的数据统计，2019 年，卡塔尔仍然是天然气第一出口国，为 1071 亿立方米，澳大利亚次之为

---

[1] "The Amir of Qatar announces \$100m to tackle climate change", Gulf News, September 24, 2019, https://www.qatar-gulfnews.com/the-amir-of-qatar-announces-100m-to-tackle-climate-change/, 2020-07-13.

1047亿立方米。由于澳大利亚、美国和俄罗斯天然气的产量较去年增长540亿立方米，增幅达12.7%，全球多地天然气库存超量，导致价格下降。美国亨利枢纽价格下跌20%，平均为2.53美元/MMBtu，而英国NBP指数和日韩指数显示，欧洲和亚洲价格下跌超过40%，平均分别为4.47美元/MMBtu和5.49美元/MMBtu。[①] 欧洲的天然气价格跌至了2004年以来的最低水平。

虽然断交危机给卡塔尔造成经济损失、外籍劳工流失等问题，但卡塔尔的经济发展态势还是值得肯定的。据世界经济论坛发布的《2019年全球竞争力报告》的统计数据，在阿拉伯国家中，卡塔尔排在第二位，仅次于阿联酋，沙特排名第三。而卡塔尔在全球最具竞争力的141个国家和地区中，排第29位。[②] 世界银行《2019年营商环境报告》中指出，截至2018年5月1日，卡塔尔经商环境在190个国家（地区）中排名第83位。[③] 截至2019年7月，卡塔尔的失业率一直保持在0.1%，与2017年和2018年同期持平，就业率并未受到断交风波和"退群"的影响。总体来看，卡塔尔政治稳定、经济发展稳中有进，投资吸引力较强。卡塔尔被评为中东地区经济前景最稳定国家之一。

（二）"退群"后天然气发展向好

2018年12月3日，卡塔尔宣布将从2019年1月起退出石油输出国组织（简称"欧佩克"），卡塔尔不会再遵循欧佩克的生产协议，但卡塔尔将与其他非欧佩克成员国一样履行所有义务。这一决定结束了卡塔尔自1961年加入"欧佩克"57年的历史，成为欧佩克成立以来第一个主动退出的中东国家。卡塔尔给出的"退群"理由是基于其加强自身国际作用的方式和该国的长期战略，"退群"并非出于政治目的，与欧佩克的实际领导国沙特阿拉伯、阿联酋、巴林自2017年6月以来对卡塔尔的政治和经济封锁无关。卡塔尔虽是欧佩克最小的产油国之一，但却是世界上最大的液化天然气出口国，这一"退群"决定映射出卡塔尔希望将精力集中在开发和增加天然气产量上，该国计划在未来几年将天然气产量从每年7700万吨增加到

---

① "BP世界能源统计年鉴（2020年）"，https://www.bp.com/en/global/corporate/energy-economics/statistical-review-of-world-energy.html，2020年7月13日。

② "The Global Competitiveness Report 2019.pdf"，http://www.cdi.org.pe/pdf/IGC/2019/WEF_TheGlobalCompetitivenessReport2019.pdf，2020-07-13。

③ 世界银行："2019年营商环境报告"，https://chinese.doingbusiness.org/content/dam/doingBusiness/media/Special-Reports/ReportInChinese.pdf，第4页。

1.1亿吨。[1]

卡塔尔作为中东石油出口国，其已证实的石油储量是253.8亿桶，占全球储备比例的1.72%，高于中国和美国，但其原油产出体量较小。卡塔尔2018年10月日产原油61万桶，仅为欧佩克总产量的1.83%，而当时沙特阿拉伯的日产量已达到1100万桶，卡塔尔在欧佩克15个成员国中排名第11。[2] 据《BP世界能源统计年鉴（2020年）》数据统计，2018年卡塔尔石油平均日产142.7万桶，而沙特平均日产1053.3万桶，中东地区总计日产2807.8万桶；2019年卡塔尔为140.5万桶，沙特为1014.5万桶，中东地区总计2653.2万桶。[3] 所以以产量计算，卡塔尔的石油产量相对石油产量大国较小，退出欧佩克对油价的影响并不会很大。然而，作为欧佩克元老级的国家，卡塔尔的主动"退群"无疑使该组织的团结性受损。由于沙特等产油大国牢牢掌握着欧佩克的领导权，中小产油国的产量受到限制，卡塔尔作为首个摆脱产油大国束缚、独立自主制定原油产出计划的代表，"退群"不可避免地会削弱欧佩克在成员国内部的权威性。

卡塔尔"退群"背后潜在着政治因素。首先就是卡塔尔与欧佩克主导国家沙特的长期矛盾。冷战时期，因为划界问题，两国边境地区经常爆发冲突，甚至在1992年发生了导致3人死亡的小型冲突战争，最后以卡塔尔妥协结束。2014年，沙特、阿联酋和巴林指责卡塔尔支持穆斯林兄弟会，并决定召回驻卡塔尔大使，后经过科威特、阿曼的调解，才平息了这场外交风波。2017年，断交危机以及沙特等国对卡塔尔"支持恐怖组织"的指责，再加上冻结与卡塔尔的双边贸易，双方关系"冰封"。卡塔尔的进出口额大幅下降，再加上卡塔尔40%的食品供应是从沙特阿拉伯进口的，国内物价快速上涨。政治制裁伴随在经济封锁之后。13项清单将卡塔尔推到了爆发的边缘，卡塔尔认为这些要求侵犯了其国家主权，干涉了内政，谴责沙特等国违反国际法。卡塔尔外交大臣穆罕默德表示，卡塔尔拒绝讨论内政问题，磋商也仅限于涉及"集体安全"的领域，称卡塔尔不会接受"外国的命令"，拒绝任何涉及半岛电视台的讨论。7月10日，四国再次发

---

[1] Al Jazeera, "Qatar Breaks up with OPEC: It's not You, It's Me", https://www.aljazeera.com/programmes/countingthecost/2018/12/qatar-break-opec-181208080831667.html, 2020-07-13.

[2] "'退群'的卡塔尔：与沙特已貌合神离，或加剧欧佩克内部分裂"，澎湃新闻，2018年12月4日，https://m.thepaper.cn/yidian_promDetail.jsp?contid=2705162&from=yidian，2020年8月23日。

[3] 《BP世界能源统计年鉴（2020年）》, https://www.bp.com/en/global/corporate/energy-economics/statistical-review-of-world-energy.html, 2020-07-13。

表联合声明，并曝光了之前多国与卡特尔签署的《利雅得协议》及《利雅得补充协议》绝密文件，将此次断交危机单方面归责于卡塔尔违反协议，没有遵守其早于2013年签署的《利雅得协定》中的有关承诺。为此，卡塔尔成立了"索赔委员会"，通过法律手段向四国索要"断交"事件给卡塔尔造成的数十亿美元经济损失。为了促使卡塔尔妥协和最终解决这场危机，沙特还对卡塔尔还进行心理威慑，即计划开凿将卡塔尔从三面环海、一面与沙特陆路相连的半岛国家变成四面环海的"岛屿"的塞勒瓦运河。沙特和卡塔尔的矛盾不断升级，海湾国家之间的裂痕不断加大，成为卡塔尔退出沙特主导的欧佩克的"助推剂"。

卡塔尔"退群"的举动还在于其"小国大外交"的战略。卡塔尔在宣布"退群"时给出的官方理由是希望摆脱欧佩克的生产限制、扩大天然气生产，并非出于政治意图，但实质上存在卡塔尔作为天然气大国与沙特作为石油大国之间的矛盾因素。

1987—1988年，当美国援引"挚诚意志行动"（Operation Earnest Will）以保护海湾油轮免受伊朗和伊拉克袭击时，卡塔尔意识到沙特阿拉伯不再能够充当其保护国。那时，卡塔尔决定要成为名副其实的"阿拉伯天然气生产国"，从而成为西方不可或缺的国家，而且，西方国家也有能力捍卫其免受任何交战邻国的侵害。在20世纪90年代，随着外国资金的重新投入，卡塔尔确定了1996年的能源目标，即通过一条区域管道将北部油田的天然气出口到海湾合作委员会（GCC）的几个邻国，特别是沙特阿拉伯、科威特、巴林和阿联酋。相比建设资本密集型液化天然气设施，卡塔尔决定采用海湾合作委员会管道，但却遭到了沙特的反对。因为当时沙特阿拉伯已经启动了自己的天然气计划，可由于担心卡塔尔的输气管道会对沙特的利益产生不利影响，因此撤回了对卡塔尔天然气过境权的初步授予。受"沙漠盾牌行动"和海湾战争等因素影响，卡塔尔天然气收入不稳定，运输安全性降低。卡塔尔目标的失败使其意识到要最大限度地发挥在液化天然气生产中的作用并形成稳定的产业链和贸易链。

卡塔尔国土面积只有1万平方公里，国籍人口仅约50万人。卡塔尔虽非石油产出大国，却位于中东—中亚—俄罗斯能源轴心地带，以及中东能源地缘政治的敏感区。[①] 卡塔尔希望借助能源权力实现谋求地区大国地位

---

① 潘旭明："卡塔尔退出欧佩克折射国际能源格局深刻变化"，《当代世界》，2019年第2期，第58页。

的"大国梦",跳出欧佩克生产限额的束缚,大力发展油气产业,扩展与亚洲国家的能源贸易,实现与能源需求国的直接对接,以实现更长远的利益目标。然而,欧佩克根据国际石油市场的供求和各国的具体情况,对成员国实行配额制,卡塔尔在欧佩克决策过程中并没有太大的发言权。这种运作模式对卡塔尔这种非主导国家的能源收入存在明显的不确定性。卡塔尔前首相谢赫哈马德·本·贾西姆·阿勒萨尼称,欧佩克对卡塔尔已经失去原有作用,甚至有损于卡塔尔国家利益。[1] 发展至今,在2006年超过印度尼西亚,成为全球液化天然气贸易的领导者后,卡塔尔无疑将抢占全球液化天然气市场,因此其更紧迫的需要获得自主生产的权利,不再受配额生产的束缚,走独立自主的能源发展道路。

此外,在能源方面,卡塔尔一直想拉拢美国,获得美国的支持,缓解与沙特等国断交危机造成的压力。美国因欧佩克对石油控价的不满为卡塔尔靠近美国提供了机会。美国能源信息署(EIA)制定的《2019年度能源展望》中预计,到2020年,美国将成为能源净出口国。美国的页岩油气开采取得重大突破后,生产能力极大提高,反对欧佩克利用政策手段控制石油价格,为此,美国不惜采取国内反垄断诉讼手段解散欧佩克。继2000年美国联邦参议员莱希(Patrick Leahy)首次将《反石油生产和出口卡特尔法案》(No Oil Producing and Exporting Cartels Ac)引入参议院后,[2] 2018年,美国众议院司法委员会再次通过了同名的跨党派议案。[3] 卡塔尔和美国都一致反对欧佩克石油控价和限额生产的政策。此外,为推动液化天然气业务的迅猛发展,卡塔尔积极扩展海外市场,加大在美国市场的投资力度,成功控股美国德克萨斯州"黄金通道"(Golden Pass)的液化天然气

---

[1] The Washington Post, "Qatar Will Leave OPEC. Here's What This Means", December 6, 2018, https://www.washingtonpost.com/news/monkey-cage/wp/2018/12/06/qatar-will-leave-opec-heres-what-this-means/, 2020-07-13.

[2] Congressional Budget Office Cost Estimate, "S. 2270 No Oil Producing and Exporting Cartels Act of 2004", April 29, 2004, https://www.washingtonpost.com/news/monkey-cage/wp/2018/12/06/qatar-will-leave-opec-heres-what-this-means/, 2020-07-13.

[3] Congress Gov, "H. R. 5904 – NOPEC 115th Congress (2017 – 2018)", https://www.congress.gov/bill/115th-congress/house-bill/5904?_ _ cf_ chl_ jschl_ tk_ _ = 09c157ee5b8a47b909fa2876dc54b45b4bcef46d - 1612340179 - 0 - AVmWExnA - DxQv05yad5LWJIJTwQLDYm54oUTa4cx5eWjZYT_ 9Ufpgqhi8oVKY0zB5u0UgP2DsGBSy - RFtCSNp4 - xMIceXV2dpv2vicmlRg_ a - KoLc6fLAJ7P5xbiLOQfUNGtU - 8M9iuHlZs6TdAyjyih_ y - FbcKqsXP96Pn_ TpxP8QCZc9WCbAUnrzaTn8pp7AX6GPk4lK2iN - oogCwrkYCevruTPU - QhTXgC8 - SiilxfFY52eMetHqebP5eCalVSaqGnFiCugNJNDCUaibxi - 8rlb8GN3Su9JMdgkKMRe38e7LBX7DXr5 - IPDWN6gicYQJatqoi0sUjkCkOMIBssn5wW7HvUhfWSv_ SJCUBgTvm, 2020-07-13.

(LNG）出口终端。美卡两国在反欧佩克政策和能源合作方面都有连接点。卡塔尔的"退群"无疑给予了美国切实的支持。

卡塔尔"退群"的官方原因是为了支持天然气的发展。尽管欧佩克内部没有对天然气的产量做出限制，但是迫于组织内部的压力，卡塔尔并未加大天然气的产量。卡塔尔油气资源丰富，天然气储量排名世界第三，已探明天然气储量达到23.81万亿立方米，仅南帕尔斯气田就占全球天然气储量的20%。在全球气候保护的大环境下，各国对于低运输成本的天然气需求量不断扩大，为卡塔尔扩大天然气产量提供了机会。国际天然气联合会（International Gas Union）的统计数据显示，2016年，卡塔尔出口液化天然气7720万吨，出口量占据全球市场30%的份额。根据《BP世界能源统计年鉴（2019年）》，2018年卡塔尔出口天然气1048亿立方米，是出口量最多的国家，全球共出口了4310亿立方米的液化天然气。[①] 卡塔尔为了占有更多的市场份额，还加快了国内企业并购重组的计划。2018年，卡塔尔石油公司完成旗下卡塔尔天然气运营公司（Qatar Gas）和拉斯拉凡天然气公司（Ras Gas）的合并重组，成立卡塔尔天然气公司（Qatar Gas），该公司将独立经营卡塔尔每年7700多万吨液化天然气出口业务。"退群"后的卡塔尔可以更好的助力天然气的发展。2019年，卡塔尔仍然是天然气第一出口大国，为1071亿立方米。

三、社会发展的机遇与困境

虽然卡塔尔是中东富裕的国家，经济发展呈增速状态，但社会中还存在很多的问题，包括生产结构单一、农业发展问题及粮食短缺、水资源和外籍劳工待遇低等问题，这些问题需不断解决。

（一）世界杯带来经济增长新动力

2022年世界杯是第一次在阿拉伯世界举办的世界杯，也是第一次在穆斯林占多数的国家举行的世界杯。2015年，卡塔尔公布了总价值高达2200亿美元的基础设施项目。世界杯主体育场——卢塞尔地标体育场（Lusail Iconic Stadium）的合同总价值达28亿卡塔尔里亚尔，折合约51.7亿人民

---

① "卡塔尔再次成为液化天然气出口最大国"，TRT，2019年6月13日，https：//www.trt.net.tr/chinese/guo－ji/2019/06/13/qia－ta－er－zai－ci－cheng－wei－ye－hua－tian－ran－qi－chu－kou－zui－da－guo－1218195，2020年7月12日。

币。该场馆建成后可容纳 92000 名观众。举办大型国际赛事给主办国带来的经济效益是不可忽视的。在举办 1998 年世界杯之后，法国的 GDP 增长由负转正，增长了 4%；俄罗斯在举办了 2018 年世界杯后，GDP 在未来 5 年内会增长 1500 亿—2100 亿卢布，建筑和旅游业将新增 16 万—24 万个就业岗位。对于卡塔尔来说，举办世界杯除了会大幅增加旅游收入和就业岗位外，还会获得各大赞助商上亿美元的赞助费用以及与赛事相关制造业的发展，开展的大规模基础设施投资将成为其经济增长的主要拉动因素，更重要的是使卡塔尔的国际形象和影响力得到提升。2020 年全球性新冠肺炎病毒的暴发推迟了世界杯和夏季奥运会的举行，卡塔尔世界杯将于 2022 年 11 月 21 日开赛，但世界杯正常举行后，旅游消费将大幅增长，成为"迟到"的增长点。

（二）国家教育水平的提升

根据 2019 年 QS 世界大学的综合排名，卡塔尔大学的排名自 2015 年后持续上升，2019 年提升至第 332 名，比上一年提升了 17 名。极富盛名的多哈教育城有一条龙式完整的教育体系，其最核心的部分是大学城，为卡塔尔的国家建设培养对口的专业人才。首先是为其支柱产业能源工业培养人才；其次是着重发展计算机通讯工程以及医疗健康行业。建设国际知名的大学城不仅具有培养人才的实际价值，还是其扩大在中东影响力和改善国际形象的重要途径。以国家战略推动教育发展使卡塔尔成为沙漠中的"文化绿洲"。2018 年，卡塔尔财政部长阿里·沙里夫·阿尔-埃马迪（Ali Shareef Al-Emadi）在接受记者采访时表示教育和科技才是最具潜力和支撑力的产业。[1]

近年来，卡塔尔政府对教育事业的重视使其教育水平大幅提高，高等教育人数持续增加，且国际化水平领先于阿拉伯国家，大量国外高校在卡开设分校。据联合国教科文组织统计研究所统计的 2013—2017 年卡塔尔国内的留学生数量显示（如表2），赴卡塔尔留学的人数大大超过卡塔尔的出国留学人数，且两者差距逐年增长。[2]

---

[1] "卡塔尔政府：钱要花在刀刃上 那就是教育与科技"，环球网，2018 年 12 月 27 日，https://www.sohu.com/a/284988909_162522，2020 年 7 月 13 日。

[2] UIS. Stat. Education [EB/OL], http://data.uis.unesco.org/Index.aspx, 2020-07-13.

表 2 2013—2017 年卡塔尔留学人数　　　　（单位：人）

年份	2013 年	2014 年	2015 年	2016 年	2017 年
赴卡塔尔留学人数	8509	10078	10509	10788	11034
卡塔尔出国留学人数	4897	4603	5499	6293	6380

数据来源：UIS. Stat. Education［EB/OL］, http：//data.uis.unesco.org/Index.aspx。

（三）经济结构和基础设施的不断完善

卡塔尔作为能源大国，能源出口是国家主要的收入来源，但单一的生产结构并不能应对国际能源形势的发展状况。目前来看，卡塔尔虽长期为液化天然气的最大出口国，但是随着澳大利亚、美国和俄罗斯天然气开采量的提高，卡塔尔难保最大出口国地位。这种单一的经济结构需要继续进行调整和优化。卡塔尔的经济结构具有中东国家典型的能源主导的特征，基础产业薄弱。尽管卡塔尔积极构建经济多元化，石油和天然气收入仍约占国民生产总值的 50%，多元化转型的效果并不明显。随着卡塔尔制造业、建筑业、物流运输业、金融保险业、农业等产业的不断发展，卡塔尔非油气采掘行业产值占 GDP 比重超过六成，且 2019 年，非油气采掘行业产值占 GDP 比重已达到 66%，在 2019 年卡塔尔 GDP 总量中，第一产业占比 0.2%、第二产业占比 50.6%、第三产业占比 49.2%。可见，卡塔尔推行经济多元化战略还是取得了一定的成效，但依然需要继续进行结构调整。

2017 年 6 月断交风波后，四国对卡塔尔施行经济封锁，因食品短缺，卡塔尔只能从土耳其、伊朗、摩洛哥等国进口食品，但费用昂贵。对此，卡塔尔把摆脱食品进口依赖、发展农业作为近几年重点发展任务，两年间显著提升蔬菜、禽类等食品的自给程度。卡塔尔农业管理部门表示，虽然发展农业的成本很高，但效果显著。经过两年间农业技术的提升，卡塔尔可以种植市面上 25% 的蔬菜，比 2016 年提升了 13%，一些食品甚至可以从进口转为出口；可自给市面上 98% 的乳产品和禽类产品。卡塔尔希望到 2023 年实现 70% 的粮食自给。[①]

水资源短缺也是困扰卡塔尔社会发展的一个重要问题。2019 年 8 月 6

---

① "面对经济封锁卡塔尔加紧发展农业摆脱进口食品"，新华网，2019 年 6 月 6 日，http：//m.xinhuanet.com/world/2019-06/06/c_1210152457.htm，2020 年 7 月 13 日。

日，世界资源研究所表示，目前，全球1/4的人口面临着水资源短缺问题，以中东和北非地区的国家最为严重，而卡塔尔居首位，以色列和黎巴嫩分列第二、三名。断交危机后，为了应对沙特等国的封锁政策，卡塔尔投入了大量资金和技术发展农业，而这更加剧了卡塔尔水资源紧张状况。如何加强水资源管理、满足用水需求是卡塔尔近几年必须要解决的问题。早在2005年，多哈市与苏伊士签署了一份在多哈西部设计、建造和运营一家新型污水处理和循环利用工厂的协议，2010年投入使用后又于次年进行扩建。为了确保2022年世界杯基础设施水源充足，2015年，苏伊士承接了多哈西部污水处理和循环利用工厂的扩建项目，已实现100%重用回收污水，可用于沙漠农业、园林等。至今，卡塔尔可以在不破坏原有水层的基础上增加可用水量。中国能建葛洲坝集团也技术助推卡塔尔E标供水项目的建设，并于2019年7月10日正式对外供水。

（四）外籍劳工权利的改善

在卡塔尔经济发展过程中，外籍劳工的权利问题急需解决，这不仅在于其庞大的数量，还在于其关乎社会稳定的基础。卡塔尔"2030国家发展愿景"中就包含人才资源的发展，吸引优秀外籍人才、保障雇员权利和安全。据卡塔尔规划和统计局发布的最新数据，截至2019年4月，卡塔尔常住人口总数为277万，其中卡塔尔籍公民约占15%，外籍人口约占85%。卡塔尔本国人口少，劳动力供应紧张。在卡塔尔的200万农民工中，约有80万人从事建筑业。96%的本国人在政府部门或国有企业供职，因此需要大量引进国外人才和普通劳动力。2019年，外籍普通劳工月工资一般在1200—2000里亚尔（约330—550美元）之间；技术工人工资一般在2500里亚尔（约690美元）以上。①

近年来，卡塔尔政府致力于解决外籍劳工的权力保障问题。2016年卡塔尔政府内阁会议决定成立劳务纠纷处理委员会（Workers' Dispute Resolution Committee）和国家打击贩卖人口委员会（National Committee to Combat Human Traficking），以切实保障劳工的权益。此外，卡塔尔政府还加强与主要外籍劳工输出国的联系，从劳工输入环节采取措施，维护劳工权益，并积极参与国际劳工组织（ILO）活动。2017年2月，卡塔尔政府与

---

① 中国商务部："对外投资合作国别（地区）指南——卡塔尔（2019年版）"，http://www.mofcom.gov.cn/dl/gbdqzn/upload/kataer.pdf，第33页。

国际劳工组织签署了技术性合作协议，一致决定加强立法、监督检查等方面合作，大力保护劳工权益。2020年8月，卡塔尔出台了最低工资保障等劳动法规，规定所有私营部门雇员包括家政行业雇工每月最低基本工资1000里亚尔；若雇主未提供食宿保障，还需按月向雇员支付不低于500里亚尔的住宿费和不低于300里亚尔的生活费。外籍劳工权利的合法保障增强。

外籍劳工的另一个关切点就是随迁子女的教育问题。联合国教科文组织表示，卡塔尔移迁工人子女的教育费用过高，意味着4000名移迁儿童无法支付高额的学费，被迫辍学。卡塔尔的外籍劳工大多来自贫穷的发展中国家，从事与2022年世界杯有关的项目。为了解决劳工的后顾之忧，吸引更多的人才和劳动力，卡塔尔也在提高外籍劳工子女教育水平，出台相关政策改善外来子女的教育状况，例如，卡塔尔政府鼓励移民社区建立自己的学校并开设自己的课程，建立专门为印度或菲律宾儿童服务的机构等。[1]

结　语

经历2017年的断交危机后，时隔一年，卡塔尔又宣布退出欧佩克，调整能源发展的重心，成为其发展的一个新阶段。外交上，卡塔尔奉行中立、不结盟的外交政策，强调伊斯兰国家特别是阿拉伯国家间的团结与合作，并加强与美国、俄罗斯等国家的关系，发展与中东地区大国的关系，积极参与地区和国际事务，扩大其知名度。断交危机在三年之后出现转机，在内外压力下，沙特等国主动与卡塔尔恢复全面外交关系不仅有利于海湾各国贸易相通，也有利于维护海湾地区的团结与稳定。这一"破冰"举动使卡塔尔的外交局势好转，地区外交正常化发展。经济上，遭到沙特等国的经济封锁和退出欧佩克后，摆脱了欧佩克对于天然气产量的压力，卡塔尔经济发展更加依赖天然气出口，加强与亚洲国家的能源贸易，使其更难实现经济结构性转型。同时，2022年世界杯项目的筹建也为其经济发展提供了强大动力，增加了就业岗位，推动社会稳定发展。总体来看，断

---

[1] "Qatar should protect migrant pupils from high fees: UN expert", Gulf News, December 16, 2019, https://gulfnews.com/world/gulf/qatar/qatar-should-protect-migrant-pupils-from-high-fees-un-expert-1.68517348, 2020-07-13.

交危机对卡塔尔经济和财政的影响处于可控范围,卡塔尔经济前景乐观。①在海湾国家关系正常化后,卡塔尔的经济将获得更大的发展动力。但卡塔尔经济发展中结构单一以及外籍劳工权利保障等问题还需要改善,尤其是在美国、俄罗斯、澳大利亚等国天然气产量增加的同时,卡塔尔如何让经济发展摆脱能源牵制以实现经济转型是今后发展的关键。

---

① International Monetary Fund, "Regional Economic Outlook: Middle East and Central Asia November 2018", World Economic and Fi-nancial Surveys, November 18, 2018, p. 14.

海湾地区

沙特阿拉伯：
变革进程中的坚守与退却[*]

过去一年，沙特阿拉伯（以下简称"沙特"）在萨勒曼国王和穆罕默德王储的带领下继续朝变革迈进，其政治、经济、社会、外交诸领域均出现了新的迹象。目前政治局势较为平稳，权力走向渐趋明朗，穆罕默德的权势日益稳固，尽管其国际声誉面临严重挑战，但王位传承恐难出现大的变数；经济改革有所突破，沙特阿美石油公司在几经周折后最终上市，但经济增长总体疲软，结构多元化、市场自由化、资本私有化和就业本土化的实现仍然任重道远；外交形势不容乐观，地区外交总体失利，国家安全受到威胁，外交战略调整，趋向成熟、务实、多元、平衡，在延续美沙同盟的同时，试图构建俄沙"石油联盟"，发展"东向战略"，并开展多边外交。沙特的变革进程既面临着阻力、夹杂着矛盾、孕育着危机，又蕴藏着机遇、代表着希望、象征着未来，因而不会一蹴而就，也不能一劳永逸，而是始终伴随进取与踌躇、坚守与退却的长期进程。

一、政治形势：总体平稳，暗流涌动

过去一年，沙特的国内政局平稳，形势渐趋明朗。君主制王国的权力继续从沙特家族向萨勒曼支系集中，家族统治日益向个人统治转变，穆罕默德王储基本掌控了国家权柄，王位传承恐难出现大的变数。但穆罕默德王储的国际信誉因政治丑闻和也门内战而面临严重挑战，成为影响沙特国家形象和政治稳定的不确定因素，进而构成沙特政局动荡和王位传承变故的潜在威胁，折射出沙特政治转型的艰难与困境。

---

[*] 作者：史永强，西北大学中东研究所博士研究生。

（一）总体平稳的政治秩序

沙特是一个政教合一的君主制国家，也是一个相对稳定的威权国家。沙特家族、瓦哈比主义和伊赫万运动曾是现代沙特的立国之基，自然也成为沙特国家构建的重要因素。但随着沙特缓慢曲折但平稳有序的政治现代化进程，政治对宗教的集中、官僚主义对部落主义的改造，使得宗教因素和部落因素在现代化的侵蚀和家族因素的扩张中渐渐褪去，家族政治得到凸显，成为沙特政治的核心要义与内在属性。[1] 与此相对，政治稳定则构成了沙特政治的基本格局与外部特征。长期以来，沙特家族利用其丰富的石油资源、特殊的宗教地位与牢固的外部盟友，并通过推进制度建设、发展国民经济、改善社会福利等手段，总体上维持了政治稳定局面。[2] 延伸到地区层面上，沙特则成为"中东稳定器"，或称动荡中东的"稳定之锚"。[3]

2015年萨勒曼继任国王以来，沙特的家族政治机制与"稳定之锚"功能遭遇双重冲击。一方面，萨勒曼上台之初便着力于王位的代际传承和家族传承，试图改变兄终弟及的王位继承制度，进而打破王室权力共享机制与支系平衡，摆脱国王与王储二元权力格局下的"零和博弈"。[4] 通过两次换储事件，萨勒曼逐步将穆罕默德确立为合法的王位继承人。与此同时，趁人事调动之机集中权力，借打击贪腐之名排除异己，为权力交接之实铺路搭桥。另一方面，萨勒曼父子挑起的政治风波逐步瓦解了家族政治既已形成的权力格局和分权体系，加剧了王室内部的分裂，增添了权力斗争与政治动荡的风险。而当统治者试图通过强硬的外交姿态来缓和国内矛盾并转移民众视线时，沙特潜在的不稳定性便溢出国界，"稳定之锚"变成动荡之源。[5]

在萨勒曼国王的支持下，穆罕默德通过推进"2030愿景"、掀起反腐

---

[1] 吴彦："沙特阿拉伯家族政治的历史演变"，《中东问题研究》，2017年第1辑，第32—49页。

[2] 王然："当代沙特政治稳定研究——以沙特的制度和政策调整为视角"，上海外国语大学博士学位论文，2018年6月，第194—201页。

[3] "外媒：沙特堪称'中东稳定器'仍缺地区安全感"，《环球时报》，2016年1月8日，https://world.huanqiu.com/article/9CaKrnJSZme，2020年7月15日。

[4] 郝坤："沙特王位继承制度"，西北大学硕士学位论文，2018年6月，第33页。

[5] "Once A Regional Stabilizer, Saudi Arabia Becomes A Disrupter", NPR, October 16, 2018, https://www.npr.org/2018/10/16/657905018/once-a-regional-stabilizer-saudi-arabia-becomes-a-disrupter, 2020-07-15.

风暴、开展攻势外交、提高女性地位来施行"王储新政"，① 从而树立良好形象，积累政治资本，巩固个人权力。出任王储以前，他已利用国防大臣、国王私人顾问、经济与发展事务委员会主席等身份在沙特内政外交中发挥影响。2017 年 6 月，穆罕默德擢升为沙特王储，11 月，担任最高反腐委员会主席并展开反腐风暴，此举不仅整肃了风纪，收割了权力和资本，还助推他逐步掌控国家权柄。② 与此同时，穆罕默德王储在经济和社会领域的改革举措，受到了国内民众的广泛欢迎和高度认可。2018 年 12 月 27 日，沙特进行的内阁改组，实质是加强王储权力和巩固改革成果的人事调整。③ 2019 年 1 月 30 日，沙特王宫办公厅发布声明称，沙特最高反腐委员会开展的反腐调查暂告结束，是宣告沙特政治回归平稳状态和走向渐趋明朗的政治宣言。④

过去一年沙特政局的总体平稳不仅是权力逻辑的自然延伸，也是形势掣肘下的暂时休整。一方面，穆罕默德王储的权力已得到基本巩固，即使潜在的竞争对手与潜伏的王室权斗仍然存在，但穆罕默德处于有利地位，掌握着斗争的主动权。另一方面，沙特的国家安全与周边形势不容乐观，与伊朗的交锋全线溃败，卡塔尔未弭、阿联酋再起的海湾困局和久拖不决的也门危机进一步恶化了局面，当地区外交的失利殃及至本土而沙特政府应对不力时，国家安全就成为当务之急。与此同时，王储的国际形象也因为其地区外交的鲁莽冒失与卡舒吉事件的持续发酵而面临严重挑战。内外形势促使穆罕默德王储暂缓进行权力集中和王室权斗。基于此，沙特的政局在过去一年表现出总体平稳的态势。在一份企业国家报告的政治风险评级中，将沙特评为"三星"，属于"中等低风险"，优于摩洛哥、阿尔及利亚、埃及、突尼斯等国，仅次于阿联酋。⑤

---

① 王猛、王丽君："沙特阿拉伯的'王储新政'透视"，《西北大学学报（哲学社会科学版）》，2018 年第 4 期，第 140—149 页。
② "Senior Saudi royal ousted princes reportedly arrested", Politico, November 4, 2017, https：//www.politico.com/story/2017/11/04/saudi-royal-ousted-princes-reportedly-arrested-244553，2020-07-15。
③ "Saudi Arabia's King Salman appoints new foreign minister in sweeping Cabinet reshuffle", Arab News, December 27, 2018, https：//www.arabnews.com/node/1426601/saudi-arabia，2020-07-15。
④ "沙特反腐调查追回约 1070 亿美元资产"，中新网，2019 年 1 月 31 日，http：//www.chinanews.com/gj/2019/01-31/8744301.shtml，2020 年 7 月 16 日。
⑤ 星级从 1 到 10，其中 1 代表最低风险，10 代表最高风险。这 10 个等级被划归为五类，从"低风险""中等低风险""中等风险""中等高风险"到"高风险"。Atradius, Atradius Country Report：Middle East and North Africa – October 2019, 2019, p. 3.

过去一年沙特政局没有出现大的波动，继续沿着既定轨道向前推进。萨勒曼国王年事已高、身体抱恙，王储主持大局是应有之义，其权势日趋平稳化、常态化。2019年2月23日，在萨勒曼国王出访埃及期间，穆罕默德王储以"代理国王"的名义任命其弟弟哈立德·本·萨勒曼王子任副国防大臣，由丽玛·宾特·班达尔公主接任驻美国大使。① 此举不是为掀起新的政治风暴，只是为顺应改革需求或改善外交处境而进行的人事变更，但引发了媒体对萨勒曼父子不和的猜疑。② 穆罕默德王储确有"操之过急之嫌"，但他仍需仰仗父亲的支持，正如他试图打破家族权力格局，弱化家族色彩，强化个人统治，但仍需以政治精英作为依托一样。因此，在现有形势下，穆罕默德只能在"王储之路"上步步为营，但也不排除其以"反腐"之名掀起新一轮政治风暴，为"王位之路"扫清最后障碍。

（二）不容忽视的潜在威胁

穆罕默德王储的权势毋庸置疑，王位传承恐难出现大的变数，但仍具有不确定性。这既有其直观表现，也有其深层根源，前者主要表现为穆罕默德鲁莽冒失的行事风格以及作为其后果的信誉损失，后者则是家族政治传统和王室权力机制对政治转型构成的潜在威胁。唯有消除这些潜在威胁造成的不确定性，沙特的政治转型方能顺利进行，其政局才能维持持久的稳定。

就直观表现来看，穆罕默德自进入公众视线以来，一方面通过推动经济发展、整肃政治秩序、着手社会变革、施行攻势外交树立了雄心勃勃的改革者形象，并据此实现了权力的集中和地位的稳固。另一方面，对潜在政敌与异见人士的镇压手段给西方国家提供了人权口实，③ 尤其是卡舒吉

---

① "Saudi Arabia appoints first female ambassador to the U. S.", *Politico*, February 24, 2019, https：//www.politico.com/story/2019/02/23/saudi-arabia-us-relations-princess-reema-1182425，2020-07-16。

② "Rumours grow of rift between Saudi king and crown prince", *The Guardian*, March 5, 2019, https：//www.theguardian.com/world/2019/mar/05/fears-grow-of-rift-between-saudi-king-salman-and-crown-prince-mohammed-bin-salman，2020-07-16。

③ "Saudi Arabia-Canada spat：Here's everything to know about the feud", *Global News*, August 9, 2018, https：//globalnews.ca/news/4378208/canada-saudi-arabia-spat/，2020-07-16；"人权观察：沙特镇压随着本·萨勒曼的上台而加剧"，*ALJAEERA*，2019年11月5日，https：//chinese.aljazeera.net/news/2019/11/5/saudi-crackdown-bin-salman-rise-power，2020年7月16日；"沙特'逃亡'少女获加拿大庇护"，中新网，2019年1月13日，http：//www.chinanews.com/gj/2019/01-13/8727625.shtml，2020年7月16日。

事件引发的国际纷争,① 以及四面出击的强硬外交惨淡收场导致的外交困局,② 特别是久拖不决的也门危机带来的国家实力削弱、国家安全危机和人道主义灾难,③ 又促成了其残暴无能的独裁者形象。这不仅造成了穆罕默德的国际信誉损失,也进一步影响到沙特的国家形象和政治稳定,从而构成了沙特政局动荡和王位传承变故的潜在威胁。

从深层根源来讲,萨勒曼父子通过换储、反腐等手段,企图改变传统王位继承制度,从而打破王室权力共享机制,以致瓦解支系分权平衡体系,最终打造一个全新的"萨勒曼王朝"。④ 作为结果,首先,穆罕默德在两次换储之后成为王储,并逐步完成了权力交接之实,目前来看,王位的代际传承已成定论,而父子相传是否成为常制仍需时间的检验;其次,穆罕默德王储一手垄断财政军大权,一定程度上已经打破了王室权力共享机制,也突破了国王与王储二元权力制衡格局,个人统治试图取代集体统治;最后,废立王储、打击贪腐、重组内阁,很大程度上冲击了沙特家族

---

① "蓬佩奥访问沙特 称将向王储默罕默德寻求卡舒吉案真相",中新网,2019年1月14日,http://www.chinanews.com/gj/shipin/2019/01-14/news799504.shtml,2020年7月16日;"沙特记者之死引发风波 沙特王储:将涉案人员绳之以法",中新网,2019年2月17日,http://www.chinanews.com/gj/shipin/2019/02-17/news803826.shtml,2020年7月16日;"卡舒吉案效应:德国宣布延长对沙特武器出口禁令",中新网,2019年3月29日,http://www.chinanews.com/gj/2019/03-29/8794381.shtml,2020年7月16日;"联合国调查报告称沙特政府应对卡舒吉案负责",中新网,2019年6月20日,http://www.chinanews.com/gj/2019/06-20/8869690.shtml,2020年7月16日。

② "沙特外交大臣:排除重启驻叙利亚大使馆的选项",中新网,2019年3月5日,http://www.chinanews.com/gj/2019/03-05/8771550.shtml,2020年7月16日;"波斯湾紧张局势升级 沙特邀多国召开紧急区域峰会",中新网,2019年5月20日,http://www.chinanews.com/gj/2019/05-20/8841493.shtml,2020年7月16日;"德国再次延长对沙特武器禁运",中新网,2019年9月19日,http://www.chinanews.com/gj/2019/09-19/8959800.shtml,2020年7月16日;"沙特与阿联酋'铁杆'同盟已'友尽'?",中新网,2019年9月4日,http://www.chinanews.com/gj/2019/09-04/8946605.shtml,2020年7月16日;丁隆、黄兰:"萨勒曼继任以来沙特外交政策的调整及前景",《当代世界》,2020年第2期,第11—19页。

③ "美众院压倒性通过议案 终止军援沙特涉也门战争",中新网,2019年2月14日,http://www.chinanews.com/gj/2019/02-14/8753768.shtml,2020年7月16日;"沙特击落一架胡塞武装无人机 5名平民受伤",中新网,2019年3月8日,http://www.chinanews.com/gj/2019/03-08/8775437.shtml,2020年7月16日;"也门胡塞武装用无人机攻击沙特目标",中新网,2019年6月12日,http://www.chinanews.com/gj/2019/06-12/8862015.shtml,2020年7月16日;"无人机空袭致沙特石油产量减半 伊朗称美国指责毫无根据",中新网,2019年9月15日,http://www.chinanews.com/gj/2019/09-15/8956648.shtml,2020年7月16日;"沙特与胡塞之间的直接接触",ALJAEERA,2019年10月18日,https://chinese.aljazeera.net/news/2019/10/18/direct-contacts-bin-salman-houthis,2020年7月16日。

④ 丁隆:"反腐风暴折射沙特百年未有之变局",《世界知识》,2017年第23期,第48—50页。

各支系之间的力量平衡状态，苏德里系确立了对非苏德里系的绝对统治地位。基于此，坚持二代亲王共享权力和支系之间力量平衡的"费萨尔秩序"① 以及以核心部门权力归属为依据的"五大核心权力圈"② 家族政治体系面临严重挑战。因此可以说，萨勒曼父子推行的新政及其"萨勒曼王朝"之路在一定程度上取得了进展。

但不可否认的是，沙特国家几十年来的传统制度，尤其是从部落政治和宗教政治中脱颖而出的家族政治，具有很强的稳定性和延续性。因此，一方面，家族政治传统和王室权力机制仍然从根本上制约着萨勒曼父子推动的政治转型。即使穆罕默德王储极力塑造亲民形象，也试图通过广泛的社会变革赢得民众好感，但仍需以政治精英，尤其是王室成员作为重要依托。这就决定了其变革的利益关切与程度范围，③ 这是一个保守王国的转型之困。另一方面，沙特家族骈肩累迹，④ 以及王室内部的此消彼长与盘根错节使得家族政治异常复杂，且权力天然分化。这样，萨勒曼父子打破力量均衡的变革很容易造成王室的裂痕，甚至反对集团的形成。⑤ 而且，鉴于沙特对外依赖的相对严重和社会秩序的相对稳定，王室权斗很可能溢出国门而形成内外勾结，穆罕默德王储的国际信誉受损加剧了这种风险。⑥

当前，废储穆罕默德·本·纳伊夫仍然是穆罕默德王储最有力的潜在对手。这不仅是因为属于苏德里系的纳伊夫父子都曾作为王储，且长期掌管内政部，是法赫德时期和阿卜杜拉时期"五大核心权力圈"之一；也是因为作为最杰出的第三代亲王，纳伊夫的英美留学背景，及其在反恐和国

---

① 雷昌伟："王室权力机制与沙特政权稳定"，《阿拉伯世界研究》，2015 年第 6 期，第 75 页。
② Stig Stenslie, *Regime Stability in Saudi Arabia*, London and New York: Routledge, 2011, p. 32.
③ Atradius, *Atradius Country Report: Middle East and North Africa – October* 2019, 2019, p. 13.
④ 沙特家族大约有 1.5 万人，仅王室成员（伊本·沙特的直系后裔）就有数千名之多，其中约有 2000 人处于核心圈。"Royal Family Profiles", HOUSE OF SAUD, https://houseofsaud.com/saudi-royal-family-profiles/, 2020-07-17.
⑤ "Saudi princes arrested in anti-corruption probe: report", CBS NEWS, November 4, 2017, https://www.cbsnews.com/news/11-saudi-princes-arrested-in-anti-corruption-probe/, 2020-7-17; "Some Saudi royals seeking to prevent crown prince from becoming king — Reuters", Tass, November 20, 2018, https://tass.com/world/1031612, 2020-07-17.
⑥ "Saudi Prince in Exile Launches Opposition Movement, Calls For Constitutional Monarchy", *New Age Islam*, September 18, 2019, https://www.newageislam.com/islamic-world-news/new-age-islam-news-bureau/saudi-prince-in-exile-launches-opposition-movement-calls-for-constitutional-monarchy/d/119775, 2020-07-17.

家安全事务上的重要作用、沉稳务实的性格等都与穆罕默德形成了鲜明对比，以致对其构成有力威胁。此外，纳伊夫的教育背景及其亲美立场也很容易使其得到美国的支持。[1] 有鉴于此，穆罕默德王储一方面要努力提高自己的执政效能，以便获取更加广泛的王室信任和民众支持，还要尽快从政治丑闻中脱身，改善其国际形象，从而赢得国际社会的再度认可。另一方面，要么进一步巩固与美国领导人的个人关系，要么主动出击，扫除"王位之路"上的最后障碍。

二、经济形势：总体疲软，任重道远

受世界经济总体衰退、地缘政治局势紧张、沙特国内新旧交替的影响，过去一年的沙特经济很不景气，增长疲软，各项指标都不乐观，尤其是 GDP 增长率只有 0.3%，相较于 2018 年 2.2% 的年增长率来说，增速明显放缓。与此同时，围绕"2030 愿景"的总体思路，经济改革在过去一年继续全面推进，多元化与产业结构转型、自由化与市场对外开放、私有化与激发市场活力、本土化与缓解就业压力，各方面都有所成效。2019 年年底，沙特阿美公司通过首次公开募股在利雅得挂牌上市，成为沙特私有化改革的重要成就。但是，结构多元化、市场自由化、资本私有化和就业本土化的实现仍然任重道远。

（一）总体疲软的经济态势

过去一年沙特经济陷入不景气是多重因素共同导致的。首先，在全球层面上，世界经济同步放缓、复苏乏力，增速降至几年来最低水平，首次跌破 3%，[2] 全球制造业活动普遍疲弱，国际贸易增长近乎停滞，从 2018 年的 3.8% 跌至 0.9%。[3] 尤其是能源市场的动荡对以石油出口为主要经济驱动力的沙特造成了有力冲击。其次，在地区层面上，地缘政治紧张局势尤其是波斯湾油轮遇袭事件与油田设施遇袭事件等突发危机对沙特造成了

---

[1] 龚正："沙特阿拉伯王储穆罕默德"，《国际研究参考》，2015 年第 6 期，第 43—47 页。
[2] 2013 年至 2019 年全球 GDP 实际增长率分别为：3.5%、3.6%、3.5%、3.4%、3.9%、3.6%、2.9%。Saudi Arabian Monetary Authority, 56*th* Annual Report 1441*H* (2020), 2020, p. 11.
[3] Saudi Arabian Monetary Authority, 56*th* Annual Report 1441*H* (2020), 2020, p. 16.

沉重打击。石油设施遇袭事件直接导致沙特石油产能减半，① 尽管很快恢复了产能，但沙特2019年的石油总产量比2018年下降了4.92%，日均产量相差51万桶。② 数据显示，海合会国家的经济增长在2019年显著削弱，GDP增长预计将从2018年的2%降至0.8%。③ 最后，在国家层面上，沙特政治体制与社会经济的积弊在改革浪潮的冲击下集中爆发，既有经济模式的脆弱性，现存资源与财富占有的不合理，以及新旧思想、新旧势力、新旧模式交替转换期间的矛盾和不兼容，都在短期内成为制约沙特经济发展的重大阻力。④ 当然，这些原因也揭示了沙特的经济转型之困。

过去一年沙特经济增长疲软的直观表现是各项指标表现欠佳。第一，在经济增速方面，2019年，沙特国内生产总值增长0.3%，明显低于2018年2.2%的增速，且人均国内生产总值从88271沙特里亚尔降至86902沙特里亚尔。⑤ 从2017年的萧条到2018年的反弹，再到2019年的回落，沙特经济的大起大落反映出其机制的脆弱与不成熟。第二，在收支平衡方面，2019年，沙特的实际财政赤字为1325.99亿沙特里亚尔，占GDP的比重为4.5%，相比过去几年有所下降，2015年至2018年的赤字分别为3885.99亿、3110.56亿、2384.89亿、1738.58亿，对应的占比为15.8%、12.9%、9.2%、5.9%。⑥ 尽管如此，离"2030愿景"提出的至2020年实现预算平衡的目标仍有较大差距。况且，赤字的相对减少是以公共债务的逐年累进为代价的。第三，在进出口额方面，2019年，沙特进出口总额比2018年下降了3.9%，其中，出口额为9810.12亿沙特里亚尔，比去年下降了11.1%，进口额为5743.61亿沙特里亚尔，增加了11.7%。第四，在就业方面，2019年，沙特的总体失业率为5.7%，其中男性失业率为2.2%，女性失业率为21.3%；沙特籍男性失业率为4.9%，女性为30.8%，平均为12%；外籍劳工中男性失业率为0.3%，女性为1.3%，

---

① "KSA Oil Production cut by fifty percent after drones attack", *Planet News*, September 15, 2019, https://planetnews.com/updates/ksa-oil-production-cut-by-fifty-percent-after-drones-attack.html, 2020-07-18.
② Saudi Arabia Monetary Authority, *YEARLY STATISTICS: Annual Statistics 2019*, 2020.
③ The World Bank, *Gulf Economic Update*, December 2019: *Economic Diversification for a Sustainable and Resilient GCC*, 2019, p. 5.
④ 陆怡玮："萨勒曼执政以来的沙特经济改革述评"，《阿拉伯世界研究》，2020年第4期，第76—98页。
⑤ Saudi Arabia Monetary Authority, *YEARLY STATISTICS: Annual Statistics 2019*, 2020.
⑥ Saudi Arabia Monetary Authority, *YEARLY STATISTICS: Annual Statistics 2019*, 2020.

平均为 0.4%。① 可以看出，失业情况在沙特本国国民，尤其是女性群体中更加严重。

过去一年沙特经济不景气会产生多重影响。首先，短期内不利于沙特经济的稳定和复苏，由于沙特尚未从上一轮油价暴跌和经济衰退中完全恢复过来，因此，2019 年没有延续过去一年的反弹势头而又重新回落，会加剧沙特的经济波动。其次，会对穆罕默德王储的经济改革和其他领域的革新增加难度，长远来看，可能危及沙特的政治社会稳定，甚至改变其历史进程。但应该辩证地看待这一问题，因为改革与发展本来就互为前提，又互为结果，改革难免会伴随着"阵痛"，而"阵痛"或许会带来更加务实清醒的改革。毕马威提供的沙特 2020 年财政预算报告中有以下关键信息：继续多元化努力、实现财政稳定和可持续、在贸易战与减产协议的"逆风"中实现增长、管理好债务占 GDP 的比率、强化非石油经济。② 可以看出沙特正在迈向渐进且从容的改革之路，但也不能忽视不可抗力的影响。最后，会使沙特在地缘政治竞争中处于不利地位，而当沙特试图借助其石油资源提振经济时，就有可能引发全球能源市场的震荡。

（二）任重道远的转型之路

过去一年，沙特在经济改革的过程中取得了一些成就，沙特央行（SAMA）的年度报告认为，非石油行业推动的经济增长受益于政府近年来为实现沙特"2030 愿景"而采取的一揽子经济和金融改革方案。③ 具体表现在多元化与产业结构转型、自由化与市场对外开放、私有化与激发市场活力、本土化与缓解就业压力四个方面。但经济模式的转型在沙特异常困难艰险，因此，结构多元化、市场自由化、资本私有化和就业本土化的实现仍然有很长的路要走。

首先，多元化与产业结构转型的努力。石油经济的脆弱性以及食利型经济模式的不可持续性使得穆罕默德王储的经济改革以多元化和产业结构转型为核心，旨在通过增加非石油行业的收入最终实现国家经济及政府财政来源的多元化，自由化、私有化、本土化本身就是实现多元化的手段。2019 年，沙特经济增长放缓的直接原因即石油行业的国内生产总值大幅下降 3.65%，与之相对，非石油行业保持了 3.31% 的增速。可以说这既是客

---

① Saudi Arabia Monetary Authority, *YEARLY STATISTICS: Annual Statistics* 2019, 2020.
② KPMG, *Kingdom of Saudi Arabia* 2020 *Budget Report*, 2019, p. 5.
③ Saudi Arabian Monetary Authority, 56*th Annual Report* 1441*H* (2020), 2020, p. 26.

观形势所迫，也是沙特政府主动为之。非石油行业的经济增长具体表现为：社区、社会和个人服务业增长 6.94%；批发零售、酒店餐饮业增长 6.27%；交通、仓储和通信业增长 5.6%；金融、保险、房地产和商业服务业增长 5.53%；建筑业增长 4.6%；银行业为 3.46%；农林渔业为 1.31%。① 此外，沙特还大力开放和发展旅游业。国民经济和财政来源多元化成效初显。

不过，有声音认为"经济多元化是前进的绊脚石"，② 因为实施经济多元化改革任重道远，不仅需要政治意愿的持续供应，也需要在继续仰仗石油收入和国家支持的前提下缓慢进行。此外，外部的激烈竞争对于自由化和市场开放的挑战，过度倚重公共投资基金的经济参与私有化之间的悖论，教育、国民素质与劳动力市场需求脱节之间的人力资源困境对于就业本土化和缓解失业的压力，都构成了实现经济多元化的障碍。事实上，这涉及到了多元化背后的产业结构转型问题，进而触及沙特家族的统治根基和沙特社会政治的稳定，唯有把握好两点论和重点论的平衡，沙特的多元化改革才能在既存秩序下渐进推进。

其次，自由化与市场对外开放的尝试。沙特是一个封闭保守的君主制国家，一方面，国家资源和财富被以沙特家族为首的少数家族垄断；另一方面，出于宗教意识形态等方面的考虑，国家长期维持着一定程度的封闭状态。因此，穆罕默德王储一手进行经济自由化改革，力图打破家族企业对私营经济的垄断，以利于国家监管，推进市场的公平竞争，创造良好的投资环境，"私营经济的繁荣是沙特经济多元化战略的重要一环，家族企业的转型对私营经济的良性发展至关重要"。③ 一手进一步打开国门，一是吸引外资，2017 年，沙特吸引的外国直接投资下降 80% 至 14 亿美元，2019 年估计恢复至 46 亿美元。④ 2019 年 1 月 28 日，沙特宣布启动国家工业发展和物流计划，希望在 2030 年前吸引投资超过 4260 亿美元。⑤ 二是

---

① Saudi Arabian Monetary Authority, *56th Annual Report* 1441*H* (2020), 2020, p. 26.
② Atradius, *Atradius Country Report: Middle East and North Africa – October* 2019, 2019, p. 14。
③ 陆怡玮："萨勒曼执政以来的沙特经济改革述评"，《阿拉伯世界研究》，2020 年第 4 期，第 83 页。
④ "沙特进行内阁重组，推动经济多元化改革"，中华人民共和国驻沙特阿拉伯王国大使馆经济商务处，2020 年 2 月 26 日，http：//sa. mofcom. gov. cn/article/jmxw/202003/20200302941360. shtml，2020 年 7 月 20 日。
⑤ "沙特推 4260 亿美元招商计划，能否扭转经济困局"，中新网，2019 年 1 月 30 日，http：//www. chinanews. com/gj/2019/01 – 30/8742720. shtml，2020 年 7 月 20 日。

加强国际合作，尤其是与中国、印度等新兴经济体的合作，2016—2019 年间，沙特国王和王储三次访华，与中国签订总额超过 1000 亿美元的合作协议。① 三是放开旅游签证，自 2019 年 9 月 27 日起，沙特正式对 49 个国家发放电子旅游签证，同时大力挖掘旅游资源并进行配套设施建设。② 自沙特开放旅游签证以来，旅游业呈现良好发展势头，已占沙特国内生产总值的 10%。③ 自由化改革尽管顺应历史潮流，但同样面临既得利益者和宗教保守人士的反对，因此不会一帆风顺。

再次，私有化与沙特阿美上市之路。无论是根深蒂固的部落宗教传统，还是沧海桑田的历史演进经历，抑或是从天而降的石油资源财富，都使得沙特长期坚持以国家为主导的经济发展模式。从生产经营到分配福利，再到仰赖西方咨询公司制订的经济发展计划，导致沙特的经济和社会缺乏活力。私营经济被视为沙特在后石油时代经济增长的主要动力，推行私有化、扩大私营经济规模自然成为穆罕默德王储经济改革的一个着力点。2019 年，沙特的私有化改革有所突破，除沙特阿美实现 IPO 外，其他行业私有化也在稳步推进。不仅如此，私营经济在沙特发展势头大好，增长最为强劲，沙特央行的年度报告显示，2019 年，沙特私营经济的 GDP 占比达到 45.87%，相较于 2018 年的 44.4%，增长率为 4.11%。④ 沙特货币管理局经济研究司的一项研究也认为私营部门对国内生产总值的贡献率不断上升。⑤

不过，这里存在一个扩大主权财富基金国内投资与经济私有化改革之间的悖论。公共投资基金的助力确实有力地推动了沙特中小企业发展，但这本质上有违私有化、自由化的改革精神，如果不能把控资本的职权范围和投入力度，那无疑就是回到了国家主导模式和食利经济模式的老路。短期来看，将公共投资基金资本重新注入国内市场有利于沙特国民经济

---

① 丁隆、黄兰："萨勒曼继任以来沙特外交政策的调整及前景"，《当代世界》，2020 年第 2 期，第 16 页。
② "Saudi Arabia to offer tourist visas for first time", *Ya Libnan*, September 27, 2019, http://yalibnan.com/2019/09/27/saudi-arabia-to-offer-tourist-visas-for-first-time/, 2020-07-20.
③ "2019 年沙特经济仅增长 0.3%"，中华人民共和国驻沙特阿拉伯王国大使馆经济商务处，2020 年 3 月 2 日，http://sa.mofcom.gov.cn/article/jmxw/202003/20200302945391.shtml, 2020 年 7 月 20 日。
④ Saudi Arabian Monetary Authority, *56th Annual Report* 1441H (2020), 2020, p. 135.
⑤ "制造业对沙特私营经济拉动作用最明显"，中华人民共和国驻沙特阿拉伯王国大使馆经济商务处，2019 年 12 月 23 日，http://sa.mofcom.gov.cn/article/jmxw/202001/20200102930144.shtml, 2020 年 7 月 22 日。

发展。

沙特阿美上市是"2030愿景"的阶段性中心任务，但其上市之路一波三折。2016年1月，时任沙特副王储穆罕默德首次表露了要将沙特阿美公司公开上市的想法，2016年4月推出的"2030愿景"中提出"推进沙特民营企业和包括阿美在内的国有企业上市进程"[1]。进入2018年后，沙特先是宣布最早于2018年11月上市，随后又将预期上市时间从2018年下半年推迟到2019年，再调至2021年前。上市时间不断调整甚至一度搁置的背后，有市场条件不充分、下游收购计划未完成、上市地点和方式未敲定、信息公开不透明以及沙特政府与基金经理对沙特阿美的估值存在巨大差异、沙特高层存在分歧等原因的阻碍，也有卡舒吉事件、沙特油田遇袭事件等因素的影响。但沙特一直在为上市做准备，改股份制、降低税率、公布业绩、更换领导、拓展业务以及利用"欧佩克+"减产机制提振油价等。

2019年11月3日，沙特市场监管机构批准了沙特阿美在利雅得证券交易所的上市申请，上市之路提上日程。2019年12月11日，沙特阿美通过首次公开募股在利雅得挂牌上市，以1.5%的股票筹资256亿美元，成为有史以来最大的IPO，同时凭借1.7万亿美元的公司估值成为市值最高的上市公司。尽管上市时间地点、资金募集数量和来源、市值估值等方面均与预期存在差距，因而也未能实现吸引大量海外投资的既定目标，但上市计划在几经周折后的最终实现仍是沙特私有化改革的重要成就，况且沙特"以国家荣誉为押注的豪赌"可见其改革的决心。[2] 不过，应该辩证理性看待沙特阿美特殊的私有化方式，以及上市对于沙特经济多元化和经济结构转型的贡献。改革需要时间，改革的成果也需要由时间来检验。

最后，本土化与缓解就业压力的举措。过度依靠外籍劳工和本国公民的就业压力是沙特步入石油时代尤其是20世纪70年代以来长期存在的问题。一方面，人口基数逐渐扩大、就业需求不断增加。2019年，沙特人口已达3421万，其中沙特籍2110万，外籍1311万，求职者达到32万，[3] 这给容量有限的沙特就业市场带来了很大的压力。石油行业的劳动力本土化

---

[1] Kingdom of Saudi Arabia, *Vision* 2030, 2016, p.43.
[2] 蔡恩泽："沙特阿美IPO：以国家荣誉为押注的豪赌"，《证券时报》，2019年12月12日，第A03版。
[3] Saudi Arabia Monetary Authority, *YEARLY STATISTICS: Annual Statistics* 2019, 2020.

程度尽管很高，但能吸纳的就业人数很少，而沙特国民在公共部门占据了90％的工作岗位，但在私营经济中只占19％。因此，私营经济领域的本土化就业政策才能解决实际问题。另一方面，沙特人的就业状况远远不如外来者，而女性的情况更糟，这部分是因为外籍劳工在一些就业领域无法被取代，考虑到劳动力成本时尤其如此，部分是因为沙特教育与就业市场的脱节、沙特人的职业观以及特殊的性别偏见。① 因此，必须一手改革沙特的社会福利制度进而转变沙特人的就业观念，一手改革教育制度进而建立合理的供需关系，同时还要改革社会制度进而实现妇女解放。2019 年，沙特政府已经采取了一些相关措施，如允许女性开车、自由出境旅游等，② 但改革效果还未显现。

三、外交形势：总体失利，未来可期

过去一年，沙特的外交形势不容乐观，地区外交总体失利、国家安全受到威胁、王储信誉严重受损。而政府在危机管理中表现出自顾不暇的颓势，不仅对波斯湾油轮遇袭事件与油田设施遇袭事件应对不力，在胡塞武装对沙特的本土打击中措手不及，对王储的形象公关也不到位。基于此，政府对外交战略进行调整，在地区事务与热点问题中表现出战略收缩的姿态，延续美沙同盟的同时，试图构建俄沙"石油联盟"，发展"东向战略"，并开展多边外交。沙特更趋成熟、务实、多元、平衡的外交战略势必改善其周边安全环境，并拓展其国际生存空间。

（一）总体失利的地区外交

到 2019 年，沙特自萨勒曼国王上台后推行的四面出击的强硬外交基本惨淡收场。表现为在叙利亚问题上的失声，在巴勒斯坦问题上的静默，在断交危机演进中的狼狈，在卡舒吉事件持续发酵中的尴尬，在与伊朗攻守中的易位，以及深陷卡塔尔未弭阿联酋再起的海湾困局和久拖不决反而愈演愈烈的也门危机。其中，王储的信誉危机与沙特的安全困境是其集中

---

① 陆怡玮："萨勒曼执政以来的沙特经济改革述评"，《阿拉伯世界研究》，2020 年第 4 期，第 76—98 页。
② "历史性时刻！首批沙特女性获得驾照"，中新网，2019 年 6 月 6 日，http：//www.chinanews.com/tp/hd2011/2018/06 - 06/820677. shtml，2020 年 7 月 22 日；"沙特再解禁！妇女出国无需获得男性监护人同意"，中新网，2019 年 8 月 2 日，http：//www.chinanews.com/gj/2019/08 - 02/8915038. shtml，2020 年 7 月 22 日。

体现。

一是卡舒吉事件持续发酵与王储的信誉危机。2018年10月2日，美国《华盛顿邮报》的记者、专栏作家卡舒吉进入沙特驻土耳其伊斯坦布尔的领事馆之后消失，随后被证实遇害。卡舒吉遇害的直接原因是他对穆罕默德王储及其改革的抨击，但有学者认为他事实上充当了"在沙特国内失去权力的亲王们的国外代言人"。① 事件一经发生，土耳其就开始大做文章，而沙特则因为前后矛盾的说法陷入尴尬，土耳其与沙特关于逊尼派话语权和地区领导权的博弈明显倒向土耳其一方，但由于美国的居间调停，两方博弈变成三方角力进而以妥协收场。进入2019年后，关于卡舒吉事件的争论不但没有偃旗息鼓，反而甚嚣尘上。不过重点已从美、土、沙围绕卡舒吉事件的地区外交角力转为国际组织和世界大国对沙特政府和穆罕默德王储的孤立、抵制和声讨。联合国调查人员指称卡舒吉系遭沙特官员"野蛮和有预谋"杀害，② 随后公布的调查报告称"沙特政府应对卡舒吉案负责"；③ 美国参众两院对特朗普施压，敦促其寻求真相；④ 德国因"卡舒吉案效应"而数次宣布延长对沙特的武器出口禁令。⑤

作为应对，沙特政府采取了一些措施。其一，进行危机公关，事件发生后，尤其是面对世界的诘问，沙特外交部、穆罕默德王储等先后发布声

---

① 李恪坤、李绍先：《沙特阿拉伯记者卡舒吉事件的来龙去脉及影响》，《福建师范大学学报（哲学社会科学版）》，2019年第3期，第64页。
② "联合国调查人员称卡舒吉系遭沙特官员'野蛮和有预谋'杀害"，中新网，2019年2月8日，http：//www.chinanews.com/gj/2019/02-08/8749153.shtml，2020年7月24日。
③ "联合国调查报告称沙特政府应对卡舒吉案负责"，中新网，2019年6月20日，http：//www.chinanews.com/gj/2019/06-20/8869690.shtml，2020年7月24日。
④ "蓬佩奥访问沙特 称将向王储默罕默德寻求卡舒吉案真相"，中新网，2019年1月14日，http：//www.chinanews.com/gj/shipin/2019/01-14/news799504.shtml，2020年7月24日；"卡舒吉遇害案：美国禁止16名涉案的沙特公民入境"，中新网，2019年4月9日，http：//www.chinanews.com/gj/2019/04-09/8803494.shtml，2020年7月24日；"谋杀卡舒吉、酷刑和间谍活动 美国参议员：沙特压制异见人士记录令人担忧"，ALJAEERA，2020年1月28日，https：//chinese.aljazeera.net/news/2020/1/28/us-senator-saudi-record-dissident-dissatisfaction-worrisome，2020年7月24日。
⑤ "卡舒吉案效应：德国宣布延长对沙特武器出口禁令"，中新网，2019年3月29日，http：//www.chinanews.com/gj/2019/03-29/8794381.shtml，2020年7月24日；"德国再次延长对沙特武器禁运"，中新网，2019年9月19日，http：//www.chinanews.com/gj/2019/09-19/8959800.shtml，2020年7月24日。

明、进行回应。① 但从前后矛盾到被动应对,沙特的危机公关做得乏善可陈。② 其二,推动刑事审判,从 2019 年年初开庭到年底结案,沙特试图通过惩处凶犯以息众怒。③ 事实上,沙特此举明显缺乏诚意,因此外界并不买账,审判结果一出,就有媒体表示拒绝,并声称"关于卡舒吉谋杀案我们仍然没有答案"。④ 其三,提供丰厚抚恤,卡舒吉遇害后,沙特当局曾以多种形式,为卡舒吉子女提供丰厚补偿,以期息事宁人。⑤ 其四,撤换外交官员,以抹去惨案痕迹,改善国家形象,修复与西方关系,尤其是获得美国支持。2019 年 2 月 23 日,沙特撤换哈立德·本·萨勒曼王子驻美国大使一职,由丽玛·宾特·班达尔公主接任。⑥ 前者涉嫌卷入卡舒吉一案,而后者的父亲也曾担任过驻美国大使,此举之意不言自明。2019 年 10 月 23 日,沙特宣布任命时任驻德国大使的费萨尔·本·法尔汉为新任外交大臣,费萨尔与西方国家关系密切,沙特此举意在修复与西方关系。⑦ 2019 年 6 月 G20 大阪峰会期间,特朗普将沙特重新带回国际舞台,但王储的信誉危机并未解除。⑧

---

① "沙特外交事务国务大臣谈卡舒吉案:不知道遗体下落",中新网,2019 年 2 月 11 日,http://www.chinanews.com/gj/2019/02-11/8750615.shtml,2020 年 7 月 24 日;"沙特记者之死引发风波 沙特王储:将涉案人员绳之以法",中新网,2019 年 2 月 17 日,http://www.chinanews.com/gj/shipin/2019/02-17/news803826.shtml,2020 年 7 月 24 日。

② 马晨光:"国家级危机公关的应对与思考——以沙特籍记者遇害案为例",《对外传播》,2019 年第 6 期,第 77—78 页。

③ "沙特开庭审理卡舒吉案 检察官要求判处 5 名嫌犯死刑",中新网,2019 年 1 月 3 日,http://www.chinanews.com/gj/2019/01-03/8719444.shtml,2020 年 7 月 28 日;"沙特记者遇害案:5 人被判死刑 3 人被判总计 24 年监禁",中新网,2019 年 12 月 23 日,http://www.chinanews.com/gj/2019/12-23/9041140.shtml,2020 年 7 月 28 日。

④ "沙特判决卡舒吉案 国际社会表示拒绝 联合国要求独立调查",ALJAEERA,2019 年 12 月 24 日,https://chinese.aljazeera.net/news/2019/12/24/saudi-verdict-khashoggi-murder-turkey-oppose,2020 年 7 月 28 日;"关于卡舒吉谋杀案 我们仍然没有答案",ALJAEERA,2019 年 12 月 25 日,https://chinese.aljazeera.net/news/2019/12/25/still-no-answers-for-khashoggi-murder,2020 年 7 月 28 日。

⑤ "卡舒吉子女将获沙特政府数千万美元补偿金",中新网,2019 年 4 月 3 日,http://www.chinanews.com/gj/2019/04-03/8798713.shtml,2020 年 7 月 28 日。

⑥ "Saudi Arabia appoints first female ambassador to the U.S.", *Politico*, February 24, 2019, https://www.politico.com/story/2019/02/23/saudi-arabia-us-relations-princess-reema-1182425,2020-07-28.

⑦ "沙特外交大臣换人 分析人士:着力修复与西方关系",中新网,2019 年 10 月 25 日,http://www.chinanews.com/gj/2019/10-25/8989017.shtml,2020 年 7 月 28 日。

⑧ "特朗普将本·萨勒曼带回国际舞台",ALJAEERA,2019 年 9 月 30 日,https://chinese.aljazeera.net/news/2019/9/30/trump-brought-ben-salman-international-stage,2020 年 7 月 28 日。

二是久拖不决的也门危机与沙特的安全困境。① 沙特 2015 年开始通过"果断风暴"行动直接卷入也门内战,至今仍深陷其中,也门危机非但没有给沙特带来预期的收益,反而造成其地区外交的失利与国家安全的损失。2019 年,沙特遭遇的安全困境要么是胡塞武装直接所为,要么与也门危机间接相关。5 月 13 日,两艘沙特油轮在阿联酋水域遭"蓄意破坏",导致船只"严重损坏"。② 此次事件引发了海湾地区针对油轮和石油设施的连环凶案,2019 年 6 月 13 日,两艘油轮在阿曼湾海域遭到袭击,沙特能源大臣予以谴责并表示已加强应对;③ 8 月 17 日,沙特东部西巴油田一座天然气设施遭到多架无人机袭击;④ 9 月 14 日,数架无人机袭击了沙特阿美石油公司的两处石油设施并引发火灾,此次袭击导致沙特石油产能减半。⑤

进入 6 月份后,在石油设施频频受袭的同时,沙特本土也开始遭到胡塞武装的频繁袭扰,对沙特的国家安全构成严重威胁。2019 年 6 月 10 日,也门胡塞武装使用数架无人机对沙特境内的军事基地发动了攻击;⑥ 6 月 12 日,胡塞武装向沙特的阿卜哈国际机场发动巡航导弹攻击,并击中控制塔台;⑦ 6 月 19 日,胡塞武装使用导弹攻击了沙特境内一座发电厂;⑧ 7 月

---

① "美众院压倒性通过议案 终止军援沙特涉也门战争",中新网,2019 年 2 月 14 日,http://www.chinanews.com/gj/2019/02-14/8753768.shtml,2020 年 7 月 28 日;"沙特击落一架胡塞武装无人机 5 名平民受伤",中新网,2019 年 3 月 8 日,http://www.chinanews.com/gj/2019/03-08/8775437.shtml,2020 年 7 月 28 日;"也门胡塞武装用无人机攻击沙特目标",中新网,2019 年 6 月 12 日,http://www.chinanews.com/gj/2019/06-12/8862015.shtml,2020 年 7 月 28 日;"无人机空袭致沙特石油产量减半 伊朗称美国指责毫无根据",中新网,2019 年 9 月 15 日,http://www.chinanews.com/gj/2019/09-15/8956648.shtml,2020 年 7 月 28 日;"沙特与胡塞之间的直接接触",ALJAEERA,2019 年 10 月 18 日,https://chinese.aljazeera.net/news/2019/10/18/direct-contacts-bin-salman-houthis,2020 年 7 月 28 日。

② "沙特确认其两艘油轮在阿联酋水域遭'蓄意破坏'",中新网,2019 年 5 月 14 日,http://www.chinanews.com/gj/2019/05-14/8836217.shtml,2020 年 7 月 28 日。

③ "沙特谴责油轮遇袭事件 称已加强准备应对威胁",中新网,2019 年 6 月 14 日,http://www.chinanews.com/gj/2019/06-14/8864544.shtml,2020 年 7 月 30 日。

④ "沙特官员说油田遭无人机袭击但损失很小",中新网,2019 年 8 月 18 日,http://www.chinanews.com/gj/2019/08-18/8929559.shtml,2020 年 7 月 30 日。

⑤ "沙特两处石油设施遭无人机袭击",中新网,2019 年 9 月 14 日,http://www.chinanews.com/gj/2019/09-14/8956224.shtml,2020 年 7 月 30 日。

⑥ "也门胡塞武装用无人机攻击沙特目标",中新网,http://www.chinanews.com/gj/2019/06-12/8862015.shtml,2020 年 7 月 30 日。

⑦ "也门胡塞武装称向沙特国际机场发射巡航导弹",中新网,2019 年 6 月 12 日,http://www.chinanews.com/gj/2019/06-12/8862966.shtml,2020 年 7 月 30 日。

⑧ "也门胡塞武装使用导弹攻击沙特境内目标",中新网,2019 年 6 月 20 日,http://www.chinanews.com/gj/2019/06-20/8870785.shtml,2020 年 7 月 30 日。

1日，胡塞武装使用无人机对沙特境内的一座机场发动了攻击;① 8月25日，胡塞武装使用导弹对沙特境内的机场实施了攻击。② 面对突发危机与安全威胁，沙特也进行了针锋相对的报复行动,③ 但总体表现出自顾不暇的颓势。对胡塞武装来说，频繁的袭击背后，既有反制霸权的逻辑，又有打破僵局的心态。因此，经过疯狂的袭击活动后，胡塞武装向沙特伸出了"橄榄枝"，而值得玩味的是，几乎与此同时，伊朗和卡塔尔也向沙特发出了缓和的信号。

（二）未来可期的战略调整

为应对外交中的失利与被动，过去一年，沙特政府进行了新的外交布局，调整了外交战略，一是成熟务实的地区外交，二是多元平衡的全球外交，具体包括地区战略收缩、巩固美沙同盟、构建"石油联盟"、发展"动向战略"、开展多边外交五个方面。此次调整，使得沙特的外交战略更趋成熟、务实、多元和平衡，长远来看，势必改善周边安全环境，并拓展国际生存空间。沙特外交，未来可期。

一是成熟务实的地区外交。沙特政府摒弃其地区攻势外交转而进行战略收缩，是被动夹杂主动的应对与调整。沙特的战略收缩表现为：在地区事务与热点问题中的旁观态度，以及与周边国家较量中的缓和立场。过去一年，沙特在中东地区事务和热点问题中非常低调，在叙利亚问题上早就失去了发言权；在利比亚派系之争和非洲之角的角力中也已退居二线；在巴以问题上，近年来虽然与以色列和解，但始终没有迈出关键一步，甚至逐步落到阿联酋等海湾国家之后。与此同时，在处理周边国家关系时，表现相对温和，对卡塔尔，甚至伊朗和胡塞武装，都愿意推动或接受和解。这些举动，看似示弱，实则务实。

二是多元平衡的全球外交。首先是巩固美沙同盟。依靠大国提供政权

---

① "也门胡塞武装对沙特机场发动无人机攻击"，中新网，2019年7月2日，http：//www.chinanews.com/gj/2019/07-02/8881836.shtml，2020年7月30日。
② "也门胡塞武装使用导弹袭击沙特机场"，中新网，2019年8月26日，http：//www.chinanews.com/gj/2019/08-26/8937790.shtml，2020年7月30日。
③ "沙特击落一架胡塞武装无人机5名平民受伤"，中新网，2019年3月8日，http：//www.chinanews.com/gj/2019/03-08/8775437.shtml，2020年7月30日；"沙特联军对也门发动袭击 称针对'直接威胁'"，中新网，2019年8月11日，http：//www.chinanews.com/gj/2019/08-11/8923336.shtml，2020年7月30日；"沙特为首的联军空袭也门北部一监狱 上百人死伤"，中新网，2019年9月1日，http：//www.chinanews.com/gj/2019/09-01/8943943.shtml，2020年7月30日。

外部合法性和安全保障是沙特始终坚持的外交根本，与美国结盟则是长期的基本国策。为适应美国中东战略的调整，沙特通过支持特朗普的中东和平方案、以"军购换安全"替代"石油换安全"构筑联盟新基础、加大对美投资等手段赋予沙美关系新内涵。[1] 其次是构建俄沙"石油联盟"。为适应中东地区秩序的变化以及全球能源格局的嬗变，试图通过"OPEC +"机制与俄罗斯构建"石油联盟"，并将合作扩展至安全领域，2019 年 10 月，普京总统时隔 12 年再次访问沙特，签署总额近 100 亿美元的合作协议。再次是发展"东向战略"。近年来沙特开始"向东看"，与中、日、印等亚洲国家在能源、贸易、科技等方面加强合作。此外，沙特还开展多边外交，2019 年 12 月 1 日，沙特开始担任二十国集团轮值主席国。

结　语

过去一年，沙特的国内政局平稳，形势渐趋明朗。君主制王国的权力继续从沙特家族向萨勒曼支系集中，家族统治日益向个人统治转变，穆罕默德王储基本掌控了国家权柄，王位传承恐难出现大的变数。但穆罕默德王储的国际信誉因政治丑闻和也门内战而面临严重挑战，成为影响沙特国家形象和政治稳定的不确定因素，进而构成沙特政局动荡和王位传承变故的潜在威胁，折射出沙特政治转型的艰难与困境。

受世界经济总体衰退、地缘政治局势紧张、沙特国内新旧交替的影响，过去一年的沙特经济很不景气，增长疲软，各项指标都不乐观，尤其是 GDP 增长率只有 0.3%，相较于 2018 年 2.2% 的年增长率来说，增速明显放缓。与此同时，围绕"2030 愿景"的总体思路，经济改革在 2019 年继续全面推进，多元化与产业结构转型、自由化与市场对外开放、私有化与激发市场活力、本土化与缓解就业压力，各方面都有所成效。2019 年年底，沙特阿美通过首次公开募股在利雅得挂牌上市，成为沙特私有化改革的重要成就。但是，结构多元化、市场自由化、资本私有化和就业本土化的实现仍然任重道远。

过去一年，沙特的外交形势不容乐观，地区外交总体失利，国家安全受到威胁，王储信誉严重受损。而政府在危机管理中表现出自顾不暇的颓

---

[1] 丁隆、黄兰："萨勒曼继任以来沙特外交政策的调整及前景"，《当代世界》，2020 年第 2 期，第 14—15 页。

势，不仅对波斯湾油轮遇袭事件与油田设施遇袭事件应对不力，在胡塞武装对沙特的本土打击中措手不及，对王储的形象公关也不到位。基于此，政府对外交战略进行调整，在地区事务与热点问题中表现出战略收缩的姿态，延续美沙同盟的同时，试图构建俄沙"石油联盟"，发展"东向战略"，并开展多边外交。沙特更趋成熟、务实、多元、平衡的外交战略势必改善其周边安全环境，并拓展其国际生存空间。沙特外交，未来可期。

科威特：
政治纷争下的经济改革进程*

一、议会动荡不断

相较于叙利亚、伊拉克等深陷战乱的中东国家，科威特的国内形势无疑是较为平稳的。不过，该国政局也因反对党与执政党①间的长期对抗而充满紧张气氛。造成这一局势的根本原因主要包括由埃米尔任命的内阁和民选议会间的脱节、部落与宗派冲突。自 2003 年以来，历届议会均以被埃米尔解散而告终，从未有一届议会能够完成其 4 年的任期。

（一）剥夺反对派议员资格

西亚北非政治变局的"长尾效应"目前对科威特政局的影响依旧存在。在 2011 年 11 月至 2012 年 10 月中，科威特国内局势在西亚北非政治变局的影响下陷入动荡，几近失控。该国埃米尔谢赫·沙巴·艾哈迈德·贾布尔·萨巴赫（Sheikh Sabah al‑Ahmad al‑Jaber al‑Sabah）颁布了一项法令，禁止因侮辱埃米尔而被定罪的人士参与选举。这直接导致大量杰出反对派人士丧失了参选资格。在此情况下，反对派号召民众抵制 2012 年 12 月和 2013 年 6 月的选举。不过在反对派缺席的情况下，亲政府的国民议会依旧在 2016 年批准了这一立法。伴随着反对派在 2016 年 11 月的大选中获得近半数席位（共 50 席中的 24 席），该国的议会冲突进一步加剧。②

此轮议会冲突的直接起因可追溯至 2017 年。两名反对派议员瓦利德·塔巴拜（Waleed al‑Tabtabaie）和贾曼·哈巴什（Jamaan al‑Harbash）因

---

* 作者：曹峰毓，西北大学中东研究所讲师；后黎，云南财经大学国际语言文化学院讲师。

① 从严格意义上讲科威特禁止组建政党，但政治性组织和派别自独立以来就一直以合法或半合法的状态存在。

② "Speaker Announces Expulsion of Two Opposition MPs", The Economist, February 7, 2019, https：//country.eiu.com/article.aspx？articleid＝1617623945&Country＝Kuwait&topic＝Politics&subtopic＝Forecast&subsubtopic＝Political＋stability，2020－07－31.

参加针对前总理谢赫·纳赛尔·穆罕默德·萨巴赫（Sheikh Nasser Mohammed al-Sabah）的抗议活动而被判处7年有期徒刑。不过，反对派成功使用国会附则（parliament's bylaws）第16条保住了上述两人的议员身份。最终，宪法法院（Constitutional Court）在2018年12月中旬裁定国会附则第16条违宪。① 据此，议长决定剥夺两人的议员身份，但有18名议员明确表示反对这一决定。② 这直接引发了2019年执政党与反对党间的新一轮冲突，并进而成为阻碍该国政府运作的主要因素。

2019年1月14日，5名反对党议员向议会提交了一项法案草案，提议废除宪法法院，转而建立一个由不同派别人士组成的"高级宪法法院"（High Constitutional Court）。该国目前的宪法法院共由6名成员组成。其中5人由最高司法委员会（Supreme Judicial Council）通过无记名投票选出，另1名由埃米尔直接任命。而议员们提出的新法院将由7名成员组成，其中将有5名来自司法机构、1名来自政府、1名来自国民议会，以期降低行政部门对司法事务的干预。③ 不过，这一草案并未得到普遍支持。

最终，针对被罢免议员的议会补选仍在3月中旬如期举行，暂时平息了这场"议员风波"。共有47位候选人参加补选，投票率达到42%。根据官方结果，第三和第二选区的两名独立候选人阿卜杜拉·坎达里（Abdullah Al-Kandari）和巴德尔·穆拉（Badr Al-Mulla）获得了这两个席位。这一结果被认为会削弱反对派在议会中的实力。虽然名义上两人属于独立人士，但普遍认为他们在投票中将持亲政府立场。④

（二）政府贪腐丑闻升级

在"议员风波"中遭受挫折后，反对派迅速以政府贪腐为突破口进行

---

① "Kuwait Constitutional Court Rules as 'Unconstitutional' Parliament By-Law Article On MPs' Membership", Kuwait News Agency, December 19, 2018, https：//www.kuna.net.kw/ArticleDetails.aspx？id=2766391&language=en#，2020-07-31.

② "Speaker Announces Expulsion of Two Opposition MPs", The Economist, February 7, 2019, https：//country.eiu.com/article.aspx？articleid=1617623945&Country=Kuwait&topic=Politics&subtopic=Forecast&subsubtopic=Political+stability，2020-07-31.

③ Habib Toumi, "Kuwaiti MPs call for abolishing Constitutional Court", Gulf News, January 7, 2019, https：//gulfnews.com/world/gulf/kuwait/kuwaiti-mps-call-for-abolishing-constitutional-court-1.61290332，2020-07-31.

④ "Kuwait Amir Congratulates By-Election Winners", Bahrain News Agency, March 17, 2019, https：//www.bna.bh/en/KuwaitAmircongratulatesbyelectionwinners.aspx？cms=q8FmFJgiscL2fwIzON1%2BDrC%2FXwQnVxAuilc%2FwAqjQeU%3D，2020-07-31.

了反击。2019年4月15日，反对派议员利雅得·阿萨尼（Riyadh al - Adsani）声称有几名国会议员和商人因涉嫌参与大型洗钱丑闻而受到检察官调查。其中由于"银行存款增加"，有4位国会议员受到特别怀疑。他据此对政府进行了攻击，声称当局在遏制腐败和洗钱方面所采取的措施远远不够，并威胁如果政府对指控不采取适当行动，他将动用宪法工具，包括对可疑部长提出质询。整体而言，科威特的腐败状况在近几年有所恶化。在"透明国际"的年度腐败感知指数（Corruption Perceptions Index）中，该国排名由2013年的69名下降至2018年的78名。[1] 同月，反对派还针对副总理阿纳斯·萨利赫（Anas al - Saleh）提出了关于涉嫌滥用权力的质询动议。对总理谢赫·贾伯·穆巴拉克·萨巴赫（Sheikh Jaber Mubarak al - Sabah）提出了两项质询动议，指控他们未能执行发展计划。然而，针对总理的动议最终被判以违宪而被撤销。[2]

至2019年5月下旬，科威特议会的紧张形势再度升级。反对派议员对财政部长纳耶夫·哈杰拉夫（Nayef al - Hajraf）提出了质询动议，主要涉及多项行政和财务管理不善问题，包括采用不合理的投资政策，以及对社会保障基金管理不当进而损害了民众权益。根据《科威特时报》（Kuwait Times）披露的细节，受争议的交易包含由科威特投资局（KIA）发起的一项对法国核工业集团阿海珐（Areva）的投资。科威特投资局在通过6亿欧元购买阿海珐股份后，又以8300万欧元的低价出售了这些股票。部分议员还批评了在科威特国家石油公司（Kuwait Petroleum Corporation）有着高达200亿科威特第纳尔（约合657亿美元）的利润可供使用的情况下，财政部仍决定新增80亿美元外债的行为。此外，议员们还声称，财政部尚未从公共服务中收取13.4亿科威特第纳尔的费用，并且无法解释旅游企业公司（Touristic Enterprises Company）2.9亿科威特第纳尔的损失。议员里雅德·萨内（Riyadh al - Sane）同时还声称，科威特投资局拒绝了审计局的检查

---

[1] "Money - laundering Case Involving MPs Referred to Prosecutors", The Economist, April 12, 2019, https://country.eiu.com/article.aspx?articleid = 397896623&Country = Kuwait&topic = Economy&subtopic = Forecast&subsubtopic = Policy + trends, 2020 - 07 - 31.

[2] "Tensions Rise in the Kuwaiti Parliament", The Economist, June 4, 2019, https://country.eiu.com/article.aspx?articleid = 988072882&Country = Kuwait&topic = Politics&subtopic = Forecast&subsubtopic = Political + stability, 2020 - 07 - 31.

要求。①

最终，科威特议会对财政部长纳耶夫·哈杰拉夫的质询在2019年6月如期展开。期间，哈杰拉夫对科威特投资局的投资行为进行了辩护，声称该机构的投资总规模约有6000亿美元，其中约95%的投资都流向了市场较为稳定的国家，并使该国的未来基金（Future Generations Fund）增长了约152%。其中仅有包括法国阿海珐公司（AREVA）的约420项投资出现了亏损。同时，哈杰拉夫还表示燃油价格不会进一步上涨，总预算中的补贴总额也不会发生改变。他还进一步辩解称质询中的很多问题是由前任遗留的，与他无关。最终，议会并未就财政部长提出不信任动议。不过，部分议员在质询后向金融和经济事务委员会（Financial and Economic Affairs Committee）提交了一项建议，要求该委员会在3个月内调查本届议会中的各类财政问题，但哈杰拉夫并未出席金融和经济事务委员会接下来的会议。这激怒了反对派，两名议员雅德·阿德萨尼（Riyadh al-Adsani）和巴德尔·穆拉（Bader al-Mulla）声称要提出新的质询，以便迫使财政部长配合调查。② 在此影响下，反对派于2019年6月25日再次对纳耶夫·哈杰拉夫进行了质询，并最终在2019年7月3日促成了对他的不信任投票。但最终哈杰拉夫以32票对16票获胜，得以留任财政部长职务。③

随着科威特议会于7月进入夏季休会，反对派与政府的议会冲突暂时告一段落。不过，反对派威胁将在议会复会后对包括总理在内的多位高级官员提出质询。根据《科威特日报》的消息，议员利雅得·阿萨尼声称，将就安全、财务和行政违法行为对内政部长谢赫·哈立德·贾拉·萨巴赫（Sheikh Khaled al-Jarrah al-Sabah）展开质询。同时，他还威胁要质询财政部长和总理。④

---

① "Tensions Rise in the Kuwaiti Parliament", The Economist, June 4, 2019, https://country.eiu.com/article.aspx?articleid=988072882&Country=Kuwait&topic=Politics&subtopic=Forecast&subsubtopic=Political+stability, 2020-07-31.

② "Finance Minister Survives Grilling Motion in Parliament", The Economist, June 20, 2019, https://country.eiu.com/article.aspx?articleid=978143081&Country=Kuwait&topic=Politics&subtopic=Forecast&subsubtopic=Political+stability, 2020-07-31.

③ Merza al-Khuwaldi, "Kuwaiti Finance Minister Survives No-Confidence Vote", Asharq Al-Awsat, 4 July, 2019, https://english.aawsat.com/home/article/1797626/kuwaiti-finance-minister-survives-no-confidence-vote, 2020-07-31.

④ "Opposition Lawmakers to Grill Ministers", The Economist, September 13, 2019, https://country.eiu.com/article.aspx?articleid=1158432699&Country=Kuwait&topic=Politics&subtopic=Forecast&subsubtopic=Political+stability, 2020-07-31.

与此同时，埃米尔健康状况的恶化也为科威特的政局走向增添了不确定性。2019 年 8 月 18 日，科威特国家新闻社证实 90 岁高龄的埃米尔谢赫·沙巴·艾哈迈德·贾布尔·萨巴赫曾在月初患病，但随后康复。但在 9 月初，埃米尔王室大臣（the minister for the emir's royal court）谢赫·阿里·贾拉·萨巴赫（Sheikh Ali Jarrah al-Sabah）则证实埃米尔又于 9 月 8 日因健康状况恶化而前往美国治疗。原定于 2019 年 9 月 12 日与时任美国总统唐纳德·特朗普举行的峰会也将因此推迟。①

2019 年 10 月 29 日，科威特反对派与政府的冲突伴随着议会复会再度展开。埃米尔在致辞中要求国会议员们致力于增进国内和睦，并与政府合作共同促进国家发展。不过，他的愿望注定难以实现。在反对派议员的主导下，议会将于 11 月中旬对财政部长和公共工程与住房部长进行质询。② 与此同时，议会与政府间的长期冲突也阻碍了各类发展项目的实施，这也激起了民众的不满。11 月 6 日，大量民众在科威特议会大楼外发起了 2011 年以来最大的示威活动，以抗议政府的腐败与治理不善。③

针对公共工程与住房部长珍南·拉马丹（Jenan Ramadan）的国会质询在 2019 年 11 月 12 日如期举行。反对派议员奥马尔·塔巴巴伊（Omar al-Tabtabaei）对拉马丹提出了严厉批评，指出其曾将部分政府工程交予之前出现严重违约行为的公司，同时她也需要为国家道路质量低下以及部分基础设施项目施工缓慢负责。不过，部长的支持者则声称上述现象在政府中长期存在。同时，拉马丹也声称，她已经对建筑商的拖延进行了处罚，并与工程中存在的腐败问题进行了坚决斗争。不过，在有迹象表明她可能会在随后的不信任投票中失败后，该部长以"改革难以推进"为由主

---

① "Kuwait Emir Admitted to Hospital in the US", Al-Jazeera, September 9, 2019, https://www.aljazeera.com/news/2019/09/kuwait-emir-admitted-hospital-190908190359724.html, 2020-07-31.

② "Emir Opens Parliamentary Session", The Economist, November 4, 2019, https://country.eiu.com/article.aspx?articleid=1788622162&Country=Kuwait&topic=Politics&subtopic=Forecast&subsubtopic=Political+stability, 2020-08-02.

③ "Hundreds Protest Corruption in Kuwait", New Straits Times, November 7, 2019, https://www.nst.com.my/world/world/2019/11/536507/hundreds-protest-corruption-kuwait, 2020-08-02.

动辞职。① 这无疑标志着反对派议会斗争的重大胜利以及科威特政局的进一步动荡。

（三）内阁辞职与重新组阁

执政党与反对党间的议会斗争在 2019 年 11 月 14 日进入高潮。考虑到反对党近期的巨大胜利以及内政部长与财政部长都将在未来面临质询的现实，当日在总理谢赫·贾伯·穆巴拉克·哈马德·萨巴赫的领导下，科威特内阁宣布辞职，该国埃米尔谢赫·沙巴·艾哈迈德·贾布尔·萨巴赫随后接受了这一辞呈。从历史上看，内阁辞职可能会导致科威特解散议会并重新举行大选。不过，议长马祖克·加尼姆（Marzouq al – Ghanim）声称，本次内阁辞职不太可能导致这一结果。科威特政府发言人塔雷克·米兹雷姆（Tareq al – Mizrem）也表示此次内阁辞职只是为了"重新安排政府工作"。②

最终，2019 年，科威特的政局动荡伴随着新总理的上任与新内阁的诞生而落下帷幕。内阁辞职后，科威特埃米尔最初试图任命前总理谢赫·贾伯·穆巴拉克·哈马德·萨巴赫再次组阁，但遭到了后者的拒绝。最终，前任外交大臣谢赫·沙巴·哈利德·萨巴赫（Sheikh Sabah al – Khalid al – Sabah）在 11 月 19 日被任命为新总理。③

2019 年 12 月 17 日，总理完成了新内阁的组建，其中 8 个部长进行了人事调整。其中较为值得关注的是阿纳斯·萨利赫（Anas al – Saleh）与玛丽亚姆·阿奎尔（Mariam al – Aqeel）代替了其饱受争议的前任，分别出任

---

① "Turmoil Marks Parliament's Opening Fortnight", The Economist, September 13, 2019, https：//country. eiu. com/article. aspx? articleid = 358689819&Country = Kuwait&topic = Politics&subtopic = Forecast&subsubtopic = Political + stability, 2020 – 08 – 02; Abbas Al Lawati and Fiona MacDonald, "Kuwaiti Cabinet Resigns But Parliament Dissolution Seen Unlikely", Bloomberg, November 14, 2019, https：//www. bloomberg. com/news/articles/2019 – 11 – 14/kuwaiti – prime – minister – hands – in – government – s – resignation, 2020 – 08 – 02.

② "Cabinet Resigns Amid Parliamentary Interrogations", The Economist, November 15, 2019, https：//country. eiu. com/article. aspx? articleid = 1878696371&Country = Kuwait&topic = Politics&subtopic = Forecast&subsubtopic = Political + stability, 2020 – 08 – 02; Abbas Al Lawati and Fiona MacDonald, "Kuwaiti Cabinet Resigns But Parliament Dissolution Seen Unlikely", Bloomberg, November 14, 2019, https：//www. bloomberg. com/news/articles/2019 – 11 – 14/kuwaiti – prime – minister – hands – in – government – s – resignation, 2020 – 08 – 02.

③ "Kuwait's Foreign Minister Named New PM Amid Government Feud", Reuters, November 18, 2019, https：//www. reuters. com/article/us – kuwait – government/kuwaits – foreign – minister – named – new – pm – amid – government – feud – idUSKBN1XS12E, 2020 – 08 – 02.

内政部长与财政部长。而原财政部长纳耶夫·哈杰拉夫则改任海合会秘书长。其中，马里亚姆·阿克塞尔的上任将载入科威特史册。在国家经济发展因低油价陷入困难且民众反对任何财政改革的情况下，她成为了在关键时期担任财政部长的首位女性。此外，艾哈迈德·曼苏尔·艾哈迈德·萨巴赫（Ahmad Mansour al - Ahmad al - Sabah）则被任命为国防部长。不过，新内阁的诞生并无助于缓解科威特政局的紧张状态。考虑到下一届议会选举将在2020年11月召开，本届内阁的任期将注定不满一年。同时，在大选日益临近的情况下，反对党将有可能对政府发动更加猛烈的议会攻势。这将进一步阻碍经济改革与大型公共项目的建设。[①]

二、经济发展总体向好

自2017年提出科威特"2035愿景"以来，该国开始了旨在促进经济多元化、活跃私营部门的经济改革。总体而言，该国的经济改革已经取得了一定成效，经济发展趋势也总体向好，但该国的动荡政局也在很大程度上延缓了经济改革的进行。

总体而言，科威特的经济改革受到了国际社会的肯定。该国于2018年被纳入富时罗素新兴市场指数（FTSE Russell Emerging Markets Index）。同年，科威特被纳入了标普道琼斯指数（S&P Dow Jones Indices）的全球基准指数，并被归类为新兴市场。2019年6月25日，摩根士丹利资本国际公司（MSCI）宣布，2020年5月会将科威特升级认定为新兴市场国家。[②]在2019年10月24日出版的世界银行《营商环境报告》（Doing Business）中，科威特被认为在10个调查类别中实施了多达7项改革，并跻身世界十大改革国家之列，其总体排名也上升了14位，达到了第83名。[③]

[①] "Kuwait Appoints New Cabinet after Parliament Tension", Reuters, December 17, 2019, https://www.reuters.com/article/us - kuwait - government/kuwait - appoints - new - cabinet - after - parliament - tension - idUSKBN1YL0NS, 2020 - 08 - 02; "Prime Minister Reveals New Cabinet", The Economist, December 17, 2019, https://country.eiu.com/article.aspx? articleid = 1168833500&Country = Kuwait&topic = Politics&subtopic = Forecast&subsubtopic = Political + stability, 2020 - 08 - 02.

[②] Scott Longley, "Kuwait Takes Another Step towards MSCI EM Inclusion", ETF Stream, June 26, 2019, https://www.etfstream.com/news/kuwait - takes - another - step - towards - msci - em - inclusion/, 2020 - 08 - 04.

[③] "World Bank Applauds Business Reforms", The Economist, October 25, 2019, https://country.eiu.com/article.aspx? articleid = 68595590&Country = Kuwait&topic = Economy&subtopic = Forecast&subsubtopic = External + sector, 2020 - 08 - 04.

在 2019 年 1 月至 5 月，科威特中央统计局（Central Statistical Bureau）与中央银行（Central Bank of Kuwait）等部门先后公布了 2018 年的部分经济统计数据。在对外贸易方面，2019 年 1 月至 11 月，贸易顺差从 2017 年同期的 57 亿第纳尔（合 191 亿美元）增加到 103 亿第纳尔（合 339 亿美元），按美元计算增长了约 77.1%。其中，出口额同比增长 34.2%，进口额同比增长 7.3%。印度与中国分别是该国最主要的出口地与进口来源地。[①] 伴随着贸易顺差的扩大，该国 2018 年经常性账户盈余也由 2017 年的 29 亿科威特第纳尔（96 亿美元）跃升至 62 亿科威特第纳尔（204 亿美元）。[②]

与此同时，该国 2018 年实际 GDP 增速为 1.2%，相比之下 2017 年则为 -3.5%。其中，石油部门仍是该国 GDP 的增长主力，在 2018 年中占到了 GDP 总额的约 54.6%，同比增长 1.2%。此外，非石油行业同样维持了 1.2% 的增长，其中餐饮与酒店业的增幅达到了 10.3%。[③]

（一）石油产业稳步发展

虽然科威特正在计划逐步摆脱对石油产业的依赖，但目前其仍是该国经济增长的主要动力。在 2019 年中，科威特继续保持了对石油产业的大规模投资。同时石油输出国组织（OPEC）的联合限产活动也提振了国际油价，进一步促进了该国石油产业的发展。在 2019 年，靠近科威特与沙特边境的"中立区"（Partitioned Neutral Zone）油田的开发工作备受瞩目。该区域主要包括哈夫吉（Khafji）和沃夫拉（Wafra）两座油田。其石油开发工作曾在 2014 年一度中止。2018 年 7 月，哈夫吉油田的开发工作出现了重启的信号。2019 年 2 月 27 日，沙特阿美石油公司（Saudi Aramco）与科威特海湾石油公司（Gulf Oil Company）共同发布了一份哈夫吉油田的设备

[①] "Kuwait's Trade Surplus Jumps to ＄34bn in 11M", Mubasher, January 30, 2019, https://english.mubasher.info/news/3407320/Kuwait－s－trade－surplus－jumps－to－34bn－in－11M/, 2020－08－04.

[②] "Current－Account Surplus Widens in 2018", The Economist, May 28, 2019, https://country.eiu.com/article.aspx?articleid＝148060998&Country＝Kuwait&topic＝Economy&subtopic＝Forecast&subsubtopic＝External＋sector, 2020－08－04.

[③] "Real GDP Growth Comes in at 1.2% for 2018", The Economist, April 10, 2019, https://country.eiu.com/article.aspx?articleid＝1627880946&Country＝Kuwait&topic＝Economy&subtopic＝Forecast&subsubtopic＝Economic＋growth, 2020－08－04.

维护招标。① 2019年7月15日，科威特重工业和造船公司（Heavy Engineering Industries and Shipbuilding Company）获得了一份价值900万科威特第纳尔（约合2960万美元）、为期5年的合同，旨在为沃夫拉油田提供一般支持服务。这些消息进一步增加了业界对该区域的两个产油区即将重启的期望。有学者预计，中立区的石油开采活动将于一年内开始。②

除了上游领域的投资，科威特同样十分重视炼油厂等下游设施的建设。2019年1月13日，该国石油部（Ministry of Oil）发布公告称，埃尔祖尔（Al Zour）炼油厂的建造已经完成了76%的工程，预计将于2020年投产。该炼油厂产能为每日76.5万桶，耗资共160亿美元。③ 同月27日，科威特石油公司获得了科威特最高石油委员会（Supreme Petroleum Council）的批准，得以向阿曼提供20亿美元的资金，用于杜克（Duqm）炼油厂的建设工作。该炼油厂的产能预计将达每天23万桶，且根据协议，该炼油厂的约65%的原油将来自科威特。④ 2019年9月2日，科威特国家石油公司宣布正在为米纳·阿卜杜拉（Mina Abdullah）炼油厂调试新的柴油冶炼装置，以便将低硫柴油的产能提升至每天45.4万桶。⑤ 2019年10月14日，科威特政府下属的石化产品生产商EQUATE集团宣布在美国开设第一家化工厂。该项目的投资额约为10亿美元，旨在利用美国廉价的天然气资源生产单乙二醇，年产能约为75万吨。这也是科威特企业首次在美国墨西哥湾地区开展大规模投资。⑥

---

① "Maintenance Tender Points to a Divided Zone Oil Re‐Start", The Economist, March 14, 2019, https：//country.eiu.com/article.aspx? articleid = 1997758383&Country = Kuwait&topic = Economy&subtopic = Forecast&subsubtopic = Policy + trends, 2020 ‐ 08 ‐ 04.

② "Contract Award Hints at Partitioned Neutral Zone Progress", The Economist, July 25, 2019, https：//country.eiu.com/article.aspx? articleid = 1938246777&Country = Kuwait&topic = Economy&subtopic = Forecast&subsubtopic = External + sector, 2020 ‐ 08 ‐ 04.

③ "Kuwait's Al Zour Oil Refinery to Operate by 2020", Egypt Oil & Gas, January 15, 2019, https：//egyptoil ‐ gas.com/news/kuwaits ‐ al ‐ zour ‐ oil ‐ refinery ‐ to ‐ operate ‐ by ‐ 2020/, 2020 ‐ 08 ‐ 04.

④ Staff Writer, "Kuwait Allocates ＄2bln to Oman's Duqm Refinery", Zawya, January 27, 2019, https：//www.zawya.com/mena/en/business/story/Kuwait_ allocates_ 2bln_ to_ Omans_ Duqm_ refinery ‐ SNG_ 136112880/, 2020 ‐ 08 ‐ 04.

⑤ "Kuwait Commissions Key Refinery Unit", The Economist, September 6, 2019, https：//country.eiu.com/article.aspx? articleid = 1648414548&Country = Kuwait&topic = Economy&subtopic = Forecast&subsubtopic = External + sector, 2020 ‐ 08 ‐ 04.

⑥ "EQUATE Group Commences Operations of MEGlobal Oyster Creek Plant", NS Energy Business, October 14 2019, https：//www.nsenergybusiness.com/news/equate ‐ meglobal ‐ oyster ‐ creek ‐ plant/, 2020 ‐ 08 ‐ 04.

值得注意的是，科威特与中国在能源领域的合作也日渐升温。虽然经历了多次延迟，科威特国家石油公司与中石化合资建造的湛江炼油厂即将投产。该项目的一期工程包括一座日产量 20 万桶的炼油厂以及一座每年 80 万吨产量的乙烯裂解装置。与此同时，科威特还表示希望将对华石油出口由每日 44 万桶提升至每日 60 万桶。[1]

（二）非石油产业发展前景广阔

作为科威特"2035 愿景"的重要组成，科威特政府同样十分重视非石油产业的发展，其中商业与金融业是该国关注的重点。在该领域，在伊拉克边境地区修建"丝绸之城"（Silk City）的计划，因其巨大的投资规模而备受关注。2019 年 3 月 8 日，科威特国防部长谢赫·纳赛尔·沙巴·艾哈迈德·萨巴赫（Sheikh Nasser Sabah al-Ahmad al-Sabah）宣布，该国目前正在与伊拉克进行谈判，计划在科威特—伊拉克边境附近建造一座新城市——麦迪纳特·哈里尔（Madinat Al Hareer，"丝绸之城"）。尽管没有给出具体时间表，但该市将致力于建立一个跨越边界的自贸区。科威特方面表示，该计划在未来 25 年内可能带动 400 亿—650 亿美元的投资。伊拉克南部的巴士拉市也可能会因就业和贸易的增加而从中受益。[2]

进一步深化经济改革的私有化是 2019 年科威特非石油经济的另一个发展亮点。2019 年 2 月 14 日，由科威特国家投资公司（National Investment Co.）牵头的财团赢得了收购科威特证券交易所 44% 股份的招标。2019 年 2 月 17 日，该国资本市场管理局（Capital Markets Authority）专员兼科威特交易所私有化委员会副主席阿卜杜勒阿齐兹·马祖克（Abdulaziz al-Marzouq）表示，科威特证券交易所剩余的 50% 股份将于 2019 年第四季度或 2020 年第一季度进行首次公开募股（IPO），[3] 政府下辖的社会保障事业

---

[1] "Chinese Refinery About to Start Operations", The Economist, November 25, 2019, https://country.eiu.com/article.aspx?articleid=88720392&Country=Kuwait&topic=Economy&subtopic=Forecast&subsubtopic=External+sector, 2020-08-04.

[2] "Kuwait Plans to Build Silk City Near Iraqi Border", The Economist, March 12, 2019, https://country.eiu.com/article.aspx?articleid=1537747937&Country=Kuwait&topic=Politics&subtopic=Forecast&subsubtopic=International+relations, 2020-08-04.

[3] "IPO of Remaining 50% of Kuwaiti Bourse Seen in Q4 2019 or Q1 2020 - Official", Zawya, February 17, 2019, https://www.zawya.com/mena/en/markets/story/IPO_of_remaining_50_of_Kuwaiti_bourse_seen_in_Q4_2019_or_Q1_2020_official-TR20190217nC6N1ZU00KX2/, 2020-08-04.

机构（Public Institution for Social Security）将持有剩余的6%股份。① 最终，在资本市场管理局的批准下，科威特证券交易所在2019年第四季度进行了首次公开募股，并在2019年12月1日顺利结束，获得了逾8.5倍的超额认购。②

三、开展平衡外交

在外交领域，科威特长期奉行和平中立的外交政策，主张在和平共处原则的基础上发展同所有国家的关系。在2019年中，该国外交事务主要可分为调解沙特—卡塔尔矛盾、发展与周边国家关系、加强与美国防务合作三条主线。

（一）调解沙特—卡塔尔矛盾

自2017年沙特与卡塔尔外交危机爆发以来，科威特成为了除阿曼外唯一未加入对卡塔尔外交抵制的海合会国家。同时，与沙特、阿联酋、巴林和埃及等国不同，科威特并未从卡塔尔撤回投资，并一直致力于在这场危机中扮演调停者角色。在2018年12月18日举行的卡塔尔国庆招待会上，科威特副总理兼外交大臣谢赫·沙巴·哈利德·萨巴赫表示，科威特与卡塔尔的关系"深厚而牢固"。③

科威特的外交努力获得了卡塔尔的赞赏。卡塔尔外交部长穆罕默德·本·阿卜杜拉赫曼·萨尼（Mohammed bin Abdulrahman al-Thani）对科威特在本次危机中的斡旋行动表示感谢，并表示在未来的危机处理过程中将继续依赖科威特的外交努力。不过，虽然科威特的中立身份使之接受了国际社会的广泛赞誉，但也为该国带来了巨大的外交压力。因为没有在此次争端中对卡塔尔采取明确的反对立场，科威特受到了包括沙特在内的部分

---

① "Regulator Approves Second Phase of Bourse Privatisation", The Economist, September 3, 2019, https：//country.eiu.com/article.aspx?articleid=1258399109&Country=Kuwait&topic=Economy&subtopic=Forecast&subsubtopic=External+sector, 2020-08-04.

② Fiona MacDonald, "Kuwait Bourse IPO More Than 8.5 Times Oversubscribed", Bloomberg, December 2, 2019, https：//www.bloomberg.com/news/articles/2019-12-02/kuwait-bourse-ipo-more-than-8-5-times-oversubscribed, 2020-08-04.

③ "Kuwait-Qatar Relations Strong: Kuwaiti FM", Qatar Tribune, December 19, 2018, https：//www.qatar-tribune.com/news-details/id/149543/kuwait-qatar-relations-strong-kuwaiti-fm, 2020-08-02.

邻国的严厉批评。①

纵然面临着巨大的外交压力，2019年科威特在这场外交危机中的立场依旧未发生改变。在科威特第58个国庆日（2月25日）以及第28个解放纪念日（2月26日）到来之际，科威特驻卡塔尔大使哈菲兹·本·穆罕默德·阿吉米（Hafeez bin Mohammed Al Ajmi）对两国的友好关系进行了高度赞赏。他在向媒体发表的声明中，称两国的外交关系为"兄弟般的情谊"，并表示"科威特人民将卡塔尔视为第二故乡"。同时他还回顾了两国自16世纪以来的悠久关系，并着重强调了两国在经济、教育与军事领域的合作。在经济领域，他声称在2018年底，与卡塔尔的贸易额增长了28亿卡塔尔里亚尔（约合7.7亿美元），在卡塔尔经营的科威特公司数量与2017年相比增长了34%。在教育方面，阿吉米表示"我们为许多科威特人在卡塔尔的各种高等学府中学习而感到自豪，并将继续鼓励本国公民前往卡塔尔深造"。在军事方面，他也表示两国的武装力量经常开展联合演练。与此同时，卡塔尔也在节日期间举行了名为"科威特和卡塔尔：一个民族"的系列庆祝活动。②

此后，科威特也多次发表声明，希望沙特等国能够停止对卡塔尔的孤立行动，重拾海合会内部的团结。其中，在海合会麦加峰会之前的2019年5月30日，科威特埃米尔发表了一份声明，号召海合会成员国们为了自身利益应停止对卡塔尔的外交抵制。③ 在2019年10月29日科威特议会复会的演讲中，他再次声称"周边地区的动荡局势不仅恶化了我国的外部环境，而且会对我们的后代造成不利影响"，"海合会国家间的持续争端已是不可被接受和容忍的，它削弱了我们的行动能力与利益"。④ 随着2019年12月10日海合会峰会在利雅得召开，科威特的调解工作显露出了一定成

---

① "Kuwait Maintains Its Role as Mediator in Qatar Crisis", The Economist, January 8, 2019, https://country.eiu.com/article.aspx?articleid=57519989&Country=Kuwait&topic=Politics&subtopic=Forecast&subsubtopic=International+relations, 2020-08-02.

② Sidi Mohamed, "Qatar-Kuwait Relations Hailed", The Peninsula Qatar, February 24, 2019, https://www.thepeninsulaqatar.com/article/24/02/2019/Qatar-Kuwait-relations-hailed, 2020-08-02.

③ "Kuwait Emir: GCC Summit Didn't Address End to Qatar Embargo", Middle East Monitor, June 1, 2019, https://www.middleeastmonitor.com/20190601-kuwait-emir-gcc-summit-didnt-address-end-to-qatar-embargo/, 2020-08-03.

④ "Kuwait's Emir: Gulf Dispute 'No Longer Acceptable or Tolerable'", Aljazeera, Octorber 29, 2019, https://www.aljazeera.com/news/2019/10/kuwait-emir-gulf-dispute-longer-acceptable-tolerable-191029095032440.html, 2020-08-03.

效。一方面，会上海合会六国均对科威特修补地区裂痕的努力表示了感谢；另一方面，卡塔尔外交部长也声称与沙特的谈判取得了一定进展。[1] 不过，双方的分歧依然较为巨大，短时内看不到彻底弥合的迹象。会议的闭幕公告只对地区关系做出了"加强海合会内部合作与一体化"的一般性表述。[2] 值得注意的是，在本届峰会上，科威特原财政部长内耶夫·哈吉拉夫当选海合会秘书长，并将于2020年4月正式上任。[3] 这无疑会加强未来科威特在沙特—卡塔尔争端中的调解作用。

（二）发展与周边国家关系

除了卡塔尔，科威特也在2019年致力于发展与其他周边国家的外交关系，而提供经济援助是其中的重要手段。1月8日，科威特阿拉伯发展基金（Kuwait Fund for Arab Economic Development）向突尼斯提供了1亿美元贷款，用于改善该国农村地区的道路状况。[4] 12月4日，科威特又与巴林签署了经济合作协议。根据该协议，科威特阿拉伯发展基金将向该国提供1亿美元，用于建设3个变电站以及相关输电线路。[5]

在2019年中，科威特也与周边国家实现了多次高层互访。在2月初，时任科威特总理谢赫·贾伯·穆巴拉克·哈马德·萨巴赫对约旦进行了访问，期间双方签订了15项合作协议，涉及到高等教育和科学研究、油气工业和可再生能源、媒体和旅游业等多个领域。[6]

2019年6月19日，科威特埃米尔访问伊拉克，并会见了伊拉克总统、

---

[1] "Kuwait's Mediation Drive in GCC Dispute Gains Momentum", The Arab Weekly, December 13, 2019, https：//thearabweekly.com/kuwaits – mediation – drive – gcc – dispute – gains – momentum, 2020 – 08 – 03.

[2] "GCC Summit Concludes without Reconciliation", The Economist, December 16, 2019, https：//country.eiu.com/article.aspx? articleid = 1618826745&Country = Kuwait&topic = Politics&subtopic = Forecast&subsubtopic = International + relations, 2020 – 08 – 03.

[3] "Kuwait's Mediation Drive in GCC Dispute Gains Momentum", The Arab Weekly, December 13, 2019, https：//thearabweekly.com/kuwaits – mediation – drive – gcc – dispute – gains – momentum, 2020 – 08 – 03.

[4] "Kuwait to Provide Aid for Road Development in Tunisia", The Economist, January 8, 2019, https：//country.eiu.com/article.aspx? articleid = 1107516694&Country = Kuwait&topic = Politics&subtopic = Forecast&subsubtopic = International + relations, 2020 – 08 – 03.

[5] "Kuwait Fund to Finance Bahrain Grid Upgrade", The Economist, December 6, 2019, https：//country.eiu.com/article.aspx? articleid = 698771253&Country = Kuwait&topic = Economy&subtopic = Forecast&subsubtopic = Policy + trends, 2020 – 08 – 03.

[6] "Jordan, Kuwait Sign 15 Agreements to Boost Cooperation", Xinhua Net, February 12, 2019, http：//www.xinhuanet.com/english/2019 – 02/12/c_ 137813933.htm, 2020 – 08 – 03.

总理与议会议长等高级官员。这是谢赫·沙巴·艾哈迈德·贾布尔·萨巴赫 2006 年成为科威特埃米尔以来对伊拉克进行的第二次访问。期间，双方主要对双边关系与地区事态发展交换了意见。① 7 月 23 日，科威特收到了伊拉克的 2.7 亿美元战争赔款，用于赔偿在海湾战争中对科威特的军事入侵所造成的损失。该战争赔款预计至 2021 年可被全部结清。②

2019 年 8 月 18 日，贾瓦德·扎里夫（Javad Zarif）访问科威特，与科威特外长谢赫·萨巴赫·哈利德·萨巴赫进行了会谈。双方就缓解不断升级的地区紧张局势、确保海湾地区的海上安全和发展双边关系进行了重点讨论。③

2019 年 8 月 31 日，埃及总统阿卜杜勒 - 法塔赫·塞西（Abdel Fatah el – Sisi）对科威特进行了访问。④ 在随后的 10 月 20 日至 22 日，科威特总理在庞大的部长以及商人组成的代表团的陪同下，对埃及进行了回访。会谈中，双方强调了开展双边经济与安全合作的重要性。期间，两国签署了价值 11 亿美元的贸易协定，并就促进埃及投资部（Ministry of Investment）与科威特直接投资促进局（Kuwait Direct Investment Promotion Authority）之间的合作签署了谅解备忘录。⑤

（三）加强与美国防务合作

与美国加强在地区安全领域的合作是 2019 年科威特外交中的另一重要组成部分。虽然科威特总体奉行中立的外交政策，但在安全领域该国仍主要依赖美国提供保护。9 月 14 日，沙特沿海石油设施遭受的空袭引发了科威特的强烈关注。由于科威特的石油加工与出口设施均地处沿海，类似袭

---

① Xu Xin, "Kuwaiti Emir Visits Iraq for Talks with Iraqi Leaders Over Ties, Regional Developments", Xinhua Net, June 19, 2019, http://www.xinhuanet.com/english/2019 – 06/19/c_138156138.htm, 2020 – 08 – 03.

② "Kuwait and Iraq Continue Rapprochement", The Economist, July 29, 2019, https://country.eiu.com/article.aspx?articleid = 1808281564&Country = Kuwait&topic = Politics&subtopic = Forecast&subsubtopic = International + relations, 2020 – 08 – 03.

③ "Iran's Zarif Wishes Kuwait's Ruler 'Speedy' Recovery", France24, August 18, 2019, https://www.france24.com/en/20190818 – iran – s – zarif – wishes – kuwait – s – ruler – speedy – recovery, 2020 – 08 – 03.

④ "Egyptian President Arrives in Kuwait", KUNA, August 31, 2019, https://www.kuna.net.kw/ArticleDetails.aspx?id = 2816687&language = en, 2020 – 08 – 03.

⑤ "Kuwaiti Prime Minister Visits Egypt", The Economist, October 24, 2019, https://country.eiu.com/article.aspx?articleid = 1508578134&Country = Kuwait&topic = Politics&subtopic = Forecast&subsubtopic = International + relations, 2020 – 08 – 03.

击将对该国经济造成致命打击。加之在袭击当天也有人目睹到有无人机飞跃科威特，该国商业和工业部（Ministry of Commerce and Industry）在20日下令，紧急加强商业和石油港口的安全防范措施，以应对无人机的可能袭击行动。[1]

在面临严峻空中威胁的背景下，科威特民用航空总局（Directorate-General of Civil Aviation）于2019年10月8日与美国交通安全管理局（Transportation Security Administration）签署了一项旨在加强航空安全合作的谅解备忘录。该协议的主要目的是升级科威特国际机场的安全防护措施。[2]

最终，作为对波斯湾地区一系列空中与海上袭击的应对措施，2019年11月25日科威特与卡塔尔一道宣布加入美国主导的旨在对该海域进行联合巡逻与护航的"哨兵行动"（Operation Sentinel）。科威特此举令外界出乎意料，因为该国一直与伊朗维持着较为密切的外交关系，且愿在阿拉伯国家与伊朗的冲突中扮演调停者的角色，而参与"哨兵行动"显然会破坏这种关系。不过，从结果上看，维持与海合会国家以及美国的传统友谊的需求最终占据了上风。[3]

结　语

从国内政治、经济发展与外交战略等角度看，科威特的发展轨迹在2019年未出现巨大变化。总体而言，经济改革依旧成为了该国的发展亮点。在意识到极度依赖石油出口对经济发展带来的潜在隐患后，该国能够不失时机地决定改变发展路线，推行以多元化和私有化为主体的经济改革，并将商业与金融业定为发展的主要突破口。时至今日，我们已经能够

---

[1] "Kuwait Steps Up Port Security", The Economist, September 24, 2019, https://country.eiu.com/article.aspx?articleid=1338474117&Country=Kuwait&topic=Politics&subtopic=Forecast&subsubtopic=International+relations, 2020-08-03.

[2] "Kuwait, U.S. Sign Deal on Aviation Security Cooperation", Xinhua Net, October 9, 2019, http://www.xinhuanet.com/english/2019-10/09/c_138456731.htm, 2020-08-03.

[3] "Qatar, Kuwait Told US They will Join Naval Coalition, Official Says", Middle East Monitor, November 25, 2019, https://www.middleeastmonitor.com/20191125-qatar-kuwait-told-us-they-will-join-naval-coalition-official-says/, 2020-08-03; "Kuwait and Qatar to Join US-Led Gulf Protection Force", The Economist, November 27, 2019, https://country.eiu.com/article.aspx?articleid=78744191&Country=Kuwait&topic=Politics&subtopic=Forecast&subsubtopic=International+relations, 2020-08-03.

看到该国的"2035愿景"改革已经取得了部分成功。不过我们也应注意到，该国经济发展远未摆脱对石油工业的严重依赖，经济改革的实施进度也明显滞后于计划。

相比之下，在国内政治与外交领域，该国在2019年的发展趋势则未出现明显变化。在国内政治领域，反对党与政府在议会的激烈冲突依旧不断上演，并成为了困扰该国发展的重要阻碍。受制于该国的政治体制，这种冲突在可预见的未来也难以得到彻底平息。在外交领域，科威特自身的体量决定了其难以成为区域性大国，但其仍致力于在处理沙特—卡塔尔外交危机等国际事务中发出独立的声音。这虽有助于在一定程度上提升该国的国际地位，但综合国力的局限极大地限制了科威特在外交舞台上的作用。

阿曼：
动荡地区的稳定之锚*

阿曼全称阿曼苏丹国，位于阿拉伯半岛东南端，北临沙特，东望伊朗，扼守着世界上最重要的石油输出通道——波斯湾的霍尔木兹海峡，地缘位置极为重要。阿曼是世袭君主制国家，苏丹作为阿曼的国家元首，享有绝对权威。阿曼人主要信仰伊斯兰教的伊巴德教派，这是伊斯兰教的一个小分支，因此，他们不会卷入该地区逊尼派和什叶派的宗派斗争。1970年7月，卡布斯在英国的支持下通过不流血的政变推翻父亲赛义德·本·泰穆尔苏丹的统治，登上王位。在他漫长的统治期间，卡布斯苏丹把阿曼变成了一个现代化、稳定和包容的国家。阿曼国小力弱，油气资源有限，奉行中立平衡的外交政策，在动荡不安的中东地区显得很低调，这使得它成为中东值得信赖的和平调解人。阿曼是典型的资源输出型国家，油气产业是国民经济的支柱。近年来，阿曼在油气产业的基础上，不断推进经济多元化发展战略。大力招商引资，努力发展基建、制造、物流、旅游、渔业等非油气产业，鼓励和支持私营企业特别是中小企业在经济建设中发挥更大作用。在2019年油气价格下跌的背景下，更凸显出经济多元化发展战略的重要性和必要性。

一、继续奉行平衡多元的外交政策，政权平稳过渡

自从1970年苏丹卡布斯上台以来，阿曼苏丹国的外交政策一直是鲜明的。阿曼的首要任务是与所有邻国和全球政治的主要参与者保持友好关系。尽管阿曼是海湾合作委员会的创始成员国，但阿曼的国际政策一直遵循中立原则，以不偏不倚的方式处理地区和国际事务。

阿曼奉行温和中立、理性平衡、睦邻友好、不结盟、不干涉别国内政

---

* 作者：索玉峰，西北大学中东研究所博士研究生。

的外交政策，主张通过对话协商和平解决争端，在国际和地区事务中发挥独特作用，积极维护中东、海湾地区安全稳定，致力于同世界各国发展友好合作关系。在战乱频仍的中东地区，社会稳定温和的阿曼长期以来坚持着平衡之道——交好西方，为美军提供军事基地，与以色列保持沟通，与沙特、阿联酋在海合会框架内密切合作，与伊朗保持着有效互动渠道。阿曼始终寻求促进沟通，化解争端。无论是在伊朗和美国、以色列和巴勒斯坦之间，还是在也门及叙利亚的交战派别之间，阿曼都是两极分化的中东地区有效的外交桥梁。阿曼苏丹卡布斯是中东这个动荡地区的谈判代表。阿曼通过其精心制定的中立的外交政策，建立了作为中东值得信赖的"和平调解人"的声誉，许多不同意识形态的政权都欢迎阿曼在各种冲突中进行调解。

在叙利亚问题上，阿曼始终保持其特有的中立。2019年7月，阿曼外交事务主管大臣优素福·本·阿拉维访问叙利亚，在大马士革会见了叙利亚总统阿萨德和外长瓦利德·穆阿利姆，讨论了双边关系和地区安全问题。自2011年叙利亚危机爆发以来，这是阿拉维第二次访问这个饱受战争蹂躏的国家。叙利亚政府一直将阿曼视为一个温和的海湾国家和一个值得信赖的对象，它在各种阿拉伯和国际论坛上均对叙利亚持支持立场。

在巴勒斯坦问题上，阿曼在海合会成员国中走在了前面，一方面推动与以色列的开放关系，另一方面采取措施表示对巴勒斯坦的支持，这是中东阿拉伯半岛迄今为止其他国家都没有做到的。2019年7月25日，阿曼宣布将在约旦河西岸的拉姆安拉开设驻巴勒斯坦的大使馆。阿曼外交部在推特上说，这一决定表示"阿曼继续支持巴勒斯坦人民"。[1] 阿曼将成为第一个在巴勒斯坦设使馆的海湾阿拉伯国家。同一天，在巴林首都麦纳麦，由美国和巴林合办，一场以巴勒斯坦经济为主题的"和平促繁荣"研讨会正在召开。美国借机推出解决巴以问题的所谓"世纪协议"经济方案，避而不谈涉及巴方核心诉求的政治方案。阿曼没有派代表参加，以示支持巴勒斯坦立场。

虽然阿曼和以色列并未建交，但来往频繁。2018年10月26日，阿曼苏丹卡布斯在首都马斯喀特接见了来访的以色列总理内塔尼亚胡，令阿拉伯世界感到震惊。他是唯一公开这样做的海湾领导人。这是以色列总理时

---

[1] "Oman, which hosted Netanyahu last year, says it will open embassy in West Bank," Times of Israel, 26 June, 2019, https://www.timesofisrael.com/oman-says-it-will-open-embassy-in-west-bank/, 2020-08-07.

隔22年再度到访阿曼，这进一步巩固了阿曼作为调解者甚至调停者的战略能力。在2018年10月21日，巴勒斯坦总统阿巴斯曾访问阿曼，与阿曼苏丹卡布斯举行会谈。在内塔尼亚胡访问阿曼后，阿曼派出了特使团前往巴勒斯坦政府主要部门所在地拉姆安拉进行沟通。阿曼在处理同以色列和巴勒斯坦的关系时展现出一种平衡的姿态。2019年2月，美国和波兰在华沙共同举办中东问题部长级会议，会议的主要内容是伊朗问题。期间以色列总理内塔尼亚胡会见了参会的阿曼外交事务主管大臣优素福·本·阿拉维。2019年4月，在约旦的死海海岸主办的世界经济论坛上，阿曼外交事务主管大臣本·阿拉维呼吁阿拉伯国家采取主动行动，减轻以色列对未来的恐惧。他在一个讨论地缘政治的小组会议上表示："我相信，我们阿拉伯人必须研究这个问题，通过我们和以色列之间的倡议和真正的交易，努力减轻以色列的担忧。"[1] 在同以色列建立外交关系的问题上，阿曼非常慎重。2019年2月，卡布斯苏丹表示，在巴勒斯坦主权国家建立之前，阿曼不会与以色列实现关系正常化。2019年7月2日，阿曼外交部发表官方声明，否认与以色列建立外交关系或重新开设商业代表处。阿曼希望尽一切努力创造有利的外交条件，恢复国际和地区各方之间的接触，努力实现巴勒斯坦权力机构和以色列政府之间的和平，最终建立一个独立的巴勒斯坦国。

在也门问题上，自2018年9月以来，在阿曼的斡旋下，沙特和也门胡塞武装在阿曼举行间接的幕后会谈，以结束在也门持续五年的毁灭性战争。2019年11月，阿曼欢迎沙特努力促使也门政府和南部分裂分子签署权力分享协议。

在伊朗击落一架美国无人机后，海湾紧张局势升级。2019年7月，阿曼外交事务主管大臣优素福·本·阿拉维抵达德黑兰，和伊朗外长贾瓦德·扎里夫讨论双边关系和该地区的最新事态发展。阿曼与美国和伊朗都保持着友好关系，此前一直是两国的"中间人"。四年前，正是在阿曼的积极斡旋下，伊朗和美国进行了秘密谈判，最终促成了具有里程碑意义的伊核协议的签署。尽管隶属于海湾合作委员会，但阿曼与德黑兰有着密切的联系，卡布斯苏丹为此付出了很大努力。由于阿曼和伊朗共享霍尔木兹海峡主权，阿曼在一系列地区问题上与伊朗密切合作。此外，阿曼外交政

---

[1] "Oman calls on Arabs to ease Israel's 'fears for its future'," aljazeera, 7 April, 2019, https：//www.aljazeera.com/news/2019/04/oman-calls-arabs-ease-israel-fears-future-190407070020416.html，2020-08-06.

策的一个关键支柱是平衡其阿拉伯邻国和西方盟国与伊朗之间的关系。尽管其他一些海湾合作委员会国家担心"伊朗的扩张主义",但更令阿曼担忧的是沙特阿拉伯在阿拉伯半岛寻求霸权。因此,与伊朗日益发展的伙伴关系,使阿曼能够制衡沙特——海湾合作委员会的"发动机",沙特并不总是尊重海合会较小国家的主权。

同时,阿曼调整其外交政策,以适应逊尼派的阿拉伯邻国和特朗普政府所造成的新的地区环境。2019年3月底,美国与阿曼达成了一项战略协议,授权美国在阿曼东部和南部经营杜克姆港口和塞拉莱港口。杜克姆港口可以容纳大型船只甚至航空母舰,将减少美国在与伊朗发生军事对抗时对霍尔木兹海峡的依赖。塞拉莱港口靠近亚丁湾和也门领土,因此,美国能够密切监测伊朗通往"非洲之角"的更广泛地区的海上和陆上活动。杜克姆和塞拉莱都与一个广泛的公路网相连,这个公路网便于进入和监视阿曼西南部地区,这一大片地区是秘密向也门转运武器的关键。为了缓和伊朗的安全担忧,阿曼于2019年4月在马斯喀特附近海域与伊朗举行了一次联合军事演习,这次军事演习涉及到隶属于伊朗伊斯兰革命卫队的海军部队和正规军。2019年9月,阿曼空军在海军和特种部队的支持下,与美国、英国空军在佐法尔省举行代号为"魔毯"的联合军事演习。演习旨在使三国空军相互观摩、交流经验,以促进阿曼与美国、英国的军事合作关系。

海湾地区很多君主制国家的统治者都年事已高,体弱多病,面临政权交接的问题,阿曼也是如此。多年来,卡布斯苏丹因病一直在德国接受治疗。随着卡布斯健康状况的恶化,加之缺乏明确的继承顺序,这令阿曼人及其盟友忧心忡忡。2019年12月,卡布斯苏丹去比利时进行医疗检查后回国,2020年1月10日病逝。卡布斯是在位时间最长的阿拉伯统治者。卡布斯苏丹没有子嗣,也没有公开宣布继承人。但他秘密地将自己对继承人的选择放在一个密封的信封里,寄给了皇室委员会。为了纪念这位已故苏丹,统治家族甚至没有试图就继承人达成共识,而是打开了卡布斯留下的那个信封,信封上写着的是他的堂兄海瑟姆·本·塔里克。似乎表明,他希望让阿曼永远扮演地区外交的推动者角色。海瑟姆·本·塔里克,65岁,从2002年起担任文化遗产大臣,直到他登上王位。在卡布斯任内,他还担任外交部秘书长和外交部政治事务副大臣,在阿曼国内声望颇高。2020年1月11日,海瑟姆接替卡布斯苏丹,宣誓成为阿曼新苏丹。顺利、果断且迅速地完成王位继承进程,对于结束多年来的猜测和对内部争斗的恐惧非常重要，这些猜测和恐惧可能会导致继承危机。平稳过渡将有助于海瑟姆在阿曼人中赢得合法性。随着伊朗和美国紧张关系的升级，波斯湾的局势愈演愈烈，任命继任者的速度和方式有助于营造一种团结、连续和稳定的氛围。

海瑟姆苏丹承诺继续推行其前任的政策，支持阿曼在地区和国际争端中发挥和平缔造者和调解人的作用。海瑟姆承诺在进一步发展阿曼的同时，坚持与所有国家和平共处的政策。新苏丹需专注于创造就业机会，使阿曼经济多样化，摆脱对自然资源的依赖，并引入有控制的政治改革。阿曼面临的挑战日益严峻——从国家财政紧张到高失业率，以及伊朗与美国和美国盟友沙特阿拉伯之间的紧张关系升级。由于沙特和阿联酋寻求扩大其地区影响力，阿曼仍然易受到国内外不稳定因素的影响。沙特和阿联酋可能将卡布斯的病逝视为推进其扩张主义的机会。阿曼官员担心阿曼可能成为沙特和阿联酋封锁的下一个目标。阿曼中立的外交政策已经成为其在两极分化日益严重的时期对抗该地区主导力量的"最佳保护"。

卡布斯苏丹的病逝令阿曼人民感到震惊，他是现代阿曼的开国元勋，在阿曼国内外事务中扮演着重要的角色。卡布斯在阿曼人中非常受欢迎，被认为是阿曼社会和经济发展的功臣。在卡布斯执政的近50年里，他将阿曼从一个位于阿拉伯边缘的落后国家转变为一个现代化和繁荣的国家，其外交政策使阿曼成为中东和全球外交的关键角色。他领导着国家、政府和军队，并在一个充满动荡的地区推行专注于灵巧外交的政策，受到各界广泛称赞。

二、经济多元化发展，不断促进阿曼人就业

阿曼是典型的资源输出型国家，油气产业是国民经济的支柱。目前，阿曼是中东地区非石油输出国组织（OPEC，简称欧佩克）成员中石油和天然气产量最高的国家。阿曼的石油储量一直很有限。2019年，阿曼的经济充满挑战，石油产量受到限制，油价波动影响了收入，经济仍处于复苏中。2019年阿曼的国内生产总值（GDP）增长率为0.5%，而2018年为1.8%。[1]

---

[1] "Oman to register 2 per cent growth in GDP: World Bank report", Times of Oman, June 9, 2020, https://timesofoman.com/article/3015775/oman/government/oman-to-register-2-per-cent-growth-in-gdp-world-bank-report, 2020-08-06.

2019年3月,阿曼能源部长穆罕默德·本·哈马德·阿尔·拉姆希称阿曼在2019年底之前将继续遵守"欧佩克+"协议。根据2018年12月达成的协议,欧佩克成员国、俄罗斯和其他非欧佩克产油国——"欧佩克+",同意从2019年1月1日起每天减少石油供应120万桶,为期6个月。由于石油价格波动,政府不得不在预期收入范围内平衡支出,同时将赤字保持在可持续的水平。根据阿曼公布的国家预算计划,2019年寻求在国内外筹集24亿阿曼里亚尔(约合62亿美元),借款将填补该国28亿里亚尔赤字的86%,其余4亿里亚尔将从该国的储备中提取。阿曼政府将连续第四年进入资本市场,以填补易受油价下跌影响的财政缺口。①

根据阿曼国家统计与信息中心发布的数据,截至2019年12月底,阿曼的石油产量(包括凝析油)为3.5439亿桶。在总产量中,原油产量下降3.4%,为3.068亿桶,凝析油产量上升20.1%,达到4757万桶。阿曼的日均原油产量为97.09万桶,而2018年同期为97.84万桶。阿曼原油平均价格下跌了8.7%,从2018年同期的每桶69.7美元跌至每桶63.6美元。阿曼出口原油3.103亿桶,较2018年同期的2.892亿桶增长7.3%。截止2019年12月底,进口阿曼石油的国家中,中国仍然居首位,2019年从阿曼进口了2.433亿桶原油,其次是日本(2331万桶)、印度(1476万桶)和韩国(1052万桶)。②

2016年1月,阿曼政府颁布第九个五年发展规划,明确提出,要实现国民经济"真正的增长"和"真正的经济多元化",重点打造制造业、交通物流业、旅游业、渔业、矿业五大新兴支柱产业。阿曼大力招商引资,努力发展非油气产业,鼓励和支持私营企业特别是中小企业在经济建设中发挥更大作用,以加快实现经济多元化目标,实现2.8%的经济年均增长率,并将油气产业在国内生产总值的比重由"八五规划"期间的44%下降到26%。根据牛津商业集团(OBG)2018年的商业晴雨表调查研究结果,在100多位受访的常驻阿曼高层管理人员中,超过半数认为,旅游业将在推动阿曼经济多元化发展中起主要作用。另外,19%和17%的人分别选择了制造业和物流业。大部分高管预估,除阿曼"2020愿景"的经济蓝图——经济多元化发展之外,在可预见的一段时期内,油气产业仍将是阿

---

① "Oman seeks to raise $6.2b for 2019", Bloomberg, January 2, 2019, https://gulfnews.com/business/oman-seeks-to-raise-62b-for-2019-1.61211924,2020-07-26.
② "Oman's crude oil production falls 3.4% by end of 2019", ONA, March 15, 2020, https://timesofoman.com/article/2913438/business/omans-crude-oil-production-falls-34-by-end-of-2019,2020-07-25.

曼的经济支柱。[①]

阿曼历史悠久，旅游资源丰富，自然风光秀美，人民好客，拥有独特的传统和丰富的文化遗产。世界文化遗产有五处，即巴赫莱要塞、巴特·库特姆和艾因考古遗址、"乳香之路"、阿夫拉季灌溉系统及卡尔哈特古城。为了实现到 2040 年吸引超过 1100 万游客的目标，阿曼加大了旅游宣传力度。阿曼根据游客的需要推出多样化的旅游产品，为他们提供一种在其他地区无法找到的体验。阿曼已成功树立了其作为"世界上最安全的旅游目的地之一"的声誉。截止 2019 年 10 月底，超过 1300 万名乘客搭乘约 9 万个航班通过阿曼马斯喀特国际机场进出阿曼。[②] 阿曼 2019 年迎来了 350 多万名游客，比 2018 年增长了 8.14%。游轮旅游业是其中的一大贡献者，2019 年 28.3 万名游客乘坐游轮抵达阿曼，比 2018 年增长 46.63%。2019 年来自海湾合作委员会国家的游客总数达到 140 万人次，来自印度的游客达 43.6 万人次，较 2018 年增长 21.8%。[③] 2019 年的积极游客流动影响了阿曼的国内生产总值，进一步加强了该国作为独特的区域和国际旅游目的地的地位。这种增长可以归功于阿曼旅游部为吸引更多的外国游客来阿曼以及实现《阿曼旅游战略》提出的目标所做的持续努力。《阿曼旅游战略》旨在到 2040 年将马斯喀特打造成一个非常受欢迎的旅游目的地，以及一个与阿曼其他主要旅游目的地相互联系并融为一体的城市。

2019 年 12 月的日环食在阿曼将持续大约 2 小时 29 分钟。阿曼旅游部利用这一机会，通过日环食项目促进科学旅游业发展，日环食项目将有助于实现"2040 年远景规划"的目标之一，即在阿曼不同部门之间开展合作，并在地方、区域和国际层面宣传阿曼，用阿曼独特的和多样化的风光吸引全球数以千计游客的到来，从而为国家带来经济效益和好处。

旅游业是全球最重要的经济领域之一，对全球 GDP 的贡献率为 10.4%，提供了近 1/10 的就业机会。旅游业也是世界上增长最快的行业之

---

① "多数驻阿高管认为旅游业将推动阿曼经济重振"，中华人民共和国驻阿曼苏丹国大使馆经济商务处，2019 – 02 – 26，http：//om.mofcom.gov.cn/article/ztdy/201902/20190202838109.shtml，2020 – 08 – 01。

② "More than 13mn passengers travelled through Muscat International Airport", Times of Oman, December 22, 2019, https：//timesofoman.com/article/2429783/timestv/oman/Videos/more – than – 13mn – passengers – travelled – through – muscat – international – airport，2020 – 07 – 25.

③ Samir Salama, "Oman welcomed more than 3.5m tourists in 2019", June 28, 2020, https：//gulfnews.com/world/gulf/oman/oman – welcomed – more – than – 35m – tourists – in – 2019 – 1.72295462，2020 – 07 – 24.

一，并带来巨大的社会经济效益。它促进外国直接投资，刺激地方经济的发展，帮助建立可持续发展的企业，使许多代人受益。旅游业发展势头强劲，已成为保障阿曼未来、引领国家迈向社会和经济进入新时代的重要支柱。根据公布的2019年国家预算，阿曼非石油收入对国内生产总值的贡献有所增加，预计旅游业对国内总产值的贡献将从2017年的2.6%增加到2040年的6%。① 在世界经济论坛发布的2019年旅游业竞争力指数中，阿曼在140个国家中排名第58位。世界经济论坛指数列出了2019年最值得访问的国家，称阿曼因其可靠的警察队伍（排名第5）、较低的谋杀率（排名第19）和较低的恐怖主义风险（排名第7）而获得高度评价。根据全球犯罪指数，阿曼被列为世界上排名第5的安全国家。马斯喀特是犯罪率最低的城市之一。② 阿曼在2019年世界旅游大奖中被评为"2019年中东最重要的文化旅游目的地"，在旅游和接待领域，阿曼获得了27个奖项。国家航空公司阿曼航空在经济舱和商务舱类别中被评为"中东领先的航空公司"，它的飞行杂志《阿曼之翼》也被评为"2019年中东领先的机上杂志"。马斯喀特国际机场被评为"2019年该地区最大的机场"。③

阿曼继续努力实现经济多样化，以推动经济增长。阿曼中央银行公布的数据显示，2019年上半年，阿曼的国内生产总值为146.6亿阿曼里亚尔。国会预算办公室发布的季度统计公报显示，2019年1月至6月，石油部门为国内生产总值贡献了51亿阿曼里亚尔，其余的95.6亿阿曼里亚尔是非石油部门贡献的。非石油部门对阿曼国内生产总值的贡献是石油收入的两倍。④"阿曼2040愿景"下的第九个五年发展计划继续强调更多元化的经济活动，以免经济受到外来冲击。政府还采取了一些重要的政策措施，2019年7月，阿曼颁布新的《外商投资法》《公私合营法》《企业破产法》和《私有化法》。以上法律的颁布有利于阿曼吸引融资，创新发展，

---

① Harris Matin, "Tourism: The Sultanate's next chapter", February 4, 2019, https://timesofoman.com/article/785210/business/economy/tourism-the-sultanates-next-chapter, 2020-08-01.
② Tawfiq Nasrallah, "Oman ranked fifth safest country in the world", July 10, 2020, https://gulfnews.com/world/gulf/oman/oman-ranked-fifth-safest-country-in-the-world-1.72523725, 2020-08-01.
③ "Oman wins big at 2019 World Travel Awards", Times of Oman, May 4, 2019, https://timesofoman.com/article/1239806/oman/tourism/oman-wins-big-at-2019-world-travel-awards, 2020-08-02.
④ "Non-oil sector's contributions to Oman's GDP twice the oil earnings", Times of Oman, December 18, 2019, https://timesofoman.com/article/2410141/oman/non-oil-sectors-contributions-to-omans-gdp-twice-the-oil-earnings. 2020-08-03.

减轻财政预算压力，提高营商便利度排名。这将对阿曼产生积极影响，有利于改善营商环境，提高国际信用评级。

自从阿曼政府实施了"阿曼化"政策（指所有阿曼境内企业均须雇佣一定比例的阿曼本国劳动力）以来，在阿曼工作的外籍人数一直在稳步减少。"阿曼化"政策始于2018年初，其中包括对87个工作岗位的外籍人士实施为期6个月的签证禁令。禁令在2018年7月第二次延长，在2019年2月第三次延长，同年6月再次延长，以便为阿曼人创造更多就业机会。2019年5月，根据阿曼劳工大臣谢赫·阿卜杜拉·本·纳赛尔·巴克里宣布的部长决议，禁止所有行政、文职岗位和部分高级管理职位雇佣外籍人员，上述岗位上现有的外籍员工可以继续工作到合同期满，不再续签。阿曼协商（舒拉）议会呼吁阿曼劳工部将所有私营单位高级职位的外籍员工替换为阿曼籍员工，包括首席执行官。此次决议是2018年初出台的87种职位工作签证禁令的后续举措。根据阿曼国家信息统计中心的数据，在政府加大"阿曼化"政策实施力度以来，外籍从业人员有所减少，2019年3月数量为177.6万，同比下降3.5%。[1] 根据阿曼国家信息统计中心的数据，截至到2019年6月9日，阿曼共有265.04万名阿曼人和199.7万名外国人，外籍人口数量两年来首次降至200万以下，外国人占该国总人口的43%。这是自2016年4月以来外籍人口比例最低的一次。[2]

在文化方面，2019年5月，阿曼女作家乔卡·阿尔哈蒂凭借其小说《天体》获得了2019年伦敦布克国际文学奖，这是阿拉伯作家第一次获奖，也是阿拉伯语著作第一次被选中。这在阿曼国内影响很大。《天体》讲述了阿曼一个村庄里，三姐妹面临的不同婚姻生活和人生抉择，她们见证了阿曼从传统的奴隶制社会至今的演变过程。

三、阿曼和中国关系平稳发展，经贸合作不断加深

中国和阿曼建交后，两国关系发展顺利，各领域合作不断拓宽。阿曼支持中国提出的"一带一路"倡议，于2014年8月宣布成为亚洲基础设

---

[1] "阿曼禁止外籍人员任私营单位高级岗位"，中华人民共和国驻阿曼苏丹国大使馆经济商务处，2019-05-16，http://om.mofcom.gov.cn/article/jmxw/201905/20190502863727.shtml，2020-08-05。

[2] "Expatriate numbers in Oman drop below two million", Times of Oman, June 10, 2019, https://timesofoman.com/article/1432468/oman/expatriate-numbers-in-oman-drop-below-two-million, 2020-08-06。

施投资银行意向创始成员国，2015年6月正式签署协定，是第一批宣布加入亚投行的国家。两国签署了政府间共建"一带一路"谅解备忘录，双方在"一带一路"框架内的合作不断提升，推动中国"一带一路"倡议与阿曼"九五规划"（2016—2020年）相互对接。2018年5月，在中国和阿曼建交40周年之际，基于当前两国关系发展的现实需要和双方进一步提升双边关系水平的共同意愿，两国元首决定建立战略伙伴关系。这符合两国和两国人民的共同利益，有利于促进两国的共同发展和繁荣。

两国经贸合作发展顺利。中国是阿曼第一大贸易伙伴和第一大原油出口对象国，而阿曼是中国在西亚北非地区的重要贸易伙伴和全球第六大原油进口来源国。2019年中国和阿曼双边贸易额为225.8亿美元，其中中国出口30.2亿美元，进口195.6亿美元，同比增长3.9%、5.1%和3.7%。中国出口主要为机电产品、钢铁及其制品、高新技术产品、纺织品等；进口主要为原油、石化产品、矿产品及海产品。2019年，中国从阿曼进口原油3387.45万吨，同比增长2.94%，累计金额164.86亿美元。[①]

2019年12月，中国国家电网公司与阿曼纳马电力公司签署协议，收购后者旗下阿曼国家电网公司49%的股权。此次协议金额约为10亿美元，是迄今为止中资企业在阿曼规模最大的单笔投资。中国国家电网公司投资阿曼国家电网公司将成为两国电力能源合作的里程碑，为阿曼政府推动电力领域改革起到了示范作用。2019年8月，根据阿曼水电采购公司（OP-WP）发布的声明，阿曼未来5年内的电力需求将快速增长，预计将于2025年超过9400兆瓦。[②] 该项目对深化中阿战略伙伴关系，推动两国电力能源合作再上新台阶具有重要意义。阿曼国家电网公司主要负责阿曼北部主网和南部电网的建设、运维及调度，并通过与阿联酋联网接入海湾地区互联电网，关系着阿曼国家经济命脉和能源安全。这充分体现了阿曼对中国和中资企业的信任，同时也体现了阿曼希望抓住"一带一路"机遇，与中国发展更紧密合作关系的诉求。此项目无疑为中国在其他中东国家投资起到积极示范作用，推动"一带一路"建设在中东地区不断结出新的硕果。中国企业的投资推进了阿曼的基础设施建设，推动当地产业转型升

[①] "中阿关系——双边往来"，中华人民共和国驻阿曼苏丹国大使馆，2020 – 04 – 29，http://om.chineseembassy.org/chn/zagx/sbwl/t1346008.htm，2020 – 08 – 07。

[②] "阿曼到2025年电力需求将超9400兆瓦"，中华人民共和国驻阿曼苏丹国大使馆经济商务处，2019 – 08 – 01，http://om.mofcom.gov.cn/article/sqfb/201908/20190802886781.shtml，2020 – 08 – 08。

级,创造大量就业机会,有效改善了阿曼经济"造血"能力,提振国家的经济活力。

因为增加了直航航线、放宽了签证规定、中国经济增长强劲、中国游客可支配收入增加,海湾地区国家提供了许多商业和投资机会,以及新一代的休闲景点和零售目的地,中国与阿曼等海合会国家的联系得到了加强。统计数据显示,2019年前往阿曼的中国游客人数增长了141%,这进一步鼓励阿曼加快了2021年在中国开设代表处的计划,以促进阿曼的旅游业发展。[①] 2019年12月,根据阿拉伯旅游市场发布的数据,到海湾合作委员会成员国旅游的中国游客人数预计将从2018年的140万增加到2023年的220万,增长率为4.8%。预计到2023年阿曼将迎来76900名中国游客。[②]

中国同阿曼在文化和教育领域交流活跃。2019年4月,由中国驻阿曼使馆、国务院新闻办、阿中友好协会和卡布斯苏丹大学共同举办的"丝路与乳香——阿曼中国历史关系研讨会"和中阿历史交往及中国改革开放40周年主题图片展在卡布斯苏丹大学举行。2019年4月,由中国国家大剧院和阿曼皇家歌剧院共同制作的歌剧《拉克美》在阿曼首演。2019年12月,由中国文联和中国驻阿曼使馆支持,中国摄影协会、敦煌研究院、阿曼摄影协会主办的"中国敦煌文化遗产摄影展"在马斯喀特举行。

结　语

总的来说,在世界经济增长放缓、油价下跌和海湾局势紧张等大环境下,阿曼2019年的经济增长率有所下降。政府进一步推进经济多元化发展战略,旅游业是一个亮点。阿曼继续实行促进阿曼人就业的"阿曼化"政策,社会保持稳定。外交上继续奉行平衡多元的政策,积极调解地区冲突。卡布斯苏丹病逝,政权平稳过渡,进入后卡布斯时代。海瑟姆苏丹承诺继续推行其前任的政策,阿曼将继续平稳向前发展。

---

① "Oman welcomed more than 3.5m tourists in 2019", Samir Salama, June 28, 2020, https://gulfnews.com/world/gulf/oman/oman－welcomed－more－than－35m－tourists－in－2019－1.72295462, 2020－08－02.

② "More than 75,000 Chinese visitors expected to visit Oman by 2023: Report", Times of Oman, December 18, 2019, https://timesofoman.com/article/2408659/oman/tourism/more－than－75000－chinese－visitors－expected－to－visit－oman－by－2023－report, 2020－08－03.

也门：
"双重内战"背景下的困境与契机*

2010年12月，阿拉伯世界发生了以政治动荡、政权倾覆和国家战乱为表征的大范围政治风暴，也门深陷其中。面对民众示威的强大压力，总统阿里·阿卜杜拉·萨利赫被迫下野，以此换取豁免权，也门开启政治转型进程。然而，为世人所称道的和平让权的"也门模式"[①]并没有解决也门的沉疴痼疾，反而引起各派别的明争暗斗，也门政治转型陷入僵局。2014年9月，盘踞北方的胡塞武装向也门政府军发动袭击，迅速夺取首都萨那后又占领南部地区，也门爆发内战。总统哈迪出逃沙特阿拉伯后返回临时首都亚丁，也门南北呈分裂割据之势。2015年，沙特率领十国联军发动代号为"果断风暴"（Decisive Storm）的军事行动，对胡塞武装展开大规模空袭，宣布正式介入也门政局，也门境内战火骤燃，成为这场乱局的"风暴眼"。

也门内战迁延日久，阿拉伯联军之间因利益冲突而四分五裂，胡塞武装在也门南部和中部等多条战线上持续推进，反映出也门不断变化的政治格局。[②]联军离击败胡塞武装与恢复也门合法政府两大既定目标越来越远。反胡塞武装联盟内部哈迪政府和"南方过渡委员会"（STC）内讧不断，也门出现"双重内战"的混乱局面，[③]国内形势每况愈下，面临着深重的政治危机与治理困境。

---

* 作者：李宝凤，西北大学中东研究所博士研究生，宁夏医科大马克思主义学院讲师。本文是陕西高校人文社科重点研究基地项目"阿拉伯社会主义国家不同发展模式研究"（项目号：13JZ044）的阶段性成果。

[①] Stacey P. Yadav, "The Yemen Model as a Failure of Political Imagination", *International Journal Middle East Studies*, 2015, p. 144.

[②] Samuel Ramani, "Saudi Arabia and the UAE Reboot their Partnership in Yemen", January 30, 2018, https://carnegieendowment.org/sada/79925#comments, 2020-07-01.

[③] "Yemen's war within a war: What does new fighting mean?", Fox News, December 4, 2017, https://www.foxnews.com/world/yemens-war-within-a-war-what-does-new-fighting-mean, 2020-07-26.

一、战局：从两军对垒到"三足鼎立"

（一）"三足鼎立"局势的出现

也门内战爆发之初，总统哈迪的政府军被迫退守也门南部，在沙特为首的联军的支持下夺回亚丁，作为临时首都，并与南部分离主义势力结成反胡塞联盟。前总统萨利赫集团和胡塞武装形成亲胡塞联盟与也门政府军为主导的反胡塞联盟分庭抗礼。对峙双方矛盾不断升级，形成军事对垒，也门战局逐步扩大并陷入长期僵持阶段。两大联盟由于共同的敌人而结盟。但是，内部成员的观念迥异与利益纠葛则成为联盟不稳定的根源。[①] 2017年，纵横也门政坛34年之久的萨利赫殒命于胡塞武装之手。[②] 萨利赫集团与胡塞武装之间的联盟顿时分崩离析，胡塞武装趁势接管了原属于萨利赫集团的地盘，将其控制权延伸至也门西北部地区，基本上全面控制了也门北部地区。[③]

亲胡塞联盟内部发生剧烈变化的同时，反胡塞联盟内部也在悄然生变。哈迪政府在内战的冲击中愈发羸弱，政权合法性不断遭到削减。南方分离主义势力与哈迪政府之间的矛盾逐渐凸显，借机实现自治，并采取步骤付诸实施。首先，编制报告，意图自治。原亚丁省长埃达鲁斯·祖贝迪曾秘密授权部分亚丁政府工作人员编写关于如何更好的在也门南部实施自治的技术报告。报告涵盖了外交、金融、教育、国家安全、经济规划、油气开发和社会事务等领域。[④] 其次，建立承担治理责任的本地化政治实体。祖贝迪在被总统哈迪罢黜后，联合地方军政领导和南部部落组建了"南方过渡委员会"，声称"过渡委员会"的建立是为了保障也门南部地区的安

[①] "Yemen: Is Peace Possible?", February 9, 2016, https://www.crisisgroup.org/middle-east-north-africa/gulf-and-arabian-peninsula/yemen/yemen-peace-possible, 2020-07-25.

[②] "Saleh's death in Yemen is a game changer?", Atlantic Council, December 11, 2019, https://www.atlanticcouncil.org/blogs/menasource/saleh-s-death-in-yemen-is-a-game-changer/, 2020-07-26.

[③] Simon Henderson, "The Perilous Future of Post-Saleh Yemen", December 7, 2017. https://www.washingtoninstitute.org/policy-analysis/view/the-perilous-future-of-post-saleh-yemen, 2020-07-23.

[④] Stephen W. Day, "The Role of Hirak and the Southern Transitional Council", in Stephen W. Day, ed., *Global, Regional, and Local Dynamics in the Yemen Crisis*, Palgrave Macmillan, 2020, p. 266.

全。不久宣布成立"国民大会",意欲举行南方独立公投。"南方过渡委员会"的建立是对也门历史遗留的"南方问题"的回应,给寄居南方的哈迪政府的合法性带来实质性挑战。① 再次,与哈迪政府正面冲突,加剧也门南部分裂。"南方过渡委员会"不断举行的抗议哈迪政府的活动逐渐演变为武装冲突。"南方过渡委员会"武装占领了亚丁多处重要机构,祖贝迪声称,此举"开启了推翻哈迪在南方统治的进程"。② 最后,隶属于"南方过渡委员会"的武装力量与也门安全部队的冲突再次升级。亚丁包括总统府在内的大部分重要设施及政府军事基地被占领,哈迪政府被迫从亚丁撤出。③ 也门政府发表声明称,"南方过渡委员会"在亚丁的行动是针对国际社会承认的也门合法政府发动的政变。④ 反胡塞联盟内部的冲突使本已疲弱不堪的也门遭受着"双重内战"的打击,形成"三足鼎立"的政治军事格局。

内战以来,哈迪政府偏安也门南部,虽得到沙特领导的联军的支持却难挽其颓势。"南方过渡委员会"趁势填补了也门南部的治理空白,实力得到增强,并为实现也门南部的自治做准备。"南方过渡委员会"谋取南部独立的行动为内战开辟了新战线,使哈迪政府腹背受敌形成"第二重内战"。反胡塞联盟力量的分裂,给胡塞武装扩大和巩固其在也门北部和中部的影响力提供了机会。如果也门南部陷入长期内战冲突,在阿联酋支持下,萨利赫的侄子塔里克指挥的"全国抵抗"部队以及南方的"巨人旅",将从红海海岸重新部署到也门南部。此举会给胡塞武装攻击曼德海峡附近的国际航运提供便利。⑤ 胡塞武装将在"南方过渡委员会"与哈迪政府军

---

① Robter Forster,"The Southern Transitional Council:Implications for Yemen's Peace Process",*Middle East Policy*,2017,p.135.
② 钮松:"政府与南方过渡委员会签署协议结束对峙,也门和平进程迎来曙光了吗",文汇网,2019年10月11日,http://www.whb.cn/zhuzhan/huanqiu/20191017/295123.html,2020年8月4日。
③ Bruce Riedel,"Saudi Arabia and the Civil War Within Yemen's Civil War," August 22, 2019, https://www.lawfareblog.com/saudi-arabia-and-civil-war-within-yemens-civil-war,2020-07-24.
④ "也门政府指责南方过渡委员会发动政变",新华网,2019年8月11日,http://m.xinhuanet.com/mil/2019-08/11/c_1210237475.htm,2020年8月4日。
⑤ James Barnett,"Yemen's anti-al Houthi coalition is collapsing, and America's Gulf partners are partially to blame," August 13, 2019, https://www.criticalthreats.org/analysis/yemens-anti-al-houthi-coalition-is-collapsing-and-americas-gulf-partners-are-partially-to-blame,2020-07-28.

之间进一步挑起冲突,制造出更多针对也门政府军基地的袭击事件。①

(二)域外大国与地区大国对也门战局的深度影响

历史问题的悬而未决和各派别的权力分配不公是也门内战冲突的根源,而外部势力的介入则成为影响也门战局的主导力量。从一定程度上讲,也门内战是域外大国和地区大国积年累月在亚丁湾和红海地区进行政治博弈和利益竞逐的缩影。在内战的迁延不决中,也门逐渐演化出哈迪合法政府、胡塞武装与"南方过渡委员会"等三个主要权力中心。三股势力争夺的背后是美国、沙特、伊朗、阿联酋等域外大国与区域大国影子的投射。

美国作为域外大国,无论是奥巴马政府还是特朗普政府,制定对也门政策主要考虑的是美国的国家安全。特朗普上台后,注重务实,强调美国利益。虽然美国没有直接参与也门战事,但通过提供情报和武器、利用无人机打击恐怖主义势力以及试图制裁支持胡塞武装的伊朗等方式,间接支持多国联军在也门的军事行动。在沙特与胡塞武装的较量中,美国为面临导弹袭击的沙特提供整套综合导弹防御系统,并宣布计划向沙特出售价值1100亿美元的武器。② 特朗普政府持续关注也门局势的发展,美国国内对于是否继续介入也门战事发生激烈交锋,参众两院分别通过切断对沙特干涉也门的军事援助,终止美国继续介入也门内战的决议。但是,特朗普以打击"伊斯兰国"和"基地"组织等反恐行动为由,两次动用否决权,要求维护与沙特的特殊盟友关系,拒绝停止参与也门战事。③

胡塞武装对阿拉伯联军支持下的政府军的作战转守为攻,给沙特背后的支持者美国带来不小的冲击。特朗普政府采取底线战略,在也门反恐问题上继续纠缠,在中东事务上追求主导,寄希望于阿拉伯联军的冲锋陷阵,以免完全陷入也门战争的"泥潭"。而美国和伊朗之间对峙加剧,引发也门局势骤然升级,胡塞武装出动无人机对沙特进行多次袭击,以沙特为代表的联军对胡塞武装发动空袭,拦截弹道导弹。特朗普政府将也门的

---

① "也门政府军基地遭胡塞武装袭击60人死伤",新华网,2019年8月1日,http://www.xinhuanet.com/2019-08/01/c_1124826852.htm,2020年8月3日。

② Stephen W. Day, "America's Role in the Yemen Crisis", in Stephen W. Day, ed., *Global, Regional, and Local Dynamics in the Yemen Crisis*, Palgrave Macmillan, 2020, p.66.

③ "特朗普否决国会要求美国停止参与也门战事的决议",新华网,2019年4月17日,http://www.xinhuanet.com/world/2019-04/17/c_1124378789.htm,2020年8月3日。

冲突视为反伊朗的又一"战场"。① 美伊之间"代理人"之战，直接影响到也门内战的烈度和走向。

伊朗作为地区大国与沙特长期竞争，它希望在地区事务中牵制美国和欧洲国家。胡塞武装在也门的发展和不断壮大给伊朗在亚丁湾和曼德海峡的竞逐提供战略优势，从而对美欧施加影响。面对强大的军事压力以及什叶派与逊尼派冲突的日益政治化，胡塞武装对伊朗的依赖也在加深。一方面，伊朗在幕后长期对胡塞武装进行军事支持。早年，也门海军就曾拦截了一艘载有约40吨军用物资的伊朗船只，并且美国发现伊朗革命卫队在萨达省向胡塞武装提供训练和援助。② 美国军舰在阿曼湾附近执行巡逻任务时，曾截获一艘载有大量来自伊朗的导弹零部件船只，且船只的行驶方向为胡塞武装所控制的港口。③ 虽然伊朗方面极力否认，但是有证据表明伊朗为胡塞武装的作战提供了军事支持。联合国报告评估称，胡塞武装部署的部分导弹来自伊朗。④ 另一方面，作为阿拉伯联军的对立面，伊朗在政治和道义上对于胡塞武装进行支持，希望提高胡塞武装在也门的政治军事地位。伊朗努力提升在欧洲作为外交仲裁者的威望，推动在首都德黑兰举行的胡塞武装与欧洲四国大使的三方会谈，使伊朗成为欧洲和胡塞武装之间的桥梁。⑤ 伊朗希望胡塞武装在也门未来的重建中充当主角，即便是联合政府也要获得更多的发言权。

随着沙特与胡塞武装的谈判取得进展，伊朗可能会继续充当这些谈判的反制力量，并倡导建立一种多边形式，以获取其在也门的利益。⑥ 为了维护在也门的利益，伊朗加强对也门局势的掌控，从而消耗地区竞争对手沙特的精力和实力。它为也门的政治未来勾画愿景，并希望自己在也门获取的利益得到巩固。

---

① "Yemen Cannot Afford to Wait", April, 10, 2019, https：//www.crisisgroup.org/middle-east-north-africa/gulf-and-arabian-peninsula/yemen/yemen-cannot-afford-wait, 2020-07-25.

② Alex Vatanka, "Iran's Role in the Yemen Crisis", in Stephen W. Day, ed., *Global, Regional, and Local Dynamics in the Yemen Crisis*, Palgrave Macmillan, 2020, p.153.

③ "美军舰在阿曼湾拦截小船，称没收先进导弹零件"，人民日报海外网，2019年12月5日，http：//news.haiwainet.cn/n/2019/1205/c3541093-31676643.html，2020年8月5日。

④ Alex Vatanka, "Iran's Role in the Yemen Crisis", in Stephen W. Day, ed., *Global, Regional, and Local Dynamics in the Yemen Crisis*, Palgrave Macmillan, 2020, p.161.

⑤ "Iran's Post-Conflict Vision in Yemen", December 11, 2019, https：//carnegieendowment.org/sada/80557, 2020-07-23.

⑥ "Iran's Post-Conflict Vision in Yemen", December 11, 2019, https：//carnegieendowment.org/sada/80557, 2020-07-23.

沙特意图在阿拉伯半岛建立安全屏障，为其经济转型和发展创造有利的地区环境。沙特在也门的利益一方面是保护与萨达的南部边界，通过打击胡塞武装来确保在也门的地位，从而遏制伊朗在地区的影响力；另一方面，极力保护其地缘战略利益，为石油工业寻找通往印度洋的替代通道，尝试在也门东部的马哈拉省修建石油管道，以消除对霍尔木兹海峡的依赖。为此，沙特领导多国联军对胡塞武装发起清剿行动。但是，在战场上遭遇胡塞武装的顽强抵抗，联军从主动进攻变成被动防御状态。胡塞武装开始变本加厉，加大了对沙特境内重要设施的袭击频率，出动无人机对阿美石油公司在布盖格和胡赖斯的油田和炼油设施发动袭击，使沙特的石油产量减半。[1] 石油设施遇袭、运输价格暴涨、利润率大跌使沙特石油经济受到重创。在与胡塞武装的多轮对抗中，沙特深陷也门战争泥淖，开始重新审视延续战争的必要性，希望"体面地离开也门战场"的舆论在国内不绝于耳。沙特的政治精英对军事介入也门内战久拖不决引火上身产生质疑，极力要求重新评估介入也门战争的利害得失，调整和改变对也门的战略部署。在胡塞武装咄咄逼人的战事之下，沙特极力斡旋也门政府与南方过渡委员会达成权力分享协议，希望也门政府军和南方过渡委员会联合起来打击和孤立胡塞武装，试图改变政府军多线作战腹背受敌的"双重内战"局面，从而最大限度集中力量与胡塞武装对决。

阿联酋在也门的目标是阻止在也门出现一个受伊朗操控、威胁其战略和商业利益的胡塞武装主导的政权，并消除阿拉伯半岛"基地"组织的威胁。[2] 阿拉伯联军在并肩作战抗衡伊朗持续扩张的影响力多年后，内部已然发生剧烈变化。阿联酋突然宣布从也门撤军，[3] 使原本松散的阿拉伯联军更加貌合神离。

由于阿联酋和沙特在也门的利益冲突日趋激烈，出现较大裂痕。阿联酋宣布将其"军事优先"战略转变为"外交优先"的策略，减少在也门的军队数量。不久，将驻扎在也门亚丁省的部队撤出亚丁，返回阿联酋。黎巴嫩军事专家希沙姆·贾比尔称："阿联酋并没有告知沙特要撤军也门，撤军行动是在没有协调和允许情况下完成的，沙特仅仅知情而已，这件事

---

[1] "沙特两处石油设施遭无人机袭击"，新华网，2019年9月14日，http://www.xinhuanet.com/world/2019-09/14/c_1124996790.htm，2020年8月5日。

[2] Noel Brehony, "The UAE's Role in the Yemen Crisis", in Stephen W. Day, ed., *Global, Regional, and Local Dynamics in the Yemen Crisis*, Palgrave Macmillan, 2020, p.144.

[3] 阿联酋武装部队于2019年10月30日发布声明，宣布其驻扎在也门亚丁省的部队已经返回阿联酋。

使沙特十分失望。"① 阿联酋通过多年在也门的作战建立了自己的影响力，并支持成立了"南方过渡委员会"这一和政府军分庭抗礼的权力中心。阿联酋一方面和与哈迪结盟的伊斯兰改革党关系紧张，希望保持也门南部不受胡塞武装与伊斯兰改革党的影响。另一方面，阿联酋还在也门南部追逐自己的地缘战略和商业利益，希望维护其在曼德海峡和亚丁湾的国际航运利益，并将势力拓展到非洲之角。在也门战争中，阿联酋的实力获得了提升，在伊斯兰世界的影响力急剧增长，它在也门的战略决策发生的重大转变对也门战略局面的影响不容忽视。

总之，也门"三足鼎立"与"双重内战"复杂局势背后，各方力量都有着外部势力的支持。而冲突三方的代理人化，意味着外部力量的利益若得不到协调和满足，冲突也就不可能避免。美国、沙特和伊朗的矛盾在也门内战中愈演愈烈，沙特和阿联酋之间的"貌合神离"，预示着未来的也门局势会更加受到域外大国与地区大国的影响。

（三）从《斯德哥尔摩协议》到《利雅得协议》的契机

自内战开始，胡塞武装一直控制着也门第二大港口荷台达，在获取海关收入和武器与物资补给方面占据较大的优势。多国联军支持的哈迪政府军与胡塞武装针对荷台达地区发起了激烈而持久的争夺。在联合国的斡旋下，2018 年 12 月哈迪政府与胡塞武装在瑞典首都斯德哥尔摩就荷台达地区停火达成协议。②《斯德哥尔摩协议》为和平解决荷台达问题制订了路线图。联合国对协议的签署寄予厚望，希望《斯德哥尔摩协议》的签订能有助于交战各方重建信任，从而进一步推动也门的和平进程。协议包括在联合国监督下的荷台达等地的停火与战俘交换等问题，明确规定，胡塞武装军队于停火协议生效后 21 天内撤离荷台达及其港口，以避免对荷台达港口的全面攻击，为结束内战铺平谈判道路。《斯德哥尔摩协议》与过去双方曾经举行的谈判失败和缺乏进展的五轮谈判有所不同，协议签订之初，哈

---

① "令人失望，阿联酋撤军也门后沙特将采取什么行动？"，半岛电视台中文网，2019 年 7 月 13 日，https：//chinese. aljazeera. net/news/ 2019/7/13/disappointment – what – will – saudi – arabia – do – afteruae – withdrawal – fromyemen，2020 年 7 月 3 日。

② "也门和平谈判结束，联合国欢迎各方达成荷台达停火协议"，联合国新闻，2018 年 12 月 13 日，https：//news. un. org/zh/story/2018 /12/024771，2020 年 8 月 8 日。

迪政府和胡塞武装便依照协议从荷台达撤走了部分兵力。① 联合国也门问题特使马丁·格里菲斯（Martin Griffiths）曾满怀希望地表示：《斯德哥尔摩协议》启动以来，也门的政治进程保持积极势头，有机会从"战争逻辑"转为"和平逻辑"。② 但是，随后双方就解释《斯德哥尔摩协议》条款内容方面存在分歧，交火不断，导致协议实施不断推迟，执行进度缓慢，出现困顿。政府军与胡塞武装之间不时发生的冲突也使也门内战局势更加错综复杂。

在《斯德哥尔摩协议》签署一周年之际，格里菲斯认为《斯德哥尔摩协议》是两年来合法政府与胡塞武装第一次面对面谈判所达成的历史性成果。从战争走向和平需要政治意愿，敌对双方看待胜利的方式的"转变"非常重要。③ 也门政府军和胡塞武装大体上保持《斯德哥尔摩协议》这一脆弱停火协议处于执行阶段，但有关对荷台达港口去"军事化"重新部署的谈判仍没有取得成果；此外，协议中战俘交换内容的执行情况也让格里菲斯感到十分失望。④ 也门政治分析人士指出，尽管《斯德哥尔摩协议》执行以来面临诸多困难，但认定其失败为时过早。⑤ 作为各方努力推进和平方案的重要步骤，《斯德哥尔摩协议》对于实现也门问题和平解决仍然有着举足轻重的作用。协议唤起了人们对和平的希望，一旦阻碍被克服，也门人可以开始更广泛的和平谈判，以结束地区内战。但是，随着时间的推移，执行《斯德哥尔摩协定》的努力遇到了一系列障碍，国际社会的注意力开始发生衰减。与此同时，美国和伊朗之间的紧张关系正接近顶点，而针对沙特阿拉伯的胡塞武装的导弹和无人机袭击有可能引发更广泛的地

---

① "Stockholm Agreement: A Step Toward Restoring Peace and Stability in Yemen", January 12th, 2019, Fanack, https://fanack.com/yemen/history-past-to-present/war-in-yemen/stockholm-agreement-yemen/, 2020-07-05.
② "联合国特使：也门正在从战争逻辑走向和平逻辑"，联合国新闻，2019年2月19日，https://news.un.org/zh/story/2019/02/1028811，2020年8月8日。
③ "A year on from Yemen talks breakthrough, top UN Envoy hails 'shift' towards peace, despite setbacks", UN News, 13 December 2019, https://news.un.org/cn/story/2019/12/1053431, 2020-08-06.
④ "也门停火协议签署一周年——秘书长也门问题特使赞扬也门迈向和平的转变"，联合国新闻，2019年12月16日，https://news.un.org/zh/story/2019/12/1047481，2020年8月8日。
⑤ "《斯德哥尔摩协议》执行困难重重 也门和平路漫漫"，央视新闻客户端，2019年12月18日，http://m.news.cctv.com/2019/12/18/ARTIeyQHmSCTSnW6uXtiXqfG191218.shtml，2020年8月8日。

区对抗,进而将也门拖入更深的泥沼。①

在也门南部地区,"南方过渡委员会"要求也门南部独立,隶属于"南方过渡委员会"的武装力量与政府军之间爆发激烈武装冲突,也门政府被迫从亚丁撤出。2019年11月,也门政府与"南方过渡委员会"的代表在沙特首都利雅得签署《利雅得协议》,标志着也门南部持续数月的武装冲突正式结束。②《利雅得协议》规定,也门政府将在7天内返回临时首都亚丁,也门所有军事编制由内政部和国防部统一管辖,将组建一个高效的政府,人员将在南部和北部省份平均分配。也门政府与"南方过渡委员会"约定组建新政府,实现一定程度的权力共享,也门总统哈迪称此举标志着国家正在走向"团结的新也门"。③格里菲斯称赞《利雅得协议》是"集体努力促进也门问题和平解决的一个重要步骤"。但是,和此前也门交战双方签订的诸多协议一样,协议规定的权力分配条款的执行一再拖延,迟迟得不到落实。

从《斯德哥尔摩协议》到《利雅得协议》的签订是在重重困难之下,也门危机政治解决的"难得的机会之窗",给深处战乱漩涡的也门人民带来希冀。由于种种原因,对于交战方和平或战争至关重要的两项协议并未达到人们的预期,但是,政治解决也门问题的大方向不容改变。

二、经济:形势小范围缓解 依然面临崩溃危险

长期以来,也门就是中东地区最贫穷的国家之一。虽地处阿拉伯半岛,但其石油资源却远远不能与其他海湾国家相比。内战爆发之前,也门就面临着石油短缺、水资源枯竭、产业结构单一、农业发展畸形等制约其经济良性发展的关键问题。内战爆发以来,由于基础设施在战乱中损毁严重,货币里亚尔不断贬值,财政资源外流,通货膨胀致使数百万人失业,

---

① "Saving the Stockholm Agreement and Averting a Regional Conflagration in Yemen", Crisis Group, 18 July 2019, https://www.crisisgroup.org/middle-east-north-africa/gulf-and-arabian-peninsula/yemen/203-saving-stockholm-agreement-and-averting-regional-conflagration-yemen, 2020-08-06.

② "Yemeni UN-backed gov't, southern council sign agreement for political solution?", Xinhua, November 6, 2019, http://www.xinhuanet.com/english/2019-11/06/c_138531182.htm, 2020-07-26.

③ "也门政府与南部过渡委员会在沙特签署《利雅得协议》",央视网,2019年11月6日,http://news.cctv.com/2019/11/06/ARTIbFrGFbgFYd8HooKh4c3U191106.shtml, 2020年8月12日。

战争将也门经济推向崩溃的边缘。也门经历着历史上最关键和复杂的时期,《斯德哥尔摩协议》和《利雅得协议》的签订给也门带来了一段冲突减弱期。也门从 2018 年底开始恢复了一定的原油出口,国家经济形势短期出现小范围缓解,但这并不意味着经济状况得到改善。[①] 随着两项协议执行的困顿与停滞,也门冲突出现又一轮升级,石油生产和出口一度中断。[②] 也门经济依然面临崩溃的风险。

(一) GDP 增长率转负为正,经济形势依然严峻

自冲突爆发以来,也门的 GDP 增长率逐年下降,连续 4 年呈现负增长。随着冲突不断加剧,内战对也门经济的影响越来越大。2014 年也门的 GDP 为 248 亿美元,2015 年也门的 GDP 增长率下跌 30.5%,2017 年也门的 GDP 为 133 亿美元。随着也门部分领域恢复生产,2018 年也门的 GDP 为 134 亿美元同 2017 年相比增长了 0.8%,由此,也门内战爆发后首次实现 GDP 增长率转负为正。2019 年也门的 GDP 为 137 亿美元,同比增长 2.2%。然而,相比战前,也门的 GDP 收缩率高达 44.8%,宏观经济形势依然严峻。

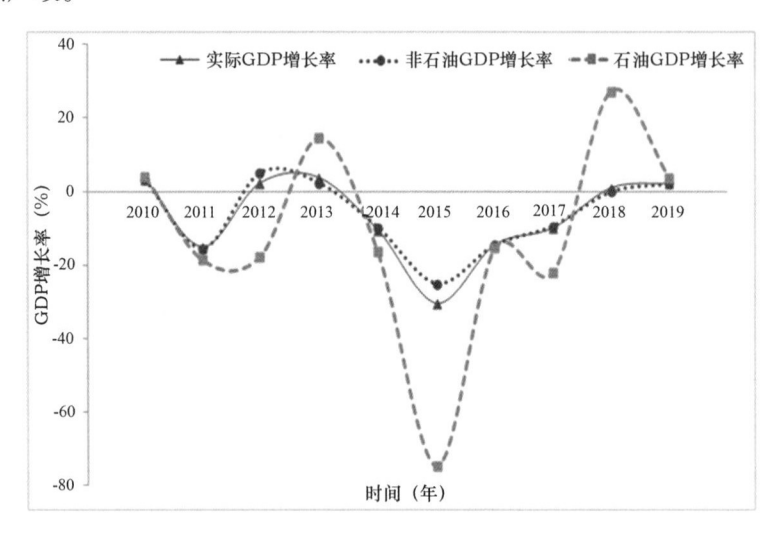

图 1　也门实际 GDP 增长率估算

---

① "World Economic Situation and Prospects 2020", UN, 16 January 2020, https://unctad.org/en/pages/PublicationWebflyer.aspx?publicationid=2619, 2020 - 07 - 29.

② "Yemen Monthly Economic Update - December 2019", January, 28, 2020, https://www.worldbank.org/en/country/yemen/publicatio n/yemen - monthly - economic - update - december - 2019, 2020 - 07 - 30.

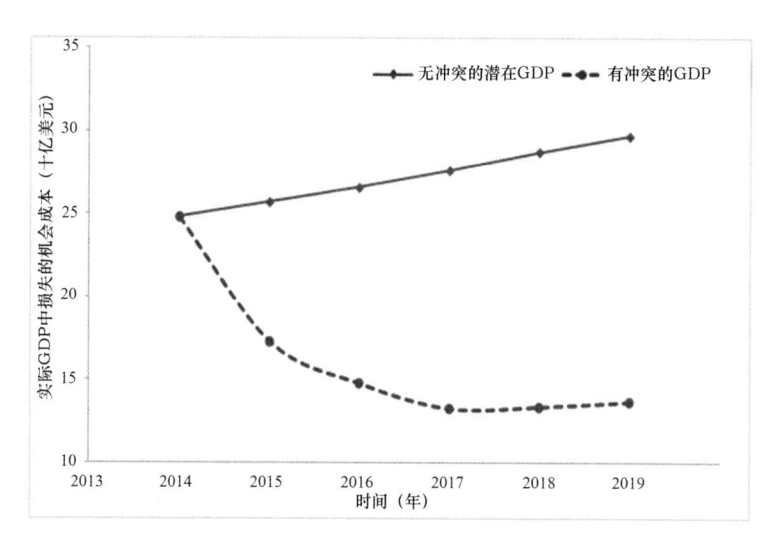

图 2　也门实际 GDP 中损失的机会成本

资料来源：CSO' National Accounts Bulletin until 2017 & MOPIC forecasts of 2018－2019。

也门内战持续多年，地方、区域和国际三个因素在也门的权力和经济利益的争夺中多有体现。因牵涉面复杂，对也门的经济影响巨大，使也门丧失发展机遇，付出了昂贵的代价。原本贫穷落后的国家，变得更加岌岌可危。[①] 自 2014 年以来，也门实际 GDP 中损失的机会成本累积达到 659 亿美元，其中 2019 年实际 GDP 中损失的机会成本达 161 亿美元。虽然有小幅变化，但是也门的经济形势并未得到有效扭转，失业率和贫困率不断攀升。人均 GDP 处于极低水平，人民生活仍然处于极端贫困状态，经济增长乏力，面临崩溃。

在冲突发生之前，也门的自然资源的开发和利用占据贸易往来和外国投资的很大比重，政府收入严重依赖不断减少的石油和天然气资源。[②] 2005—2010 年，石油和天然气资源占也门出口的 90%，占外国直接投资的 88%。尽管自 2000 年以来，也门的石油产量持续下降，但 2013 年和 2014 年，也门的石油产量分别达到平均每天 175 千桶和 156 千桶。冲突发生前，石油、天然气产业占据了 50%—60% 的财政收入和高达 85% 的出口收入，

[①] Najeeb Alomaisi, "Political Instability and Economic Growth in the State of Yemen Analysis Study", *Journal of Public Administration and Governance*, 2020, p. 234.

[②] "Yemen Economy Profile 2019", Index Mundi, December 7, 2019, https://www.indexmundi.com/yemen/economy_profile.html, 2020－08－11.

以及近50%的外汇储备。① 随着阿拉伯联军介入也门政局，也门的经济形势不断恶化，石油产业受到的影响首当其冲。在也门作业的石油公司纷纷停产和撤离，也门石油市场环境严重受损，石油生产和传输的基础设施遭到破坏，石油产业濒临崩溃。2015年，也门原油产量仅为47千桶/日，环比减少69.87%，2015年也门石油GDP的增长率下降了25.1%。也门在得到了沙特等国的支持后，2018年底，经济状况开始出现稳定迹象，石油和天然气的生产逐渐恢复，但远远低于内战前的水平。②

（二）胡塞武装的货币战与"两种经济"的风险

在军事方面取得进展的情况下，胡塞武装对哈迪政府发行的新货币进行全面抵制。2016年9月，哈迪政府任命新的中央银行行长，将中央银行的总部由萨那迁到临时首都亚丁。央行搬至亚丁后，在萨那和亚丁出现了"两个财政决策中心平行存在"的状况。面对国家财政困难，国库空虚，哈迪政府决定印制发行新货币，并表示也门新央行将给包括胡塞武装控制区在内的国营机构雇员发放工资。

然而，2019年12月，胡塞武装开始采取策略，在经济上与哈迪政府进行对抗。首先，宣布废除也门央行发行的本币里亚尔新钞票，胡塞武装控制区域的民众不允许持有和流通新钞。其次，责令新货币的持有者必须在宣布禁令开始后的30天内将新货币兑换成电子货币或旧纸币，违者将面临胡塞武装的严厉惩罚。

胡塞武装针对哈迪政府发起"货币战"，使也门国内出现"两种经济"的风险。但是，这一做法可以说是两败俱伤，使也门的经济局势更加脆弱。胡塞武装控制区域内的不少银行机构运行"瘫痪"，很多人因此无法领取薪酬和退休金。商人们必须买进和卖出两种里亚尔纸币，生意成本大幅提高。

新货币政策的突然宣布引发也门的支付危机，进一步扰乱了经济活动。一方面，货币政策的严重混乱，导致胡塞武装控制区的1/3的货币因没有兑换而失效。另一方面，实行电子货币的条件与接受度不足，严重削

---

① "Yemen Policy Note 2: Economic, Fiscal and Social Challenges in the early phase of a Post Conflict Yemen", 2017, World Bank Group, https://openknowledge.worldbank.org/handle/10986/28607, 2020-06-28.

② "Yemen's Economic Update — October 2019", World Bank, October 9, 2019, https://www.worldbank.org/en/country/yemenAp/publication/economic-update-october-2019, 2020-07-25.

弱了新货币持有者的购买力，普通民众面临着"交叉火力的攻击"，苦不堪言。

（三）金融体系严重受损，通货膨胀严重

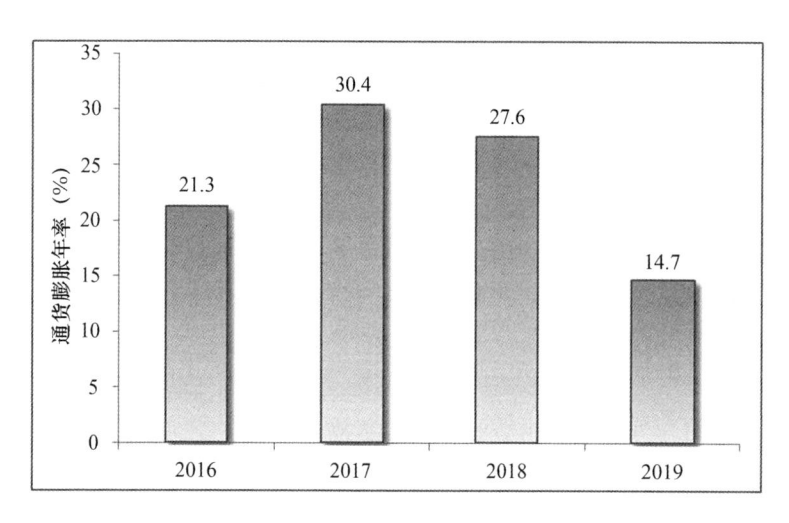

图3 也门的通货膨胀率

资料来源：World bank，Poverty & Equity and Macroeconomics。

注：2019年为估计值。

通货膨胀率的上升意味着货币供给的增长大于本国经济的实际增长率，通胀率高会严重削弱本币的购买力，造成对本币币值的信心危机。由于连续多年的局势动荡，经济与金融出现萎缩，也门的通货膨胀率持续处于高位，2017年，也门的通货膨胀率达到30.4%。哈迪政府采取一些金融措施希望缓解经济困难，包括发行新货币，也门成为一个同时流通两种货币的国家，大量印制新货币，使通货膨胀率更高。然而，在胡塞控制区拒绝接受这些措施，引发了一轮货币危机。2019年，也门的通货膨胀率为14.7%，仍面临较高的通货膨胀。

总之，在旷日持久的也门冲突中形成了一种"战争经济"，财政和货币政策被短期内的战争局势所左右。[1] 内战使也门经济受到重创，基础设

---

[1] "Yemen's Economic Update — October 2019", World Bank, October 9, 2019, https：//www.worldbank.org/en/country/yemenAp/publication/economic-update-october-2019，2020-07-25。

施损毁严重，通货膨胀率居高不下，国际收支恶化，国际捐助资金到位缓慢，经济持续衰落。

三、社会：区域割裂隔绝与人道主义危机

(一) 地方割据与社会分裂

也门内战冲突进一步加剧，给社会治理及未来的国家秩序的重构带来巨大的挑战。胡塞武装与政府军的对峙，使原本存在的南北隔阂更加严重。"南方过渡委员会"与哈迪政府的矛盾激化，使也门南部地区更加分裂。部落在政权角力中伴随着不同的管理模式，使影响力改变很多。也门的地方割据与社会分裂问题更加凸显。

自2015年3月战争升级以来，也门的边境口岸、机场和港口断断续续地关闭，也门与外界的联系微弱甚至处于隔绝状态。交战各方通过权力的分化组合，分裂割据，逐渐形成"三足鼎立"的战略局面。而交战方各自为政，在国土上划分出无形的边界将隶属不同势力范围的居民之间的联系割裂开来。为防止敌对人员混入，胡塞武装在也门北部城市的通行路线上设立关卡。在也门南部，居民穿越不同的势力控制区域需要花费更多的时间和精力，有些区域甚至根本无法通行。也门形成的三个主要的互相竞争的政治军事实体都宣称自己具有合法性。不同政权控制者各自为政，给也门人民的社会生活造成了恶劣的影响。一方面，加剧了也门地理上的隔绝，限制了人员和货物的流通。另一方面，区域内部边界限制了也门人民的工作机会，提高了基本商品的成本，加剧了普通也门人的苦难。同时，这也助长了内部边界上的走私行为和黑市的出现。

也门是一个部落传统浓厚的国家，部落首领在也门的基层社会治理中发挥着重要的作用。连续多年战乱，使也门的社会治理结构发生严重破坏，打破了原有的基层治理生态。自萨利赫被杀以来，胡塞武装与也门北部部落之间的关系一直紧张，并不断发生摩擦冲突，胡塞武装利用部落之间的内讧削弱其防御力量。在与哈贾赫省的哈尤尔部落发生暴力冲突后，趁势实现对该地区的控制。[1] 在其控制区域，胡塞武装采取集权式的治理

---

[1] Maysaa Shuja Al-Deen, "The Houthi-Tribal Conflict in Yemen", April 23, 2019, https://carnegieendowment.org/sada/78969, 2020-07-25.

模式,使部落首领在社会治理方面失去了原有的强大影响力。而在哈迪政府控制地区,由于哈迪政府与"南方过渡委员会"的冲突,部落首领在马里卜、哈德拉毛和迈赫拉等地区的影响力得以保持和扩大。这与内战之前的也门部落在南北地区的治理状况有了很大的不同。

(二)人道主义危机持续升级

也门内战以来,多条战线发生激烈冲突、经济崩溃、基本服务和卫生基础设施全面恶化,大量人口面临饥荒。联合国宣称也门的人道主义危机是当今世界上最严重的一场人道主义危机。[1]

首先,战争对也门人民的生命安全构成了极大的威胁,因战争死亡的人数不断攀升。根据武装冲突地点和事件数据库项目(ACLED)的统计,2015—2019年也门冲突期间,已有超过20万人死亡,其中包括1.2万多名平民,2019年仅直接冲突造成死亡的人数就超过2.5万人。[2] 另外,由于暴力冲突和自然灾害的双重影响,也门人民失去了赖以生存的家园,尽管到2019年底局势暂时缓和,并宣布了几次停火,但局部战斗仍在继续。仅2019年,就有超过41万人流离失所,[3] 内战共导致350多万名也门人流离失所。其中,战斗活跃的地区——荷台达、哈杰、萨达、塔伊兹等情况最为糟糕。另外,也门境内还有大约有27.73万名主要来自索马里和埃塞俄比亚的难民,他们的生命安全在内战当中也无法得到保障。

其次,长期的毁灭性战争使也门的卫生基础设施破坏严重,脆弱的医疗卫生系统不堪重负。从2016年10月到2019年8月,也门境内共发现200多万疑似霍乱病例,约4000人死于霍乱。[4] 山洪爆发、垃圾清理不当、清洁饮用水的匮乏等一系列因素加剧了霍乱和其他传染性疾病的蔓延。其中2019年前6个月,也门出现的疑似霍乱病例比2018年全年都多。[5] 再加

---

[1] "联合国:也门危机仍是世界最大的一场人道主义危机",联合国新闻,2019年11月15日,https://news.un.org/zh/story/2019/11/1045701,2020年7月28日。
[2] "Over 100,000 Reported Killed in Yemen War",ACLED,October 31,2019,https://acleddata.com/2019/10/31/press-release-over-100000-reported-killed-in-yemen-war/,2020-08-03。
[3] "Yemen:2019 Achievements",IOM,January 3,2020,https://reliefweb.int/report/yemen/iom-yemen-2019-achievements,2020-07-28。
[4] "联合国:2016年以来也门发现200多万疑似霍乱病例",人民网,2019年11月18日,http://world.people.com.cn/n1/2019/1118/c1002-31461142.html,2020年8月6日。
[5] "Yemen:2019 Achievements",IOM,January 3,2020,https://reliefweb.int/report/yemen/iom-yemen-2019-achievements,2020-07-28。

上疟疾、登革热等多种传染病肆虐，给也门的公共卫生系统带来了沉重的负担。目前，只有不到一半的卫生系统能够正常运转，医疗设施和医务人员严重短缺，处于濒临崩溃的境地。

最后，生活物资严重匮乏，面临严峻的粮食安全问题。在内战爆发之前，也门的粮食就需要大量从国外进口，持续的通货膨胀导致也门货币贬值、食品价格上涨，外汇储备几乎耗尽，严重影响也门的粮食安全。特别是胡塞武装控制的北部地区粮食产量有限，人口密度较大，进口贸易锐减，给也门居民的日常生活造成巨大威胁。大约40%的也门家庭失去了主要收入来源，难以购买最低限度的食物。《2020年全球粮食危机报告》显示，也门总人口为2990万，近1590万人缺乏基本的食物保障，其中500万人为极度缺乏。也门还有大约200万5岁以下的儿童遭受严重营养不良，面临死亡威胁。① 由于政府发布的新规定，也门北部出现严重的燃料短缺。燃料危机直接影响到运输、饮用水和电力的抽水和卫生系统，增加了总的生活成本，给本已痛苦不堪的也门家庭带来更多额外的经济负担。②

绵延不绝的战争使也门的人道主义局势一再恶化。由于政治局势极其脆弱，也门激烈的内战冲突和地区的分裂割据撕裂了其区域之间的联系，加剧了南北隔阂、教派冲突与部落分化。受到内战的影响，也门80%的人口需要人道主义援助，愈发依赖于国际组织的经济救援。一方面，由于地区间的隔绝、人员与物品流通渠道的闭塞，给也门的人道主义救援带来极大的困难。另一方面，沙特等主要捐助国由于油价下跌和经济受损而自顾不暇，将对也门的人道主义救援造成大幅减少，未来也门人民的食品与安全将会面临更大的威胁，有可能陷入空前严重的"大饥荒"。

结　语

反胡塞联盟的组合与分化反映出成员的分裂和身份认同的缺失，使激

---

① FAO, "Global Report on Food Crises 2020", April 20, 2020, https://www.fsinplatform.org/sites/default/files/resources/files/GRFC%20ONLINE%20FINAL%202020.pdf, 2020-08-05.

② "Yemen Country Office Humanitarian Situation Report", UNICEF, December 31, 2020, https://reliefweb.int/report/yemen/unicef-yemen-countryoffice-humanitarian-situation-report-reporting-period-1-january-31, 2020-08-06.

烈的国内冲突变得更加复杂和棘手。① 也门内战局面由此从"两方对峙"发展到"三足鼎立",出现"双重内战",形势更加诡谲。伴随着《斯德哥尔摩协议》的执行停滞与《利雅得协议》的艰难签订,也门人民经历了和平的憧憬与对协议执行困顿的失望,战局在各方利益的博弈中不断变幻。在旷日持久的冲突中也门形成了一种"战争经济",其财政和货币政策被短期内的战争局势所左右。② 虽然,石油生产逐渐恢复,但是能否继续维持与也门冲突发生的频度密切相关。在内战中,也门社会内部出现裂痕,不同的控制区域被人为隔绝,给也门的和平之路与社会治理带来极大的挑战。脆弱的基层社会和面临崩溃的公共卫生体系难以抵挡任何疫病的侵袭,也门内战所造成的人道主义危机难以得到缓解。

  对也门内战的各方而言,无论是停火和谈还是达成权力共享协议都是通往政治解决也门问题的必经之路。由于地区代理人之间利益争夺带来的政治军事格局的严重分歧,也门问题的政治解决有赖于处理好交战方在未来国家重建中所处的地位问题。哈迪政府与"南方过渡委员会"面临着如何结束"双重内战"的消耗以及如何建立兼顾多方利益的包容性新政府的问题。《斯德哥尔摩协议》与《利雅得协议》的签订给也门问题的政治解决提供了方案,虽然其内容仍不能得到交战各方的满意,但是政治解决也门问题的势头应当继续维护。也门内战结束的前提是交战各方寻求利益平衡点,直面和解决各方矛盾,用有效的方式推动政治解决进程。能否摆脱多轮和平谈判无果而终的"死"循环,取决于利益攸关方是否能够停止战斗,重新审视国家的政治前景。因此,政治解决也门问题的过程不是一蹴而就的,必定异常艰辛,也门的和平之路依然任重道远。

---

  ① "Preventing a Civil War within a Civil War in Yemen", August 9, 2019, https://www.crisisgroup.org/middle-east-north-africa/gulf-and-arabian-peninsula/yemen/preventing-civil-war-within-civil-war-yemen, 2020-07-26.
  ② "Yemen Monthly Economic Update - April 2019", World Bank, April 9, 2019, https://www.worldbank.org/en/country/yemenAp/publication/economic-update-April-2019, 2020-07-06.

阿联酋：
绿色经济增长模式的探索与实践[*]

一、"绿色经济"概念与绿色经济发展的国际经验

随着全球生态环境的日趋恶化和可持续发展观的深入人心，全世界掀起了绿色经济发展的大浪潮。1989年，英国经济学家戴维·皮尔斯（David Pearce）在《绿色经济蓝图》（*Blueprint of a Green Economy*）一书中首次提出"绿色经济"的概念。它与人类可持续性发展理念可以相提并论，因为绿色经济概念的提出与全球经济发展面临的诸多挑战密切相关。20世纪80年代末至90年代初，欧洲国家和其他发达国家的传统工业经济开始衰退，欧洲经济一体化一度陷入停滞和僵化状态。正是在这种背景下，欧洲学者试图从理论层面探寻传统经济结构的缺陷，希望通过提出新经济增长理论来探索新形势下世界经济可持续发展的新路径，皮尔斯的绿色经济概念便应运而生了。

2008年，联合国环境规划署启动"绿色经济倡议"，正式推出"全球绿色新政"（A Global Green New Deal），为绿色经济发展提供了有效的理论分析和政策支持。全球绿色新政的核心思想是通过推动绿色经济发展，一方面可以实现全球经济的复苏，另一方面能够降低对高碳排放的依赖，保护生态环境，减少人类贫困。在可持续发展理念的基础上发展绿色经济被认为是实现全球经济复苏的唯一途径。总之，绿色新政是对环境友好型政策的统称，主要涉猎环境保护、节能减排、污染防治、气候变化等与人和自然可持续发展相关的重大问题。因此，它明确了复苏经济、消除贫困、减少碳排放并防止生态退化的三大主体目标。绿色经济概念的提出为联合国提倡的人类可持续性发展理念注入了新鲜血液。

2010年，联合国环境署在绿色经济倡议中提出的一份内容详细的《绿

---

[*] 作者：康丽娜，西北大学中东研究所博士生；王福斌，西北大学中东研究所硕士。

色经济发展报告》，已成为各国决策者发展绿色经济的行动指南。这份报告对绿色经济的概念进行了明确阐释，认为绿色经济是降低环境和生态退化风险、改善生活水平和实现社会公平的重要手段。换句话讲，绿色经济就是低碳、资源高效利用和社会包容性三者兼顾，通过增加公共和私人绿色投资减少碳排放和污染，提高能源效率和资源利用率，保护生物多样性，保持生态平衡，提高民众收入和扩大民众就业机会。① 一些国际非政府组织阐述和分析了绿色经济概念。2011 年，国际商会（The International Chamber of Commerce，ICC）也从商业角度对绿色经济进行了阐释，认为绿色经济是兼顾经济发展与环境保护的增长模式，努力实现互惠互利，共同推动社会发展进程。②

关于绿色经济的定义，目前国际社会尚未进行统一界定，与低碳经济和循环经济的概念相似，其核心内容基本一致。就本质而言，绿色经济是实现环境合理性与经济效率性相统一的市场经济形态，它是可持续经济发展的高级形态。在国内，绿色经济理论的创建者是北京工商大学世界经济研究中心主任季铸教授。他认为，绿色经济是以效率、和谐、持续为发展目标，以生态农业、循环工业和持续服务产业为基础内容，它是为了平衡人类与环境资源状态而表现出来的一种社会经济发展状态。③ 简言之，绿色经济是一种环保健康的经济增长模式，它是以市场为导向、以传统产业经济为基础、以经济与环境的和谐为目的而发展起来的一种新经济形式。换言之，它以保护环境、节约资源为前提，以人与自然和谐为主题，以经济可持续发展为手段，将环境保护、经济发展和社会公平三者有效结合与统一，最终实现人类可持续发展的一种全新经济形态。

当前，以绿色经济为核心的新一轮经济革命正在席卷全球，除欧美国家外，日本、韩国和巴西等国家也纷纷参与其中，竞相制订和推行一系列绿色低碳经济的改革计划，各国政府积极实施"绿色新政"，力求通过发展绿色经济抢占新一轮全球经济竞争的制高点。全球已然形成一股发展绿色经济的新潮流，美国前总统奥巴马曾讲过，谁掌握清洁和可再生资源，谁将主导 21 世纪。因此，当下全球绿色经济的发展和"绿色新政"的推

---

① 张敏：“欧盟绿色经济的创新化发展路径及前瞻性研究”，《欧洲研究》，2015 年第 6 期，第 99 页。

② 张敏：“欧盟绿色经济的创新化发展路径及前瞻性研究”，《欧洲研究》，2015 年第 6 期，第 99 页。

③ 武丹：“鲁苏低碳化发展水平的比较研究”，山东师范大学硕士论文，2012 年，第 15 页。

进,将促使全球经济秩序发生较大程度的变化。据有关专家预测,到2030年,在全球绿色经济各行业中,仅可再生能源行业新增的就业机会将达到2000万个。① 总之,绿色经济已成为当下世界各国为摆脱金融危机和发展滞后,进而实现全球未来经济增长的主力引擎。美国、欧洲国家、日本、韩国和巴西各制定了一套符合本国国情的绿色经济发展举措,这为阿联酋的绿色经济发展提供了可借鉴的宝贵经验。

作为世界上最早开展绿色保护的国家之一,美国不断创新经济的绿色增长模式与技术,在保护环境的同时将其运用到经济发展的各个层面。自2008年当选美国总统以后,奥巴马开始实施"绿色新政",即以绿色经济复兴计划作为首要任务,力求尽快确立美国在新能源竞赛中的优势地位,并努力使美国成为清洁能源出口大国。美国的"绿色新政"内容主要包括节能增效、开发新能源、应对气候变化等方面,其核心是发展新能源。新能源发展的重点领域包括可再生能源、高效电池、智能电网、碳储存和碳捕获,同时也包括节能汽车和绿色建筑的开发等。美国发展绿色经济主要考虑以下两点:一是增加就业。新能源的开发必将孕育出一个全新的能源产业,这为当下失业率较高的美国社会创造出更多的就业岗位。二是确保能源安全。随着全球能源危机的出现,降低对石油、煤炭等传统的不可再生能源的依赖成为美国各届政府的一贯主张。再者,21世纪以来不断加剧的全球变暖促使世界各国开始采取措施减少温室气体的排放,这必然要求进一步限制传统能源的使用。《美国清洁能源安全法案》规定,在2005年的基础上,2020年美国将使温室气体排放量减少17%,到2050年减少83%,同时提高风能、太阳能等清洁能源的使用效率。②

20世纪70年代以来,欧洲发达的工业经济所带来的环境问题日益凸显出来,这促使欧洲国家的环境保护意识逐渐增强。跨入21世纪,欧洲部分国家开始重视绿色经济的发展。2003年,英国时任首相布莱尔发表《我们未来的能源:创建低碳经济》,提出减少温室气体排放,推动英国向低碳经济转型。③ 受2008年金融危机和2010年欧洲主权债务危机的双重打击,欧洲各国经济陷入衰退困境,绿色经济正是在此时开始受到关注。欧

---

① 梁慧刚、汪华方:"全球绿色经济发展现状和启示",《新材料产业》,2010年第12期,第28页。

② 梁慧刚、汪华方:"全球绿色经济发展现状和启示",《新材料产业》,2010年第12期,第28页。

③ 张敏:"欧盟绿色经济发展路径、战略与前景展望",《中国环境科学学会学术年会论文集》(2016),第269页。

洲经济发展面临的主要困境是传统能源的短缺和环境污染导致产业结构亟需调整和升级。于是，欧盟开始成为倡导绿色经济增长模式的先行者，将环境污染治理、环保产业发展、新能源开发利用和节能减排都纳入绿色经济的范畴，德国、法国和"脱欧"前的英国在欧盟绿色经济发展中起着主导作用。生态工业的发展是德国绿色经济增长的主要方向。2009年，德国政府公布了有关推动德国经济现代化的战略文件，旨在强调生态工业政策应成为德国经济的指导方针。法国发展绿色低碳经济的重点是发展核能和清洁可再生能源。除了拥有优势地位和支柱产业的核能外，法国还大力发展清洁可再生能源。法国环境部早在2008年就已公布旨在发展可再生能源的一系列计划，涵盖生物能源、风能、太阳能、地热能等诸多领域，预计2020年清洁可再生能源将占能源消耗量的23%。[1]"脱欧"前的英国把绿色能源发展作为本国绿色经济政策的重点。按照英国政府的计划，到2020年，可再生绿色能源在能源供应比例中将占到15%，其中包括对以煤炭为主的火电进行清洁生产和绿色改造。另外，大力发展可再生能源、核能、清洁煤等低碳绿色能源，使其占到40%的电力来源。[2]绿色能源的大力推广和发展，有助于将英国建设成绿色化、低碳化和繁荣化的新型国家。

除欧美国家外，日本、韩国和巴西的绿色经济发展模式也值得关注。资源的严重匮乏迫使日本尽早改变其传统的经济发展方式，绿色经济或低碳经济增长模式成为日本自二战后重点考虑和推行的领域。因此，日本高度重视减排，主导建设低碳社会，力求将其打造成全球第一个绿色低碳社会。政府通过税收优惠政策鼓励本国企业竞相发展绿色技术和节能技术，大力支持绿色经济发展。日本政府通过"低碳社会行动计划"，提出研究提高太阳能的利用效率，争取到2030年使风能、太阳能、水能、生物质能和地热能等的发电量达到日本总用电量的20%。[3] 2008年全球金融危机发生后，韩国便提出了"低碳绿色增长"的经济振兴战略。时任总统李明博指出，低碳绿色增长就是以绿色技术和清洁能源创造新的增长动力和就业机会的国家发展新模式。通过低碳绿色经济的发展，韩国于2020年年底前将跻身全球七大绿色强国，到2050年成为世界第五大绿色强国。作为发展

---

[1] 中国国际经济交流中心课题组：《中国实施绿色发展的公共政策研究》，中国经济出版社，2013年版，第134页。

[2] 张来春："西方国家绿色新政及对中国的启示"，《中国发展观察》，2009年第12期，第52页。

[3] 杨宜勇、吴香雪、杨泽坤："绿色发展的国际先进经验及其对中国的启示"，《新疆师范大学学报》，2017年第2期，第21页。

中国家中推行绿色经济的典范，巴西重点发展生物能源和新能源汽车。由于当地政府重视绿色能源的研发，通过生产乙醇燃料和开发生物柴油技术，使巴西在生物燃料技术方面居于世界领先地位。在巴西，生物能源在其能源消费结构中占据绝对优势地位，其出售的新车中有80%是可使用乙醇燃料的新能源汽车。[1]

总之，绿色经济已成为21世纪全球可持续发展的主导经济形态。作为中东地区的经济强国，为了摆脱国家经济对石油的依赖，阿联酋采取多种措施促进非石油经济发展，使之成为中东地区经济多元化战略的先行者。自20世纪80年代以来，除石油及其相关产业外，阿联酋在建筑业、金融业、旅游业、商贸物流等非石油产业取得了惊人成就。2019年10月，第六届世界绿色经济峰会在迪拜的召开，更是表明了阿联酋为实现国家经济转型的决心。今后，阿联酋将绿色经济和可持续发展战略作为国家未来经济转型的主要目标，加大创新技术的投入，重点突破可再生能源领域，努力实现生态农业、循环工业和绿色服务业的健康发展。

二、阿联酋经济发展阶段与增长模式探索

阿联酋位于阿拉伯半岛东部，由阿布扎比、迪拜、沙迦、阿治曼、乌姆盖万、哈伊马角和富查伊拉7个酋长国组成。自1971年脱离英国独立以来，阿联酋依靠丰富的石油资源和优越的地理位置，迅速步入国家现代化发展时期。作为中东地区的产油国之一，石油工业一直是阿联酋经济发展的支柱产业。石油美元的大量输入成就了阿联酋的经济繁荣和社会现代化，使其迅速成为中东地区，乃至全世界的富国。然而，进入20世纪80年代，随着国际形势的无常变幻和第二次石油危机的爆发，阿联酋的统治者开始意识到单一化的石油经济异常脆弱，必须降低对石油的依赖程度，实现经济的多元化发展。经过数十年的努力，阿联酋已成为海湾地区经济多元化发展最成功的国家，也是阿拉伯地区最具经济实力和发展活力的国家之一。简言之，建筑房地产、商贸物流、金融、旅游等非石油产业已成为今日阿联酋经济发展的核心，非石油经济对国内生产总值的贡献率已超过70%，且增长速度逐年提高。然而，近几年，随着全球绿色经济发展潮

---

[1] 张梅："绿色发展：全球态势与中国的出路"，《国际问题研究》，2013年第5期，第95页。

流的推进，阿联酋也开始借鉴发达国家的成功经验，探索绿色经济增长模式，力求加入全球新一轮经济持续增长的竞争圈，努力成为中东地区发展绿色经济的"领头羊"。

20世纪50年代末至60年代初，阿布扎比和迪拜先后发现了石油和天然气。1962年，阿布扎比开始第一次出口原油。至此，阿联酋凭借大规模的石油开发和出口持续获得巨额石油美元，在较短时间内完成了由传统农牧业国向现代石油工业国的转变，并逐渐形成了具有国际一流水平的先进油气工业体系。因此，自1971年独立以来，阿联酋成立了阿布扎比国家石油公司，石油行业成为其国民经济的支柱产业，石油生产占到国内生产总值的80%以上，政府财政收入的85%以上依靠石油收入。石油美元迅速成为阿联酋国民收入的主要来源，阿联酋国民生活水平迅速提高，人均收入居世界前列。因此，以石油生产和石化工业为主的单一化经济体系成为阿联酋独立初期的经济发展战略。然而，这一时期由于本国石油勘探技术的落后，阿联酋主要通过与西方石油公司联合开采，或是将石油勘探区租给跨国石油公司进行勘探和生产。然而，随着1973年"十月战争"的爆发，阿联酋一方面通过这种"参与制"逐渐收回石油主权，完成石油工业的国有化；另一方面通过阿拉伯石油输出国组织一同与西方国家抗争，以减产、禁运、提价等方式打破西方世界垄断石油定价的历史，保护了本国的石油权益。因此，直至20世纪80年代中叶，阿联酋的石油工业发展步入黄金时期。

20世纪70年代末至80年代中叶，中东地区爆发了伊朗伊斯兰革命、两伊战争，由此引发第二次石油危机。国际油价的迅速回落导致阿联酋的石油生产量大幅度缩减，这对阿联酋的石油经济冲击较大。另外，石油是一种不可再生资源，终究会枯竭，阿联酋必须考虑如何在石油资源枯竭以前维持国家经济的持续发展。因此，阿联酋的统治者开始意识到本国经济存在严重依赖石油、产业结构过于单一的问题。为了应对挑战，摆脱困境，自20世纪80年代中叶以后，阿联酋联邦政府开始推行经济多元化发展战略，实施经济结构调整，着力发展与油气工业相关的产业和其他非石油产业，以此来减少对石油经济的依赖。为了实现经济的多元化发展，阿联酋政府推行了一系列举措，包括为吸引外资简化各类繁杂手续，大力投资基础建设，创造各类便利条件推动非石油产业发展。经过十多年的发展，阿联酋的经济多元化政策取得了明显成效，包括制造业、金融业、信息科技、对外贸易、建筑业、服务业、农牧渔业等非石油产业发展迅猛。

截至2001年，阿联酋的非石油经济在国内生产总值中的比重已达到72%。① 到了2015年，阿联酋的非石油经济对国内生产总值的贡献率达到77%，非石油经济增长率达4.1%，远高于阿联酋石油产业的同期增长率。② 据阿联酋央行数据显示，2018年，阿联酋非石油产业首次突破万亿迪拉姆，达到10103.4亿迪拉姆。③ 国际货币基金组织表示，阿联酋政府将原定于2020年10月至2021年4月在迪拜举行的世博会视为其经济多元化发展的重要机遇。因此，2019年，非石油产业的增长率超过1%，在未考虑新冠肺炎疫情带来的影响下，2020年，非石油产业增长率将升至3%。④ 因此，通过放宽签证限制、降低企业各类费用和改善吸引外资的商业环境等提振非石油产业的举措，未来阿联酋的多元化经济将获得更大的增长动力。

进入21世纪，全球化浪潮已成为世界发展的必然趋势。面对日趋强劲的全球化态势，阿联酋主动采取措施，实行自由经济政策，进一步推动经济多元化发展战略。除了上述传统产业外，高科技的发展又赋予多元化经济战略全新内容。阿联酋政府及时调整多元化发展战略方向，大力推动以信息技术为核心的"新经济和知识经济"发展，这正是阿联酋在经济较为繁荣、人口不断增加和互联网加速普及的条件下实现的。另外，自2010年以来，页岩油的开采获得成功并投入使用促使国际油价大幅下跌，这也是阿联酋加快推进经济多元化战略步伐的重要原因。

近些年，随着全球绿色经济理念的推广，发达国家发展绿色经济的成功经验也为阿联酋经济多元化提供了参照。2012年1月，阿联酋副总统、总理兼迪拜酋长谢赫·穆罕默德·本·拉希德·阿勒马克图姆（Sheikha Mohammed bin Rashid Al Maktoum）宣布了以"绿色经济可持续发展"为倡议的国家长期战略，自此阿联酋决定成为该领域的世界领导者之一。⑤ 该倡议主要通过采用高新技术和绿色产品来创造经济可持续发展的环境。阿

---

① 钟志成：《中东国家通史（海湾五国卷）》，商务印书馆，2007年版，第12页。
② 商务部国际贸易经济合作研究院课题组："阿联酋非石油经济的发展及中阿合作建议"，《国际经济合作》，2017年第4期，第45页。
③ "阿联酋非石油国内生产总值首次突破万亿迪拉姆"，中华人民共和国驻阿拉伯联合酋长国大使馆经济商务处，file:///Users/wys/Zotero/storage/GUIM95BM/20190602871143.html，2020年7月18日。
④ Healthy UAE economy to get boost from Expo 2020，https://gulfnews.com/business/healthy-uae-economy-to-get-boost-from-expo-2020-imf-1.1573072066544，IMF，2020-07-20.
⑤ Стратегия ОАЭ по зелёному развитию，http://wetex.negusexpo.ru/uae/green-development/，2020-07-22.

联酋绿色经济增长模式的探索主要通过以下三方面进行。

首先,重点开发可再生能源和清洁能源,以此促进能源转型,实现经济多元化发展。2014年10月,阿联酋颁布了"阿联酋国家创新战略",旨在实现可再生能源、运输、教育、健康、技术等领域的创新,力求在7年内使阿联酋成为世界上最具创新力的国家之一。[1] 2019年1月,阿布扎比发展基金(ADFD)确认,在与国际可再生能源机构(IRENA)建立伙伴关系的第7个周期,将为8个可再生能源项目拨款约1.05亿美元。[2] 2019年9月,据《海湾时报》称,阿联酋设定到2050年国家50%的能源将来自可再生能源,这远远高出2021年实现24%可再生能源比例的目标。[3] 与此同时,阿联酋金融业的发展也为中东地区的清洁能源发展提供资金支持,这符合《阿联酋2021年愿景》及其绿色经济的发展目标。2019年,可再生能源外国直接投资(FDI)报告显示,迪拜是全球吸引可再生能源投资的第一大城市。限制石油和天然气的使用已成阿布扎比的战略重点,维护生态环境和资源保护成为创建"绿色未来"的基本要求。到2020年,阿布扎比致力于实现可再生能源占到其能源总量的7%。[4]

其次,重视绿色技术和创新项目的研发,积极参与全球治理和国际合作,以此助力绿色经济的可持续发展。2019年1月,阿联酋第四次工业革命中心正式成立,该中心是中东地区首个、全球第四个同类中心,旨在制定和推广工业4.0相关工作计划和技术应用,确保阿联酋成为第四次工业革命的地区中心。[5] 迪拜在吸引绿色经济投资方面取得的成功,正是突显了其对第四次工业革命技术到来的充分准备。2013—2018年间,迪拜在太阳能利用方面的外资引进量居世界第一。[6] 清洁技术在迪拜向低碳经济的

---

[1] 冷彦杰:"浅析阿联酋经济多元化战略及中阿经贸合作",《经贸论坛》,2020年第4期,第71页。

[2] "ADFD向全球可再生能源项目拨款1.05亿美元",中华人民共和国驻阿拉伯联合酋长国大使馆经济商务处,file:///Users/wys/Zotero/storage/QAHP7F8M/20200102931691.html,2020年7月20日。

[3] "阿联酋设定到2050年可再生能源占50%的目标",中华人民共和国驻阿拉伯联合酋长国大使馆经济商务处,file:///Users/wys/Zotero/storage/YVL298MR/20191002901685.html,2020年7月19日。

[4] World Green Economy Summit, "State of Green Economy Report 2020", March 1, 2020, p.40.

[5] "阿联酋成立第四次工业革命中心",中华人民共和国驻阿拉伯联合酋长国大使馆经济商务处,file:///Users/wys/Zotero/storage/75MP8PAX/20190102830510.html,2020年7月20日。

[6] World Green Economy Summit, "State of Green Economy Report 2020", March 1, 2020, p.103.

转型中扮演着重要角色,迪拜由此成为绿色经济发展的中东引领者。另外,智慧城市的出现也正是绿色技术发展的结果。一般而言,传统城市的能源消耗占到全球总能源的60%—70%,而智慧城市可以减少50%的能源消耗。[①] 近些年,正是绿色新技术对能源转型的显著作用,风能和太阳能光伏技术的迅猛发展促使它们成为目前世界上最廉价的能源之一。迪拜将致力于建成"中东的硅谷",其高科技的发展将有助于创造新经济和培养最新创新科技人才。作为全球最大的绿色经济论坛之一,2019年,世界绿色经济峰会的一大主题就是可持续经济的创新技术,即通过国际合作和开发绿色技术来促进可持续经济的发展。联合国的《2030可持续发展目标》与《2071百年阿联酋》《阿联酋2021愿景》《阿联酋2030绿色议程》《2021迪拜规划》和《2050迪拜清洁能源战略》等阿联酋的重要战略规划的目标完全吻合。[②] 这些愿景和规划将主要通过技术和创新来实现,其目标是获取和巩固阿联酋在全球使用清洁和可再生能源方面的先锋地位,创造绿色环境,实现人类可持续发展。

最后,培养民众的绿色责任意识,提升社会的广泛参与度,加强环境教育,以此铺平绿色经济发展之路。阿联酋绿色经济理念的实践离不开国民的参与,因为绿色发展涉及到政治、经济与文化等众多领域的公共事务,而其中民众的力量不容忽视。当前阿联酋政府主导绿色经济向公众参与的绿色发展转变。一方面,通过加强环保教育和提倡绿色消费观来培养公众的绿色环保意识,努力构建生态文明体系,将绿色教育和绿色生态理念贯穿公民一生;另一方面,通过制定各类法律法规和建立绿色发展监督机制来实现国家绿色发展的持续性、可行性和普世性。2019年的世界绿色经济峰会上,来自《世界商业报道》的主持人苏珊娜·斯特里特(Susannah Streeter)主持了绿色经济中的女性会议。[③] 阿联酋政府历来重视本国女性地位的提高,通过提供各类培训增强女性权能,确保女性为其经济发展和社会进步发挥重要作用。据统计,女性占到阿联酋议会人数的50%,

---

[①] World Green Economy Summit, "State of Green Economy Report 2020", March 1, 2020, p. 42.

[②] World Green Economy Summit, "State of Green Economy Report 2020", March 1, 2020, pp. 18–19.

[③] World Green Economy Summit, "State of Green Economy Report 2020", March 1, 2020, pp. 30–31.

而在阿联酋的公共事务部门占到66%，其中拥有领导岗位的占到30%。[①] 另外，阿联酋提倡将青年群体发展为阿联酋绿色经济的驱动力，鼓励和支持年轻人接受优质教育，努力为阿联酋创造绿色未来。

三、阿联酋发展绿色经济的新路径与举措

近年来阿联酋在能源多元化、能源效率提升、太阳能发电、科研投入与高新技术研发五大领域共同发力，推动阿联酋绿色经济与经济多元化走向深化。

第一，在经济多元化的背景下，能源多元化一直是阿联酋能源和工业部工作的重点。能源多样化对于阿联酋经济的可持续增长至关重要。阿联酋一直在密切关注国际上围绕氢能源对话的新进展，例如阿联酋参与了清洁能源部长级会议和年度缔约方大会，阿联酋能源工业部也参与了日本担任主席的世界氢理事会。阿联酋在氢能利用方面最新、最具体的发展是迪拜启动的绿色氢项目。该项目由阿联酋领导者提出的"可持续与绿色经济愿景"驱动。该试点项目是中东北非地区的首个此类项目，其将从清洁能源中产生氢气。2020年迪拜世博会以"沟通思想，创造未来"为主题就包括可持续发展，迪拜电力水务局是此次活动的官方能源合作伙伴。该项目巧妙地将公共部门和私营部门联合起来，为绿色经济发展铺平道路。参与方包括西门子、迪拜电力水务局和2020年世博会主办方。该计划旨在存储部署该设施产生的氢气，以便在运输等其他部门进行再电气化。目的是在迪拜世博会期间用氢动力汽车将游客运送到穆罕默德·本·拉希德·艾勒·马克图姆太阳能公园。[②] 该公园是世界上最大的单站太阳能公园，到2030年，该公园的发电能力将达到5000兆瓦。[③]

第二，提升能源利用效率是经济多元化和绿色经济发展的关键。阿联酋绿色经济倡议集中于六大领域：绿色能源部署、绿色经济促进、城市规划、能源效率、气候变化治理、资源合理化与绿色技术发展。能源效率提

[①] World Green Economy Summit, "State of Green Economy Report 2020," March 1, 2020, p. 116.

[②] World Green Economy Summit, "State of Green Economy Report 2020," March 1, 2020, p. 148.

[③] Janice Ponce de Leon, "6th World Green Economy Summit Opens in Dubai", October 20, 2019, https: //gulfnews.com/uae/environment/6th-world-green-economy-summit-opens-in-dubai-1.67268444，2020-09-08.

升是清洁能源的主要组成部分。以欧洲为例,根据国际能源署(IEA)2016年的报告,仅通过提高能源利用效率就可达到《巴黎气候协定》所要求减排量的76%。2014年,迪拜启动了能效监管框架,随后阿布扎比也制定了同类框架。"迪拜需求侧管理战略"(The Dubai Demand Side Management Strategy)于2011年启动,旨在缓解阿联酋不断增长的水电需求。自2011年以来,阿联酋人均耗电量减少了14%,节省了180亿度电,据估计,自2011年以来,通过节水节电节省了51亿阿联酋迪拉姆,避免了80亿吨的二氧化碳排放。能源效率市场在阿联酋和其他海合会国家也正在快速增长。自2014年以来,建筑改造市场中相关公司数量以及开展项目数量和规模都在迅速增长。截至2018年底,迪拜已有2500座翻新建筑物。①2018年,智慧能源公司(Smart4Power)与迪拜电力水务局旗下阿提哈德能源服务公司(Etihad ESCO)签定了能效提升合同,改造迪拜国际机场的1号、2号和3号航站楼。预计到2030年阿联酋电力和水需求将减少30%。

  第三,太阳能逐渐成为阿联酋绿色经济的新驱动力。阿联酋于2017年启动的《2050年能源战略》计划到2050年将清洁能源在能源结构中的占比提高到50%,同时将发电的碳排放减少70%。在这种情况下,太阳能成为该地区清洁能源的主要来源。根据国际可再生能源机构(IRENA)的数据,阿拉伯联合酋长国拥有海合会光伏装机总容量的79%。该国设法在不提供补贴的情况下吸引了低成本太阳能光伏项目。目前,光热发电(CSP)和光伏发电(PV)共提供了海合会94%的装机容量。国际商业观察组织(The Business Monitor International)2019年第一季度报告显示,阿联酋太阳能发电量已从2018年的1.25太瓦时(TWH)上升至2019年的4.76太瓦时,到2028年有望达到13.66太瓦时。这些发电量源于谢赫·穆罕默德·本·拉希德·艾勒·马克图姆太阳能公园四、五期工程的装机量,2025年前后阿布扎比Noor II和Al Dhafra项目增加的6吉瓦(GW),酋长国北部至少增加的300兆瓦(MW)与酋长国各地区飞速增加的太阳能屋顶容量。借助太阳能产生的电力,可实现清洁海水淡化、清洁烹饪、电气化运输、清洁电动汽车充电等。太阳能也为城市街道照明提供清洁能源,为工农业提供抽水动力。根据国际可再生能源机构(IRENA)的预测,由

---

① World Green Economy Summit, "State of Green Economy Report 2020", March 1, 2020, p. 150.

于正在进行的转型,到2030年,太阳能技术将占该地区可再生能源的89%。这一转变预计将使阿联酋的国内生产总值增长4%—5.5%,到2030年将创造16.9万个新就业机会。① 除上述太阳能产业在就业和经济多元化方面产生的经济影响外,替代化石燃料的太阳能大大节省了国家预算。例如,预计到2050年,阿联酋将在可再生能源方面投资约1500亿美元,通过减少对天然气补贴的依赖为国家节省1920亿美元。②

第四,支持高新科技部门发展是阿联酋推动经济多元化的关键。《阿联酋2021年愿景》描绘了其实现经济全面多元化和可持续发展的路线图,愿景将创新和知识作为主要驱动力。科学领域拥有广泛的创新产业,一直是阿联酋多元化计划的重点,以医疗保健和可持续发展为重点的行业显示出蓬勃的生机。根据迪拜工商业联合会的一份报告,迪拜医疗保健行业的产值目前占该酋长国非石油生产总值的近6%,预计到2021年其价值将增至1030亿迪拉姆。阿联酋政府一直在增加医疗保健支出,并在2018年宣布将从2019年联邦预算中向该行业分配44亿迪拉姆。这些投资已经获得回报。阿联酋在彭博社(Bloomberg)2018年全球医疗保健效率指数排名中位列第10位,证明了阿联酋在促进医疗保健行业发展方面所做的努力。此外,阿联酋在航天领域也取得了骄人的成绩。2017年,阿联酋启动太空项目,计划训练和储备一支航空人才队伍,执行太空科学任务。2019年4月,哈扎·曼苏尔(Hazzaa Al Mansoori)被选为9月25日对国际空间站(ISS)进行为期八天任务的宇航员,这使他成为进入太空的第一位阿联酋宇航员和国际空间站上的首位阿拉伯人。2014年7月,阿联酋宣布启动火星探测任务,从而开始了阿拉伯地区研制火星探测器的工作。目前,阿联酋工程师团队正与来自科罗拉多大学大气与空间物理实验室(LASP)等美国科研机构合作开发希望号(Hope)探测器。阿联酋还制订了在火星上建立第一个人类居住区的"火星2117"计划。③

第五,第四次工业革命将助推阿联酋经济增长。2019年4月,阿联酋政府与世界经济论坛(WEF)宣布阿联酋第四次工业革命中心成立,该中

---

① Rohma Sadaqat, "UAE actively engaged in transition to green economy", October 9, 2019, https://www.khaleejtimes.com/business/local/uae-actively-engaged-in-transition-to-green-economy, 2020-09-08.

② World Green Economy Summit, "State of Green Economy Report 2020," March 1, 2020, p.151.

③ World Green Economy Summit, "State of Green Economy Report 2020," March 1, 2020, p.189.

心将制定技术驱动的解决方案以应对未来的新挑战。《阿联酋2071年百年战略》将多元化的知识经济列为其主要支柱之一。这一战略旨在通过提高生产力和投资以及科研投资，使阿联酋经济更具竞争力，从而使其成为全球最佳经济体之一。当前的非石油经济占阿GDP增长率（2018年）的1.7%，并将继续增长。阿联酋各地的公共部门和私营公司都增加了创新主管部门，着眼于重新思考其行业的未来，促进科技研发，加速实现2071年战略目标。公共部门、私营企业以及学术界的研发不断增加，政府在高新技术研发方面投入了大量资金，实施了区块链战略、第四次工业革命以及新近宣布的国家人工智能十年计划。这些战略都希望利用技术来提高公共和私营部门的效率与透明度。由迪拜未来基金会（DFF）运营的阿联酋中心是世界经济论坛的第一家分支机构，其任务是专注于第四次工业革命的三大关键领域：人工智能和机器学习、区块链、分布式账本以及精准医学。这些领域都是阿联酋经济增长的关键，但目前在全球范围内都具有新生的治理框架。这些技术引发了有关数据隐私、IP所有权和网络安全的紧迫问题，而正是在重新审视这些治理领域时，阿联酋第四次工业革命中心才发挥了作用。

　　阿联酋第四次工业革命的旗舰项目之一是供应链中的区块链。作为重要的转运国，阿联酋的物流部门是其最大的GDP贡献者之一。根据BMI Research的数据，全球物流业将在2020年扩大到223亿美元，比2015年的150亿美元增长50%。如果要继续蓬勃发展吸引投资，就需要透明和高效的方法。这促使公共部门转向区块链技术，以使货物交易数据更易于访问。在区块链产品组合中，该中心将与世界经济论坛（WEF）合作，为供应链中的区块链部署开发更好的框架。这些框架将进行试验和重新检验，以确保运输公司与政府管理部门受益。教育和培育意识是该框架的关键。通过对决策者和项目经理进行有关区块链使用和目的的教育，该技术将以更有效、更易获得的方式推出。这种基于试验的治理方法也可以在其他重要行业看到。例如，到2021年，医疗保健领域的增长将达到60%，而阿联酋的临床医生正在进入基因组学领域。精准医学[①]产品组合考虑到了这一点，确保为基因组学治理开发的框架将有助于研发。普华永道（PWC）

---

① 精准医学，是一种针对病患的个别情形进行医疗卫生个别化的医学模式，包括医学决策、治疗、实务以及药品都是针对此病患的情形所规划的。此医学模式下，诊断性的测试会配合病患的基因、分子分析或其他细胞分析来选择适当的最佳疗法。精准医学中会用到的工具包括分子诊断学、影像以及分析。

估计，到2030年，人工智能将为阿联酋经济贡献超过90亿美元。《阿联酋2031年国家人工智能战略》的目标是使阿联酋在教育、卫生、石油、天然气、基础设施和政府服务等各个领域成为领先国家。人工智能已被用来追踪全球发电厂的空气污染，还被用来压缩成本，提高智能工厂的效率，削减能源消耗并提高工厂的绿色环保水平。该中心将主要致力于确保在所有部门使用 AI 遵循一种道德框架，使阿联酋可以在全球范围内为人工智能技术做出贡献。[①] 随着该中心与世界经济论坛的密切合作，阿联酋形成的新治理模式势必将会为其他面临类似挑战的国家提供借鉴。

结　语

21世纪以来，阿联酋在推行经济多元化战略方面取得了骄人的成就，贸易、航空、金融、旅游和服务业等非石油产业发展迅速，已成为国家经济的重要组成部分。然而，这种多元化发展战略随着时代进步也在不断调整，绿色经济理念的探索与实践则是其调整的重点领域。2019年，世界绿色经济峰会在迪拜的召开，则更进一步明确了阿联酋未来经济发展的方向。阿联酋将以高科技和创新项目为支撑，推行绿色新政，重点开发可再生和清洁能源，发展生态农业、循环工业和绿色服务业，最终建成经济、社会和环境三维复合体系。

当前，中阿关系步入全面战略伙伴关系，绿色经济模式符合两国发展需要。作为"一带一路"建设在中东地区的重要支点，阿联酋与我国的经贸合作空间将进一步扩大，尤其在非石油产业领域。阿联酋是中国在阿拉伯国家中最重要的贸易伙伴之一，中阿非石油贸易额占到中国与阿拉伯国家之间非石油贸易总额的28%。[②] 2019年1月至9月，我国与阿联酋的贸易额达到348.1亿美元，同比增长6.3%。[③] 绿色经济作为当下推动全球经济可持续发展的新引擎，中阿两国必须通力合作，在绿色能源、绿色技术和绿色理念等方面实现资源共享、优势互补和互利共赢。然而，未来数年，中阿经贸合作仍将面临诸多挑战，如中东形势的动荡、阿联酋自身经

---

① World Green Economy Summit, "State of Green Economy Report 2020", March 1, 2020, p. 155.

② "中国—阿联酋经贸数字展览会开幕"，中华人民共和国驻阿拉伯联合酋长国大使馆经济商务处，file:///Users/wys/Zotero/storage/QG7DS2S5/20200702984957.html，2020年7月19日。

③ "中国—阿联酋经贸合作简况"，中华人民共和国商务部西亚非洲司，http://xyf.mofcom.gov.cn/article/tj/hz/201911/20191102917969.shtml，2020年7月20日。

济的相对脆弱性、全球能源格局的变化、中阿两国文化传统的差异等。因此，近些年，中阿两国领导人的频繁互访为双方合作注入了新动力，不仅在经贸领域，在民间交往、宗教交流、反恐和非传统安全等领域的合作也在不断加强。在"一带一路"倡议和阿联酋"东向政策"的战略背景下，中阿将携手共进，两国合作关系必将跨入全面发展的新阶段。

巴林：
"小国外交"及其政治经济矛盾[*]

巴林是中东地区最小的国家，也是海湾阿拉伯国家合作委员会（GCC）成员国中唯一一个什叶派人口占多数的国家，这使其内政非常容易受到海湾局势的影响。近年来，巴林追随沙特阿拉伯，相继同伊朗和卡塔尔断绝了外交关系，支持美国退出伊核协议并重启对伊制裁，承办涉及巴以"世纪协议"的"和平促繁荣"峰会，成为中东热点问题的重要参与国。

一、内政困境与亲沙亲美外交

2011年2月，巴林成为西亚北非政治变局中首个爆发反政府游行的海合会国家，示威民众要求哈马德国王解散政府，改善民生，促进民主。应巴林政府的请求，海合会向巴林派出了以沙特为首的"半岛盾牌"部队帮助平息了乱局，此后来自沙特、阿联酋的安全部队一直驻扎在巴林。为缓解巴林民生危机，2011年3月，海合会批准了包括住房、道路、医疗和电网项目在内的一揽子对巴林援助计划，这份名为"巴林发展方案"的援助计划总额100亿美元，为期10年实施，由科威特、卡塔尔、沙特和阿联酋四国分别提供25亿美元。巴林骚乱后，如何处理好同美国、沙特、伊朗和卡塔尔等国关系，成为关系巴林国内稳定的头等大事。

（一）威胁王室统治的不稳定因素长期存在

巴林是君主世袭制王国。国家元首由逊尼派的阿勒哈利法家族世袭，掌握政治、经济和军事大权，逊尼派在国家权力和经济利益分配中居于主导地位。但在巴林160万人口中，什叶派占多数，人口比重超过60%，而多数什叶派的生活水平处于巴林平均水平之下，在政治上普遍处于边缘地

---

[*] 作者：安雨康，中国石油集团经济技术研究院助理经济师。

位。2002年2月，巴林颁布新宪法，改国体由酋长国为王国，开始向君主立宪制转型。2002年10月，巴林举行议会制改革，组建两院制国民议会。在上述背景下，巴林民众的政治组成相较于其他海合会成员国更加复杂，远非单纯的什叶—逊尼派的派系矛盾，而是涉及拥护共和制民主政体、拥护立宪制民主政体、拥护传统的酋长国、拥护伊朗式的伊斯兰革命政体、拥护逊尼派沙里亚法、拥护政治伊斯兰的穆斯林兄弟会等不同的政治模型。在巴林王室不平衡的发展政策和权力分配作用下，不同立场、教派的民众都有可能形成反对王室统治的"合力"，对王室统治构成巨大威胁。

对此，为防止什叶派社区被组织起来，形成反对王室统治的社会动员，巴林坚持对国内的什叶派政治团体保持高压态势。巴林议会由两院组成，一是由哈马德国王直接任命的协商会议，二是由选举产生的众议院。两院议员任期均为4年，可连任。2002年，什叶派政治团体——伊斯兰民族和谐协会（Al‐Wefaq）成立，其声势在2006年和2010年两次众院选举中发展壮大。2011年什叶派骚乱后，巴林收紧对什叶派团体的控制，并严厉打击任何密谋采取军事行动的武装团体。2013年，巴林宣布将禁止在首都麦纳麦举行公共集会活动。2014年以来，因公开打出"让哈马德下台"口号或密谋采取暴力行动，巴林相继将活跃在互联网的反政府组织——"2月14日青年联盟"、同伊拉克什叶派武装"人民动员力量"联系密切的"人民抵抗旅"、本土的什叶派武装阿斯塔旅（al‐Ashtar Brigades）和巴林真主党认定为恐怖组织。2014年11月，伊斯兰民族和谐协会谴责巴林政府在选举前变更选区、操纵选举以更有利于众议院的逊尼多数派。随后，伊斯兰民族和谐协会秘书长萨尔曼（Sheikh Ali Salman）和什叶派精神领袖伊萨·卡瑟姆（Sheikh Issa Qassem）相继被捕，前者被控煽动2011年骚乱并为卡塔尔从事间谍活动而被判处无期徒刑，后者被控洗钱、资助伊朗等敌对势力而被剥夺了巴林公民身份。2016年6月，哈马德国王批准行使政治权利的宪法修正案，规定散布虚假信息或在选举时举行抗议活动的人将被加重处罚。伊斯兰民族和谐协会和两个什叶派组织因"无视巴林宪法并对抗其合法性""呼吁外来干预"及"支持恐怖组织"被勒令解散。2018年5月，巴林明确伊斯兰民族和谐协会及其相关组织成员不得再参加众议院选举。2018年11月，巴林举行议会选举，选举前，巴林政府对全国民主行动协会、全国民主大会、民主进步论坛等什叶派政党下达了禁令，并限制同穆斯林兄弟会有关联的政党"伊斯兰讲经团"（Islamic Minbar）代表人当选。目前，伊斯兰民族和谐协会已经成为同伊朗联系密切的什叶派反对党，通过各种渠道继续反对巴林王室统治。

（二）与沙特保持全方位的外交协同

巴林视沙特为地区稳定的支柱，也视沙特为应对伊朗和穆斯林兄弟会威胁的主要领导者。近年来，随着伊朗、卡塔尔等地区热点持续升级，巴林与沙特共进退，保持全方位的外交协同。2015 年 3 月，以沙特为首的阿拉伯联军对也门胡赛武装发起"风暴决心"行动，巴林支持沙特的军事行动，还派出了最精锐的皇家特种部队参与也门战事。2016 年 1 月 2 日，沙特处决什叶派教士巴吉尔·尼姆尔，伊朗民众冲击沙特驻德黑兰大使馆和马什哈德总领事馆，沙特与伊朗断交。在海合会内部，阿联酋、阿曼、科威特均选择降低同伊朗的外交级别，但仅有巴林追随沙特与伊朗完全断交。尼姆尔的重要主张之一，就是呼吁沙特石油主产区——什叶派聚居的东方省盖提夫市脱离沙特加入巴林，这反映出伊朗议题在巴林和沙特双边关系中的高度敏感性。2016 年，伊朗同沙特就朝觐问题相互指责，巴林首相哈利法号召全体阿拉伯民众和穆斯林支持沙特，反对任何试图贬低沙地位的言论。[①] 沙特记者卡舒吉在土耳其失踪后，巴林国王哈马德与沙特国王萨勒曼通电话，强调巴坚定与沙团结在一起，并强烈谴责破坏沙主权与尊严的言行。

巴林西距沙特约 32 公里，南距卡塔尔约 29 公里，巴林与沙特由长达 25 公里的法赫德国王大桥相连接。2017 年 6 月，巴林追随沙特和阿联酋，与卡塔尔断交。先前巴林曾与卡塔尔保持着密切的政治经济联系，两国一直希望修建一条跨海大桥连接巴林和卡塔尔，这条拟建的"博爱"跨海大桥也是海合会基础设施建设一体化的重要标志。巴林同卡塔尔断交后，也切断了与卡塔尔的所有交通和经济往来。禁止卡塔尔航空使用巴林领空，取缔了卡塔尔航空在巴林的执照和许可证。因巴林领空是卡航的必经之地，此举对卡塔尔航空业造成了沉重打击。2018 年 6 月，巴林和沙特、阿联酋、埃及发表联合声明，威胁将同卡塔尔的领空纠纷反诉到海牙国际法庭。2019 年 9 月，沙特东部的阿布盖格炼油厂遇袭，造成沙特对巴林的石油供应受到影响，巴林谴责沙特石油设施遇袭事件，声明将全力支持沙特。

---

① "中国驻巴林大使馆巴林新闻"，中国驻巴林大使馆，2016 年 9 月 7 日，http：//bh.china-embassy.org/chn/blxw/t1395542.htm。

值得说明的是,虽然巴林几乎在所有地区政策上都追随沙特,但这并不意味着巴林不会做出独立的、甚至有悖于沙特利益的政策选择。2004年,巴林与美国签订《巴林—美国自由贸易协定》。巴美自贸协定是美国与海湾国家签订的第一份自由贸易协定,推动了巴美贸易和以巴林为跳板的转口贸易,直接带动了卡塔尔、阿曼、科威特与美国谈判自贸协定的兴趣,但巴林此举违背了2001年海合会《统一经济协定》关于集体谈判磋商的原则,冲击了沙特正在主导推进的海合会关税同盟,受到了沙特的强烈反对。2018年,巴林追随阿联酋重新恢复了与叙利亚的外交关系,重开驻大马士革大使馆,此举也与沙特的既定立场有所不符。

(三)追随美国的地区政策

巴林是美国在中东地区的"非北约重要盟友"。自20世纪90年代开始,美国海军第五舰队开始将巴林的贾法勒军事基地作为司令部所在地,巴林国际商船公司则长期负责整个海湾地区美军的后勤保障服务。2008年3月,巴林接掌美、英、法、日等九国军舰组成的联合特混舰队的轮换指挥权,负责在霍尔木兹海峡及红海、亚丁湾地区的反恐和反海盗行动,巴林也成为海湾地区中第一个职掌以美国为首的多国联军指挥权的国家。[1]目前巴林是中东地区外国军事基地密度最高的国家,在767平方公里的领土上,驻扎有2个美国军事基地和1个英国军事基地。[2]

巴林有一支美械装备、采用西方训练模式的小型军队,在军事安全上高度依赖美国和海合会集体安全机制,在外交上也积极追随美国的中东政策。2005年,巴林响应美国号召,率先启动在中东地区的第一个联合反恐中心。2016年10月,巴外交部发表声明,谴责也门胡塞武装在红海地区发动针对美国驱逐舰的导弹袭击。2018年4月,美国批准总额为9亿美元的对巴军售计划,包括12架武装直升机和若干导弹。特朗普宣布退出伊核协议并重启对伊制裁后,中东地区仅有巴林、沙特、阿联酋和以色列四国表示明确支持,巴林也表示考虑加入美国主导的中东战略联盟(MESA)。2018年8月,应巴林请求,美国将阿斯塔旅及其领导人艾哈迈德列入恐怖

---

[1] "巴林首次掌管联合特混舰队",中国驻巴林经商参赞处,2008年3月5日,http://bh.mofcom.gov.cn/article/jmxw/200803/20080305413608.shtml。

[2] 2018年,英国启用其在中东的首个永久军事基地——巴林的米娜·萨勒曼海军基地。

分子制裁名单。① 2019 年 1 月，美国务卿蓬佩奥访问巴林，双方就地区形势、反恐、组建中东反伊战略联盟等事务进行沟通。2019 年内，巴林参与美国主导的反伊朗"华沙峰会"并对伊朗发表措辞严厉的声明；表态欢迎美国废除对中国、印度、土耳其等八国的伊朗原油进口豁免；支持沙特增产尽快替代伊朗份额②；谴责阿曼湾沙特、阿联酋油轮遇袭事件；谴责伊朗在霍尔木兹海峡上空国际空域击落美国无人机；支持美国空袭在叙利亚和伊拉克的真主党旅目标……在美国中东政策上几乎有求必应。2019 年 5 月，美国同海合会国家代表在麦纳麦召开会议，巴林率先支持美国的波斯湾海上安全合作倡议。7 月，针对美国和伊朗在霍尔木兹海峡相互扣押油轮、美国在巴林举行军事代表会议，提出组建"护航联盟"以应对伊朗及恐怖组织威胁。③ 巴林成为第一个参与"护航联盟"的中东国家。9 月，巴林王储访问美国，同美国签订购买"爱国者"防空导弹的协议。

（四）同以色列不断加强外交接触，并实现关系正常化

自 1991 年马德里和会以来，巴林一直是同以色列关系正常化最积极的海合会成员国之一。虽然巴林本国的犹太裔人口不足百人，但巴林接纳犹太人作为少数族裔的合法存在，允许公开举行"光明节"庆典，并建有海湾地区唯一一座犹太教堂。2008 年 5 月，巴林政府任命犹太女性胡达·努诺担任巴林驻美国大使，她也成为阿拉伯国家中绝无仅有的犹太裔高级外交官。2011 年骚乱后，巴林人权问题受到外界广泛关注。2017 年，为展示"对宗教多元化的宽容态度"，巴林取消了赴以色列的旅行禁令，并由政治和宗教人士组成的巴林"宗教宽容"代表团访问了特拉维夫，巴林王子、皇家卫队指挥官纳萨尔在美国出席了由犹太拉比倡导建立的"宽容博物馆"开幕仪式。

2018 年 10 月 26 日，以色列总理内塔尼亚胡访问阿曼，会后他暗示下一个访问的海合会成员国可能是巴林。10 月 27 日，在巴林举行的中东安

---

① "State Department Terrorist Designation of Qassim Abdullah Ali Ahmed, AKA Qassim al-Muamen", U. S. Department of State, August 13, 2018, https://www.state.gov/state-department-terrorist-designation-of-qassim-abdullah-ali-ahmed-aka-qassim-al-muamen/.

② "伊朗就替代石油出口向部分产油国发出警告"，中国驻伊朗经商参赞处，2019 年 4 月 2 日，http://ir.mofcom.gov.cn/article/jmxw/201904/20190402857935.shtml。

③ "德国拒绝美国请求，巴林会议讨论霍尔木兹海峡航行安全问题"，半岛电视台中文网，2019 年 8 月 1 日，https://chinese.aljazeera.net/news/2019/8/1/germany-rejects-u-s-and-bahrain-meeting-to-discuss-it。

全峰会上，阿曼外交部长阿拉维明确表示"以色列作为一个中东国家可以被接受"。同年，巴林国内一直有巴林国王、首相在匈牙利同内塔尼亚胡举行过秘密会晤的传言。2019年6月25日，巴林与美国合办"和平促繁荣"经济研讨会，沙特、阿联酋等国代表出席。巴林原希望将研讨会打造成一个类似于《戴维营协定》的中东和平"麦纳麦议程"，但收效甚微。会上美国巴以问题全权代表库什纳高调公布了"世纪协议"的第一阶段经济内容，但对涉及巴勒斯坦主权安排的政治内容只字未提。本质上，他在巴林提出了一份为"一国方案"服务的出资方案。什叶派反对党——伊斯兰民族和谐协会则批评巴林"卑躬屈膝""为犹太复国主义"服务。[①] 7月，巴外交大臣哈利德赴美出席"促进宗教自由"部长级会议，巴美讨论加强安全和军事合作、应对伊朗威胁等议题。在会议间隙，哈立德公开会见了以色列外交部长卡茨。10月，巴林在麦纳麦举办"全球海运和航空安全"会议，该项议程是美国主导的反伊朗华沙中东安全部长级会议的延续，以色列派员与会，并同海合会成员国的代表就加强军事和技术合作展开交流。

2020年9月11日，美国、以色列和巴林发表联合声明，以色列与巴林建立全面外交关系。10月18日，在美国财政部长姆努钦的见证下，巴以签订关于建立外交、和平、友好关系的联合公报，两国关系正式进入"充满希望的新时代"。

（五）与伊朗等什叶派国家嫌隙不断加深

16世纪前，巴林作为波斯湾西南部的岛国，一度处在波斯统治之下。20世纪70年代英国结束在海湾地区的殖民统治时，伊朗巴列维政权提出了对巴林的主权主张。伊朗伊斯兰革命后，受伊朗支持的巴林"伊斯兰解放阵线"在1981年和1987年发动两次军事政变，但均以失败告终。中东变局前，因巴林经济开放，对外投资限制较少，伊朗曾同巴林保持过一段"蜜月期"。2004年，伊朗国家银行与塞德拉特银行在巴林成立了由伊朗控股的未来银行，成为伊朗辐射经济影响力的重要支点。2007年，巴林同伊朗商谈天然气进口和对伊朗油气行业投资的问题。同年11月，伊朗时任总统内贾德访问巴林，两国建立高级委员会定期会晤机制。在巴林直接推动

---

① "巴林伊斯兰民族和谐协会（al-Wefaq）：出卖巴勒斯坦是一个很大的背叛"，伊朗法尔斯通讯社中文网，2019年5月20日，https://parstoday.com/zh/news/middle_east-i43500。

下，伊朗于 2007 年开始同海合会进行自贸协定谈判，并于 2008 年达成了对巴林供应天然气的协议。① 但随着美国强化对伊施压，特别是 2011 年什叶派骚乱后，巴林与伊朗的关系急转直下。巴林取缔本国什叶派政治团体之后，包括伊朗最高领袖哈梅内伊在内的伊朗领导人多次公开批评巴林，声援什叶派宗教领袖伊萨·卡瑟姆。2016 年 1 月，巴林追随沙特与伊朗断绝了外交关系，之后巴林多次指控伊朗煽动本国什叶派，密谋采取恐怖主义和暴力活动颠覆阿勒哈利法政权。伊朗则指责巴林借抹黑伊朗来误导本国舆论，为压制国内的什叶派民众服务。2017 年和 2019 年，巴林两次因处决什叶派嫌疑人而爆发大规模示威游行，伊朗均发表声明谴责巴林。2019 年 11 月，伊朗提出霍尔木兹海峡和平倡议（HOPE），并经科威特国王致函巴林国王，提出缓和地区紧张局势的建议，但未受到巴林的正面回应。

巴林政府高度警惕伊朗、伊拉克、黎巴嫩真主党、也门胡塞武装等外部什叶派力量同本国什叶派相勾结，并将其视为最严重的安全威胁。2014 年，巴林将伊拉克大阿亚图拉西斯塔尼的代表驱逐出巴林，理由是伊拉克什叶派武装"人民动员力量"可能在巴林影响并成立武装组织。2016 年 3 月，在海合会和阿盟将黎巴嫩真主党认定为恐怖组织后，巴林驱逐了数名与真主党有关联的黎巴嫩公民。② 2018 年 12 月，巴林反对党"2 月 14 日青年联盟"宣布在伊拉克巴格达开设分支机构，随后伊拉克前总理马利基现身集会活动，并公开批评巴林政府镇压什叶派民众。巴林外交部第一时间召见伊拉克大使，抗议并谴责相关言论是对"巴林内政的公然干涉"。2019 年 5 月，巴林发表对伊朗和伊拉克的旅行禁令，要求本国公民尽快撤离两国。在之后的"和平促繁荣"研讨会结束后，伊拉克示威者冲击了巴林驻巴格达大使馆，扯下并焚烧了巴林国旗。③ 2019 年 12 月，巴林安全部队发布一份报告，详细罗列 2012 年以来巴林在其境内缴获的黎巴嫩真主党、也门胡塞武装、巴林真主党等什叶派武装的武器和爆炸装置，巴林指责伊朗提供了最关键的电子元件，并统筹协调整个"什叶派之弧"走私活动。

---

① 2009 年 2 月，因伊朗前议长努里在演讲中称"巴林 1970 年前是伊朗第 14 个省"，双方的天然气谈判中断。
② "巴林驱逐数名与真主党有联系的黎巴嫩公民"，环球网，2016 年 3 月 5 日，https://world.huanqiu.com/article/9CaKrnJUx5L。
③ "媒体：伊拉克政府在巴林使馆附近逮捕 45 名抗议活动参加者"，俄罗斯卫星通讯社中文网，2019 年 6 月 28 日，http://sputniknews.cn/society/201906281028870158/。

共同反对伊朗及其"什叶派之弧"影响力的扩张也成为巴林和以色列走近的直接动因。2018年12月,以色列发动打击真主党的大规模军事行动,巴外交大臣哈立德抨击黎巴嫩真主党破坏地区稳定,公开支持以军行动。2019年6月"和平促繁荣"研讨会结束后,哈立德接受以色列媒体采访,其未谈及巴勒斯坦问题,却强调"伊朗正用民兵武装威胁地区安全与稳定"。伊朗则针锋相对地召开"巴林问题研究会议",会上库姆大学校长表示,研讨会是巴林"什叶派斗士"向世界发声的最佳机会。[①] 巴林承办的海运和航空安全会议前,巴林主持召开了对伊政策的外交会议,公开发布了一份指控伊朗破坏地区海上航行安全的声明。伊朗则批评巴林为"地区的共同敌人"和以色列的军事干预铺平了道路。

(六)国内人权状况有所恶化

2014年,巴林修改公民权法案,巴林内政部有权剥夺"伤害巴林王国的利益"或"支持敌对国家"的公民权。自公民权法被修订以来,巴林内政部剥夺了超过1000名公民的公民权。2018年4月,巴林议会修改1976年刑法,将反恐立法扩展至"脸书""推特"等社交媒体,凡在社交媒体上恶意发帖将可能被认定为恐怖犯罪。2018年9月,巴林安全部门逮捕近200名涉恐嫌疑人。2019年4月,巴林高等刑事法院裁定138人参与了巴林真主党的恐怖活动,并宣布撤销这些人的巴林公民身份。这种做法违反了《世界人权宣言》中有关国籍保护的规定。对此,联合国人权高级事务办公室批评巴林的集体审判严重"缺乏确保公平审判的保障措施",[②] 敦促巴林修改"过于宽泛的反恐怖主义和反极端主义立法",伊斯兰民族和谐协会则批判哈利法政权通过"镇压和非法行为"将巴林变成"大监狱"。

二、巴林经济困境及影响

2018年以来,随着迪拜等地区枢纽的竞争和低油价、产油国联合减产带来的压力,巴林陷入了举债发展—评级下降—寻求沙特援助的发展怪圈。为摆脱这一困境,巴林又走回了增大油气勘探开发、依赖油价回升的

---

① "巴林伊斯兰运动的领导者:伊斯兰共和国的行动对整个世界都影响",伊朗法尔斯通讯社中文网,2019年7月1日,https://parstoday.com/zh/news/middle_east-i44290。
② "巴林以'涉恐'为由取消138人国籍 人权高专呼吁修改相关做法",联合国新闻,2019年4月18日,https://news.un.org/zh/story/2019/04/1032731。

"老路"。

(一)巴林"2030愿景"与非油产业转型

20世纪30年代以前,巴林以贸易和采珍珠立国。1932年,巴林在阿拉伯湾首先发现了石油,开始有石油收入。以此为转机,巴林修建了完善的工业、航运业、旅游业的基础设施。自20世纪70年代以来,随着石油产量的逐渐减少,巴林开始实施经济多元化政策。2006—2008年的高油价催生了巴林经济的高速增长,在美元汇率、政府支出过大、外籍劳工不断增加、投资项目过多等因素作用下,巴林的通货膨胀率居高不下。为平衡中长期的财政目标,巴林经济发展委员会于2007年10月公布了"2030经济发展愿景"规划。规划自2008年起开始实施,目标是到2030年前将巴建成具有先进生产力水平和全球竞争力,实现平衡、稳定、可持续的国民经济体。为实现"2030愿景"规划,巴林制定了分步走的具体方案,以6年为一期制定国家发展规划,聚集经济可持续增长、民生保障、社会事业和教育培训等领域,大力投资炼铝业、服务业、石油化工、修造船业和旅游业。

作为本地区第一个涉及非油化转型的中长期战略规划,巴林"2030愿景"对2015年以来沙特、阿联酋、阿曼、埃及等国制定的中长期国家发展规划都产生了影响。哈马德国王本人非常关注愿景进展,经常指示政府和两院议会修订相关配套规划。到2015年底第一个6年规划结束时,巴林GDP总量增长了28%,居民收入增长了47%,非油气产业产值占GDP总量80%,非油气产品出口额翻了四番,外国直接投资翻了三番,巴林80%的机电产品由私营部门生产,巴林铝厂建设成为世界上最大的单体铝生产之一。目前,巴林已成为海湾地区重要的银行和金融中心,特别在银行、融资和伊斯兰金融业方面优势明显,享有中东地区"金融服务中心"的美誉。联合国工业发展组织(UNIDO)因在巴经济转型中对中小企业的投资与技术扶持的成效显著,被冠名为"巴林模式"。

巴林并非石油输出组织(OPEC)成员国,其石油收入主要来自两个方面:近海处的巴林主产区油田(Bahrain Field),以及和沙特阿拉伯共享的阿布萨法(Abu Safah)油田。虽然巴经济转型成效显著,但巴林是海湾地区最小的经济体,除炼铝业、石油石化外,巴林没有大规模发展制造业的资源配置空间。2018年以前,除对石油公司征税之外,巴林基本上是一个无税国家,没有所得税、增值税、销售税、房地产税、利息税、红利税等税费。同时,巴林实行金融开放政策,不限制资本、利润、产权收入和红利汇回国内,这尤其适合外国公司在巴设立面向海湾地区业务的办事处。因此,在巴林油气产量和产值不断下降的情况下,非油化转型某种意义上也是去工业化转型,由"造血能力"变"失血能力"的转型,因为热钱自由进出、大量雇佣外籍劳工(劳工收入很难转化为在巴投资)、产业空心化转型、外国公司办事处中心建设模式都导致外国投资很难留在巴林,也无法服务巴林国家能力建设、提高巴林普通民众的生活水平,而为了维护社会稳定,高福利社会保障、国内维稳安全投入和政府主导的大规模投资建设又加剧了巴林"失血性财政"的固有矛盾,最终加剧西方和地区金融机构主导的大进大出[①]、大开大放的发展矛盾。这样巴林虽然在经济比重上实现了非油化经济转型,将油气行业占 GDP 的比重降至 20% 以下,但石油收入在财政收入中占比超过 70%,仍严重依赖石油收入平衡财政预算,甚至出现了"石油产业占 GDP 比重不断下降"和"石油收入在财政收入比重不断上升"的悖论局面。

(二)债务危机渐趋严峻,财税改革不断加速

如上所述,即便实现了经济转型,巴林高度外向型的经济发展也非常容易受到油气价格波动及与地区热钱流动的影响。据 IMF 统计,巴林实现预算收支平衡所需国际油价水平达到了 95.6 美元/桶,为海湾阿拉伯国家中最高。2014 年油价大跌,巴林财政失衡的根本矛盾迅速显现,财政收入常年入不敷出,债务负担迅速攀升,债务融资比重长期超过 50%,成为海合会成员国中举债融资最高的国家。到 2017 年底,巴林外汇储备仅余 23 亿美元,仅相当于全国一个月的进口量,成为产油国中外汇储备最少的国家之一。随着债务风险攀升,巴林的主权评级被连续降级,发债成本飙升至 10 年来最高,第纳尔对美元汇率则创下近 20 年以来的最低点。国际评级机构惠誉 2018 年时预测,巴林的预算赤字将达到 GDP 的 10%,政府债务将达到 GDP 的 84.5%。为应对严峻债务危机,2018 年 11 月,应巴林政府请求,沙特、阿联酋和科威特决定向巴林提供总额 100 亿美元的 30 年期无息贷款,相当于巴林国内生产总值的 28.6%、公共债务的 28% 和两年多

---

① 2003 年,为规避伊拉克战事风险,花旗银行从巴林撤资 300 亿美元,对巴林金融市场造成较大波动。

的国家预算赤字总和。2019年1月，23亿美元的首期无息贷款到位。① 巴林政府和2018年的新一届议会则承诺节支增收、改善民众生活水平和财政平衡。

在节支方面，巴林在海湾地区率先推出了公务员自愿退休登记制度，在政府的软硬压力下，先后有上万名公务员申请登记退休，节省大量政府开支。同时巴林设定了政府大楼租赁、大楼维护等工作组，减少政府行政开支，节约水电等政府大量补贴的公共资源，并对所有政府采购项目实施审批管理，计划在2022年前将政府公共开支占GDP的比重降至20%以下。

在增收方面，长期以来，巴林等海合会富油国坚持低税负政策，基本不征收公司所得税、消费税和增值税。为提高预算收入，巴林加速财税改革，先后于2018年和2019年开始征收特种商品消费税（烟草和能量饮料）和增值税，其中增值税税率为5%。仅对货物和劳务的增值税一项，每年就能给巴林带来6亿第纳尔（近16亿美元）的财政收入。为避免增值税增加本国企业负担，巴林又设计了增值税"两步走"方案，在第一阶段提高了企业增值税的起征点，并在食品、教育、医疗、公共交通、油气等行业免缴增值税。

虽然巴林积极增收节支，但缓解巴林财政平衡压力的直接动力仍是油价上涨。得益于2018年以来油价上涨超过预期，巴林计划提前两年在2020年底前实现财政收支平衡，巴林也借油价回暖的时机，重回加大油气勘探开发的"老路"。2018年4月，巴林宣布在西海岸发现80多年来最大的油气资源，储量远高于巴迄今已探明油气储量和油气产量。消息发出后，巴林股票大涨，对其经济和主权信用评级产生了一系列提振作用。巴林目前正加快勘探开发，并计划同跨国公司合作开发大油田。2019年1月，巴林石油公司启动锡特拉炼厂的改扩建工程，投资42亿美元，计划将最大产能提升45%。从某种角度说，巴林较为典型地体现了海湾阿拉伯国家共性的经济转型悖论，而若要实现摆脱对油气过度倚赖的目标，离不开来自油气行业的支持。

（三）不断优化营商环境，苏丹购地缓解农业问题

巴林因平均关税水平低，货物进出很少遭遇非关税壁垒，资本和利润

---

① "海合会三国将向巴林提供100亿美元无息贷款"，中国驻巴林大使馆经商参赞处，2018年10月15日，http://bh.mofcom.gov.cn/article/jmxw/201810/20181002795502.shtml。

汇出不受限制，没有外汇管制，金融部门竞争力强等优势，一直是中东地区营商环境良好的国家之一。面对2017年以来严峻的经济形势，巴林除开工一系列道路、污水处理工程等基建项目之外，还采取了一系列改革措施，以继续改善营商环境。2017年，巴林推出"巴林出口"和"巴林制造"品牌战略，旨在将出口业务对巴林GDP的贡献率从30%提升到40%；将出口业务在巴林GDP中的占比从8%扩大到20%。根据世界银行发布的《2020年营商环境报告》，巴林位列营商环境改善最大的10个经济体之一，在世界银行跟踪的10个领域中有9个出现改善。全球营商排名从2018年的62位上升至2019年的43位。

因大量农业用地被用于房地产和工业开放，巴林农业的实际种植面积由2008年的6000公顷降至2018年的4700公顷。为缓解严峻的农业用地紧张问题，巴林在2013年同苏丹政府签订协议，在苏丹北方州尼罗河沿岸地区购买了4.2万公顷适合耕种、交通便利的土地，用于种植饲料、饲养牲畜返销巴林，并种植小麦、大米和油料等战略物资。

三、多元化的社会发展

巴林社会福利发达，是中东地区人均收入最高、人均寿命最长、人民受教育水平最高的国家之一，同时也是亚洲人均电量消费最高的国家，多次被评为中东北非地区最适宜居住的地区。在女性权益等领域，巴林是海湾阿拉伯国家中最早拥有女子学校的国家。巴林女性在海湾阿拉伯国家中地位较高，享有较为充分的参政议政权力，巴林驻英、美大使均为女性。此外，在医疗、体育等领域，巴林在海湾阿拉伯国家中成果较为突出。

在医疗领域，巴林将自身定位于地区重要的医疗服务中心，并对包括外籍劳工在内的常住居民提供医疗补贴。2007年，巴林开始投建定位于高端医疗和休闲中心的迪尔蒙健康岛。2019年，巴林开始实行"全民医保计划"，公立医院和医疗中心为本国公民免费提供19种医疗服务，巴林公民如选择私立医院或私人诊所就诊，则最高只需负担40%的费用。世卫组织（WHO）总干事阿达诺姆致函巴林，表扬巴政府为民众提供了优质医疗服务。

在体育领域，巴林是地区重要的体育会事中心，巴林国际赛道常年承接世界一级方程式（F1）大奖赛，巴林站比赛也是海湾地区体育活动的重要标杆，为巴林带来大量旅游收入。2019年12月，巴林国家足球队在卡塔尔举行的海湾杯决赛中以 1∶0 战胜沙特，自该赛事创立 49 年来首次获得冠军，创造了西亚足坛的历史，为此巴林全国放假一天以示庆祝。

结　语

2011 年什叶派骚乱以来，巴林小规模示威游行和街头暴力时有发生，巴林内政外交形势仍面临一系列不稳定因素，制约其王室统治的根本矛盾未得到缓解。对此，在政治领域，巴林指责伊朗是巴林和地区混乱的"幕后黑手"，坚定奉行亲沙亲美外交，追随美国和沙特的地区政策，坚持对伊朗、卡塔尔和国内什叶派的强硬态势，高度警惕本国什叶派反对派同外部什叶派力量的勾结联系。同时，巴林近年来加强了同以色列的外交接触，最终于 2020 年实现了同以色列的关系正常化，未来巴以关系的走向以及对海湾地区的影响值得高度关注。在经济领域，巴林加速油气经济结构转型，支持宗教和社会宽容，推动社会多元化建设，但未能改变"失血性财政"的固有矛盾，主观上正走回加大油气勘探开发的"老路"。

面对 2020 年以来的新冠肺炎疫情大流行和油气价格暴跌的空前严峻形势，巴林将可能陷入财政失衡、外债失信、内政失稳，在困难条件下失去沙、阿等盟友经济支持的复杂局面，其内政外交走势不容乐观。